경제학의 기본원리

윤재희 · 이재학 저

북코리아

머리말

과거 저자가 처음 대학에서 경제학을 접할 때가 생각난다. 한국경제의 성장과 발전을 위해 많은 기여를 한 중요 학문중의 하나인 경제학을 배운다는 것에 흥분되었었다. 희소한 자원의 효율적 사용을 위해서 선택을 합리적으로 해야 함과 거시적 측면에서 국민경제의 소득순환과 거시경제지표들을 접하면서 경제학에 매료되었던 기억이 난다. 그러면서도 경제이론이 많은 수식과 도표로 설명되고 있어 학습하는데 많은 어려움을 겪었던 기억이 난다. 실제로 많은 경제학 입문서가 처음 배우는 사람들에게 어렵고 생소하게 느껴지는 이론들로 가득 차 있는 것이 사실이다. 본서는 경제학의 입문서로서 경제학을 처음 공부하는 대학생들과 경제학에 관심을 가진 일반인들이 쉽게 이해할 수 있도록 쓰고자 노력하였다.

이 책에서 다루게 되는 미시경제학부분은 모든 종류의 경제학 중 가장 기본이 되는 분야로서 약간의 과장을 더해서 표현하면 우리의 본능대로의 행동을 체계화시킨 것에 불과하다. 따라서 이와 같은 미시경제학은 경제학관련 분야를 전공으로 하는 학생은 반드시 익혀야 할 분야임은 물론이고, 경제학이나 경제에 관심을 갖고 있는 일반인들도 알아두어야 할 분야이기도 하다.

거시경제학도 광범위한 거시경제학부분 중 경제학 관련 분야를 전공으로 하는 학생은 반드시 알아야 할 분야만 간추려서 설명해 놓았으며, 특히 경제 및 경제학에 관심을 갖고 있는 일반인들도 조금만 노력을 한다면 알아볼 수 있도록 정리해 놓았다.

경제학의 이론은 실생활에서도 많이 접할 수 있어 현실경제에 대한 이해가 병행되었을 때 경제학에 대한 흥미가 더 유발될 수 있을 것이다. 이에 각 편의 마지막에 관련된 신문기사 또는 사설 등을 소개하였다.

이 책은 여러 가지 측면에서 기존의 비슷한 입문서에 비해 가급적 분야를 최소화하고 아울러 설명도 간단명료하게 하였으며, 경제학을 처음 접하는 학생들과 일반인들의 흥미를 유발시키고자 노력하였다. 그렇지만 경제학이란 학문의 성격상 지루하고 딱딱한 것이 사실이기 때문에 본서도 기존의 입문서가 갖고 있는 단점들로부터 완전히 해방되지 못했음을 인정한다. 다만 과거 수년간의 강의 경험으로 학생들의 경제학 분야에 대한 이해력을 어느 정도 파악하고 있기 때문에 그들의 시각과 입장에서 가능한 설명하고 정리하려고 노력했다.

이 책은 집필을 위해서 물론 다수의 국내외 서적이 참고되었고 또한 이들의 도움 없이는 어쩌면 불가능하였다 해도 과언은 아닐 것이다. 본서를 통하여 경제학을 처음 대하는 사람들의 경제학에 대한 흥미가 유발되고 또한 의문도 해결되었으면 하는 심정이다.

2013년 2월
저자

차례

제1편
경제학의 소개

제1장 경제학의 본질

제2장 경제학의 구분 및 경제학의 변천

경제학의 본질

제1절　경제행위와 경제학

1-1　경제와 경제행위

　일반적으로 규칙적이고 계속적인 경제행위가 반복되어 일정한 사회질서를 형성할 때 그것을 경제하고 말한다. 인간이 생활하기 위해서는 의식주의 수단을 비롯한 여러 가지 재화와 서비스를 필요로 한다. 기초적이고 정상적인 인간생활을 영위하기 위하여 필요한 여러 가지 물질을 대가를 치르고 조달하는 행위를 우리는 경제행위하고 말한다. 이를 보다 구체적으로 살펴보면 인간생활에 필요한 재화와 서비스를 생산 또는 획득하고 분배 및 교환하며, 소비 내지 사용하는 데 관련된 인간의 행위를 경제행위라 한다.

　경제행위는 그 대상에 따라 경제주체와 경제객체로 구분할 수 있다.

　경제주체는 경제행위를 수행하는 개인 또는 집단으로서 크게 가계, 기업, 정부 그리고 해외부문으로 구분할 수 있다. 가계는 개인 및 가정으로 구성되며, 주로 소비활동을 하는 소비주체이다. 가계는 노동력 또는 기타 생산요소를 기업 및 정부부문에 제공함으로써 소득을 얻는다. 또한 가계는 소비자로서 이 소득으로부터 최대의 만족이 얻어질 수 있도록 소비활동을 추구한다. 이를 효용극대화의 원칙이라고 한다. 기업은 생산요소를 고용하여 생산물을 생산하는 생산주체이다. 기업이 생산을 하는 목적은 생산물을 판매함으로써 얻는 수입과 생산요소의 구입을 위하여 소요된 생산비와의 차액인 이윤을 얻자는데 있다. 기업이 이윤을 가급적 많게 하도록 노력한다는 원칙을 이윤극대화의 원칙이라고 한다. 가계가 수행하는 경제가 가정경제이며, 가계와 기업으로 구성된 경제를 민간경제라 한다. 정부는 민간경제를 조정, 규제하는 경제정책의 주체이다. 정부는 국방, 치안, 교육 등 민간부문이 생산할 수 없는 공공재를 생산한다. 정부는 공익의 수호자이며 공익을 극대화하도록 활동하는 경제주체라 할 수 있다. 정부가 수행하는 경제활동이 공공경제이며, 민간경제와 정부부문으로 구성된 경제를 국민경제라 한다. 해외부문은 국민경제가 다른 나라와 거래를 할 때 다른 나라의 가계, 기업, 정부를 포괄하여 사용하는 개념이다. 해외부문까지를 포괄하는 경제활동이 국제경제활동이 된다.

경제객체는 경제행위의 대상이 되는 것을 의미하며, 자유재와 경제재로 구분이 된다. 자유재는 공기와 같이 거의 무한으로 존재하여 인간의 욕망에 대한 희소성(稀少性)이 없으며, 각 개인이 돈이나 노력 등 어떤 대가를 치르지 않고도 자유로 처분할 수 있는 것을 의미한다. 자유재는 경제적으로는 거의 무가치하여 일반적으로 경제학의 대상이 되지 않는다. 반대로 인간의 욕망에 대하여 그 공급량이 제한되어 있고, 희소성을 가지며 경제적 거래의 대상이 되는 것을 경제재(經濟財)라고 한다. 물은 아주 풍부하게 존재하지만 이용할 수 있는 장소 등에 제한이 있기 때문에 일반적으로 경제재로 분류한다. 또한, 이전에는 전형적인 자유재였던 공기가 공해에 의한 대기오염(大氣汚染) 때문에 경제재적 성격을 띠게 되었듯이, 상황의 변화에 따라 자유재가 경제재로 변환하기도 한다. 즉, 경제재는 각 개인이 돈이나 노력을 지불해야만 얻을 수 있는 것으로 재화와 용역(서비스)으로 구분된다. 재화는 인간에게 쓸모가 있는 유형의 물질을 의미하는 것으로 의복, 식품, 집, TV 등이 모두 해당이 된다. 재화는 소비재와 생산재로 구분된다. 소비자가 소비하는 재화를 소비재라하며, 생산자가 생산에 사용하는 재화를 생산재 또는 자본재라고 말한다. 재화는 사용하는 용도에 따라 소비재가 될 수도 있고 생산재가 될 수도 있다. 서비스는 인간에게 유익하지만 형태가 없는 것으로 무형의 재화라고도 불린다. 용역(서비스)은 의사의 진료, 가수의 노래, 선생님의 강의, 전화, 통신, 버스운송 등이 유용한 행위를 말한다.

1-2 경제학의 정의

경제학은 인간의 물질적 복지에 관한 과학으로서 한정된 자원의 이용으로부터 최대한의 욕망만족을 얻고자하는 인간활동의 사회적 모든 관계를 연구의 대상으로 하는 학문이다.

케인즈(J. M. Keynes)의 스승 마샬(A. Marshall)은 경제학을 좀 더 쉽게 정의 했는데, 경제학은 우리들의 일상생활에 대한 모든 행위를 연구하는 학문이라고도 하였다. 이것은 위에서 정의한 것과 일맥상통한다. 따라서 경제학이란 학문을 이해하기 위해서는 인간의 행위 또는 활동에 대해서 알아봐야 한다. 인간 활동의 기본적인 요소로 우리는 욕망, 자원, 생산기술 세 가지를 말할 수 있다.

첫째, 욕망이 없으면 경제활동의 필요성을 느낄 수 없다. 즉, 모든 경제활동은 욕망만족을 궁극의 목적으로 하고 있기 때문이다. 사실상 인간의 욕망은 무한한데 어느 특정 재화에만 무한한 것이 아니라 모든 재화 대하여 욕망이 무한하다. 이러한 욕망은 신체의 생리적 기능을 유지하기 위한 기본 욕망과 한 단계 발전한 문화적 욕망으로 구분된다. 전자의 예로서는 의, 식, 주가 될 수 있고, 후자는 전자가 어느 정도 해결되면 추구하게 되는 욕망인데, 예를 들면 추위를 막기 위해 옷을 입다가 후에는 옷에 무늬를 그려 넣는 것 등이다.

둘째, 자원에 대해서 알아보기로 하자. 욕망은 있으나 생산요소가 없다면 인간은 경제활동을 할 수 없다. 즉, 자원은 인간의 욕망을 충족시키기 위한 재화와 용역을 생산하는 데에 사용되는 일체의 수단을 의미한다. 예를 들어서 원자재, 노동, 기계, 건물, 연료, 반제품, 에너지, 수송 등이 자원 즉 생산요소에 속할 수 있다. 전통적으로 생산요소는 자연자원인 토지, 인적자원인 노동, 생산된 물적 자원인 자본으로 분류된다. 토지에는 토지 그 자체 외에 광석·석유·산림 등 일체의 자연자원이 포함된다. 노동은 근대적 기술을 기반으로 하는 생산과정에서 불가결의 능동적 역할을 하는 인간의 능력과 의지를 포함한다. 자본에는 건물·기계·시설 등의 고정설비 외에 원료·반제품 또는 완제품의 재고가 포함된다. 그런데 이러한 자원은 다음과 같이 세 가지의 성질을 갖고 있다. 첫째가 희소성이다. 인간의 재화와 용역에 대한 욕망은 무한한 데 그들을 생산하는 데 쓰이는 자원의 대부분은 양적으로 제한되어 있는 것이 현실이다. 이러한 제한된 자원을 경제자원(economic resources)이라고 하며, 제한되지 않은 자원을 자유자원(free resources)이라고 한다. 자유자원은 예를 들면 공기와 같은 것인데 현재까지는 경제분석의 대상에서 제외된다. 인간은 이와 같은 자원을 최소한으로 이용하여 최대의 만족을 얻고자한다. 둘째로 자원은 융통성(versatility)의 성질을 갖고 있다. 즉, 하나의 자원은 여러 가지 재화 및 용역생산에 쓰일 수 있다. 예를 들어서 시멘트는 집을 짓는 데 쓰이기도 하지만 다리를 놓는 데도 사용된다. 또한 일반적으로 노동은 여러 재화의 생산에 사용된다. 마지막으로 자원은 결합비율의 가변성을 갖고 있다. 즉, 어떤 재화의 일정수량을 생산하기 위해서는 각종 자원을 결합함에 있어서 대체로 여러 가지 비율이 있을 수 있다는 것이다. 예를 들면 건축을 하는 데 나무 대신에 시멘트를 더 쓸 수 있고, 전력을 공급하기 위해서는 수력 대신에 화력을 더 사용할 수 있다는 것이다.

셋째, 생산기술에 대해서 알아보자. 자원이 있을지라도 재화와 용역을 생산할 수 있는 기술이 없으면 우리의 욕망을 충족시킬 수 없다. 즉, 기술은 자원 즉 생산요소를 우리의 욕망충족의 직접적 수단으로 변화시키는 물리적 방법을 말한다. 이러한 생산기술이 변화함에 따라 자원의 범위와 이용방식에 변화를 주게 되고 또한 자원의 생산성 또는 생산비에 변화를 주게 된다.

제2절 경제학의 문제

2-1 자원의 희소성과 경제원칙

경제학의 근본문제는 생산요소 즉 자원의 희소성과 인간의 무한한 욕망 때문에 발생한다. 사회구성원들의 욕망은 무한한데 비하여 욕망을 충족시켜 줄 경제자원은 상대적으로 부족한 현상을 희소성의 법칙이라고 한다. 우리의 기본적인 인간생활을 영위하는데 있어서 의, 식, 주 및 여가, 문화활동은 필수적이다. 여러 가지 재화와 용역을 생산하는데는 여러 가지 자원이 소요된다. 만약 자원이 얼마든지 존재한다면 사람들은 필요로 하는 각종 재화를 무재한 생산하여 무한한 욕망을 마음대로 충족시킬 수 있을 것이다. 그러나 인간의 무한한 욕망에 비하여 자원은 제한되어 있고 상대적으로 부족하다. 그래서 인간사회에는 여러 가지 복잡한 경제문제가 생기는 것이다. 따라서 경제학의 출발점은 바로 자원의 희소성에 있는 것이다.

이 세상에는 희소성의 법칙이 작용하고 있기 때문에 사람들은 여러 가지 욕망 가운데 채워야 할 욕망과 자제해야 할 욕망을 구별하지 않으면 안된다. 희소성의 법칙으로 말미암아 사람들은 선택의 문제에 부딪치게 된다. 즉, 많은 사람들은 자원의 희소성으로 인하여 어떤 욕망을 먼저 채워야 하고, 또 어떤 욕망은 억제해야 할 것인가를 신중하게 선택하지 않으면 안된다. 선택을 하는데 있어서도 효율적인 선택을 하여야 한다.

결국 우리 인간세계에 존재하는 희소성의 법칙 때문에 사람들은 자원을 선택적이고도 효율적으로 사용하지 않으면 안된다. 자원의 효율적인 사용은 두 가지의 측면에서 접근할 수 있다. 먼저 사람들은 주어진 자원량으로 최대의 만족을 획득하고자 한다. 이를 최대만족의 원칙이라고 한다. 다른 한편으로 자원의 사용을 극소화함으로써 일정한 욕망을 획득할 수 있다. 이를 최소비용의 원칙이라고 한다. 최소비용의 원칙과 최대만족의 원칙을 합하여 경제원칙이라고 한다. 즉, 경제원칙이란 최소의 비용으로 최대의 효과를 얻고자 하는 원칙을 말한다. 경제원칙이 충족될 수 있도록 자원이 배분될 때 효율적 자원배분이 달성되었다고 말한다. 희소한 자원의 효율적인 배분과 선택은 경제원칙의 핵심인 것이다.

이러한 희소한 자원의 효율적인 배분과 선택은 개별경제주체의 경우와 마찬가지로 모든 사회 및 국민경제의 경우도 예외는 아니다. 노벨경제학자인 사뮤엘슨(P. Samuelson)은 국민경제가 부딪치는 3대 기본과제는 첫째, '무엇을 얼마만큼 생산할 것인가(what and How much to produce)', 둘째, '어떤 방법으로 생산할 것인가(How to produce)', 셋째, '누구에게 분배할 것인가(For whom to produce)'를 제시하고 있다.

첫 번째 문제는 한 사회가 생산해야 할 재화의 종류와 수량에 관한 것이다. 희소성의 법칙이 적용되지 않는다면 어떤 재화나 용역이든 무한히 생산하여 인간의 무한한 욕망을 채울수 있을 것이다. 그러나 현실적으로는 희소성의 법칙으로 인해 한정된 자원을 가지고 자원을 적절히 배분하여 생산해야할 재화와 수량을 선택하지 않으면 안되는 것이다. 두 번째 문제는 한 재화를 생산하는 생산방법도 여러 가지가 있기에 생산방법에 따라 생산에 투입되는 자원의 사용방법도 달라지게 된다. 따라서 국민경제는 어떠한 생산방법과 생산조직을 선택하여야 경제원칙에 충실할 수 있는지를 선택하여야 한다. 마지막으로 세 번째 문제는 사회의 구성원들 간에 생산한 생산물을 어떻게 분배할 것인가의 문제이다. 인간의 욕망은 사람에 따라 다를 수도 있고, 동일한 재화에 대해서도 사람에 용역을 모든 국민들에게 평등하게 분배한다고 해서 모든 국민들의 욕망이 평등하게 충족되는 것도 아니다. 그러므로 주어진 재화로써 각양각색의 인간욕망을 극대로 충족시킬 분배방법을 선택하여야 한다.

이러한 국민경제의 자원배분에 관한 3대기본문제는 어떤 국민경제나 해결해야 할 어려운 관제라 할 수 있다. 그러나 아직도 인간의 모든 이상이 충족될 수 있는 완전한 해결방법이 발견되지 않았다. 모든 사회는 이러한 문제에 직면하여 각각 다른 접근방식을 채택하고 있으며 이는 궁극적으로 서로 다른 사회가 채택하고 있는 다양한 경제체제의 형태로 나타난다.

2-2 기회비용

앞에서 언급하였듯이 경제활동을 하는 의사결정자의 자원은 언제나 제한되어 있다. 따라서 일정하게 주어진 자원을 이용하여 생산할 수 있는 재화나 용역에는 한계가 있다. 따라서 어떤 한 재화나 용역을 생산하고자 한다면 다른 재화의 생산을 희생시켜야 한다. 마찬가지로 어떤 한 목적에 재화나 용역을 소비하려면 다른 목적에는 그 재화나 용역의 소비를 희생시켜야 한다. 즉, 상대적으로 제한된 자원 중에서 어떤 것을 더 생산하거나 소비한다는 것은 다른 목적의 생산 또는 소비를 포기한다는 전제하에서만 이루어질 수 있다. 이때 포기되거나 희생된 재화 또는 용역을 선택된 재화와 용역의 기회비용이라고 한다. 기회비용은 하나를 얻기 위해서는 반드시 다른 하나를 포기해야 된다는 것을 보여 준다. 따라서, 어떤 선택의 기회비용이 클수록 그 선택은 큰 대가를 치루어야 하므로 선택이 어려워질 것이다.

이는 주어진 자원을 가지고 정책결정자가 어떻게 선택을 이루어야할 것인가 하는 것으로 연결된다. 여기에서 이를 좀 더 자세히 알아보기 위해서 기회비용과 생산가능곡선 두 가지 개념을 예를 들어 살펴보고자 한다.

기회비용(opportunity cost)은 대체비용이라고도 하며 일정한 생산요소를 가지고 X, Y 두 재화를 생산할 수 있는 경우에 X재 1단위를 더 생산하는 데 Y재의 생산량이 희생되는 양으로서 생산비를 측정하는 것이다. 예를 들면 철 5톤이 있는 데 이것을 가지고 탱크만 생산하면 1대를 생산 할 수 있고 자동차만 생산하면 5대를 생산할 수 있다고 가정하면, 탱크 1대의 기회비용은 자동차 5대 이고 자동차 한 대의 기회비용은 탱크 1/5대인 것이다. 기회비용의 개념은 소비자에게도 적용되는데 예를 들면 10,000원을 가지고 팝콘을 먹으며 영화를 볼 것인가 아니면 닭 1마리를 사서 식사를 즐길 것인가이다. 즉, 영화감상의 기회비용은 닭고기를 곁들인 식사인 것이다.

위의 두 가지 예를 놓고 볼 때, 만약 철과 쓸 수 있는 예산(돈)이 무한정 하다면 기회비용의 개념이 필요하지 않다는 것을 알 수 있을 것이다. 그러나 현실적으로는 자원과 쓸 수 있는 예산이 한정되어있기 때문에 우리는 모든 활동 즉 경제활동에서 항상 선택을 해야 한다.

2-3 생산가능곡선

생산가능곡선(production possibility curve)이란 주어진 생산기술 및 제자원 하에서 X, Y 두 재화를 생산할 수 있는 가능성을 표시하는 조합을 이어놓은 선(궤적)을 말한다. 즉, 한 재화(X)의 생산량을 감소시키지 않고는 다른 한 재화(Y)의 생산량을 증가시킬 수 없는 생산량의 조합을 이어 넣은 선을 의미한다.

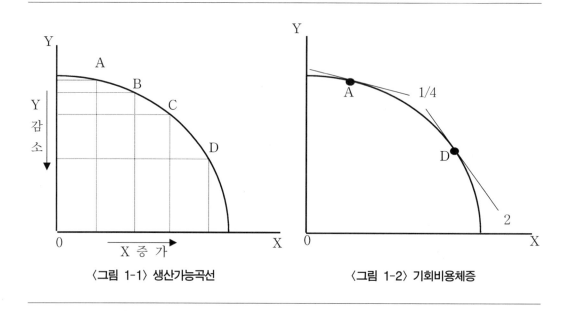

〈그림 1-1〉 생산가능곡선   〈그림 1-2〉 기회비용체증

〈그림 1-1〉은 생산가능곡선을 나타낸 것으로 주어진 자원과 기술 하에서 X, Y 두 재화를 생산하는 것을 보여주고 있다. 곡선상의 모든 점은 자원을 재분배해서 생산물을 산출해내는 배합비율을 나타낸 것으로 최대한의 생산가능배합을 표시하고 있다. 이 곡선은 원점으로 오목(concave)하다. 배합점 A에서 D로 생산조합을 바꿈에 따라 기회비용이 증가함을 나타내는데 기회비용이 증가하는 이유는 X와 Y의 생산요소가 같은 고정비율로 두 생산물을 생산하는데 사용되지 않는다는 것을 의미한다. 즉, 생산자가 X를 추가로 생산함에 따라 Y를 생산할 때 쓰이는 자원을 점점 더 많이 사용해야 한다. 이 결과 생산자는 추가적으로 매 단위의 X를 더 생산하기 위해서 점점 더 많은 Y의 생산을 포기해야 한다. 이 때 포기되는 Y가 X에 대한 기회비용이므로 기회비용은 점점 증가한다. 다시 말해서 X의 생산량을 일정하게 증가시킬 때 Y의 생산량은 감소하게 되는 데 조합 A, B, C, D는 그 감소량이 점점 커지는 것을 보여주고 있다. 이러한 사실은 반대로 Y의 생산을 일정하게 증가시킬 때도 X의 생산량이 점점 많이 감소하는 것으로도 나타내어질 수 있다.

〈그림 1-2〉는 X의 생산을 증가시킴에 따라 기회비용이 체증한다는 것을 기울기(부호 생략)의 크기로 표시한 것이다. 점 A의 접선의 기울기는 점 D의 접선의 기울기보다 완만한 데 그 이유는 예를 들어서 점 A에서는 X의 생산을 1단위 더 증가시키기 위해서는 Y의 생산을 1/4단위 포기해야 한다는 것을 의미하고 점 D에서는 Y의 생산을 보다 많은 2만큼 포기해야 한다는 것을 의미한다. 즉, 기울기 자체가 기회비용인 것이다.

이와 같이 우리는 한정된 자원 하에서 X와 Y를 생산하는데 어느 조합을 선택할 것인가는 정책결정자의 몫이다. 만약 자원이 무한하다면 생산가능곡선은 무의미하며 따라서 어느 조합을 선택하느냐를 결정하는 것도 또한 무의미하다.

〈그림 1-3〉에서 점 E는 생산가능곡선 내부에 있는데 이와 같은 생산조합점은 주어진 자원과 기술을 최대한으로 이용하지 못한 결과이다. 따라서 점 E는 불완전고용(실업 또는 생산설비의 미가동) 등이 존재할 수 있는 비효율적 생산조합점이다. 점 F는 생산가능곡선 외부에 있으므로 주어진 자원과 기술로서는 생산이 불가능한 생산조합점이다. 따라서 생산가능곡선 내부를 생산가능지역이라고 하고 외부를 생산불가능지역이라고 한다. 즉, 생산가능곡선상의 상태가 생산요소의 완전고용의 상태라고 볼 수 있으며 또한 가장 효율적인 상태이다.

한편 생산가능곡선은 자원의 양과 기술수준이 변함에 따라 안쪽으로 또는 바깥쪽으로 이동한다. 〈그림 1-3〉에서는 바깥쪽으로 이동하는 경우는 경제성장의 예를 보여주는데 이는 인구(노동력)의 증가, 생산성향상(기술발전), 자본구성의 고도화(질 좋은 설비 및 기계) 그리고 경영합리화 등에 의한 결과라고 볼 수 있다.

앞에서 살펴본 국민경제의 3대 기본과제를 생산가능곡선상으로도 설명할 수 있다. 즉, 우리는 지금까지 살펴본 기회비용과 생산가능곡선의 개념은 자원(생산요소)의 제한으로 인하여 발생한 것이다. 따라서 자원의 제한으로 인하여 첫째, 자원을 어떻게 효율적으로 사용하여 최대한으로 생산할 수 있는가를 결정해야 한다. 즉, 어떻게 생산가능곡선 상으로 생산요소의 효율성을 옮겨 놓도록 해야 하는 것인가이다. 둘째, 어떤 종류의 재화와 용역을 얼마만큼 생산할 것인가를 결정해야 한다. 즉, 생산가능곡선상의 어느 조합점을 택해야 하나를 결정해야 한다. 셋째, 어떻게 생산물을 분배해야 할 것인가를 결정해야 한다. 예를 들어서 중앙집권적인 계획에 의해서 분배할 것인가 아니면 가격에 의한 자유시장기구를 통해서 분배할 것인가를 결정해야 한다.

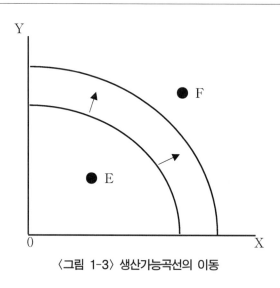

〈그림 1-3〉 생산가능곡선의 이동

【연｜습｜문｜제】

1. 경제학이 필요한 이유를 설명해 내려 보시오.

2. 여러분의 주변에서 살펴볼 수 있는 경제행위에는 어떤 것이 있는지 제시해 보시오.

3. 오늘 나의 행동과 경제학과는 어떤 관련이 있나 기술해 보시오.

4. 자원의 희소성이 경제문제를 야기 시키는 사례를 제시해 보시오.

5. 우리가 행하는 경제활동에서 기회비용이 갖는 중요성을 기술해 보시오.

경제학의 구분 및 경제학의 변천

제1절   경제학의 구분

1-1 미시경제학과 거시경제학

경제학은 학문적으로 여러 분야로 분류될 수 있다. 먼저 연구대상에 따라 기본적으로 크게 두 가지로 분류될 수 있는데 그 하나가 미시경제학(micro-economics)이고 다음으로 거시경제학(macro-economics)이다.

숲을 살펴봄에 있어 나무 하나 하나를 살펴볼 수도 있고 또는 숲전체를 살펴볼 수도 있다. 미시경제학은 나무만을 살펴보는 것과 같이 가계 및 기업과 같은 개별 경제주체 혹은 명확히 규정된 집단의 경제행위를 연구하는 경제학 분야이다. 그런데 이러한 개별 경제주체 또는 명확히 규정된 집단의 행동은 시장을 통하여 이루어지고 시장에서 결정되고 또 가장 중심적인 역할을 하는 것은 가격이라고 생각되기 때문에 미시경제학을 가격론(price theory)이라고도 한다.

한편 거시경제학은 숲 전체를 바라보는 것처로 국민경제 전체의 움직임을 연구대상으로 한다. 즉, 국민소득, 총소비, 총저축, 총투자, 총통화량, 물가수준, 실업 등과 같은 광범위한 총합적 경제변량과 이들의 상호 연관 관계를 연구하는 경제학 분야이다. 이 중에서 가장 중심적인 것은 국민소득이기 때문에 거시경제학을 국민소득론(income theory)이라고도 한다.

이러한 미시경제학과 거시경제학을 바탕으로 경제학은 학문적으로는 세분될 수 있는데 경제이론, 경제사, 경제사상사, 화폐금융론, 재정학, 계량경제학, 노동경제학, 지역경제학, 국제경제학, 보험학, 비교경제학, 농업경제학 등 다수가 있다.

1-2 경제사, 경제이론, 경제정책론

경제학의 학문체계는 전통적으로 경제이론, 경제사 그리고 경제정책론의 세 분야로 분류된다. 경제사는 과거의 경제를 연구하는 분야이다. 경제의 발달 또는 변천을 시간적 순서에 따라 개별적·구체적으로 관찰해서 이것을 기술하고 정리해서 과거의 경제현상들 사이에 존재했던 경제법칙을 규명하는 것이 경제사이다.

경제이론은 여러 경제현상을 관찰하여 여러 경제현상간에 존재하는 법칙을 연구하고 그 법칙을 이용하여 현재의 경제현상을 설명하거나 미래의 경제현상을 예측하는 분야이다. 경제이론은 이론경제학이라고 한다.

경제정책론은 어떤 경제상태가 바람직하며, 그 바람직한 경제상태를 효율적으로 달성하기 위해서는 어떤 방법이 있으며, 어떤 정책을 사용해야 하는가를 다루는 분야이다. 따라서 경제정책론은 가치 판단을 전제로 하는 규범경제학이며, 바람직한 경제상태는 과학적 증명에 의해서 가려지는 것이 아니고, 당시의 주어진 경제적·사회적·정치적·윤리적 여건 등에 따라 설득력이 입증될 수 있다.

1-3 실증경제학과 규범경제학

경제학은 가치판단의 유무에 따라 실증경제학과 규범경제학으로 구분된다. 실증경제학 (positive economics)은 경제현상을 '있는 사실'(what is)그대로 기술하고 분석하다. 그리고 이를 바탕으로 경제현상 간에 존재하는 법칙을 발견하여 경제현상의 변화를 예측하는 학문이다. 앞에서 설명한 경제사와 이론경제학은 바로 실증경제학이다.

규범경제학은 가치 판단에 따라서 어떤 경제상태가 바람직하고, 또한 어떤 경제상태가 바람직하지 않다는 것을 설명하는 이론이다. 그러므로 규범경제학은 당시의 사회적 양식에 비추어서 그 타당성 여부가 판정되어진다. 즉, 규범경제학은 사회적 양식에 어느 정도 부합하는 이론인가에 따라서 그 타당성이 판정된다. 바람직한 경제상태는 사회적·정치적·시대적 상황에 따라 달라질 수 있다. 따라서 규범경제학은 당시의 사회적 여건에 비추어서 그 타당성 여부가 판정될 수 있다. 앞에서 설명한 경제정책론은 규범경제학에 속한다.

제2절 경제학의 변천

경제학은 1776년 아담 스미스(A. Smith)가 그의 저서 『국부론』을 통하여 경제학이론을 체계화함으로써 독립된 학문으로 발전되었다.

아담 스미스 이전에는 중상주의와 중농주의가 있었는데 중상주의에서 국부의 개념을, 그리고 중농주의에서 노동의 산물이 부(wealth)의 원천이라는 사실을 받아들여 부란 재화와 용역의 생산량 그 자체라는 것을 받아들였다.

아담 스미스 이후에도 여러 학파들이 나왔는데 결국 새로운 경제학 또는 새로운 경제학파의 탄생은 사상이나 경제문제가 시간이 지남에 따라 달라지거나 새로이 발생되므로 이에 맞는 이론이나 해결책이 나오게 되고, 그에 따라서 경제학도 변천하게 된다.

고전학파이론은 가치의 개념과 후생의 개념을 발전시킨 한계효용학파에 의해 더욱 뒷받침되는데 케인즈에(J.M.Keynes) 의해 부정되었고 케인즈이론은 다시 프리드만(M. Friedman)의 통화주의학파에 의해 부정되었다. 수요측 경제학인 케인즈이론은 래퍼(A. Laffer)공급측 경제학파에 의해서도 도전을 받고 있으며, 합리적 기대학파에 의해서도 도전을 받고 있다.

다음에는 학파별로 그들의 탄생배경과 경제이론에 대해서 간단히 설명하기로 한다.

2-1 중상주의

경제학에서 최초의 주요 학파는 15세기말부터 18세기에 걸쳐 지배해 온 중상주의(mercantilism)였다. 이 시기에는 서유럽에 근대 국민국가가 형성되는 시기였는데, 당시 각국의 경제적 과제는 국부의 증진을 통한 국가의 재정적 기반 확충, 군사력의 증강, 세계시장에서의 상업권 및 식민지 확보 등이었다.

중상주의 학설은 금과 은을 부의 절대적 형태로 간주하여 무역과 같은 상거래를 통해 나타나는 매매차익으로서의 양도이익을 국부증진의 원천으로 이해하였다. 즉, 경제적 부를 위한 금융화폐를 가능한 한 많이 보유하려는 사상이 지배적이었고 자국이나 식민지에 금·은 광산이 없는 나라들은 수입을 억제하고 수출을 장려하여 이를 획득하려고 하였다.

이러한 국민적 요망에 호응하여 여러 가지 경제문제가 당시의 학자 또는 위정자들에 의해 연구되었는데 이를 총칭하여 중상주의경제학설이라고 한다.

2-2 중농주의

중농주의(physiocracy)는 18세기 후반에 중상주의를 비판하면서 형성된 학파로서 케네 (F. Quesney)가 대표적인 인물인데, 그는 농업만이 투자된 자본을 초과하는 잉여인 순생산 물을 얻을 수 있다고 주장하였다. 이 학파는 중상주의의 인위적인 경제정책 및 사상은 자연적 질서에 어긋나는 것이므로 이를 배척하고 자유방임주의를 채택함으로써 자연적 질서에 순응 할 것을 주장하였다. 케네는 그의 경제표[1]에서 처음으로 국민경제를 전체적인 측면에서 고찰 하여 부의 생산·유통·분배·재생산과정을 밝혔다. 하지만 농업만이 부를 창출하는 유일한 방법이라는 것이 큰 단점으로 지적되지만 후에 중상주의가 고전학파로 전개될 때 그 연결고리 로서 매개역할을 했다.

2-3 고전학파

고전학파(classical school)란 18세기에서 19세기에 걸쳐 영국에서 발생한 학파로서 경 제학을 하나의 독립된 과학으로 성립케 한 아담 스미스(A. Smith)를 비롯하여 맬더스(T. R. Malthus), 리카아도(D. Ricardo) 및 밀(J. S. Mill)에 이르는 경제학자들에 의해 주장되고 발전되었다.

고전학파에서는 중상주의와는 달리 부의 원천은 노동의 생산물이라고 봄으로써 국부의 개 념을 확대하였다. 고전학파의 창시자인 아담 스미스는 그의 저서 『국부론』에서 자유방임적 인 경제정책을 주장하기 위해 시장가격기구 하에서 개개인의 이기적인 행동이 어떻게 자원의 효율적인 배분을 달성시키는 가를 이론적으로 설명하였다. 즉, 정부의 간섭이 없는 자유방임 주의 하에서는 '보이지 않는 손(invisible hand)' 즉, 시장기구에 의해 효율적인 자원배분이 달성된다는 것이다. 그는 무역에서도 자유무역을 옹호했으며 그의 자유무역이론은 리카아도 에 의해서 더욱 발전되었다.

고전학파의 주요 내용으로는 첫째, 모든 경제문제와 현상을 추상적·연역적 방법[2]으로 분

---

1) 케네가 인체의 혈액순환을 본떠서 만든 경제순환표이다. 케네는 경제표에서 프랑스의 계급구성을 지주계급(승려, 귀족, 토지소유자)·생산계급(차지농민)·비생산계급(상공인)의 3계급으로 분류하였다. 지주계급은 생산계급에게 토지를 빌려주고 지대를 받아 그것으로 생산계급으로부터 식량을, 비생산계급으로부터 공업생산물을 구입한다. 생 산계급은 지주계급으로부터 토지를 빌려서 지대를 지불하고 농산물을 생산하여 지주계급에게 식량을, 비생산계 급에게 식량과 원재료를 공급하고 그들로부터 공업생산물을 구입한다. 비생산계급은 생산계급으로부터 식량과 원재 료를 구입하고 공업생산물을 생산하여 지주계급과 생산계급에게 공급한다. 경제표는 이러한 세 계급간의 생산물 과 화폐의 유통 및 분배과정을 선으로 나타낸 것이다. 케네는 이 경제표에서 농업발전에 따른 국부의 증진과 지 주에게 단일세를 부과하는 세제개혁의 이론적 근거를 밝혔다.
2) 확실한 보편원리를 바탕으로 여기에서 특수한 명제를 끌어내어 진실한 인식에 도달하는 추리방법으로, 귀납법에 반대되는 것이다.

석한다. 즉, 완전경쟁을 전제로 하는 일반균형분석3)이 그 주류를 이룬다. 둘째, 자유시장기능의 자동조절기능에 의하여 완전고용이 항상 달성된다. 즉, 노동시장에서 노동공급이 초과되어 실업이 발생하면 노동의 가격인 임금이 하락하여 노동의 수요가 증가되고 실업이 없어진다는 것이다. 셋째, 미시경제적 가격기능을 그 기초로 하여 경기순환과 경제성장이론을 설명하고 있다. 넷째, 모든 가격(임금, 이자율, 지대, 생산물가격)은 시장에서 신축적으로 자동 조절된다. 다섯째, 공급은 그 수요를 창출한다는 세이의 법칙(Say's law)이 성립된다.

2-4 한계효용학파

1870년에 이르러 역사학파와 사회주의학파의 이론에 반대하고 주류경제학의 이론으로 복귀하고자 하는 운동이 멩거(C. Menger), 왈라스(M. E. L. Walras), 그리고 제본스(W. S. Jevons) 등에 의해 전개되었다. 이들은 자유방임주의를 옹호하였으며, 효용가치로서 교환가치와 사용가치의 모순을 해결하였다. 예를 들면 물은 사용가치가 많음에도 불구하고 교환가치는 크지 않다. 하지만 다이아몬드는 사용가치는 크지 않은 반면 교환가치는 큰데 이러한 모순을 그들의 이론으로 해결하였다.

한계효용학파(school of marginal utility)의 주요 내용으로는 첫째, 한계의 개념을 처음으로 사용하였고, 경제현상을 수량화하여 주관적 효용가치에 의한 가격기구의 분석에 주력하였다. 둘째, 경제학을 순수한 인간경험의 사회과학으로 만들었다. 셋째, 왈라스는 일반균형분석을 완성시켰고, 파레토(V. Pareto)는 경제후생에 관한 분석을 시도함으로써 미시경제이론의 기초를 형성하였다.

2-5 케인즈학파

1930년대 세계경제는 침체와 더불어 높은 실업을 동반한 대공황을 겪게 되는데, 이는 기존의 고전학파이론으로는 해결되지 못하는 경제문제였다. 고전학파이론에 의하면 시장은 자동조절가능에 의해 항상 완전고용을 달성하기 때문에 만성적 실업의 발생을 부정하였다. 그러나 현실적으로 만성적 실업은 존재하였고 이러한 문제의 해결을 위해서 고전학파는 어떠한 대안도 제시하지 못하고 있었다. 케인즈는 고전학파의 단점을 비판하면서 공황을 타개하기 위한 경제정책을 펴나감으로서 케인즈학파(Keynesi-an school)의 창시자가 되었다.

---

3) 특정시장과 다른 모든 시장이 영향을 주고받는 것을 고려하면서 특정 시장을 분석하거나 모든 시장들을 한꺼번에 분석하는 방법을 가리킨다. 일반균형분석은 경제변수들의 상호의존관계를 동시에 분석하므로 분석이 복잡하게 될 가능성이 있다. 부분균형분석에 대응하는 개념이다.

케인즈학파의 주요 내용은 다음과 같다. 첫째, 대공황과 실업은 총수요부족으로 오는 것이 므로 이를 타개하기 위해서는 정부의 적극적인 개입(과감한 재정지출)이 필요하다고 주장하 였다. 즉, 금융정책은 효과가 적으며 재정정책이 효과가 크다고 하였다. 둘째, 이자율은 저축 과 투자에 의해서 결정되는 것이 아니라 화폐의 수요와 공급에 의해 결정되어진다고 하였다. 셋째, 세이의 법칙을 부정하고 오히려 수요가 공급을 창출한다고 하였다. '소비가 미덕'이라는 말도 이 때 나온 말이다.

2-6 통화주의학파

1970년대 접어들어 2차에 걸친 에너지파동을 경험하면서 세계경제는 스태그플레이션 (stagflation)에 시달리게 되자 총수요관리정책을 핵심으로 하는 케인즈경제학적 처방은 무 력해지고 대신 고전학파적 사고에 뿌리를 갖는 새로운 흐름이 등장하였는데 그 중에 하나가 통화주의학파(monetarist school)이다. 대표적인 학자는 프리드만(M. Friedman)이며 주 요 내용은 다음과 같다. 첫째, 경제안정화정책으로는 재정정책보다 금융정책이 효과적이다. 둘째, 경제는 근본적으로 안정적이므로 재정지출과 같은 정부의 적극적인 개입은 바람직하지 못하다. 셋째, 시장참여자는 과거의 자료를 기초로 하여 예측하는 적응적기대에 의해서 기대 를 형성하고 이에 따라서 행위 한다. 넷째, 화폐는 내구재와 같은 실물상품과 밀접한 대체재이 다. 다섯째, 방만한 화폐공급이 인플레이션의 주범이라는 인식 하에 화폐공급은 실질GNP성 장률을 기준으로 일정비율로 증가시키면 된다.

2-7 합리적 기대학파

통화주의 학파와 마찬가지로 1970년대의 스태그플레이션의 타개를 위해 새로운 이론을 제 시하면서 발생한 학파이다. 합리적 기대학파(rational expectationist)의 이론은 모든 경제 주체들이 미래의 경제현상을 예측함에 있어서 이용 가능한 과거와 현재의 모든 정보를 충분히 활용하여 합리적으로 분석하여 기대를 형성한다는 것을 의미한다.

주요 학자는 루카스(R. Lucas), 사전트(T. Sargent), 왈라스(N. Wallace) 등이 있으며 이들의 주요 내용은 다음과 같다. 첫째, 합리적 기대에 의해서 시장참여자들은 즉각적으로 경 제변화에 상응하는 조정을 한다. 둘째, 예견된 정책은 그 효력이 없다. 예를 들어 정부가 실업 완화책으로 통화공급을 증가시키려하고 이를 미리 알리면 시장참여자인 노동자는 인플레이션 을 정확히 예측할 것이고 이로 인하여 실질임금의 하락폭도 정확히 예측하므로 실업이 감소할 수가 없다. 셋째, 따라서 예견되지 않은 정책은 그 효력은 있어도 불확실성을 창조하므로 차라리 통화공급을 일정비율로 증가시키는 것이 좋다.

2-8 공급측 경제학파

케인즈는 스태그플레이션을 예상하지 못한 채 수요측 이론을 전개해 왔지만, 공급측 경제학파(supply-side economic school)는 공급측에서 경제의 안정화정책에 관한 이론을 제시하였다.

주요 학자는 래퍼(A. Laffer)가 있으며, 그 이론적 주요 내용은 다음과 같다. 첫째, 조세감면은 저축을 증대시키며, 이로 인하여 근로의욕과 생산성을 증가시켜서 총공급(총생산)을 증가시킨다. 둘째, 조세감면은 전체 노동공급을 전보다 증가시키는데 이는 결국 노동의 보수인 임금으로부터 나오는 총조세수입을 증가시켜서 재정확보를 많이 하게 한다. 셋째, 조세감면정책으로써 공급이 많아지므로 인플레이션과 실업을 동시에 해결될 수 있다.

제3절 경제체제

경제체제란 인간의 경제생활을 영위하기 위해 고도의 분업과 특화를 기초로 하여 이루어지는 부분적·개별적 경제활동을 전체로서 질서 있게 하고 조직화 하는 일련의 제도를 말한다. 각 경제체제는 각각 고유의 기본원리를 가지고 있으므로 그 기본원리의 상이에 의해 여러 가지 경제체제로 구분된다.

경제체제의 효율성은 성과기준에 의해 판정된다. 성과기준의 설정은 가치판단의 문제이지만 경제적 효율·성장·안정·소득분배의 평등·풍부성·경제적 주권·경제적 자유 등의 여러 사항을 내용으로 한다.

현대사회에서 경제체제를 분류하는 중요한 지표는 각 경제주체의 활동간의 상호조정이 시장 기구에 의존하는가 또는 중앙계획에 의존하는가에 있다. 현대사회에서의 경제체제의 유형은 기본적으로 자본주의경제체제와 사회주의경제체제 혹은 시장경제와 계획경제로 구분된다.

3-1 **자본주의경제체제**

자본주의경제체제란 사유재산제도와 경제적 자유를 근간으로 하여 개별경제주체가 자기 책임 하에 자유롭게 사리를 추구하는 가운데 기본적인 경제문제들이 해결되도록 자유방임 하는 경제체제이다. 이러한 경제체제에서는 개별경제주체들이 시장에서 형성되는 가격을 지표로 하여 시장에서 만나 자유롭게 생산·교환·분배·소비활동을 한다. 자유로운 시장경제활동을 강조하여 자본주의 경제체제를 자유경제체제 또는 시장경제체제라고도 한다.

자본주의경제는 15세기 중엽부터 18세기 중엽까지 유럽에서 형성된 상업자본주의에서부터 발달하였다. 당시 유럽은 지방분권적이 장원경제가 점차 무너지고 중앙집권적인 절대왕정이 이루어지고 있었다. 각국은 근대민족국가를 공고하게 세우기 위하여 정부주도하에 부국강병책을 썼다. 이 때 부는 유통과정에서 창출된다고 보아 상업, 특히 무역을 중시하는 중상주의 이론이 시대의 사조를 이루었다. 상업의 발전은 본격적인 상품의 공장생산이 이루어지도록 자본을 축적시켜 주었다는 뜻에서 상업자본주의라 부른다.

산업혁명이 광범위하게 파급된 18세기 중엽부터 개인의 부나 국부가 유통과정이 아니라 생산과정에서 창출된다는 것을 인식하게 되었고, 이에 따라 기계에 의한 공장생산이 이루어져 산업이 비약적으로 발전하였다. 상업이 아니라 공업이 자본축적과 경제발전의 원동력이 된 것이다. 그리하여 18세기 중엽부터는 자본주의의 원형이라고 볼 수 있는 산업자본주의가 등장한다. 이어 일어난 시민혁명을 통하여 정치적으로는 민주주의, 사회적으로는 시민사회가 형성된다. 이를 바탕으로 사유재산제도, 자유기업주의와 시장경제를 근간으로 하는 상업자본주의가 완성된다.

산업자본주의는 19세기 후반부터 심한 경제력집중·실업·경기변동 등을 겪으면서 무제한의 자유기업주의에 제동이 걸리기 시작했다. 1930년대의 대공황을 겪고 나서 서구의 산업자본주의는 정부가 공공의 이익을 위해서 사유재산제도와 경제적 자유의 일부를 제한하는 혼합경제체제로 이행한다.

3-2 **사회주의경제체제**

사회주의경제체제란 하나의 중앙계획기구의 통일적 종합계획에 따라 관리·운영되는 경제체제이다. 이것은 또한 집권적 경제결정에 따라 경제운영이 이루어지는 경제체제라 할 수 있는데 중앙경제계획기구가 사회전체의 소비의 종류와 수량, 생산의 종류와 수량, 생산방법, 자본축적, 가격과 임금 등 중요한 경제지표의 결정을 하고 그것을 개별경제 단위에 할당한다. 개별경제 단위는 할당된 지표에 따라 경제활동을 하는 것이다.

현실적으로 계획경제(planned economy)는 많은 문제점이 뒤따르고 있는데 그것들은 인간성의 상실, 지식의 불완전성, 경제적 비효율성, 동기의 결여, 권력의 집중 그리고 새로운 계층분화 등이다.

3-3 혼합경제체제

혼합경제체제는 자본주의경제체제(시장경제체제)의 요소와 사회주의경제체제(계획경제체제)의 요소가 혼합되어 있는 경제체제이다. 즉, 두 경제체제의 장점을 취합하려는 문제의식에서 나타난 것이 혼합경제체제인 것이다. 오늘날 세계 각국은 두 체제의 장단점을 역사적으로 체험하면서 어느 한 체제만을 고집하지 않고 한 체제를 주축으로 하되 다른 체제의 요소를 보완적으로 혼합하게 되었다.

1930년대 대공황을 겪고서 서구 자본주의 국가들은 일부 기간산업을 국유화하고 적극적인 공공정책을 실시함으로써 분배의 형평과 경제안정을 도모하고자 하였다. 즉, 사유재산제도와 시장경제의 큰 골격을 유지하면서 자본주의체제의 단점을 시정하기 위하여 정부가 경제에 부분적으로 간여하게 된 것이다.

이러한 점은 사회주의 국가들도 마찬가지이다. 일부 소비재에 대해서 소규모의 민간기업운영과 자유시장을 허용하고 있으며, 생산의 효율을 높이고 소비자의 선호를 반영하는 노력을 기울여 오고 있다. 쿠바와 북한 등 극소수의 사회주의 국가를 제외한 대부분의 나라에서 사회혼란을 피하면서도 시장경제요소를 더욱 확대·도입하는 데에 지혜를 짜내고 있다.

개발도상국들도 자본주의경제체제의 골격을 유지하면서 정부가 시장기구의 역할을 보조적으로 교정하는 혼합경제를 채택하거나, 계획경제가 주종을 이루면서 시장기구의 역할을 보조적으로 교정하는 혼합경제를 채택하거나 한다.

결국 오늘날 대부분의 나라들이 혼합경제체제를 택하고 있다. 그러나 혼합의 정도는 나라마다 다르고 시간이 흐름에 따라 변하고 있는 것이 사실이다.

【연|습|문|제】

1. 미시경제학과 거시경제학을 구분하여 설명하시오.

2. 실증적경제학과 규범적경제학을 각각 설명하고 그 사례를 제시하여 보시오.

3. 경제학파를 시대순대로 나열해보고 새로운 경제학파가 발생한 이유를 정리하시오.

4. 자본주의 체제와 사회주의 체제의 특징을 비교하시오.

5. 자본주의 경제체제와 사회주의 경제체제의 장단점들을 설명하시오.

경제학이 더욱 필요한 때다

경제학에서의 핵심단어를 하나 꼽으라면 '선택'일 것이다. 오늘 점심에 뭘 먹을까 에서부터 성장이냐 분배냐, 그리고 개인에서부터 국가에 이르기까지 어떻게 하면 후회 없는 선택을 할 수 있는지를 가르치는 것이 바로 경제학이다.

이러한 선택에는 반드시 대가 즉, 기회비용이 존재한다. 그래서 선택에 따른 기회비용을 과학적으로 분석하는 과정이 바로 경제학의 주된 모습이라 하겠다. 이처럼 뭘 선택하든지 대가가 있다는 것을 부각시키기에 경제학이라는 학문은 늘 냉정하고 차갑다고 인식된다. 그러나 우리는 선택의 대가가 존재한다는 사실이 싫지만 인정해야 한다. 개인의 선택이 아닌 정부관료와 정치인의 국가와 관련된 선택이라면 더욱 더 선택에 따르는 대가를 생각해야 한다. 이런 대가의 존재를 부정하거나 국민들에게 제대로 보이지 않을 경우 국민들이 감당해야 하는 비용은 엄청나다. 우리는 이를 인기영합이라고 하기도 하고 정치왜곡이라고도 한다.

'비전 2030'을 보자. 비전 2030의 기회비용은 1100조 원이라는 재원을 갖고 얻을 수 있는 여러 이득들 중에서 가장 큰 것이 될 것이다. 가령 1100조 원을 국민들의 세금을 줄여주는 데 사용했을 경우, 우리 국민의 후생이 증진하고 또 국민소득이 높아지는 정도가 다름 아닌 비전 2030의 기회비용일 수 있다. 그렇다면 비전 2030을 만드는 작업을 하는 1년이라는 기간 동안 여러 대안별로 기회비용을 얼마나 검토했을까. 김영삼 정권

말(1997)의 '21세기 국가과제'나 김대중 정권 말(2002)의 '2011 비전'처럼 기회비용의 계산을 제대로 하지 않은 채 정권말기에 한번쯤 내놓아보는 장기계획정도인지 아닌지 따져볼 일이다.

똑똑한 정부는 뭐든 다 할 수 있다고 장담하는 정부가 아니라 이걸하면 기회비용이 가장 작다는 것을 국민들에게 보여주는 정부이다. 비전 2030과 같은 장기비전은 어쩌면 큰 문제는 없을 것이다. 왜냐하면 지금까지 그랬듯이 다음 정권이 선택하지 않으면 실현되지 않기 때문이다. 그런데 연금개혁, 개성공단, 한·미 FTA 등등은 그 선택이 한번 내려지고 나면 반드시 그 대가를 치러야 하는 것이라는 점에서 중요하다. 특히 한번의 선택이 아주 오랜 기간 영향을 미치는 국민연금개혁의 경우 기회비용의 계산은 철저해야 한다. 1988년 '조금 내고 많이 받는' 국민연금을 선택한 것의 대가를 지금까지도 톡톡히 치르고 있고 이번에도 바로잡지 못하면 앞으로도 수십년간 피해는 더욱 더 커질 것이기 때문이다.

이처럼 늘 기회비용을 외치는 경제학자들은 가슴이 차갑다는 비판을 받곤 한다. 좋은 일 하려는데 늘 재원 운운하는 방해꾼으로 비춰지기도 한다. 때로 복지정책은 경제학자들에게 맡겨두면 안 된다는 인식이 생기기도 한다. 그런데 적어도 정책을 선택할 경우 경제학적 분석은 필수적이다. 이 정책을 실시하면 영향을 받게 될 대상이 누구인가에서부터 그 대상이 어떻게 영향을 받아서 행동하게 될지에 대해 분석하는 것

이 경제학적 분석이다.

다시 말해서 경제학에서는 단순한 대상자의 파악보다는 대상자의 움직임을 파악하는 이른바 동태적 분석이 중요하다. 또, 사회과학으로서의 경제학은 자연과학과는 달리 사람 그리고 사회를 대상으로 실험을 하기도 한다. 이러한 실험과 과학적 분석이 전제되고 나서야 비로소 이념과 철학이 등장할 수 있다. 정책의 파급효과를 짚어보기도 전에 미리 이 정책의 성격이 보수니 진보니 판단하는 것은 금물이다. 정책을 논함에 있어

서 이념을 앞세우는 것이야말로 인기영합주의와 정치왜곡의 전형이다.

최근 들어 경제학자의 역할이 더욱 커지고 있다는 느낌이 드는 것은 수없이 많은 국가적 선택이 비경제학적 분석으로 이뤄지고 있기 때문일 것이다. 경제학자 역시 가슴은 뜨겁지만 머리는 늘 차갑게 유지하려 애쓴다는 믿음을 국민들에게 심어줄 필요 또한 더욱 커지고 있는 시점이다.

출처: **안종범 교수(성균관대 경제학과),** 『**서울신문**』 **2006. 9. 25.**

경제와 경영의 차이

어느 교수님께 이런 이야기를 들은 적이 있다. 똑같은 논문을 경제학과와 경영학과에서 발표해 보면 반응이 너무나 다르다는 것이다. 경제학과 교수님들은 잔뜩 찌푸린 얼굴로 고개를 설레설레 저으며 앉아있어 미리부터 위축감을 느낀다는 것이다. 발표 뒤에는 논문의 이러 저러한 곳이 문제라는 지적이 쏟아진다. 반대로 경영학과 교수님들의 반응은 아주 긍정적이고 호의적이다. 논문제목만 보고도 웃는 얼굴로 고개를 끄덕이고, 발표 뒤에는 칭찬도 많이 나온다고 한다.

국가 운영은 실패하면 안돼

이런 관찰이 맞는지 아닌지는 증명된 바는 없다. 다만 경제학자들이 어떤 주장에 회의적이고

비판적인 자세를 많이 취하는 반면 경영학자들은 희망적이고 긍정적인 자세를 취하는 것 같다.

비판적 태도와 희망적 태도는 사실 모두 맞을 수도 있고 틀릴 수도 있다. 어떤 사람이 새로운 시도를 할 때 성공할 확률은 대부분 낮다. 솔직히 확률이 높았다면 이미 누군가 시도했을 것이다. 아무도 시도하지 않았다는 자체가 무엇인가 미심쩍은 부분이 있는 것이다.

따라서 미리 꼼꼼히 따져보는 교육을 받은 경제학자들은 성공 확률이 낮은 새로운 시도를 비판적으로 보게 된다. 이런 시각의 문제는 새로운 시도가 이루어지기 어렵다는 것이다. 반대로 경영학자들처럼 매사를 희망적으로 보면 새로운 시도를 많이 하고 당연히 많은 실패를 하게 된

다. 하지만 그러다 보면 아홉 번을 실패하고 마지막 한 번을 성공할 수도 있는 것이다.

일견 비슷할 것 같은 경제학과 경영학의 학풍은 왜 이렇게 다른 것일까? 경제학은 주로 국가 운영을 대상으로 하는 학문임에 비하여, 경영학은 주로 기업의 운영을 대상으로 하기 때문이다. 국가 운영은 성공을 이루는 것도 중요하지만 금융위기 같은 실패를 피하는 것이 더 중요할 수 있다. 이에 비해 기업은 오히려 실패를 두려워하지 않고 성공을 목표로 나아가는 추진력이 더욱 중요할 수 있다.

국가 운영이 실패를 방지하는 데 역점을 두어야 하는 이유는 물론 국가라는 조직의 크기가 기업들과는 수준이 다르기 때문이다. 국가 운영이 실패할 경우 그 영향은 너무도 치명적이다. 또 자신들의 돈을 투자해서 실패할 경우 자신이 손해를 보는 민간 기업들과 달리, 정부는 국민의 위탁을 받아서 국민의 돈으로 운영과 투자를 한다. 따라서 정부의 의사결정권자들은 민간기업의 의사결정권자들에 비하여 방만해지기 쉽다.

정부의 최고 의사결정권자들은 정치인들이라는 것도 문제이다. 정치인들은 평생 그 자리에 있는 것이 아니고 임기가 정해져 있다. 이 때문에 자신의 임기 이후에 대한 걱정이나 배려가 부족하다. 단기적으로는 국가에 이익이 되지만 장기적으로는 국가에 불리한 의사결정을 할 수 있다. 며칠 전 이명박 대통령이 대선 기간에 세종시 원안 추진을 공약한 것을 후회한다고 사과한 것만 보아도 잘 알 수 있다.

두바이 사태가 어떤 결말에 이를지 아직은 불확실하다. 하지만 CEO형의 지도자가 야심 차게 추진한 두바이의 급속한 발전이 큰 벽에 부딪힌 것은 사실이다. 한 국가를 기업처럼 운영하다가 실패한 대표적인 사례로 역사에 기록될지도 모르겠다.

국책 사업은 신중함 지켜야

이 대통령도 기업 경영자 출신이다. 효율적이고 신속한 기업에 비하여 국가 조직은 추진이 더디고 여론의 비판에 따라 계획이 좌초되기도 하니 답답하게 느낄 수 있을 것이다. 이런 국가 조직의 특성은 관료제의 문제일수도 있지만, 기업과는 당연히 달리 운영되어야 하는 국가의 특성이기도 하다. 경영적 마인드를 가진 국가 지도자의 효율성과 추진력을 살리면서도 국책사업을 추진하는 데는 경제적인 신중함을 잃지 않는 모습을 볼 수 있기 바란다.

출처: 한순구 교수(연세대 경제학과), 『한국일보』, "아침을 열며", 2009. 11. 30.

경 제 학 의 기 본 원 리

제2편
수요·공급이론 그리고 탄력도

수요, 공급 및 가격의 결정

제3장부터 제15장까지는 미시경제학의 기초로서 수요와 공급이론을 시작으로 소비자와 생산자행동이론과 시장이론 및 생산요소이론 등을 다루게 될 것이다.

이 장에서는 시장경제에서 가격이 결정되고 자원이 배분되는 원리를 설명하는 수요·공급의 이론을 다룬다. 먼저 수요와 공급에 관련된 여러 개념들을 알아보고 수요와 공급의 상호작용에 의해서 가격이 결정되는 원리를 설명한다. 다음으로 특정한 경우에 해당되는 가격통제에 대해서 알아보고, 마지막으로 개별수요와 개별공급의 총합적 개념인 총수요와 총공급에 대해서 설명한다.

제1절 수요와 그 변화요인

1-1 수요와 수요량의 개념

수요(demand)란 특정된 시기에 있어서 구매자가 특정된 재화나 용역을 특정된 가격으로서 구입하려고 하는 욕구 또는 예정을 말한다. 재화에 대한 수요량(quantity demanded)이란 일정기간에 소비자가 구매력을 갖추고 구입하고자 하는 최대 수량이다. 이렇게 구매력이 수반된 수요를 유효수요(effective demand)라고 한다.

수요량은 다음과 같은 의미를 포함하고 있다.

첫째, 수요량은 반드시 어떤 일정한 기간을 명시하여야 그 의미가 명확해 진다. 즉, 1주간, 1개월간, 1년간 등의 기간을 명시해야만 수요량의 의미가 명확해 질 수 있다. 이렇듯 기간을 명시해야만 그 의미가 명확해 지는 것을 유량(folw)의 개념이라 한다. 경제용어로 유량에 속하는 것은 소득, 생산량 등이 속할 수 있다. 반면, 일정시점을 명시해야만 그 의미가 명확해지는 것을 저량(stock)의 개념이라 한다. 부(富), 자산, 인구 등이 여기에 속할 수 있다.

둘째, 수요량은 막연히 생각만 하는 수량이 아니라 구매력을 가지고 구입하고자 하는 의도된 수량을 의미한다. 구매력을 가지고 있지 않으면서 막연히 의도된 것은 공허한 욕구에 머물게 될 것이다. 구매력이란 그 상품을 구입할 수 있는 능력을 의미한다.

셋째, 수요량은 주어진 가격수준에서 소비자가 구입하고자 의도하는 최대수량을 의미한다. 수요량은 소비자들이 구입하고자 하는 의도된 수량이지 실제로 구입한 수량을 의미하는 것은 아니다.

1-2 수요의 법칙과 수요곡선

수요의 법칙(law of demand)이란 재화나 용역의 가격이 하락하면 수요량이 증가하고 가격이 상승하면 수요량이 감소한다는 사실이다. 만약 이 사실을 표로 나타내면 수요표(demand schedule)가 되고, 그래프로 나타내면 수요곡선(demand curve)이 된다.

또한 수요량(Q_D)과 가격(P)의 관계를 함수로 표시할 수 있는데 이를 수요함수(demand function)라고 하며 그 식은 다음과 같다.

$$Q_D = f(P) \tag{식 3-1}$$

〈표 3-1〉 주간 X재의 수요표

조 합	가격(원)	수요량(상자)
A	$P_1 = 900$	$Q_1 = 10$
B	$P_2 = 700$	$Q_2 = 30$
C	$P_3 = 500$	$Q_3 = 50$

(식 3-1)을 표(수요표)로 표시하면 〈**표 3-1**〉이 되고 그래프(수요곡선)로 표시하면 〈**그림 3-1**〉이 된다.

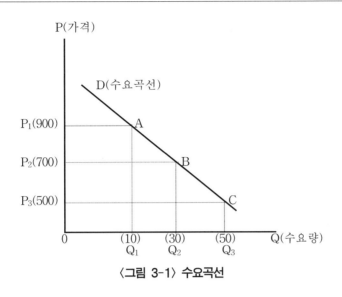

〈그림 3-1〉 수요곡선

1-3 개별수요와 시장수요

원래 수요는 크게 개별수요(individual demand)와 시장수요(market demand)로 2분된다. 개별수요가 각 수준의 시장가격에 대응한 각 소비자의 구매욕구를 의미한다면 시장수요는 주어진 시장가격하에서의 시장 전체의 수요를 의미한다. 시장수요는 주어진 각 시장 가격하에서 소비자 개개인이 나타내고 있는 개별수요의 수평적 합계(horiz-ontal summation)로서 나타난다.

〈그림 3-2〉는 동일한 가격수준에 대응하는 개별수요량이 어떻게 시장수요량으로 합계되어 시장수요량 및 시장수요곡선을 형성시키는가를 보여 주고 있다. 그림에 따르면, 소비자 A의 수요곡선과 소비자 B의 수요곡선은 각각 상호 독립적인 개별수요곡선들이다. 이들의 각각의 수요량은 서로 다른 사람의 소비수준과 관계없이 시장가격에 따라서만 독립적으로 결정된 것들이다.

가령, 어떤 재화(X재)를 소비하는 사람이 소비자 A와 소비자 B 두 사람만 있다고 가정하자. X재의 가격이 100원일 때 소비자 A는 연간 30개를, 그리고 소비자 B는 40개를 소비한다고 하자. 이 때 시장수요량은 이 둘의 소비량을 수평적으로 합계한 70개가 될 것이다. 그러나 시장가격이 다시 60원으로 하락하면 소비자 A의 연간수요량은 70개, B의 수요량은 90개이기 때문에 이 둘의 수평적 합계는 160개가 될 것이다.

따라서 시장수요곡선은 가격이 100원일 때 수요량 70개인 합계 W 와, 가격이 60원일 때 수요량 160개인 합계 Z 등과 같이 무수히 많은 조합들을 연결한 곡선으로 나타난다.

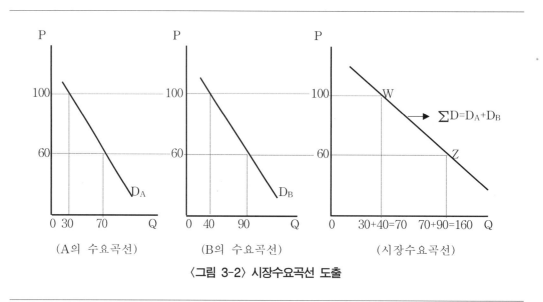

〈그림 3-2〉 시장수요곡선 도출

1-4 수요량의 변화와 수요의 변화

수요량의 변화와 수요의 변화는 다른 개념이다. 수요량의 변화는 다른 조건들이 일정할 때 그 재화의 가격이 변화함에 따라 동일한 수요곡선상에서 수요량이 변화하는 것을 의미한다. 즉, 〈그림 3-1〉에서와 같이 다른 조건들이 일정할 때 상품의 가격이 변화함에 따라 수요량도 변화한다. 즉, 만일 상품의 가격이 900원에서 700원으로 하락함에 따라 수요량이 10상자에서 30상자로 증가하였으며, 또는 가격이 500원에서 900원으로 상승하면 그 수요량이 50상자에서 10상자로 변화한다. 이런 경우를 수요량의 변화라 하며, 그 양이 증가하는 경우를 수요량의 증가, 감소하는 경우를 수요량의 감소라 할 수 있다. 또한, 수요량의 변화는 주어진 수요곡선상의 이동으로 설명될 수 있다. 즉, 상품가격변화에 따라 수요량의 변화는 주어진 수요곡선상의 A, B, C점을 따라 이동되고 있음을 확인할 수 있다.

그러나 해당상품 가격이 변하지 않더라도 다른 요인의 변동으로 수요량이 변할 수 있다. 예를 들면, 소비자의 소득변화, 소비자의 기호변화, 연관상품의 가격변화, 소비자의 예상 등이 있을 경우 소비자의 소비하는 양의 변화가 발생할 수 있다. 이를 수요의 변화라고 말하는 것이다. 예를 들면, 소비자의 소득이 종전보다 증가하였다면, 해당상품의 가격이 변화하지 않아도 그 수요량이 증가할 수 있다. 이는 수요곡선 그 자체가 우측으로 이동되는 것으로 설명될 수 있다. 반대로 소비자의 소득이 종전보다 감소한다면 해당상품의 가격이 변화하지 않아도 그 수요량이 감소할 수 있으며, 이는 수요곡선 자체가 좌측으로 이동되는 것으로 설명될 수 있다.

1-5 수요의 변화 요인

앞에서 설명하였듯이 수요의 변화를 발생시키는 요인에 대하여 살펴보고자 한다. 사실상 특정재화의 수요량에 영향을 주는 요인은 가격 외에 다수 존재한다. 따라서 개별수요함수의 일반적인 형태는 다음과 같이 쓰여야 한다.

$$Q_D = f(P; I, T, P_R, E_D, \cdots) \qquad \text{(식 3-2)}$$

P＝소비하고자 하는 재화의 가격
I＝소비자의 소득
T＝소비자의 취향 또는 기호
P_R＝연관재의 가격으로서 대체재나 보완재의 가격
E_D＝소비자의 예상

(식 3-2)에서 가격 외에 여러 가지의 독립변수들을 볼 수 있는데 〈**그림 3-3**〉과 함께 이들에 대해서 자세히 살펴보기로 하자.

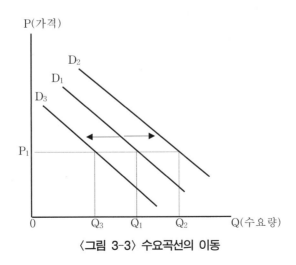

〈그림 3-3〉 수요곡선의 이동

(1) 소비자의 소득 변화

종전에는 I_1이라는 소득으로 Q_1만큼 P_1가격에 소비하였는데 소득이 I_2로 증가함에 따라 같은 가격 P_1에 Q_2의 양으로 소비가 증가하였다. 즉, Q_2-Q_1만큼 소비가 증가하였다. 이는 〈**그림 3-3**〉에서 수요곡선 D_1이 D_2로 이동함을 의미하는 것이다. 만약 소득이 감소한다면 같은 원리로 수요곡선은 D_3으로 이동할 것이다. 물론 여기에서는 열등재가 아닌 정상재(소득이 증가하면 소비량이 증가하는 재화)를 가정한다.

정상재란 가격을 비롯한 다른 조건들이 일정할 때 소비자의 소득이 증가하면 소비량은 늘어나는 재화를 말한다. 예를들면, 소고기의 가격 등 다른 조건이 일정하더라도 소비자들의 소득 수준이 증가하면 사람들은 소고기를 더 많이 먹기 시작한다. 반면, 열등재란 다른 조건들이 일정할 때 소비자의 소득이 증가함에 따라 수요량은 오히려 감소하는 재화를 말한다.

(2) 소비자의 기호 변화

만약 소비자의 기호가 맥주에서 소주로 바뀌었다면 맥주가격은 종전과 같이 P_1이나 그 소비량은 Q_1에서 Q_3으로 감소될 것이다. 즉, 수요곡선 Q_1에서 Q_3으로 이동함을 의미한다.

(3) 연관상품의 가격변화

연관상품에는 크게 대체재와 보완재가 있다.

첫째, 대체재에 대해서 알아보자. 대체재는 그 용도가 비슷하여 한 상품 대신에 다른 상품을 소비해도 소비자가 느끼는 만족도에는 별 차이가 없는 상품들을 말한다. 예를 들어 돼지고기와 닭고기, 버터와 마가린 등이 있는데 만약 전자의 예에서 돼지고기의 가격이 상승하면 닭고기의 가격은 P_1로 변화가 없는 데도 닭고기의 소비량이 Q_1에서 Q_2로 증가한다. 이는 돼지고기 가격이 상승해서 그 소비량이 감소하고 대신 닭고기의 소비량이 증가하기 때문이다. 즉, 닭고기의 수요곡선 D_1은 D_2로 이동하게 된다.

둘째, 보완재의 예를 들어보면 커피와 설탕, 자동차와 휘발유 등이 있는데 한 상품씩 따로 따로 소비할 때보다 함께 소비할 때 더 큰 만족을 얻을 수 있는 상품들을 말한다. 전자의 예에서 만약 커피의 가격이 상승하면 설탕의 가격은 P_1로 변화가 없는 데도 설탕의 소비량이 Q_1에서 Q_3으로 감소하게 된다. 이는 커피가격의 상승으로 인한 그 소비량의 감소로 보완재인 설탕의 소비량도 함께 감소하기 때문이다. 즉, 설탕의 수요곡선 D_1이 D_3으로 이동하게 된다.

(4) 소비자의 예상

소비자가 어떤 상품에 대해서 가격이 상승할 것이라고 예상하면 가격이 오르기 전에 미리 사두려 하기 때문에 그 상품에 대한 수요가 증가한다. 즉, P_1의 가격하에서 소비량은 Q_1에서 Q_2로 증가하고 수요곡선 D_1은 D_2로 이동하게 된다. 반대로 가격이 하락할 것이라고 예상하면 현재의 수요는 감소할 것이다. 이는 수요곡선의 좌측이동을 의미한다.

앞에서 언급하였듯이 이상의 네 경우와 같이 가격 외에 다른 원인으로 수요량이 변화할 때 수요곡선 자체가 좌측 또는 우측으로 이동하게 되는데 이와 같은 변화를 수요의 변화라고 하며 그 재화 자체의 가격이 변하여 수요량이 변화하는 것을 수요량의 변화라고 구분한다.

제2절 공급과 그 결정요인

2-1 공급과 공급량의 개념

공급(supply)이란 특정된 시기에 있어서 생산자(공급자)가 특정된 재화나 용역을 특정된 가격으로서 판매하고자 하는 욕구 또는 예정을 말한다. 상품의 공급량(quantity supplied)이란 일정기간에 생산자가 판매능력을 갖추고 판매하고자 하는 재화나 용역의 최대수량이다.

공급량은 다음과 같은 의미를 포함하고 있다.

첫째, 공급량의 경우도 수요량과 마찬가지로 일정한 기간을 명시하여야만 그 의미가 명확해지며, 유량(flow)의 개념을 가지고 있다.

둘째, 공급량은 생산자가 막연히 의도된 수량이 아니라 실질적인 물량을 확보할 수 있는 상태에서 판매하고자 의도하는 최대수량을 의미한다.

셋째, 공급량은 주어진 가격에서 생산자가 판매하고자 의도하는 최대수량이다. 그러므로 공급량은 실제로 판매된 수량과는 구분된다. 주어진 가격수준에서 생산자가 판매하고자 의도하는 공급량은 판매량과는 다르기 때문에 판지 못하는 수량이 있을 수 있다.

2-2 공급의 법칙과 공급곡선

공급의 법칙(law of supply)이란 재화나 용역의 가격이 상승하면 공급량이 증가하고 가격이 하락하면 공급량이 감소한다는 사실이다. 만약 이 사실을 표로 나타내면 공급표(supply schedule)가 되고, 그래프로 나타내면 공급곡선(supply curve)이 된다.

또한 공급량(Q_s)과 가격(P)의 관계를 함수로 표시할 수 있는 데 이를 공급함수(supply function)라고 하며 그 식은 다음과 같다.

$$Q_S = f(P) \hspace{4cm} \text{(식 3-3)}$$

(식 3-3)을 표(공급표)로 표시하면 〈**표 3-2**〉가 되고 그래프로(공급곡선)로 표시하면 〈**그림 3-4**〉가 된다.

〈표 3-2〉 주간 X재의 공급표

조 합	가격(원)	공급량(상자)
A	$P_1 = 900$	$Q_1 = 40$
B	$P_2 = 700$	$Q_2 = 30$
C	$P_3 = 500$	$Q_3 = 15$

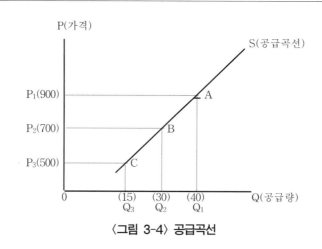

〈그림 3-4〉 공급곡선

2-3 개별공급과 시장공급

공급도 개별공급(individual supply)과 시장공급(market supply)으로 구분된다. 개별공급이 각 수준의 시장가격에 대응한 각 생산자의 생산계획을 의미한다면 시장공급은 주어진 시장가격하에서의 시장 전체의 공급을 의미한다. 따라서 시장수요와 마찬가지로 시장공급도 주어진 각 시장 가격하에서 생산자 개개인이 나타내고 있는 개별생산의 수평적 합계로서 나타난다.

〈그림 3-5〉는 동일한 가격수준에 대응하는 개별공급량이 어떻게 시장공급량으로 합계되어 시장공급량 및 시장공급곡선을 형성시키는가를 보여 주고 있다. 그림에 따르면, 생산자 A의 공급곡선과 생산자 B의 공급곡선은 각각 상호 독립적인 개별공급곡선들이다. 이들의 각각의 공급량은 서로 다른 사람의 공급수준과 관계없이 시장가격에 따라서만 독립적으로 결정된 것들이다.

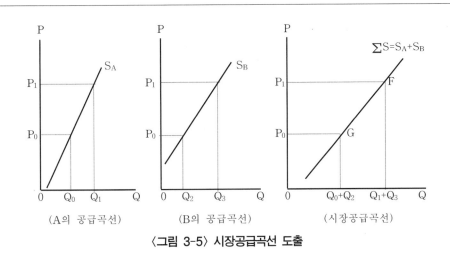

〈그림 3-5〉 시장공급곡선 도출

가령, 어떤 재화를 생산하는 사람이 생산자 A와 생산자 B 두 사람만 있다고 가정하자. 가격이 P_0일 때 A는 연간 Q_0을, 그리고 B는 Q_2를 생산한다고 하자. 이 때 시장공급량은 이 둘의 소비량을 수평적으로 합계한 $Q_0 + Q_2$가 될 것이다. 그러나 시장가격이 다시 P_1로 상승하면 A의 연간생산량은 Q_1, B의 생산량은 Q_3이기 때문에 이 둘의 수평적 합계는 $Q_1 + Q_3$이 될 것이다. 따라서 시장공급곡선은 가격이 P_1일 때 생산량 $Q_0 + Q_2$인 합계 G와, 가격이 P_1일 때 공급량 $Q_1 + Q_3$인 합계 F 등과 같이 무수히 많은 조합들을 연결한 곡선으로 나타난다.

2-4 공급량의 변화와 공급의 변화

수요량의 변화와 수요의 변화가 서로 다른 개념을 갖고 있었던 것과 같이 공급량의 변화와 공급의 변화도 상호 다른 개념을 갖고 있다.

공급량의 변화는 다른 여건들이 일정할 때 어떤 재화의 가격이 변화하면 동일한 공급곡선상에서 그 재화의 공급량이 변화되는데 이를 공급량의 변화라고 한다. 반면, 해당상품가격이 변하지 않더라도 일정불변이었던 요인중의 어느 한 요인이 변동되면 재화의 가격이 변화되지 않더라도 공급량은 변할 수 있다. 이는 공급곡선 자체의 이동으로 표시될 수 있다.

2-5 공급의 변화요인

수요의 변화요인과 마찬가지로 특정재화의 공급량에 영향을 주는 요인은 가격 외에 다수 존재한다. 따라서 개별공급함수의 일반적인 형태는 다음과 같이 쓰여야 한다.

$$Q_S = f(P; T_E, P_F, T_A, E_S, \cdots) \qquad\qquad (\text{식 } 3\text{-}4)$$

P = 공급하고자 하는 재화의 가격
T_E = 생산기술
P_F = 생산요소가격으로서 임금, 이자, 임대료 등
T_A = 조세와 정부보조금
E_S = 공급자의 예상

(식 3-4)에서 가격 외에 여러 가지의 독립변수들을 볼 수 있는 데 이들에 대해서 〈**그림 3-6**〉을 살펴보면서 자세히 알아보자.

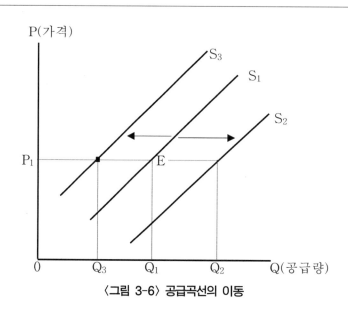

〈그림 3-6〉 공급곡선의 이동

(1) 생산기술의 변화

종전의 생산기술 하에서는 Q_1만큼 P_1가격에 공급하였는데 생산기술이 향상됨에 따라 생산비용이 감소하고 같은 가격 P_1에 Q_2로 공급량을 증가시킬 수 있다. 즉, Q_2-Q_1만큼 공급이 증가하였다. 이는 〈**그림 3-6**〉에서 공급곡선 S_1이 S_2로 이동함을 의미하는 것이다.

(2) 생산요소 가격의 변화

임금·임대료·이자와 같은 생산요소가격이 상승하면 생산비가 상승한다. 따라서 종전과 같은 생산비로는 보다 적게 생산할 수밖에 없어서 전과 같이 P_1의 가격수준에서 공급량은 Q_1에서 Q_3으로 감소될 것이다. 즉, 공급곡선 S_1이 S_3으로 이동하게 됨을 의미한다.

(3) 조세와 정부보조금의 변화

재산세나 소비세를 올리면 재화의 생산비가 증가하여 공급이 감소하게 되므로 공급곡선을 좌로 이동하게 하며, 정부의 기업에 대한 보조금은 생산비를 낮추게 하는 효과를 주게 되므로 공급이 증가하게 되는데 이는 공급곡선을 우측으로 이동하게 한다.

(4) 공급자의 예상

공급자가 어떤 상품에 대해서 차기에 가격이 상승할 것이라고 예상하면 금기의 공급을 감소시킬 것이다. 이는 P_1의 가격하에서 공급량은 Q_1에서 Q_3으로 감소하고 공급곡선 S_1은 S_3으로 이동하게 된다. 한편 차기에 가격이 하락할 것이라고 예상하면 하락하기 전에 미리 팔기 위해서 금기의 공급을 증가시킨다. 이는 공급곡선의 우측이동을 의미한다.

(5) 연관상품의 가격변화

일반적으로 생산측면에서도 한 상품은 다른 여러 상품과 대체관계 또는 보완관계를 갖는다. 따라서 한 상품의 공급은 연관상품의 가격변화에 따라 영향을 받게 된다. 예를 들면, 농부는 소유하고 있는 토지로 고구마를 생산하여 공급하거나 또는 감자를 생산하여 공급할 수도 있다. 이때 고구마와 감자는 생산면에서 대체관계에 있다고 할 수 있다. 이러한 상황에서 감자의 가격변화가 일어나지 않은 상태에서 고구마의 가격이 상승하면 농부는 수익성이 상대적으로 더 좋은 고구마를 생산하는 것이 이익이라는 생각하에 감자의 생산을 줄이고 고구마의 생산을 증가시킬 것이다. 이로 인해 감자는 자체가격의 변화가 없었음에도 불구하고 연관상품인 고구마의 가격변화로 감자공급이 감소하는 현상이 일어나게 된다. 즉, 감자의 공급곡선이 좌측으로 이동하게 된다.

앞에서 언급한바와 같이 이상의 경우와 같이 가격 외에 다른 원인으로 공급량이 변화할 때 공급곡선 자체가 좌측 또는 우측으로 이동하게 되는데 이와 같은 변화를 공급의 변화라고 하며 그 재화 자체의 가격이 변하여 공급량이 변화하는 것을 공급량의 변화라고 구분한다.

제3절 시장의 균형가격 결정

3-1 수요와 공급의 균형

지금까지 수요와 공급을 따로따로 살펴보았다. 이제 이 두 가지 별개의 힘이 시장에서 어떻게 작용하여 균형가격이 결정되는가를 알아봐야 한다. 〈표 3-3〉은 각 가격수준에서 X재에 대한 시장수요량과 공급량을 함께 나타내어 두 양을 비교한 것이다.

X재 한 개의 가격이 900원이라고 가정하자. 이 가격하에서는 소비자들이 1주일 동안에 소비하고자 하는 수요량은 10개인데 반하여, 생산자들이 판매하고자 하는 공급량은 40개나 되어 30개의 초과공급량(excess supply)이 발생한다. 만약 가격을 900원으로 계속 유지한다면, 다른 사정이 변하지 않는 한 계속해서 재고가 쌓여 초과공급량은 증가하게 될 것이다. 이에 생산자들은 이 가격이 너무 높다는 것을 깨닫고 가격을 인하시킬 것이다. 이렇게 인하된 새로운 가격에서 생산자들은 공급량을 줄이는 반면, 소비자들은 종전보다 더 많은 수량을 사고자 하여 초과공급량은 감소될 것이다. 가격하락은 초과공급량이 완전히 감소되어 없어질 때까지 계속된다.

이번에는 X재 가격이 비교적 낮은 수준인 500원이라고 가정하자. 이 가격에서 소비자들은 매주 50개를 사고자 하는 데 반하여, 생산자들은 매주 15개만 공급하고자 하기 때문에 35개의 초과수요량(excess demand)이 발생한다. 이러한 경우 소비자들은 남보다 더 높은 가격을 주고서라도 부족한 X재를 구매하고자 하기 때문에 가격이 상승하게 된다. 가격이 상승함에 따라 수요량은 줄어들고 공급량은 증가하여 초과수요가 줄어들게 되며 이러한 현상은 초과수요가 존재하는 한 계속된다.

이와 같이 초과공급량이 존재하면 가격이 하락하고 초과수요량이 존재하면 가격이 상승하는데, 만약에 초과공급도 초과수요도 없는 상태, 즉 공급량과 수요량이 일치하는 상태에 도달하면 가격은 더 이상 움직이지 않을 것이다. 〈표 3-3〉에서 X재 가격이 700원인 경우를 보자.

이 가격에서는 소비자가 사고자 하는 수량과 생산자가 판매하고자 하는 수량이 동일하기 때문에 초과공급과 초과수요 모두 존재하지 않는다. 따라서 가격은 하락 압력도 받지 않고 상승 압력도 받지 않게 되어 700원의 수준에서 더 이상 움직이지 않게 된다. 이때 우리는 X재 시장이 균형(equilibrium)상태에 있다고 말한다. 즉, 균형상태란 다른 사정이 변하지 않는 한 더 이상 움직일 유인이 없는 상태를 말한다.

수요량과 공급량이 일치하는 가격수준에서는 생산자와 소비자가 각각 원하는 만큼 사고 팔 수 있기 때문에, 수요와 공급 자체에 영향을 주는 다른 사정이 발생하지 않는 한 그 가격수준 이외의 다른 가격수준으로 움직일 유인이 존재하지 않는다. 이러한 의미에서 수요량과 공급량이 일치하는 가격수준을 시장균형가격(market equilibrium price)이라고 한다. 시장균형가격은 간단히 줄여서 시장가격 또는 균형가격이라고도 부른다. 균형가격 하에서 형성된 수요량과 공급량을 각각 균형수요량·균형공급량이라 하고 간단히 균형량이라고도 한다.

⟨표 3-3⟩에서 X재의 균형가격은 700원이고 균형량은 30개이다. 이와 같이 수요·공급의 상호작용에 의하여 균형가격과 균형량이 결정되는 현상을 수요·공급의 법칙(law of supply and demand)이라 한다.

X재 시장에서 균형이 이루어지는 과정은 ⟨그림 3-7⟩과 같이 그래프로써도 설명할 수 있다. ⟨그림 3-7⟩은 ⟨표 3-3⟩을 바탕으로 그려졌으며, 이것은 ⟨그림 3-1⟩의 수요곡선과 ⟨그림 3-4⟩의 공급곡선을 동일한 평면에 함께 표시한 것이다. 앞에서 언급한 바와 같이 균형점은 수요량과 공급량이 일치하는 점이기 때문에 그림에 나타난 것처럼 수요곡선과 공급곡선이 교차하는 점인 E에서 결정된다. 이때 균형가격은 700원이고 균형량(균형수요·공급량)은 30개이다. 이 균형가격보다 낮은 가격에서는 초과수요량이 존재하므로 가격은 상승 압력을 받게 되고, 균형가격보다 높은 가격에서는 초과공급량이 존재하여 가격은 하락 압력을 받게 되므로 이러한 가격들은 유지될 수 없다. 균형가격 700원 만이 상승이나 하락의 압력을 받지 않아 그대로 유지된다.

⟨표 3-3⟩ X재에 대한 주간 시장 수요표와 공급표

(1) 가 격 (사과 1개당)	(2) 수요량 (단위 1000개)	(3) 공급량 (단위 1000개)	(4) 초과 수요량
500	50	15	35
700	30	30	0
900	10	40	-30

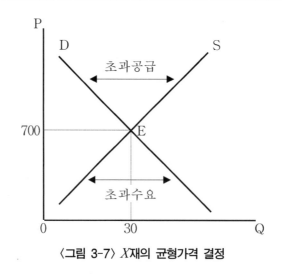

〈그림 3-7〉 X재의 균형가격 결정

3-2 균형가격의 이동

위에서 우리는 수요곡선과 공급곡선이 주어졌을 때 균형가격과 균형량이 결정됨을 보았다. 이것은 수요곡선과 공급곡선이 주어진 상태, 즉 해당 상품의 가격 이외의 다른 모든 수요·공급결정 요인들이 고정되어 있어 수요곡선과 공급곡선 자체가 전혀 이동하지 않는다는 가정을 전제로 한 것이다. 그러나 앞에서 살펴본 바와 같이 소비자의 소득, 소비자의 기호, 관련 제품의 가격의 변동은 수요곡선 자체를 이동시키고, 생산기술, 생산요소가격 등의 변동은 공급곡선을 이동시킨다. 이제 이와 같이 수요곡선과 공급곡선이 이동할 때 균형가격과 균형량이 어떻게 달라지는가를 알아보기로 한다.

(1) 수요곡선의 이동과 균형

〈그림 3-8〉에서 보는 바와 같이 균형점은 수요곡선 D_0와 공급곡선 S_0가 교차하는 E_0점에서 결정되고 균형가격과 균형량은 P_0과 Q_0이다. 이제 예를 들어 고정되었다고 가정했던 소비자의 소득이 갑자기 증가하였다고 보자. 이 상품이 정상재라면 수요곡선은 D_1로 우측으로 이동한다. 이에 따라 원래의 균형가격 P_0수준에서는 Q_0Q_2만큼의 초과수요량이 존재하게 되고 가격은 상승 압력을 받게 된다. 이러한 상승 압력으로 인하여 새로운 균형점은 수요곡선 D_1과 공급곡선 S_0가 교차하는 E_1에서, 즉 초과수요가 사라지는 점에서 결정되고 균형가격과 균형량은 P_1과 Q_1이 된다. 이와 같이 수요가 증가하면 균형가격은 상승하고 균형량도 증가한다.

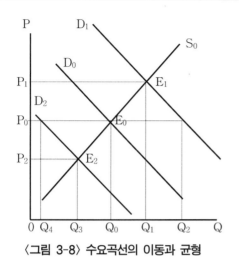

〈그림 3-8〉 수요곡선의 이동과 균형

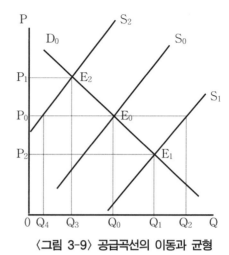

〈그림 3-9〉 공급곡선의 이동과 균형

반면에 수요가 감소하면 수요곡선은 D_0에서 D_2로 좌측으로 이동한다. 이러한 경우 원래의 균형가격 P_0수준에서 Q_0Q_4만큼의 초과공급량이 발생하고 가격은 하락하게 되며, 균형가격과 균형량은 P_2, Q_3가된다. 즉 수요가 감소하면 균형가격은 하락하고 균형량도 감소한다.

(2) 공급곡선의 이동과 균형

〈**그림 3-9**〉에서처럼 원래의 수요곡선 D_0와 공급곡선 S_0는 E_0점에서 교차하였으므로 균형가격과 균형량은 P_0과 Q_0이다.

이제 예컨대 생산기술이 향상되어 공급이 증가하면 공급곡선은 S_0에서 S_1로 우측으로 이동하게 되며, 그 결과 원래의 균형가격 수준에서는 Q_0Q_2만큼의 초과공급량이 존재하며, 이로 인하여 가격은 하락한다. 새로운 균형가격은 P_2로 하락하게 되고 새로운 균형량은 Q_1로 증가하게 된다.

한편 공급이 감소하면 공급곡선이 S_0에서 S_2로 좌측으로 이동하게 되며, 그 결과 원래의 균형가격 P_0수준에서는 Q_0Q_4만큼의 초과수요량이 존재하므로 균형가격은 P_1으로 상승하고 균형량은 Q_3으로 감소한다.

제4절 수요 및 공급이론의 응용

4-1 가격통제

가격통제(price control)란 시장에서의 자유로운 수요와 공급에 의해서 결정된 가격이 너무 높거나 낮아서 소비자나 생산자에게 지나친 경제적 부담을 줄 경우 정부가 직접적으로 가격형성에 간섭하는 것을 말한다. 예를 들어 어떤 특정상품에 초과수요가 발생하여 가격이 연속적으로 상승하는 경우 소비자를 보호하기 위하여 상한선을 설정한다던가, 반대로 과잉공급이나 수요부족으로 가격이 하락하여 그 생산자를 보호할 필요가 있을 때 정부가 하한선을 설정하는 것이 가격통제이다. 이와 같이 가격통제에는 상한선을 설정하는 최고가격제와 하한선을 규정하는 최저가격제가 있다.

(1) 최고가격제

최고가격제란 전시와 같은 비상사태로 생산이 위축해서 물가가 지속적으로 상승하는 경우 정부가 물가안정을 위하여 각 재화나 서비스가격에 대하여 최고가격(ceiling price)을 설정하고 그 이상으로는 거래하지 못하도록 규제하는 제도를 말한다.

이러한 최고가격은 시장에서 자유롭게 형성되는 균형가격수준이 너무 높다고 판단되어 설정되는 것이기 때문에 항상 균형가격수준보다 낮게 설정된다. 〈그림 3-10〉에서 보는 바와 같이 만약에 최고가격이 균형가격인 P_0보다 높은 P_2에서 설정된다면 최고가격은 의미가 없어진다. 그런데 최고가격이 균형가격 P_0 이하의 어떤 수준, 예컨대 P_1에서 설정된다면 어떠한 효과가 발생할 것인가? 먼저 P_1에서는 수요량이 공급량을 초과하여 AC만큼의 초과수요(공급부족)가 발생하게 된다.

이러한 경우 두 가지 문제가 발생한다. 첫째로 공급자들은 초과수요가 존재하는 상황에서 부족한 물량은 소비자들에게 어떻게 할당해 줄 것인가 하는 문제에 부딪친다. 둘째로는 소비자들이 원하는 만큼의 재화를 구입할 수 없기 때문에, 법으로 설정한 최고가격보다 높은 가격을 지불하고서라도 부족한 재화를 구입하고자 하기 때문에, 암시장(black market)이 발생된다.

먼저 부족한 재화를 소비자들에게 배분하는 방법에 대하여 살펴보자. 대표적인 분배방식으로는 선착순(first-come-first-served)방식과 배급표제도(coupon system)가 있다. 첫째로 선착순 방식은 상점에 먼저 온 소비자에게 부족한 재화를 먼저 판매하는 방식이다. 이 방법은 시행하기는 편리하지만 소비자들에게는 정보획득과 구매를 위해 많은 노력이 요구되기 때문에 부담이 많이 가는 제도이다. 또한 먼저 온 소비자들이 필요 이상으로 많이 구매하여 늦게 오는 소비자에게 웃돈을 얹어 팔게 되는 암시장도 형성될 수 있다.

둘째로, 정부가 배급표를 발행하여 나누어주고 그 배급표만큼만 상품을 구매할 수 있게 하는 제도이다. 일반적으로 모든 소비자들에게 공평하게 분배되도록 하기 위하여 총상품수량을 소비자 수로 나누어 그 수량만큼 살 수 있게 배급표를 나누어주는 방법을 많이 채택한다. 그러나 이 방법은 소비자들에게 대한 형평은 달성되지만 개별소비자의 기호를 반영하지 못하는 단점을 갖고 있다. 또한 배급표 자체가 암거래됨으로써 배급표의 가격이 상승하고 결과적으로 상품의 실질가격은 상한가격을 상회할 수 있다.

다음으로 암시장의 발생에 대하여 살펴보자. 암시장이란 정부가 설정한 최고가격 이상으로 상품이 거래되는 불법적인 시장을 말한다. 〈그림 3-10〉에서 최고가격이 P_1로 설정되면 공급자들은 Q_2 이상 공급하려 하지 않기 때문에, 결과적으로 공급곡선은 Q_2에서 수직이 된다. 즉, 공급곡선은 SS'에서 $SABF$가 되는 것이다. 이 경우 새로운 공급곡선 $SABF$와 수요곡선 DD'가 교차하는 가격 P_2가 이론적으로 가능한 암시장 최고가격이 된다. 그러므로 암시장에서 거래되는 가격의 폭은 P_1과 P_2사이라고 볼 수 있다. 즉, 만약 암시장이 존재하면 소비자들은 OQ_2만큼의 상품을 구매하는 데 법적으로 정한 최저선 P_1에서부터 암시장 최고가격수준인 P_2까지 지불하게 되는 것이다.

최고가격제 실시에 따라 나타나는 암시장을 평가해 보면 첫째로, 전시 등 경제난국에 처하여 물자부족으로 심한 인플레이션이 발생하는 경우, 정부가 최고가격제도를 통하여 저소득계층들도 낮은 가격으로 필요한 상품을 소비할 수 있도록 하자는 것이 목적인데, 암시장이 발생하여 고소득층만이 높은 암시장가격으로 공급된 물량을 구매해 버린다면 정부의 목표는 달성될 수 없게 된다. 또한 최고가격제도는 정부가 최고가격제를 통하여 물가를 안정하고자 하는 것인데, 암시장의 발생으로 실제로는 높은 암시장가격으로 거래된다면, 물가안정이라는 기본 목적을 달성하지 못하게 되는 것이다.

물론 최고가격제가 물가안정뿐만 아니라 부족한 자원을 긴박한 다른 용도에 사용하기 위하여 해당 상품의 수요를 억제하고자하는 목적도 있다. 이러한 경우 정부는 소기의 목적을 달성할 수 있지만 암시장 출현으로 인한 물가상승은 기본적으로 경제전반에 장·단기적으로 악영향을 끼치기 때문에, 최고가격제도는 장기간 실시해서는 안 되고 단기간에 한해서 실시하는 것이 바람직하다.

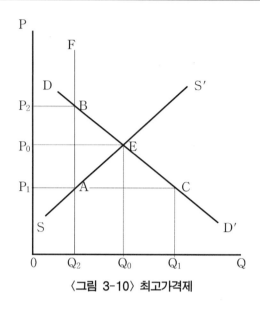

〈그림 3-10〉 최고가격제

(2) 최저가격제

　최저가격제란 정부가 특정 재화나 서비스에 대하여 일정한 가격이하로는 판매할 수 없도록 최저가격(floor price)을 설정하는 제도를 말하다. 최저가격제를 실시하는 목적은 농산물생산자나 노동을 제공하여 임금을 받는 노동자 등의 권익을 보장하기 위한 것이라고 볼 수 있다.

　이러한 목적을 달성하기 위해서는 최저가격은 시장에서 형성된 균형가격보다는 높게 설정되어야 한다. 만약 최저가격이 〈**그림 3-11**〉에서 보는 바와 같이 균형가격 P_0보다 낮은 경우 예컨대 P_1이라면 정부가 개입하지 않더라도 아무런 문제가 발생하지 않는다. 왜냐하면 최저가격이 P_1이상이면 판매자는 P_1이상의 어느 가격으로 판매해도 합법적이기 때문이다.

　반면에 최저가격이 시장균형가격인 P_0 이상에서 설정되면 어떠한 효과가 있는가? 예를 들어 정부가 최저가격을 P_2로 결정하였다고 하자. 이러한 경우 최고가격제와는 반대로 만성적 초과공급을 야기한다. 결국 Q_1Q_2만큼의 초과공급을 어떻게 해결할 것인가가 최저가격제의 가장 큰 문제점이다. 또한 가격이 P_2로 설정된 이후에 공급자에게 돌아가는 총수입(OP_2FQ_1)이 최고가격 실시이전의 수입(OP_0EQ_0)보다 반드시 높다는 보장도 없다. 만약에 수요곡선 DD'가 EF구간에서 탄력적[4]이라면 총수입은 오히려 감소하게 된다.

　최저가격제도는 생산자의 가격을 어느 정도 현실적인 수준으로 보장하는 효과가 있지만 지금까지 살펴본 대로 문제점을 항상 내포하고 있다. 최저임금제 실시 이후에 임금이 높아져 노

---

　4) 탄력도의 자세한 개념은 제4장 수요와 공급의 탄력도에서 다룰 예정임.

동의 수요가 줄어들기 때문에 오히려 실업자가 늘어난다던가, 농산물가격 지지제도가 광범위하게 실시되고 있는 나라에서 잉여농산물 처리로 골머리를 앓는 것 등이 대표적인 문제점이다. 따라서 최저가격제 역시 최고가격제와 마찬가지로 장·단점을 동시에 내포하고 있기 때문에, 이를 시행하는 데 있어서 그 효과를 포괄적으로 고려하여 신중하게 실시해야한다.

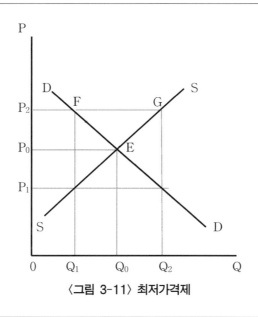

〈그림 3-11〉 최저가격제

4-2 소비자잉여와 생산자잉여

　일반적으로 수요곡선은 우하향하고 공급곡선은 우상향한다. 이는 재화의 수요나 공급시 매 단위의 소비 또는 생산으로부터 느끼는 소비자나 생산자의 가치가 일정하지 않다는 것을 의미한다. 예를 들어 수요곡선이 우하향하는 것은 소비자가 구매량을 차츰 증가시킴에 따라 느끼는 만족도가 점점 약해져서 첫 단위의 재화에는 높은 가격을 지불할 의사가 있으나 마지막 단위에는 보다 낮은 가격으로만이 그 재화를 구매할 의사가 있다는 것을 의미한다. 반대로 공급곡선이 우상향하는 것은 가격이 상승함에 따라 생산자가 생산량을 차츰 증가시키고 이에 따라 느끼는 만족도가 점점 커짐을 나타내는데, 낮은 가격에는 첫 단위의 재화를 판매할 의사가 있고 높은 가격에는 마지막 단위를 판매할 의사가 있다는 것을 의미한다. 그런데 가격은 수요와 공급에 의해서 유일하게 결정되고, 이렇게 결정된 가격은 소비자나 생산자가 매 단위에 대하여 부여할 수 있는 서로 다른 가격과 관계없이 거래하는 과정에서는 동일하게 적용되므로 두 가격 사이에 차이가 발생한다. 이러한 차이가 바로 소비자나 생산자가 거래과정에서 얻게 되는 잉여만족이다. 여기에서 소비자측의 잉여만족을 소비자잉여(consumer's surplus)라 하고 공급자측의 잉여만족을 공급자잉여(producer's surplus)라 한다. 이 개념들은 시장 수요·공급곡선의 분석에 의해 자세히 설명될 수 있다.

(1) 소비자잉여

마샬(A. Marshall)은 소비자가 어떤 상품을 소비하기 위하여 기꺼이 지불할 용의가 있는 가격과 실제로 지불한 가격과의 차액을 소비자잉여라고 정의하였다.

〈그림 3-12〉에서 수요와 공급의 균형점이 E이므로 소비자는 P_E의 가격으로 Q_E를 구입한다. 그러므로 소비자가 실제로 지불한 금액은 OP_EEQ_E이다. 그런데 수요곡선이란 소비자가 재화를 구입할 때 각 단위에 대하여 지불할 수 있는 최고가격을 나타내기 때문에, 예를 들어 최초의 1단위인 Q_1을 구입하는 데 소비자가 기꺼이 지불할 수 있는 최고가격은 P_1이 된다. 한편 첫 단위인 Q_1에 대해서 소비자가 실제로 지불한 금액은 시장가격 P_E이다. 여기에서 소비자는 두 가격의 차이, 즉 HJ만큼의 잉여를 얻게 된다. 두 번째 단위인 Q_2를 구입할 때 소비자가 지불할 수 있는 최고가격은 P_2이고 실제로 지불한 가격은 P_E이므로 소비자잉여는 IK가 된다.

만약 재화를 세분화하여 판매할 수 있다고 가정한다면, 위와 같은 논리를 계속해서 적용할 때 소비자가 Q_E까지 소비하는 데 기꺼이 지불할 수 있는 총금액은 수요곡선 이하의 사각형인 OD_EQ_E가 된다. 그런데 소비자가 Q_E를 구입하는 데 실제로 지불한 금액은 OP_EEQ_E이므로 소비자잉여는 OD_EQ_E에서 OP_EEQ_E를 제외한 줄친 삼각형 P_EDE가 된다.

(2) 생산자잉여

생산자잉여도 지금까지 설명한 소비자잉여와 같은 방법으로 쉽게 정의될 수 있다. 생산자잉여란 생산자가 어떤 재화를 판매할 때 실제로 받은 금액과 그 재화를 판매할 때 보장되어야 할 최소금액과의 차이를 말한다.

〈그림 3-12〉을 통하여 생산자잉여를 살펴보자. 생산자가 Q_E만큼을 판매하여 얻은 실제수입은 한 단위당 가격이 P_E이므로 OP_EEQ_E가 된다. 그런데 공급곡선 SS'는 생산자가 재화를 공급하는데 보장되어야 할 최소가격을 나타낸다. 예를 들어 첫 단위인 Q_1이 생산되기 위해서는 최소한 가격이 Q_1L만 보장되면 된다. 그런데 생산자가 첫 단위인 Q_1을 판매하고 실제로 받은 금액은 $P_E(Q_1J)$이므로 공급자는 JL의 잉여를 얻게 된다. 마찬가지로 두 번째 단위인 Q_2를 판매하고는 KM만큼의 잉여를 누리게 되는 것이다.

　만약 Q_E만큼의 재화를 무수히 세분하여 판매할 수 있다고 가정하면 생산자가 마음속으로
용납할 수 있는 최소한의 총금액은 OS_EQ_E가 된다. 따라서 생산자잉여는 생산자가 Q_E를 판매
하고 실제로 받는 총수입액 OP_EEQ_E에서 그 공급량에 대해서 받으면 되겠다고 생각하는 최저
금액 OS_EQ_E를 뺀 부분 삼각형 SP_EE이다.

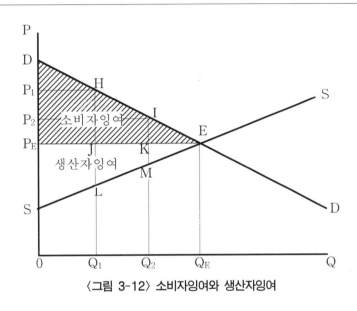

〈그림 3-12〉 소비자잉여와 생산자잉여

　여기에서 우리는 소비자와 생산자 전체를 고려한 사회전체의 잉여를 생각해 볼 수 있는 데
〈**그림 3-12**〉에서 균형가격과 균형수량이 각각 P_E와 Q_E로 결정될 때 발생하는 소비자잉여와
생산자잉여의 합은 SD_E가 되는데 이것을 사회적 후생(social surplus)이라 한다.

【연|습|문|제】

1. 아래의 표를 이용하여 다음 문제에 답하시오.

수요량	맥주가격	공급량
120	1500	105
110	2000	110
90	3000	120
80	4000	130
70	5000	150

   1) 맥주의 수요와 공급곡선을 도출하고 균형가격과 균형수급량을 표시하시오.

   2) 만약 소득수준이 증가되어 각 가격수준에서 30병의 맥주수요가 증가되었다고 가정하고 새 수요곡선을 도출하고 새 균형가격과 균형수급량을 표시하시오.

3. 정상재, 열등재, 대체재, 보완재의 개념을 설명하고 관련상품의 가격이 변화될 경우 수요곡선이 어떻게 이동되는지를 설명하시오.

4. 2012년 세계적인 경기침체에 영향을 받아 우리나라 경제에도 큰 변화가 일어날 것이다. 예를 들어 자동차산업에서는 자동차수요가 급감하고 자동차생산에 필요한 철은 경기침체로 수요가 줄어들어 단위당 가격이 많이 하락할 것이다. 이러한 예상을 바탕으로 자동차시장의 균형이동을 그래프로 표시하시오.

5. 수요의 변화와 수요량의 변화를 구분하여 설명하시오.

6. 소비자잉여를 설명하시오.

7. 최고가격제를 실시하는 이유와 그로 인한 부작용에 대해서 설명하시오.

수요와 공급의 탄력성

앞장에서 우리는 수요·공급의 법칙에 관하여 연구하면서 공급곡선을 따라 수요곡선을 좌우로 이동시켰을 때 균형가격과 균형량의 증감 효과를 분석하였다. 또한, 반대로 수요곡선을 따라 공급곡선을 좌우로 이동시켰을 때 균형가격과 균형량의 증감 효과를 분석하였다.

앞장에서의 수요곡선이나 공급곡선의 이동이 균형가격과 균형량에 미치는 효과에 관한 분석은 수요곡선과 공급곡선의 기울기가 일정불변인 것으로 가정한 것이었다. 그러나 현실적으로 수요곡선이나 공급곡선의 기울기가 일정하지 아니하고 여러 가지 형태를 취할 수 있다. 그러기에 이들 곡선의 이동이 균형량에 미치는 효과도 다르게 나타나게 된다.

수요곡선의 기울기나 공급곡선의 기울기에 따라 가격이 수요량 또는 공급량의 변화에 미치는 효과도 각각 다르거니와 이들 곡선자체의 이동 효과도 이들 곡선의 기울기에 따라 다르게 나타난다. 이러한 효과를 측정하기 위하여 가격변화에 따르는 수요량과 공급량의 변화의 민감도를 측정하게 된다. 여기에 탄력성(elasticity) 또는 탄력도라는 개념이 대두된다.

제1절 수요의 탄력도

1-1 수요의 가격탄력도

원래 탄력도 또는 탄력성(elasticity)이란 말은 물리학에서 한 힘의 작용에 대한 반작용의 비율을 의미한다. 다시 말해서 한 변수의 작용에 대한 작용을 받는 변수의 반응정도를 의미한다. 수요의 탄력도란 수요의 변화에 영향을 미치는 힘(가격, 소득, 연관재가격 등)의 작용에 대한 수요량의 변화율을 의미한다.

Alfred Marshall(1842~1924)은 가격변화에 대응한 수요량의 변화의 정도를 측정하기 위하여 수요의 가격탄력도(price elasticity of demand)라는 개념을 도입하였다.

수요의 가격탄력도는 가격의 백분화 변화율에 대한 수요량의 백분화 변화율을 의미한다. 이것을 관계식으로 표현하면 다음과 같다.

$$\text{수요의 가격탄력도} = \frac{\text{수요량의 변화율}}{\text{가격의 변화율}} = \frac{\dfrac{\text{수요량의 변화분}}{\text{원래의 수요량}} \times 100}{\dfrac{\text{가격의 변화분}}{\text{원래의 가격}} \times 100}$$

원래의 수요량을 Q, 수요량의 변화분을 ΔQ, 원래의 가격을 P, 가격의 변화분을 ΔP, 그리고 수요의 가격탄력도를 Ed라고 한다면, 다음과 같이 표현될 수 있다.

$$Ed = \frac{\dfrac{\Delta Q}{Q}}{\dfrac{\Delta P}{P}} = \frac{\Delta Q}{\Delta P} \cdot \frac{P}{Q} \tag{식 4-1}$$

일반적으로 수요의 가격탄력도는 마이너스의 값을 가진다. 왜냐하면 정상재의 경우 가격이 상승하면 수요량은 감소하고, 가격이 하락하면 수요량은 증가하기 때문이다. 그러나 경제학에서는 수요의 가격탄력도는 절대값을 취한다.

수요의 가격탄력도가 가지는 경제학적 의미는 가격의 1% 변화에 대한 수요량의 변화율로 표시된다. 예컨대, 수요의 가격탄력도가 –2(절대값을 취하면 2)라면, 가격이 1% 변화에 대하여 수요량은 2% 변하고 있음을 의미한다. 이것을 보다 구체적으로 표현하면, 가격이 1% 상승하면 수요량은 2% 감소하고, 반대로 가격이 1% 하락하면 수요량은 2% 증가한다는 사실을 의미한다.

일반적으로 가격의 변화율과 수요량의 변화율이 동일할 때 수요의 가격탄력도는 1이 된다. 이는 가격과 수요량이 같은 비율로 변하기 때문이다. 이와 같이 이들이 같은 비율로 변하여 수요의 가격탄력도가 1로 나타날 때, 우리는 이것을 기준으로 하여 모든 탄력도를 비교하기 때문에 이것을 단위탄력도(unit elasticity)라고 말한다. 그리고 탄력도가 1일 때 수요량의 변화가 가격의 변화에 대하여 단위탄력적이라고 표현한다. 그러나 만일 가격의 변화율 보다 수요량의 변화율이 작으면 수요의 가격탄력도는 1보다 작게 나타난다. 이와 같이 탄력도가 1보다는 작고 0보다는 큰 상태를 비탄력적(inelastic)이라고 말한다. 그러나 가격이 아무리 변한다 할지라도 수요량의 변화가 0이 되는 경우가 있다. 이 경우는 $\frac{\Delta Q}{\Delta P}$ 의 분자값이 0이 되므로 수요의 가격탄력도는 0이 된다. 이런 상태에서는 가격변화에 대한 수요량의 변화가 전무하기 때문에 탄력성이 전혀 없다하여 완전비탄력적(perfectly inelastic)이라고 말한다. 이와는 반대로 0에 가까운 작은 가격변화에 대하여 대단히 큰 수요량의 변화가 나타나 $\frac{\Delta Q}{\Delta P}$ 의 값이 무한대에 가까운 상태를 보이는 경우도 있다. 이런 상태에서는 가격변화에 대한 수요량의 변화가 매우 크기 때문에 완전탄력적(perfectly elastic)이라고 말한다.

지금까지 설명한 수요의 가격탄력도를 정리하면 〈**표 4-1**〉과 같다. 또한 수요곡선이 직선이라는 가정 하에 탄력도의 크기는 〈**그림 4-1**〉과 같이 수요곡선의 기울기로도 알아볼 수도 있다. 〈**그림 4-1**〉의 (a)에서 가격이 P_0에서 P_1로 하락할 때 또는 상승할 때 수요량의 변화는 기울기가 가파른 수요곡선 D_0에서의 변화량(Q_0Q_1)보다 기울기가 덜 가파른 수요곡선 D_1에서의 변화량(Q_0Q_1')이 큰 것을 볼 수 있다. 따라서 수요의 가격탄력도는 수요곡선의 기울기가 가파른 쪽이 덜 가파른 쪽에 비해서 작다. 〈**그림 4-1**〉(b)에서는 수요곡선의 극단적인 모양을 보여주고 있는 데 수요곡선 D_0은 수직적이기 때문에 가격이 P_0에서 상하로 아무리 변하여도 수요량의 변화는 없게 된다. 따라서 이러한 경우를 완전비탄력적이라고 한다. 반대로 수요곡선 D_1은 수평적인 데 가격이 조금만 변하여도 수요량의 변화는 무한대로 변하는 것을 보여주고 있으므로 이 경우를 우리는 완전탄력적이라고 한다.

$$\text{수요의 가격탄력도} \quad Ed = \frac{\Delta Q}{Q} \Big/ \frac{\Delta P}{P}$$

〈표 4-1〉 수요의 가격탄력도

수요량의 변화율 (분자)		가격의 변화율 (분모)	탄력도 크기	탄력도
$\frac{\Delta Q}{Q} = 0$일 때		$\frac{\Delta P}{P} =$ 어떤 수	$Ed = 0$	완전비탄력적
$\frac{\Delta Q}{Q}$	$<$	$\frac{\Delta P}{P}$	$0 < Ed < 1$	비탄력적
$\frac{\Delta Q}{Q}$	$=$	$\frac{\Delta P}{P}$	$Ed = 1$	단위탄력적
$\frac{\Delta Q}{Q}$	$>$	$\frac{\Delta P}{P}$	$Ed > 1$	탄력적
$\frac{\Delta Q}{Q} =$ 어떤 수		$\frac{\Delta P}{P} = 0$	$Ed = \infty$	완전탄력적

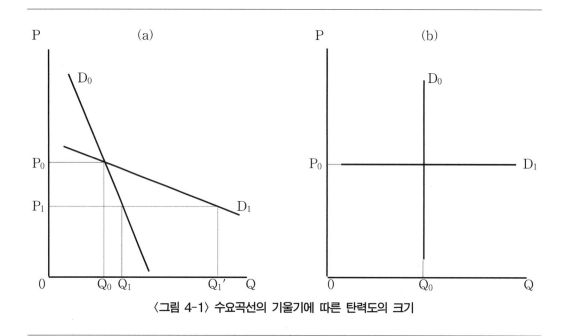

〈그림 4-1〉 수요곡선의 기울기에 따른 탄력도의 크기

지금까지의 설명에서 우리는 수요의 가격탄력도를 구하기 위해서 수요량의 변동률 $\dfrac{\Delta Q}{Q}$ 를 가격의 변동률 $\dfrac{\Delta P}{P}$ 로 나누었는데 이를 다시 정리하여 $Ed = \dfrac{\Delta Q}{\Delta P} \cdot \dfrac{P}{Q}$ 로 변형시킨 바 있다.

수요의 가격탄력도가 가격변화율에 대한 수요량의 반응도를 측정하는 것이므로 이것이 수요곡선을 따라 측정된다는 것은 너무나 당연한 사실이다.

수요곡선이 하나의 호를 이루는 완만한 곡선의 형태를 취할 경우가 있다. 수요곡선이 완만한 곡선의 형태를 취할 때 수요곡선의 한 점을 중심으로 그 변화분을 계산하여 측정하는 경우도 있다. 이 모든 경우에서 수요량의 변화율을 어떠한 방법으로 측정할 수 있느냐의 문제가 따른다. 따라서 경제학에서는 탄력성을 측정하는 사람의 필요성이나 주어진 자료의 특성에 따라 측정하는 방법을 다르게 사용하고 있다.

(1) 호의 탄력도

수요의 가격탄력도의 식 $Ed = \dfrac{\Delta Q}{Q} \Big/ \dfrac{\Delta P}{P}$ 는 가격의 변화율(ΔP)과 수요량의 변화분 (ΔQ)을 측정할 필요성을 가져다준다.

가령, X재 1개의 가격이 1,000원일 때 주간 수요량이 120개인데, 가격이 800원으로 하락할 경우에는 수요량은 180개이라고 하자. 이러한 수치들을 수요곡선 상에 표시해 보면 〈**그림 4-2**〉와 같다. 수요곡선 D상에서 점A와 B는 직선상에 위치하지 아니하고 하나의 호신에 위치하고 있다. 이는 수요곡선이 완만한 곡선이기 때문이다. 이런 경우, 경제학에서는 수요곡선 D 위의 점A와 B간의 호탄력도를 측정하게 된다. 호탄력도는 수요의 가격탄력도 공식을 이용하여 다음과 같이 두 가지 방법으로 측정된다.

첫째, 가격이 하락하는 경우(점A로부터 B로의 이동)의 수요의 가격탄력도를 알아보면 다음과 같다.

$$Ed = \frac{\frac{\Delta Q}{Q}}{\frac{\Delta P}{P}} = \frac{\frac{60}{120}}{\frac{200}{1,000}} = 2.5 \qquad\qquad (식\ 4\text{-}2)$$

둘째, 가격이 상승하는 경우(점 B로부터 A에로의 이동)의 수요의 가격탄력성을 계산하면 다음과 같다.

$$Ed = \frac{\frac{\Delta Q}{Q}}{\frac{\Delta P}{P}} = \frac{\frac{60}{180}}{\frac{200}{800}} = 1.333 \qquad\qquad (식\ 4\text{-}3)$$

위의 결과에 따르면, 가격이 하락한 (식 4-2)의 경우에서는 수요의 가격탄력도는 절대치를 취하여 2.5이다. 이것의 경제적 의미는 가격이 1% 하락하면 수요량이 2.5% 증가한다는 것을 의미한다.

그러나 가격이 상승한 (식 4-3)의 경우에서는 수요의 가격탄력도는 전과 동일한 자료를 이용했음에도 불구하고 1.333으로 나타난다. 이것의 경제적 의미는 가격이 1% 상승하면 수요량은 1.333% 감소한다는 사실을 의미한다.

여기에서는 우리는 동일한 수요곡선 상에서도 가격이 상승했을 경우와 하락했을 경우의 호탄력도가 다르게 나타난다는 사실에 의문을 가질 수 있을 것이다. 물론 측정하는 사람이 가격 상승의 경우, 또는 가격하락의 경우를 표시하면 무방하겠지만 일반적으로 혼동을 야기할 수 있다. 호탄력도를 측정함에 있어서는 수요곡선상의 어느 점을 출발점으로 하느냐에 따라 그 결과가 다르게 나타나며 이는 그 해석상에서 항상 문제시되어 왔다.

이러한 불편을 없애기 위해서 스티글러(G. Stigler)는 가격이나 수요량을 점 A와 점 B사이에서 평균치를 취하여 계산하는 절충식을 고안해냈다. 절충식에 의하면 수요의 가격탄력도는 다음과 같이 계산된다.

$$Ed = \frac{\dfrac{\Delta Q}{(Q_1 + Q_2)/2}}{\dfrac{\Delta P}{(P_1 + P_2)/2}} = \frac{\Delta Q}{\Delta P} \cdot \frac{(P_1 + P_2)/2}{(Q_1 + Q_2)/2} \qquad \text{(식 4-4)}$$

(식 4-4)에서는 두 점 *A*와 *B*에 상응하는 두 가격의 평균가격과 두 수요량의 평균수요량을 취한다는 점에서 (식 4-1)과 다르다. (식 4-4)를 이용하여 수요의 가격탄도력를 측정하면 다음과 같다.

$$Ed = \frac{\Delta Q}{\Delta P} \cdot \frac{(P_1 + P_2)/2}{(Q_1 + Q_2)/2} = \frac{60}{200} \cdot \frac{(1,000 + 800)/2}{(120 + 180)/2} = 1.8 \qquad \text{(식 4-5)}$$

절충식에 의하여 측정한 수요의 가격탄력도는 1.8이 되는데 이것은 가격이 1% 변화하면 수요량은 1.8% 변화한다는 것을 의미한다. 절충식에 의한 호탄력도 1.8은 가격하락시의 가격탄력도 2.5와 가격상승시의 가격탄력도 1.333의 평균치가 아니라는 점을 기억해 두어야 한다.

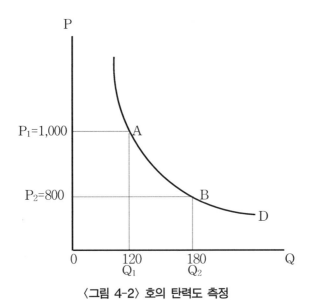

〈그림 4-2〉 호의 탄력도 측정

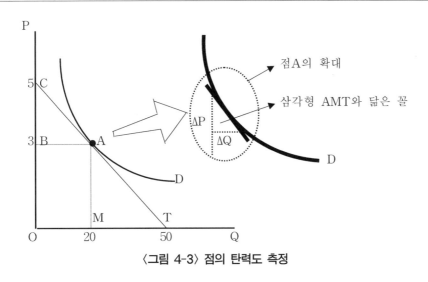

〈그림 4-3〉 점의 탄력도 측정

(2) 점의 탄력도

호의 탄력도를 구할 때와 같이 가격변화와 이에 대응하는 수요량변화가 분명한 자료로 주어졌을 경우에는 그것을 하나의 수요곡선에 그려 표시하든 않든 관계없이 일단 가격과 수요량의 변화폭이 분명하기 때문에 호탄력도 공식에 대입하여 탄력도를 구할 수 있다.

그러나 현실적으로는 수요곡선 상에서 가격의 변화폭이나 이에 대응하는 수요량의 변화폭에 관한 구체적인 자료를 얻기란 쉽지 않다. 이때는 수요곡선상의 임의의 점(수요곡선 상에서 임의의 두 점이 매우 가까이 있는 상태라고 해도 무방함)에서의 호탄력도를 측정하면 된다. 〈그림 4-3〉에서 보는 바와 같이 가격과 수요량의 변화폭은 주어져 있지 않다. 다만 알려진 것은 수요곡선의 형태와 수요곡선상의 임의의 점 A와 이에 대응하는 가격(3)과 수요량(20)이다.

이와 같이 한 곡선 상에서 한 점만 알려져 있을 경우에는 그 점에서 가격의 소량 변화에 대응한 수요량 변화의 반응도를 측정하는 방법을 택한다. 이 방법은 수요곡선 상에서의 한 점에 접하는 접선을 긋고 그 접점에서 가격이 소량 변화한 것으로 가정하여 수요량변화의 탄력도를 구하는 방법이다.

〈그림 4-3〉에서 수요의 가격탄력도 공식을 사용하여 점 A의 탄력도를 구해 보기로 하자. ΔP와 이에 대응하는 ΔQ가 매우 극소해서 점 A를 확대해야 보인다고 가정하면 〈그림 4-3〉과 같이 점 A에 삼각형 AMT와 닮은꼴의 매우 작은 삼각형이 상상된다. 따라서 $\dfrac{\Delta Q}{\Delta P} = \dfrac{MT}{AM}$ 이라는 것을 기하학적으로 쉽게 알 수 있다. 또한 $P = OB = MA$이고 $Q = OM$이므로 $\dfrac{P}{Q} = \dfrac{MA}{OM}$

이다. 이러한 결과를 수요의 가격탄력도 공식 $Ed = \dfrac{\Delta Q}{\Delta P} \cdot \dfrac{P}{Q}$ 에 대입하면

$Ed = \dfrac{MT}{MA} \cdot \dfrac{MA}{OM} = \dfrac{MT}{OM} = \dfrac{50-20}{20} = \dfrac{30}{20} = 1.5$ 가 된다. 우리는 〈**그림 4-3**〉에서 기하

학적으로 다음과 같은 결론을 내릴 수 있다.

$$Ed = \frac{MT}{OM} = \frac{AT}{CA} = \frac{OB}{CB}$$

(3) 동일 수요곡선상의 탄력도

수요곡선이 직선일 경우를 가정할 때 우리는 점의 탄력도 공식을 이용하여 수요곡선상의 임의의 점의 탄력도를 구할 수 있다. 또한 그 구한 값은 점의 위치에 따라 다르다는 것도 〈**그림 4-4**〉를 통하여 알 수 있다.

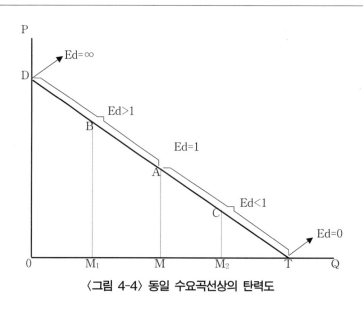

〈**그림 4-4**〉 동일 수요곡선상의 탄력도

〈**그림 4-4**〉에서 점 A의 탄력도 $Ed = \dfrac{MT}{OM}$ 이다. 그런데 $MT = OM$이므로 탄력도는 1이 된

다. 즉, 단위탄력적이다. 점 B의 탄력도도 같은 원리로 구할 수 있는데 $M_1 T > OM_1$이므로 탄

력도는 1보다 크고, 점 C에서는 $M_2 T < OM_2$이므로 탄력도는 1보다 작다. 한편 점 D에서는

공식에서 분모가 0이 되므로 탄력도는 ∞가 되고 점 T에서는 분자가 0이 되므로 탄력도는 0
이 된다.

(4) 수요의 탄력도와 소비자지출액

수요의 탄력도는 가격의 변화에 따라 소비자지출액(생산자수입액)이 어떻게 변할 것이라는
정보를 제공해 준다. 전체 소비자의 어떤 상품에 대한 총지출액(E)은 그 상품에 대한 시장수
요량(Q)에 가격(P)을 곱한 값이 된다.

$$E = P \times Q \hspace{5cm} \text{(식 4-6)}$$

따라서 총지출액은 가격의 변화에도 영향을 받고 수요량의 변화에도 영향을 받는다. 그런
데 가격이 변하면 수요량은 그 반대방향으로 변하기 때문에 가격의 변화와 수요량의 변화는
총지출액을 각각 반대방향으로 변화시킨다.

첫째, 탄력도가 1보다 큰 경우를 살펴보자. 가격이 하락하면 총지출액은 가격하락률만큼 감
소하고 수요량증가율만큼 증가한다. 그런데 $Ed > 1$이므로 가격하락률이 수요량증가율보다
작아서 총지출액은 증가할 것이다. 반대로 가격이 상승하면 수요량은 감소하기 때문에 총지출
액은 가격상승률만큼 증가하고 수요량감소율만큼 감소할 것이다. 그런데 $Ed > 1$이므로 가격
상승률이 수요량감소율보다 작아서 총지출액은 감소한다.

둘째, 탄력도가 1보다 작은 경우를 알아보자. 같은 논리로 가격이 하락할 경우에는 가격하
락률이 수요량증가율보다 커서 총지출은 감소한다. 가격상승시에도 같은 논리로 가격상승률
이 수요량하락률보다 커서 총지출액은 증가한다.

셋째, 탄력도가 1인 경우에는 가격하락률과 수요량증가율이 동일하여 가격하락으로 인한
음의 효과와 수요량증가에 의한 양의 효과가 서로 상쇄되어 총지출액에는 아무런 변화가 없게
된다.

이상에서 논의한 바를 요약하면 다음 **〈표 4-2〉**와 같다.

이와 같은 수요의 탄력도와 가계 총지출액과의 관계를 직선의 수요곡선으로 정리하면 이해
하기가 더욱 쉬워진다. **〈그림 4-5〉**의 (a)에서 수요곡선이 T점으로부터 E점을 향하여 이동하
면 탄력도는 감소하되 여전히 1보다 크다. 이것은 구간 TE에서 수요량의 변화율이 가격의 변
화율보다 크다는 것을 의미한다. 그러므로 가격이 하락하면 수요량의 증가율이 가격의 하락률
을 상회하여 총지출액은 증가한다. 이 관계는 **〈그림4-5〉**의 (b)에 표시되어 있다. 가격이 P_0으
로 하락할 때까지 혹은 수요량이 Q_0이 될 때까지 총지출액은 계속 증가한다. 다음 E점을 넘어

W점을 향하여 이동하면 탄력도는 점점 작아질 뿐만 아니라 언제나 1보다 작다. 이것은 구간 EW에서 수요량의 변화율이 가격의 변화율보다 언제나 작다는 것을 의미한다. 따라서 가격이 P_0이하로 하락하면 총지출액은 감소한다. 같은 논리로 가격이 상승하는 경우 총지출액은 구간 EW에서는 증가하지만 구간 TE에서는 감소한다. 탄력도가 1인 E점을 분계점으로 하여 총지출액이 증가에서 감소로 전환하므로 탄력도가 1일 때 총지출액은 극대가 된다.

소비자지출액은 소비자가 시장에서 기업이 공급하는 상품을 구입하는 금액이기 때문에 결국 공급자의 판매수입액과 같게 된다. 따라서 소비자지출액과 수요의 탄력도 사이에 성립하는 관계는 공급자의 판매수입과 수요의 탄력도 사이에도 그대로 적용된다.

〈표 4-2〉 수요의 탄력도와 총지출액의 변화

탄 력 도	증 가 율	가 격 하 락	가 격 상 승
$Ed>1$	$\dfrac{\Delta Q}{Q} > \dfrac{\Delta P}{P}$	총지출 증가	총지출 감소
$Ed=1$	$\dfrac{\Delta Q}{Q} = \dfrac{\Delta P}{P}$	총지출 불변	총지출 불변
$Ed<1$	$\dfrac{\Delta Q}{Q} < \dfrac{\Delta P}{P}$	총지출 감소	총지출 증가

(5) 수요탄력도의 결정요인

첫째, 대체재의 존재유무 혹은 다소이다. 대체재의 존재유무는 수요탄력성의 크기를 결정하는 가장 중요한 요인이 된다. 만약 좋은 대체재를 쓸 수 있다면 일정한 재화의 가격이 상승할 때에 소비자들이 그 상품대신에 대체재를 사게 될 가능성은 매우 크게 작용할 것이다. 그렇기 때문에 대체재의 존재는 재화의 수요탄력성을 크게 만드는 요인이 된다. 예를 들어서 인슐린은 대체재가 거의 없기 때문에 수요의 가격탄력도가 비탄력적이지만 감기약은 대체재가 많아서 탄력적이다.

둘째, 재화의 가격이 소득에서 차지하는 비중이다. 어떤 재화를 구매하기 위한 지출이 소비자의 소득에 차지하는 비중이 크면 클수록 그 재화의 수요탄력성은 커지는 경향이 있다. 예를 들면 자동차의 경우처럼 그것을 구매하기 위한 지출이 소비자의 소득에 차지하는 비중이 큰 경우에는 그 재화에 대한 수요량은 가격변화에 대하여 민감하다.

이에 반하여 껌이나 볼펜과 같이 그에 대한 지출이 소비자의 소득에 차지하는 비중이 미약한 재화에 대한 수요는 가격의 변화에 대하여 둔감할 것이다.

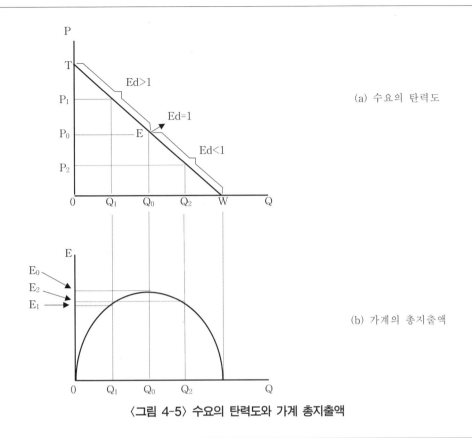

〈그림 4-5〉 수요의 탄력도와 가계 총지출액

셋째, 상품의 일상생활에서의 중요성이다. 일반적으로 일상생활에 있어서 긴요한 생활필수품에 대한 수요는 비탄력적인 경향이 있고, 일상생활에서 그렇게 중요하지 않은 사치품에 대한 수요는 탄력적이라고 인식되고 있다.

넷째, 기간의 장단이다. 같은 폭의 가격변화에 대하여 기간이 길어질수록 수요량의 변동이 더 크게 되어 수요의 탄력도가 더 커진다. 가령 한 상품의 가격이 하락할 때 단기에는 습관과 타성 때문에 수요량이 얼마 증가하지 않다가 장기에는 경제성을 인식하고 가격이 하락한 상품을 많이 수요하게 된다. 예를 들어 휘발유가격이 많이 인하되었다고 가정하자. 처음 즉 단기에는 대중교통을 이용하던 습관과 타성 그리고 자가용 구입에 따른 경제적 어려움 때문에 자가용 이용자가 많이 늘어나지 않다가 시간이 갈수록 자가용을 이용해도 경제성이 있다고 인식하기 때문에 결국 휘발유 수요량이 증가할 것이다. 이에 따라 같은 상품이라도 장기의 수요의 탄력도가 단기의 수요의 탄력도보다 클 수 있다.

1-2 수요의 소득탄력도

우리는 지금까지 수요의 가격탄력도에 대한 여러 가지 경우에 대해서 알아보았다. 하지만 어떤 재화의 수요탄력도에 영향을 미치는 요인은 그 재화의 가격 외에 소비자의 소득과 연관재의 가격이 있다는 사실을 알아야 한다.

수요의 소득탄력도(income elasticity of demand)란 소득의 변화에 대한 수요변화의 정도를 측정하는 척도로서 다음의 (식 4-7)과 같이 정의된다.

$$Ed, I = \frac{\text{수요량의 변화율}}{\text{소득의 변화율}} = \frac{\frac{\Delta Q}{Q}}{\frac{\Delta I}{I}} = \frac{\Delta Q}{\Delta I} \cdot \frac{I}{Q} \qquad \text{(식 4-7)}$$

여기서 Ed, I는 수요의 소득탄력도, I는 소득, ΔI는 소득의 변화분을 각각 표시한다. 대부분의 상품은 소득이 증가함에 따라 그 수요가 증가하기 때문에 수요의 소득탄력도는 양의 값을 갖는다. 이러한 상품을 앞에서 정상재라고 하였다. 그러나 열등재는 소득이 증가함에 따라 그 수요가 감소한다. 따라서 열등재에 대한 수요의 소득탄력도는 음의 값을 갖는다.

수요의 소득탄력도는 통상적으로 엥겔(Engel)곡선상의 각 점에서 구하여진다. 〈그림 4-6〉은 엥겔곡선의 세 종류를 나타내었는데 종축에는 소득을 표시하고 횡축에는 한 상품의 수요량을 표시하여 이 두 변수의 대응관계를 그래프로 표시한 것이다. 〈**그림 4-6**〉의 (a)는 정상재에 관한 엥겔곡선으로서 우상향하고 있는 모양이고, 〈**그림 4-6**〉의 (b)는 열등재에 관한 엥겔곡선으로서 우하향하고 있다. 하지만 열등재라 하더라도 대개 아주 낮은 소득수준에서는 정상재였다가 일정한 소득수준을 넘어야 열등재로 된다. 따라서 〈**그림 4-6**〉의 (c)와 같이 열등재의 엥겔곡선을 그리면 소득이 어느 정도까지 증가할 때는 우상향하다가 그 이상 증가한 다음부터 좌상향하는 형태가 일반적이다.

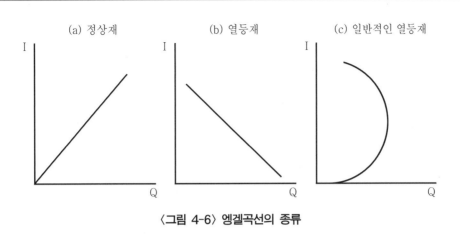

〈그림 4-6〉 엥겔곡선의 종류

1-3 수요의 교차탄력도

수요의 교차탄력도(cross elasticity of demand)란 한 상품의 수요가 다른 연관상품의 가격변화에 반응하는 정도를 측정하는 척도로서 다음의 (식 4-8)과 같이 정의된다.

$$Ed,_{XY} = \frac{X재의\ 수요량변화율}{Y재의\ 가격변화율} = \frac{\dfrac{\Delta Q_X}{Q_X}}{\dfrac{\Delta P_Y}{P_Y}} = \frac{\Delta Q_X}{\Delta P_Y} \cdot \frac{P_Y}{Q_X} \qquad (식\ 4-8)$$

여기에서 $Ed,_{XY}$는 X재수요의 Y재가격에 대한 교차탄력도, P_Y는 Y재 가격, Q_X는 X재에 대한 수요량이다. 만약 두 상품 X와 Y가 서로 대체재라면 Q_X와 P_Y가 같은 방향으로 변하기 때문에 교차탄력도는 양의 값을 갖는다. 가령 닭고기와 돼지고기가 대체재관계에 있다고 할때, 닭고기의 가격이 상승하면 돼지고기의 소비량은 증가할 것이다. 한편 X와 Y가 보완재관계라면 Q_X와 P_Y가 반대방향으로 변하기 때문에 교차탄력도는 음의 값을 갖는다. 예를 들면 휘발유가격이 인상되면 자동차의 소비량이 감소할 것이다. 마지막으로 두 재화가 서로 별 관련이 없는 독립재일 때는 교차탄력도는 0이 될 것이다.

수요의 가격탄력도는 원래 음의 값만을 가지기 때문에 양·음의 구분이 필요하지 않고 편의상 절대값을 취해 양으로 표시했지만, 수요의 소득탄력도나 교차탄력도의 개념에는 부호가 매우 중요한 의미를 가진다. 수요의 소득탄력도가 양이면 정상재, 음이면 열등재를 의미하고, 수요의 교차탄력도가 양이면 대체관계, 음이면 보완관계, 0이면 독립관계를 의미하는 것이다. 수요의 가격탄력도는 가격을 특별히 명시하지 않고 단순히 수요의 탄력도라고 하는 반면에 수요의 소득탄력도나 교차탄력도는 꼭 "소득" 또는 "교차"를 명시해야 한다.

한 상품에 대한 수요량에 영향을 미치는 요인은 앞 장 (식 3-2)의 수요함수에서 본 바와 같이 자체가격, 소득, 연관재가격, 기호, 예상 등 여러 가지가 있다. 지금까지 이 중에서 자체가격, 소득, 연관재가격이 중요한 요인이라고 보아 이들이 변할 때 수요량이 얼마나 변하는가를 세 탄력도 개념으로 나타내 보았다.

제2절   공급의 탄력도

공급의 가격탄력도(price elasticity of supply)란 한 재화의 가격변화율에 대한 공급량의 변화율을 의미한다.

이것은 다음의 (식 4-9)와 같이 수리적으로 표현된다.

$$Es = \frac{\text{공급량의 변화율}}{\text{가격의 변화율}} = \frac{\dfrac{\Delta Q}{Q}}{\dfrac{\Delta P}{P}} = \frac{\Delta Q}{\Delta P} \cdot \frac{P}{Q} \qquad\qquad \text{(식 4-9)}$$

여기에서 E_s는 공급의 가격탄력도, P는 가격, ΔP는 가격의 변화량, Q는 공급량, 그리고 ΔQ는 공급량의 변화량을 뜻한다.

급의 법칙에서 밝힌 바와 같이, 가격과 공급량은 같은 방향으로 변화하기 때문에 공급곡선은 양의 기울기를 가지고 공급의 탄력도의 부호를 결정하는 $\dfrac{\Delta Q}{\Delta P}$도 양의 값을 갖는다. 따라서 공급의 가격탄력도는 항상 양의 값을 갖는다.

2-1 공급의 호탄력도

앞에서 제시한 (식 4-9)를 이용하여 하나의 곡선을 이루는 공급곡선의 두 점간의 가격과 공급량간의 변화율을 측정하여 공급의 탄력도를 계산하면 공급의 호탄력도를 얻게 된다.

호탄력도의 경우 공급의 탄력도식 $Es = \dfrac{\Delta Q}{\Delta P} \cdot \dfrac{P}{Q}$ 에서 가격의 변화율(ΔP)과 공급량의 변화율(ΔQ)을 측정하는 일은 문제가 되지 않지만 두 가격, 즉 원래의 가격 P_1과 변화된 새로운 가격 P_2, 그리고 원래의 공급량 Q_1과 변화된 새로운 공급량 Q_2 중 어느 것을 선택하느냐는 문제가 된다. 이는 그 출발점을 어디로 하느냐에 따라 그 탄력도가 다르게 나타나기 때문이다. 이렇게 탄력도가 달리 나타나는 것을 피하기 위하여 공급의 탄력도를 측정함에 있어서도 가격이나 공급량의 원래의 양과 새로운 양 사이의 평균식을 잡아 계산하는 스티글러의 절충식을 다음과 같이 사용한다.

$$Es = \frac{\text{공급량의 변화율}}{\text{가격의 변화율}} = \frac{\dfrac{\Delta Q}{(Q_1 + Q_2)/2}}{\dfrac{\Delta P}{(P_1 + P_2)/2}}$$

$$= \frac{\Delta Q}{\Delta P} \cdot \frac{(P_1 + P_2)/2}{(Q_1 + Q_2)/2} = \frac{\Delta Q}{\Delta P} \cdot \frac{(P_1 + P_2)}{(Q_1 + Q_2)} \qquad \text{(식 4-10)}$$

2-2 공급의 점탄력도

〈그림 4-7〉은 공급의 점탄력도를 기하학적으로 측정하는 방법을 나타낸다.

이런 경우 곡선의 공급곡선 S상의 임의의 점 C에서 공급의 탄력도를 측정하기 위해서는 점 C에 접하는 접선 AT를 그어 횡축에 닿는 직선의 가상적 공급곡선을 만든다.

이제 공급곡선이 AT와 같이 직선의 형태를 이루는 것으로 가정하고, 직선의 공급곡선 상에서의 임의의 점 C에서 점탄력도를 기하학적으로 구해보자.

공급곡선 S상의 점 C에서의 기울기는 도함수를 취할 때 점 C를 접하는 접선 AT의 기울기로 표현된다. 이것이 바로 공급곡선의 기울기이다. 그러므로 점 C에서의 도함수 $\dfrac{dP}{dQ}$는 공급곡선의 기울기가 된다. 이는 앞에서의 수요곡선상의 점의 탄력도를 구할 때 〈그림 4-3〉에서처럼 점 C를 확대해서 설명할 수 있으나 여기에서는 편의상 다음과 같이 설명하기로 한다.

$$\frac{dP}{dQ} = \frac{\Delta P}{\Delta Q} = \frac{MC}{AM} \qquad \text{(식 4-11)}$$

우리는 (식 4-11)에서 $\dfrac{\Delta Q}{\Delta P} = \dfrac{AM}{MC}$ 가 된다는 것을 알 수 있다.

한편 점 C에서의 가격 $P = MC$이고, 공급량 $Q = OM$이므로 점 C에서의 공급의 점탄력도 E_s는 다음과 같다.

$$E_s = \frac{\Delta Q}{\Delta P} \cdot \frac{P}{Q} = \frac{AM}{MC} \cdot \frac{MC}{OM} = \frac{AM}{OM} \qquad \text{(식 4-12)}$$

곡선을 이루는 공급곡선의 임의의 점에서 점탄력도는 그 점을 접하는 접선을 직선의 공급곡선으로 가정하고, 그 접선이 횡축을 자르는 점 A와 원점 O, 그리고 원점으로부터 접점 C에 상응하는 수량 M등 3자간의 거리로써 표시된다. 따라서 직선을 이루는 공급곡선상의 임의의 점에서의 공급의 점탄력도를 측정하기 위해서 (식 4-12)와 같이 기하학적 방법을 사용하면 된다. 다시 한 번 요약하면 접선이 종축을 지나면 $E_S > 1$, 원점을 지나면 $E_S = 1$ 즉, 단위탄력적, 그리고 횡축을 지나면 $E_S < 1$이 된다.

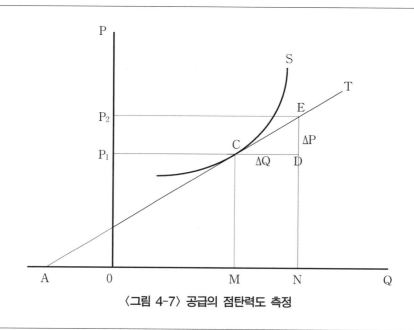

〈그림 4-7〉 공급의 점탄력도 측정

2-3 직선형 공급곡선의 탄력도

〈그림 4-7〉과 같이 공급곡선 S가 직선으로 주어졌을 때 원래의 가격 P_1과 공급량 M에 대응하는 점 C에서 공급의 탄력도를 측정해 보자. 다시 말해서 가격의 미소한 변화에 따른 공급량

의 변화를 공급의 탄력도를 통해서 측정해 보자. 이 때 공급곡선이 직선이기 때문에 점 C에서의 기울기는 점 C에서의 접선의 기울기와 같다. 따라서 이 둘간의 관계를 다음과 같이 나타낼 수 있다. 여기에서도 〈**그림 4-3**〉과 같이 점 C를 확대해서 설명할 수 있으나 편의상 다음과 같이 설명하기로 한다.

공급곡선의 기울기 $\dfrac{\Delta P}{\Delta Q}$ 는 점 C에서의 기울기 $\dfrac{dP}{dQ}$ 와 같다.

여기에서 점 C에서의 기울기 $\dfrac{dP}{dQ}$ 는 공급곡선상의 점 C에서의 도함수[5])와 같다. $\dfrac{\Delta P}{\Delta Q}$ 는 삼각형 CDE의 기울기이며, 삼각형 AMC는 삼각형 CDE와 닮은꼴이므로 삼각형 AMC의 기울기는 $\dfrac{MC}{AM}$ 가 된다. 따라서 공급곡선상의 점 C에서의 기울기 $\dfrac{dP}{dQ}$, 곡선 S의 기울기 $\dfrac{\Delta P}{\Delta Q}$, 그리고 삼각형 AMC의 기울기 등이 모두 일치하기 때문에 이 3자간에는 다음의 관계가 성립한다.

$$\frac{dP}{dQ} = \frac{\Delta P}{\Delta Q} = \frac{MC}{AM} \qquad\qquad \text{(식 4-13)}$$

(식 4-13)에서 $\dfrac{dQ}{dP} = \dfrac{AM}{MC}$ 이 되고 점 C에서의 가격 $P = MC$, 공급량 $Q = OM$이므로, 직선의 공급곡선 S상의 임의의 점 C에서의 공급의 점탄력도는 다음과 같다.

$$Es = \frac{dQ}{dP} \cdot \frac{P}{Q} = \frac{AM}{MC} \cdot \frac{MC}{OM} = \frac{AM}{OM} \qquad\qquad \text{(식 4-14)}$$

---

5) 어떤 함수를 미분하여 얻은 함수이며 유도(誘導)함수라고도 한다. 함수 $y = f'(x)$의 미분계수를 x의 함수로 생각했을 때 이것을 최초의 함수 $y = f(x)$의 도함수라 한다.

그밖에 $\dfrac{dy}{dx}, y', \{f(x)\}, \dfrac{df(x)}{dx}$ 등의 기호로서 표시하며 다음과 같이 정의된다.

$$\lim_{\triangle x \to 0} \frac{\triangle y}{\triangle x} = \lim_{\triangle x \to 0} \frac{f(x + \triangle x) - f(x)}{\triangle x} = f'(x)$$

여기에서 $f'(x)$의 기하학적 의미는 $f'(x) = \lim\limits_{\triangle x \to 0} \dfrac{\triangle y}{\triangle x} = \tan a = m$으로 나타내며 기울기를 뜻한다.

또한 $y = f(x)$의 도함수 $f'(x)$는 x의 함수이며, 이것을 다시 미분하여 얻어진 함수를 원함수 $y = f(x)$의 제2차 도함수라 하고 $\dfrac{d^2 y}{dx^2}, \dfrac{d^2}{dx^2} f(x), y$ 등의 기호를 사용한다. 최초의 함수 $y = f(x)$를 x에 대해서 n번 미분할 때 제n차 도함수를 얻는데, 특히 2차 이상의 도함수를 고차도함수 또는 수차도함수라 하고 $\dfrac{d^n y}{dx^n}, \dfrac{d^n}{dx^n} f(x), y^{(n)}, f^{(n)}(x)$ 등으로 표시한다. 이와 같은 도함수는 수학·물리학뿐만 아니라 특히 경제학에서 극대·극소값 등을 산출하는 데 응용되는데, 한계효용·한계소비성향·한계생산비·이율·투자승수·최적조업도 및 극대이윤의 조건, 수요의 강력성, 한계효용의 강력성 등을 정의하고 계산하는 데에 널리 적용되고 있다.

따라서 (식 4-14)를 이용하여 다음과 같은 사실을 알 수 있게 된다.

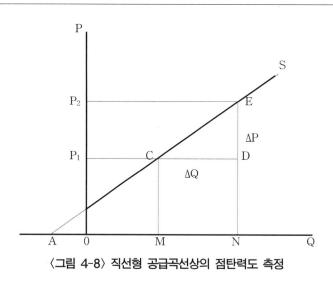

〈그림 4-8〉 직선형 공급곡선상의 점탄력도 측정

공급곡선이 〈그림 4-8〉과 같이 종축을 지나면 $E_S > 1$, 원점을 지나면 $E_S = 1$ 즉, 단위 탄력적이 되고, 횡축을 지나면 $E_S < 1$이 된다.

한편 〈그림 4-9〉에서 보는 바와 같이 공급곡선이 S와 같이 수직적이면 가격이 P_1이 상하로 아무리 변하여도 공급량은 Q_1로 일정하기 때문에 이때의 공급곡선은 완전비탄력적이고 ($Es = 0$), 공급곡선이 S'같이 수평적이면 약간의 가격변동으로도 무한히 공급량이 변할 수 있기 때문에 이때의 공급곡선은 완전탄력적($Es = \infty$)이 된다.

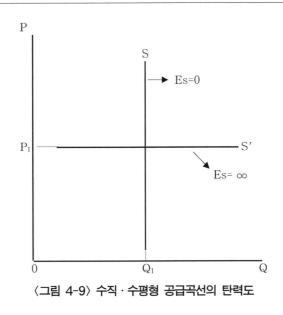

〈그림 4-9〉 수직 · 수평형 공급곡선의 탄력도

2-4 기간과 공급탄력도의 관계

가격의 변동하면 생산자는 공급의 법칙에 따라 생산량(공급량)을 변화시킨다. 하지만 생산량의 변화량은 기간에 따라 차이가 날 수 있다. 이는 가격의 변화에 따라 생산자가 대응할 수 있는 능력과 한계가 다르기 때문이다. 즉, 가격변화에 대응할 수 있는 생산자의 생산능력 반응정도가 기간에 따라 다르므로 탄력도도 역시 기간에 따라 다르게 나타나는 것이 일반적이다.

(1) 시장기간(market period)

가격의 변화에 대해서 생산자가 전혀 반응할 수 없을 만큼 짧은 기간을 의미한다. 예를 들어 농부가 이미 수확한 농산물 예컨대 딸기를 농산물시장에 운송하고 있는 중에 가격이 아무리 변하여도 생산량(공급량)을 변경시킬 수 없을 것이다. 이 경우는 〈**그림 4-10**〉의 (a)와 같이 공급곡선(SM)이 수직이므로 수요곡선이 D_0에서 D_1로 이동하여 가격이 P_0에서 PM으로 상승하여도 공급량을 Q_0으로 고정되었다. 따라서 공급의 가격탄력도는 완전비탄력적으로 된다.

(2) 단기(short-run)

노동이나 원자재 같은 가변적 투입물을 변화시켜서 생산량의 변화를 꾀할 수는 있지만 고정자본 예컨대 생산설비인 건물이나 기계 등의 양을 변화시키어 생산량의 변화를 초래할 수는 없을 정도의 기간을 의미한다. 이 경우는 〈그림 4-10〉의 (b)와 같이 공급곡선(SS)이 우상향하므로 수요곡선이 D_0에서 D_1로 이동하여 가격이 P_0에서 PS로 상승하면 공급량도 Q_0에서 QS로 증가한다. 따라서 공급의 가격탄력도는 어느 정도 탄력적으로 될 수 있다.

(2) 장기(long-run)

가변적 투입물은 물론 고정자본의 규모까지 변경시킬 수 있어서 생산규모까지 변경될 정도의 긴 기간을 의미한다. 이 정도의 기간은 다른 개별기업의 진입과 퇴출도 있을 수 있는 충분한 기간을 의미한다. 이 경우는 〈그림 4-10〉의 (c)와 같이 공급곡선(SL)이 우상향(단기에서의 공급곡선보다는 수평적)하므로 수요곡선이 D_0에서 D_1로 이동하여 가격이 P_0에서 PL로 상승하면 공급량도 Q_0에서 QL로 증가(단기에서보다 많이 증가)한다. 따라서 공급의 가격탄력도는 단기에서보다 탄력적이다.

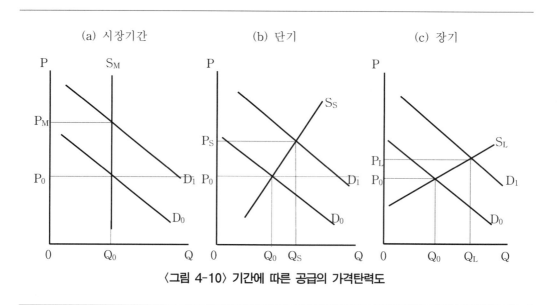

〈그림 4-10〉 기간에 따른 공급의 가격탄력도

제3절 조세와 탄력도의 관계

우리가 소비하는 일상 용품의 대부분에 세금이 부과된다. 이 소비세가 부과되면 수요와 공급에 어떠한 영향을 미치고 세금은 결국 생산자와 소비자 중 누가 얼마만큼 부담하게 되는가를 수요·공급의 이론으로 설명하여 보기로 한다.

3-1 종량세와 조세의 부담

소비세는 과세표준을 무엇으로 표시하느냐에 따라 종가세(ad valorem tax)와 종량세 (specific tax)로 구분한다. 종가세는 과세표준을 화폐단위로 표시하는 것이고, 종량세는 과세표준을 과세 물건의 수량·중량·용적 등으로 표시하는 것이다. 소주의 세율이 출고가격의 20%라면 이는 종가세이다. 주정 1kg당 세율이 20,000원이라면 이는 종량세이다. 판매가격의 일정 비율을 세금으로 내게 하는 것이 종가세이고, 팔리는 상품 한 단위마다 일정액의 세금을 내게 하는 것이 종량세인 것이다. 여기서는 분석의 편의를 위해 종량세가 공급자에게 부과되는 경우를 살펴본다.

〈그림 4-11〉중에서 종량세가 부과되기 이전의 수요곡선과 공급곡선을 각각 D와 S라고 하자. 여기에서의 균형가격과 거래량은 각각 P_0, Q_0이다. 이제 이 상품 한 단위마다 100원씩 종량세가 부과되어 공급자가 상품을 한 단위 팔 때마다 100원씩 정부에 납부해야 한다고 하자. 그러면 수요곡선과 공급곡선은 어떻게 이동할 것인가? 먼저 수요곡선은 변동이 없을 것이다. 왜냐하면 소비자들이 세금을 직접 납부하지 않기 때문이다.

한편 공급곡선은 종전의 공급곡선 S보다 모든 공급량수준에서 위로 정확하게 100원씩 이동하게 된다. 이를 이해하기 위해서 P_0의 가격수준을 보자. 세금이 부과되기 이전에는 가격이 P_0일 때 공급자들은 Q_0만큼 공급하고자 했었다. 즉, 가격 P_0이 상품을 한 단위 팔았을 때 공급자 수중에 들어가는 수입이다. 그러나 세금이 부과된 이후에도 가격 P_0으로 Q_0을 공급하면 세금을 납부하고 공급자 수중에 들어가는 상품 한 단위의 수입은 P_0-100원이 된다. 따라서 세금부과 전 P_0-100원일 때의 공급량이 세금부과 후 가격 P_0일 때의 공급량과 같게 될 것이다. 마찬가지로 세금부과 후 P_0+100원이 세금부과 전 가격 P_0과 똑같은 수입을 안겨주어 양자의 공급량이 같게 된다. 결국 새로운 공급곡선은 종전의 공급곡선 S보다 모든 공급량수준에서 세금부과액 100원씩 상향이동한 S'이 된다.

세금부과 후의 새로운 균형점은 〈그림 4-11〉에서 E'이고 이 때 새로운 균형가격은 P_1, 새로운 균형거래량은 Q_1이 된다. 종전의 균형가격 P_0과 새 균형가격 P_1을 비교하면 P_1이 P_0보다 높지만 정확하게 P_0+100원만큼 높지는 않다. 여기에서 우리는 일반적으로 한 상품에 소비세를 부과할 때 공급자가 소비세 전액을 소비자에게 전가시키지는 못한다는 것을 알 수 있다.

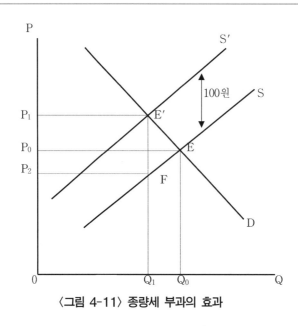

〈그림 4-11〉 종량세 부과의 효과

따라서 한 상품에 세금을 매길 때 그 세금을 생산자와 소비자 중 누가 실질적으로 부담하느냐 하는 것을 조세의 귀착(tax incidence)이라 한다.

상품 한 단위당 소비세 100원이 생산자와 소비자에게 얼마만큼의 부담으로 돌아갔는가를 살펴보자. 소비자는 물건 한 단위를 종전보다 P_1P_0만큼 더 비싸게 주고 구입해야 하므로 소비세 중 소비자부담은 P_1P_0이다. 한편 공급자는 P_1씩 소비자에게서 받으나 세금을 제하고 실제로 수중에 들어가는 금액은 $P_1-100=P_2$이다(공급곡선 S와 S'의 수직거리 $E'F$가 100원인 것을 상기하라). 이 P_2는 종전가격 P_0보다 P_0P_2만큼 낮으므로 이 P_0P_2가 공급자부담으로 귀착되었다. 물론 소비자부담과 공급자부담을 합하면 상품 한 단위당 세금 100원이 된다($P_1P_0+P_0P_2=P_1P_2=E'F=100$원). 이 때 정부가 거두어들이는 세수입은 $100\times Q_1$이고 이는 $P_1E'FP_2$의 면적으로 표시된다. 독자들은 이 세수입 중 얼마만큼이 전체 소비자의 부담이고 얼마만큼이 전체 공급자의 부담인지를 쉽게 가려낼 수 있을 것이다.

정부가 조세를 부과하는 대신에 생산물단위당 보조금을 생산자에게 지급하는 경우를 가정해 보자. 〈그림 4-11〉에서 원래의 공급곡선이 S'이고, 균형가격은 P_1, 균형량은 Q_1이라고 하자. 정부가 이 상품의 소비량을 Q_1에서 Q_0으로 증가시키려고 하면 상품 한 단위 팔 때마다 100원씩의 보조금을 지급하면 된다. 그러면 생산자는 공급가격을 100원만큼 낮출 수 있기 때문에 공급곡선은 S'에서 S로 이동하게 되고 새로운 거래량은 Q_0이 된다. 여기서 한 가지 유의할 점은 보조금지급 후의 균형가격 인하폭이 보조금지급액만큼 크지는 않다는 사실이다.

3-2 가격탄력도와 조세의 부담

이상에서는 소비세가 부과될 때 소비자와 공급자가 그 부담을 나누게 되는 일반적인 경우를 살펴보았다. 그러나 때에 따라서는 세금을 소비자나 공급자 어느 한 쪽에서만 부담하는 특수한 경우가 일어날 수 있다.

〈**그림 4-12**〉(a)에서와 같이 수요곡선이 수직이어서 수요가 완전비탄력적이면 시장가격은 종전보다 종량세 부과액만큼 상승하고 전체 조세는 전부 소비자가 부담하게 된다. 그와 반면에 〈**그림 4-12**〉의 (b)에서와 같이 수요곡선이 수평이어서 수요가 완전탄력적이면, 공급자는 자기 제품에 부과된 세금을 가격인상으로 소비자에게 전혀 전가시키지 못한다.

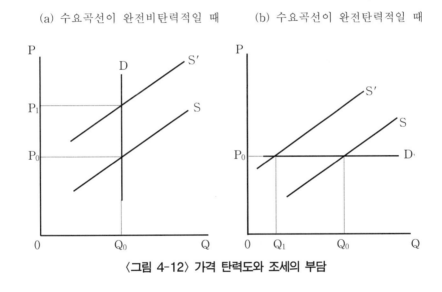

〈**그림 4-12**〉 가격 탄력도와 조세의 부담

우리는 탄력도이론에서 수요곡선이나 공급곡선의 기울기가 완만할수록 탄력도가 커진다는 것을 배웠다. 〈**그림 4-13**〉의 (a)에서 S는 소비세부과 전의 공급곡선이고 S'는 소비세부과 후의 공급곡선이다. 최초의 균형점은 E_0으로서 균형가격은 P_0이다. 수요곡선이 D이면 새로운 균형가격은 P_2가 되어 소비세부과로 인한 가격인상폭, 즉 소비세의 소비자부담은 $P_0 P_2$가 된다. 만약 D보다 완만한 수요곡선 D'를 가정할 경우 소비세의 소비자부담은 $P_0 P_1$로 작아진다. 따라서 수요곡선의 기울기가 완만할수록, 즉 수요의 탄력도가 클수록 소비세의 소비자부담은 작아짐을 알 수 있다. 수요의 탄력도와 소비자부담은 반비례관계가 있다. 수요가 비탄력적인 농수산물에 소비세가 부과되면 소비자부담이 커지게 된다. 물론 소비자부담이 커지면 상대적으로 생산자부담은 작아진다.

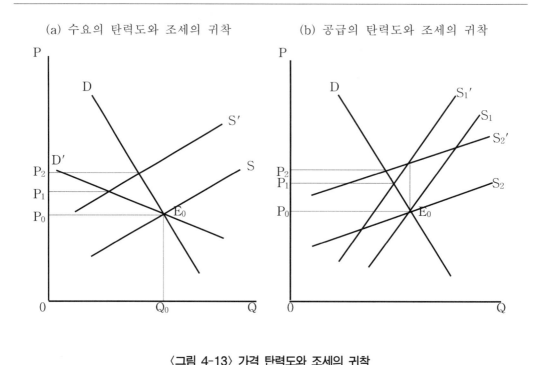

(a) 수요의 탄력도와 조세의 귀착   (b) 공급의 탄력도와 조세의 귀착

〈그림 4-13〉 가격 탄력도와 조세의 귀착

〈그림 4-13〉의 (b)에서 S_1과 S_2는 소비세부과 전의 공급곡선으로서 기울기가 서로 다른 두 가지 경우를 대표하고 있다. 동일한 소비세를 부과하면 공급곡선이 S_1일 때는 S_1'으로 이동할 것이고 S_2일 때는 S_2'로 이동할 것이다. 그림에서 표시한 것 같이 S_1과 S_1'의 수직거리는 S_2와 S_2'의 수직거리와 같다. 이제 수요곡선이 D로 주어지면 공급곡선의 기울기가 완만할수록 가격인상폭이 커짐을 알 수 있다. 즉 공급곡선이 S_1일 때의 소비세로 인한 가격인상폭은 P_0P_1인데 반하여 그보다 기울기가 완만한 공급곡선 S_2의 경우에는 소비세로 인한 가격인상폭이 P_0P_2로 커진다. 이것은 공급의 탄력도가 클수록 소비세부과로 인한 소비자부담이 커짐을 의미한다. 물론 소비자부담이 커지면 생산자부담은 작아진다.

이상에서 논의된 바를 다음과 같이 정리할 수 있다.

수요가 탄력적일수록(공급이 비탄력적일수록) 소비세의 소비자부담은 작아지고 생산자부담은 커지며, 반대로 공급이 탄력적일수록(수요가 비탄력적일수록) 소비세의 생산자부담은 작아지고 소비자부담은 커진다.

일반적으로 탄력도가 크다는 것은 유력한 대안이 있어서 불리한 상황에 보다 융통성 있게 대처할 수 있다는 것을 뜻한다.

3-3 거미집이론

거미 $Q_{S,t} = g(P_{t-1})$ 집이론(cobweb theory)은 수요와 공급이론의 동태적 응용으로서 특정재화시장이 불균형상태에서 균형상태로 조정되는 과정이 마치 거미집 모양과 같다는 것을 의미하며 다음과 같은 가정이 필요하다.

첫째, 재화의 수요량은 같은 기의 가격에 의해서 결정된다.

$$Q_{D,t} = f(P_t) \qquad\qquad (식\ 4\text{-}14)$$

둘째, 재화의 공급량은 전기의 가격에 의해서 결정된다.

$$Q_{s,t} = f(P_{t-1}) \qquad\qquad (식\ 4\text{-}15)$$

물론 t기에 있어서 시장균형조건은 $Q_{S,t} = Q_{D,t}$가 된다.

이러한 가정들을 농산물에 적용하여 설명하면 농산물의 수요는 그 재화의 현재 가격수준에 의해서 결정되나 그 공급은 전기의 가격수준에 의해서 결정된다는 것이다. 즉 농부들은 $t-1$기의 가격수준 P_{t-1}에 의해서 생산량 Q_S를 결정하는 반면, 농산물 소비자들의 수요량 $Q_{D,t}$는 금기의 가격수준 P_t에 의해서 결정되는 것이다. 그러나 균형가격수준 P_E에서는 $Q_{S,t}$와 $Q_{D,t}$가 일치하게 되는 데, 균형에 이르는 과정을 〈그림 4-13〉의 (a)를 이용하여 설명할 수 있다.

점 A는 t기의 가격수준 P_0에서의 수요량 Q_0을 나타내고, 점 B는 P_0 가격수준에서의 $t+1$기의 공급량 Q_1을 나타낸다. $t+1$기에서 시장균형이 되기 위해서는 수요가 Q_1이 되어야 하는데 Q_1의 수요를 창출하려면 시장가격은 P_1이어야 한다. 따라서 $t+1$기의 일시적 균형점은 C점이다. 그리고 $t+1$기의 가격이 P_2가 되어야 하므로 $t+2$기의 공급은 Q_2가 되며, 다시 시장균형이 되기 위해서는 가격이 P_2가 되어야 하므로 $t+2$기의 균형점은 E점이 된다. 이러한 과정이 반복되면서 가격과 수급량은 균형가격과 수급량에 화살표방향으로 수렴하게 된다.

한편 〈그림 4-13〉의 (b)는 t기에서 $t+1$기로 시간이 흐름에 따라 균형점에서 점점 멀어지는 경향을 나타내고 있다. 균형으로 수렴하느냐 혹은 균형으로부터 발산하느냐는 가격에 대한 수요탄력성과 공급탄력성 중 어느 것이 더 크냐에 달려있다.

〈**그림 4-14**〉의 (a)와 같이 가격에 대한 수요의 탄력성이 공급의 탄력성보다 클 경우에는 균형으로 수렴하나, 〈**그림 4-14**〉의 (b)에서처럼 가격에 대한 수요의 탄력성이 공급탄력성보다 작을 경우에는 균형으로부터 발산하게 된다. 시장가격과 수급량이 균형으로부터 이탈하는 경우 시간이 지남에 따라 다시 균형으로 수렴할 때 우리는 균형이 동태적으로 안정적이라고 하며, 반대로 균형으로부터 발산하는 경우 균형이 동태적으로 불안정적이라고 한다. 그러므로 균형의 동태적 안정조건(dynamic stability condition)은 수요의 가격탄력성이 공급의 가격탄력성보다 커야 한다는 것이다.

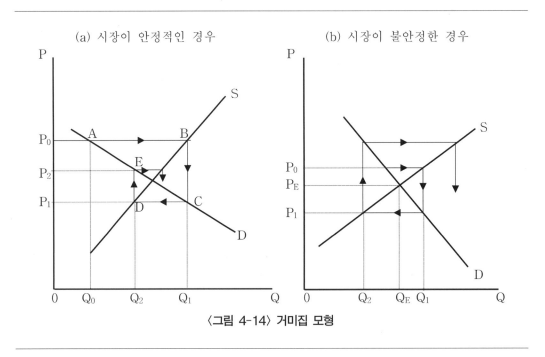

〈그림 4-14〉 거미집 모형

【연|습|문|제】

1. 우리 주변에서 수요의 가격탄력도가 비교적 큰 재화와 작은 재화를 각각 2개씩 예를 들고 그 이유를 설명하시오.

2. 위의 문제 1과 같은 방법으로 공급의 가격탄력도에 대해서도 알아보시오.

3. 탄력도 또는 탄력성의 개념이 경제학에서 필요한 이유를 정리해 보시오.

4. 본인에게 금이라는 재화는 수요의 소득탄력도가 큰지 작은지? 그 이유를 타당성 있게 밝히시오.

5. 두 재화의 교차탄력성이 음의 값을 가질 때 이 두 재화의 관계를 설명하시오.

6. 수요가 비탄력적인 농수산물에 소비세가 부과되면 소비자부담이 커지게 된다. 물론 소비자부담이 커지면 상대적으로 생산자부담은 작아진다. 이러한 사실을 그래프를 그려서 설명하시오.

7. A상품의 가격이 130원에서 100원으로 하락함에 따라 B상품의 수요가 80개에서 100개로 증가하였다. 관련된 탄력성을 구하고 그 의미를 설명하시오.

유통·소비 트렌드가 바뀐다, 싱글족 잡자

① 독신 생활 10년차인 이영민 (33) 씨는 최근 이사한 강남구 삼성동 오피스텔에 친구들을 초대해 브런치 파티를 열었다. 이씨는 신세계백화점 강남점 문화센터의 '센스 만점 브런치 요리' 강좌에서 배운 요리와 마트에서 구입한 가정 간편식으로 음식을 장만했다. 그는 "집에 친구들을 가끔씩 불러서 파티를 즐기는 편"이라며 "주변에 혼자 사는 친구들이 많아서 주말 오전에 종종 함께 모여서 브런치를 먹는다"고 말했다.

② 직장인 3년차인 심윤보 (33) 씨는 최근 회사 근처에 전셋집을 계약하면서 1인용 가죽 소파와 싱글 사이즈 침대를 새로 들여놨다. 심씨는 "근무지가 바뀌려면 한 5년은 있어야 하기 때문에 큰맘 먹고 가구를 새로 들여놨다"고 말했다.

싱글 남녀가 급증하면서 유통시장 소비 행태가 급변하고 있다.

예전의 미혼 남녀들은 대부분 결혼하면 사겠다는 생각에 싱글 시절에는 소비에 별로 관심이 없었던 데 비해 요즘은 남녀 모두 결혼 연령이 늦어지다 보니 꼭 필요한 물건은 주저 없이 구매하고 그렇지 않은 상품은 실용적이고 가격이 싼 상품을 구입하는 현상이 두드러지고 있다.

유통업계의 한 관계자는 "과거에는 결혼을 염두에 두고 싱글족들이 소비를 자제했지만 싱글족이 증가하는 최근에는 본인에게 과감한 투자를 한다는 생각이 더 강해졌다"고 말했다. 결혼에 얽매이지 않다 보니 소비 패턴이 바뀐 것이다.

유통업계는 이 같은 새로운 수요에 대응하기 위해 싱글족의 눈높이에 맞춘 마케팅을 대폭 강화하고 있다.

한 유통 전문가는 "싱글족 고객의 소비 행태가 어떻게 바뀌고 있는지, 끌어들이기 위한 방안은 무엇인지 철저히 분석해나가야 생존할 수 있다"고 말했다.

음식은 '1인분'이 대세

이런 추세는 '먹거리' 시장에서 가장 두드러진다.

롯데백화점 본점은 지난 2월 9개월간의 대대적인 공사를 마치고 식품관을 재오픈했다. 델리 (간이 식당) 매장은 10개를 늘려 27개로 확대하고 세계 각국의 메뉴를 마련해 '글로벌 식품 매장'을 구현했다. 특히 혼자 델리 매장을 찾는 고객을 위해 이전보다 '바(Bar)' 형태를 늘리자 매출도 신장하는 추세다.

신세계백화점 델리의 6월 매출은 지난해 같은 기간보다 13.3% 증가했다. 특히 직장인들이 많은 본점은 16.7%로 신장폭이 더 컸다.

대형마트에서는 가정간편식 (HMR) 으로 싱글족 입맛을 잡고 있다. 롯데마트는 의왕점·청량리점·마석점·천안아산점·창원중앙점 등 20개점에서 HMR 전용매장을 구성해 운영하고 있다. 이 매장에는 돼지양념류, 샐러드류, 커팅과일류, 즉석 찌개·탕류 등 신선식품과 가공식품을 총망라한 330여가지 상품이 판매된다. 현재 200여종의 HMR 상품을 팔고 있는 이마트는 연내에 400여개까지 2배로 확대할 예정이다. 올 들어 1~6월 이마트의 MHR 판매량은 전년 같은 기간보다 61%가량, 롯데마트는 80%가량 늘었다.

김진호 이마트 프로모션팀장은 "1~2인 가구 비중이 급증함에 따라 이를 반영한 HMR 상품 개발을 크게 확대하고 있다"고 말했다.

가구 등 생활용품도 작게 더 작게

생활용품 역시 점점 작아지고 다양해지는 추세다. 가정용품 매장에서는 1인용 소파나 의자가 인기를 끌고 있다. 많은 공간을 차지하지 않으면서 집안 인테리어를 화사하게 해주는 아이템으로 각광받고 있기 때문이다.

롯데백화점은 지난해 1인 가구상품 매출이 지난 2010년에 비해 26.1%가량 신장했으며 1인 가구 매출구성비(전체 가구 대비)도 2009년 15%에서 2011년 27%로 늘었다. 온라인 쇼핑몰도 1인 가구 상품이 사업성이 높다고 판단해 시장에 속속 가세하고 있다. 옥션은 최근 오픈마켓 최초로 싱글족을 대상으로 한 원룸 전문 인테리어 브랜드 '픽앤데코'를 선보였다. 가구업체 리바트의

온라인 전용가구 브랜드 이즈마인 역시 독신 전용 가구 브랜드인 '토스트 네츄럴'을 내놨다. 두 브랜드는 20·30대 독신과 원룸 거주자들을 위해 49.58m²(15평) 이하의 좁은 공간에서 사용할 수 있는 침대와 소파, 탁자 등 1~2인용 가구를 저렴한 가격에 판다.

가전제품도 싱글을 겨냥한 전용 상품공간이 늘어나고 있다.

홈플러스는 전체 129개 매장 가운데 60개 매장에 싱글 가전 전용 공간을 마련해 1인용 밥솥, 무선포트, 라면포트, 커피메이커 등을 판다. 홈플러스 관계자는 "1인용 밥솥의 경우 3만 9,900~4만 4,900원으로 8만 9,000원인 일반밥솥(3인용)과 비교해 절반 값이라 인기"라고 말했다.

유통업계의 한 관계자는 "요즘 소비자들은 제품을 구매할 때 자신의 경제적인 효용을 높여주는 것은 기본이고 그 이상을 원한다"면서 "자신이 추구하는 삶에 가치를 담아주는 제품에 기꺼이 지갑을 연다"고 말했다.

출처: 조성진 기자, 『서울경제신문』, "인구시계 5000만 시대", 2012. 7. 10.

정부 유류세 논쟁서 '사면초가'…속사정은 '세수'

국제유가 상승으로 가열되고 있는 기름 값 논쟁에서 정유사들의 마진을 줄여야 한다는 지적과 함께 유류 관련 세금을 낮춰 야 한다는 여론의 요구가 갈수록 강해지고 있다. 정부는 우리나라의 유류 세금 비중이 경제협력개발기구(OECD) 회원국 중 중간 정도로 높지 않고 유류세를 내리면 세수는 크게 줄어들지만 가격 인하 효과는 불확실하다며 유류세 인하에 난색을 표하고 있다.

하지만 유류 제품에 붙는 우리나라의 세금 비중이 과도한 편이고 소득 등을 감안한 휘발유 가격과 휘발유 세금이 다른 나라보다 높은 수준일 뿐 아니라 유류세를 인하해 기름 값이 내려가도 정부의 주장처럼 기름 수요가 급증하지 않는다는 연구 결 과들이 제시되고 있어 정부가 '사면초가'에 빠졌다.

기름 값은 세금 덩어리…소득 감안한 유류세 높아

한국석유공사에 따르면 휘발유 가격을 ℓ당 1천496. 4원이라고 가정할 때 세전 가격은 616. 07원에 불과하다. 나머지 880. 33원은 세금으로 교통세 526원, 주행세 139. 39원, 교육세 78. 9원, 부가가치세 136. 04원 등이다.

휘발유 가격의 58. 8%가 세금이고 경유 가격의 세금 비중도 50% 수준에 달해 기름이 아니라 '세금 덩어리'라는 표현이 지나치지 않은 셈이다.

정부는 이런 유류세가 다른 나라에 비해 높지 않다는 입장이지만 OECD 회원국 중 일본 (41%), 호주(38%), 캐나다(31%), 미국 (14%) 등은 휘발유 가격에서 세금이 차지하는 비중이 우리나라보다 낮다. 프랑스(67. 3%), 영국(64. 7%), 독일(63. 1%) 등은 우리나라보다 휘발유 가격의 세 금 비중이 높다. 경제 수준을 감안한 우리나라의 유류 관련 세금 비중은 다른 나라보다 매우 높은 수준이다.

국제에너지기구(IEA)에 따르면 국민총소득 (GNI)을 고려해 우리나라의 휘발유 가 격을 100으로 가정할 때 일본 31, 호주 29, 캐나다 28, 미국 17 정도이고 GNI를 감안한 휘발유 세금 수준은 우리나라를 100으로 봤을 때 일본 23, 호주 19, 캐나다 15, 미국 4 등에 불과하다.

정부는 하지만 유가가 국제적으로 똑같은 가격이 적용되는 만큼 잘사는 나라는 국민소득 대비 세 부담이 낮고 못사는 나라는 세 부담이 높아져 소득 대비 유류세 비중을 비교하는 것은 적절하지 않다고 주장하고 있다.

세금 깎아 유가 내려도 수요급증 없다

정부는 휘발유나 경유의 경우 가격탄력도가 상당히 높아 인위적으로 가격을 떨어뜨리면 그만큼 유류 소비를 촉진한다고 보고 있다. 석유수입 의존도가 높은 나라에서 국제유가가 상승하는데 유류세를 낮춰 기름 값을 내리면 석유 소비가 늘어 국세수지 등을 악화시키는 등 부정적인 결과만 초래 한다는 것이다. 하지만 경제연구소 등의 연구 결과는 정부의 주장과 다르다.

산업연구원(KIET)이 2003년 외부 연구용역

결과로 내놓은 '차량연료간 적정가격 비율연구' 보고서에 따르면 우리나라 휘발유의 단기 수요 탄성치(절대값)는 0.167~0.209이었고 경유의 탄성치는 0.240~0.244로 나타났다. 휘발유의 장기 수요탄력성은 0.061~0.079이었고 경유는 0.079~0.093로 단기보다 더 낮았다.

탄성치가 1을 넘으면 탄력적이고 1에 미달하면 비탄력적이어서 휘발유와 경유는 정부의 주장과 달리 비탄력적인 상품으로 가격 변동에 대해 수요가 민감하게 반응하지 않는다는 얘기다.

KIET는 "휘발유나 경유가 가격 변화에 비탄력적으로 반응하는 것으로 나타났다"며 "시간이 갈수록 탄성치의 절댓값이 더 떨어져 가격 변화에 대한 영향이 거의 없는 것으로 조사됐다"고 밝혔다.

유류세 10% 인하하면 세수 2조원 감소

결국 정부의 가장 큰 고민은 유류세를 인하할 때 줄어드는 세수라고 볼 수 있다.

정부는 지난해 휘발유와 경유, 등유, 중유 등 석유제품에 부과한 교통세, 특소세, 교육세, 주행세 등 유류세수를 23조 5천억 원에 달하는 것으로 추정하고 있다.

지난해 전체 국세가 138조 원 걷혔다는 점을 감안하면 유류세수가 국세의 17%를 차지하는 셈으로 적지 않은 규모다. 정부 추정에 따르면 교통세와 특소세율을 10% 인하하면 주행세와 교육세 인하 분을 포함해 전체 세수는 1조 9천억 원 정도 감소할 것으로 내다보고 있다.

문제는 유류세를 10% 내려도 소비자 가격 인하는 거의 없기 때문에 소비자가 기름값 인하를 체감할 수 있도록 하기 위해서는 유류세를 대폭 줄여야 한다는 점이다.

이 경우 세수도 함께 줄어들어 '비전 2030' 등 돈 쓸 일이 많은 정부로서는 곤혹스러울 수밖에 없다.

재경부 관계자는 "유류세율 10% 인하로는 소비자가 체감할 정도로 가격이 떨어지지 않아 (내리려면) 왕창 내려야 한다"면서 "예를 들어 교통세는 특별회계에 포함돼 교통과 에너지, 환경 분야에 전액 쓰이는데 대폭적인 세율 인하로 교통세수가 큰 폭으로 감소하면 이 분야에 쓸 돈이 줄어든다"고 설명했다.

이 관계자는 "갑작스런 오일쇼크 등의 사유로 유가가 일시적으로 급등했다면 단기적 세율 인하로 대응할 수 있지만 지금의 고유가는 생산이 수요를 못 따라가 발생하는 구조적 문제"라며 "2004년 고유가 추세가 시작된 이후 OECD 회원국 중 유류세를 내린 나라가 왜 없는지를 생각해봐야 한다"고 말했다.

출처: 이상원 · 박대한 기자, 『연합뉴스』, 2007. 06. 14.

경 제 학 의 기 본 원 리

제3편
소비자선호와 소비자행동

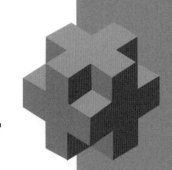

제5장 한계효용이론과 소비자 균형

제6장 무차별곡선이론과 소비자 균형

한계효용이론과 소비자균형

소비자균형이론을 논하기에 먼저 균형이라는 단어가 경제학에서 무엇을 의미하는 가를 알아보기로 한다. 일반적으로 균형이란 어느 한쪽으로 치우침이 없이 쪽 고르다는 것을 의미한다. 따라서 한쪽으로 조금만 치우치면 균형이 깨질 수 있다는 것을 암시한다. 경제학에서도 비슷한 의미로 쓰이는데, 구체적으로 말하면 어떤 특정한 상황에서 더 이상 변할 필요가 없는 아주 좋은 상태를 의미한다. 만약 주어진 특정한 상황에서 상황 자체 외에 다른 것이 조금이라도 변하면 아주 좋은 상태가 깨져버린다는 것을 의미한다.

따라서 소비자균형이란 어느 특정상황 즉 소비자의 주어진 소득으로 어떻게 하면 가장 합리적인 소비를 할 수 있을 것인가 즉, 제한된 예산으로 여러 가지 재화와 용역을 구입할 때 어떻게 구입하면 만족 즉 효용을 극대화시킬 수 있는가를 연구하는 이론이다. 제한된 예산에서 최대한의 효용을 얻을 수 있는 재화와 용역의 구매조합은 한 가지인데, 만약 다른 구매조합을 택했다면 최대효용을 못 얻게 될 것이다.

소비자균형을 설명하는 소비자행동이론에는 다음과 같이 세 가지의 접근방법이 있는데, 첫째는 한계효용이론(theory of marginal utility), 둘째는 무차별곡선이론(theory of indifference curve), 셋째는 현시선호이론(theory of revealed preference)이다. 제5장에서는 한계효용이론을 다루고, 제6장에서 나머지 무차별곡선이론과 현시선호이론을 다루기로 한다.

제1절 효용의 개념

욕망을 만족시키기 위한 방법은 여러 가지가 있으나 그 중에서도 재화(용역 포함)를 소비하는 것이 가장 중요한 수단 중의 하나이다. 이러한 재화를 소비함으로써 느끼는 만족을 효용(utility)이라고 하는데 효용의 크기를 표시하는 방법은 기수적인 방법과 서수적인 방법이 있다. 기수적 방법이란 주관적인 개념인 효용의 크기를 양적으로 표시하여, 그 차이에 의미를 부여하는 것을 말한다. 예를 들어 아이스크림 1개의 효용이 5이고 사이다 1병의 효용이 10이라면, 사이다의 효용은 아이스크림의 효용보다 2배가 크다고 하는 것이 기수적 측정의 효용이다. 이렇게 측정된 효용을 기수적 효용(cardinal utility)이라고 한다.

한편 서수적 방법이란 효용을 그 크기의 순서로만 측정하는 것이다. 예를 들면 사이다의 효용이 아이스크림의 효용보다 단순히 크다는 것이다. 즉, 정확하게 얼마나 크다고 하는 것은 의미가 없고 크기의 순서만 문제가 된다. 이렇게 크기의 순서로만 측정된 효용을 서수적 효용(ordinal utility)이라고 한다.

소비자들은 이러한 효용을 얻기 위하여 다양한 재화를 구입하여 소비한다. 그런데 소비자에 따라 구입하는 재화의 종류나 그 양이 다르다. 왜냐하면 제한된 소득과 각 재화의 가격을 고려하여 소비자는 자신에게 최대의 만족을 얻을 수 있도록 구입하기 때문이다. 만약 소득이나 가격수준이 변하면 최대만족을 얻기 위한 구입재화의 종류나 양도 바뀌게 된다. 이러한 합리적인 소비활동의 원인은 소비자의 소득이 제한되어 있기 때문이다. 소득이 제한되어있지 않고 무한하다면 소비자들은 가격의 변화에 관계없이 원하는 재화를 마음껏 구매하여 효용을 극대화시킬 수 있으므로 합리적인 의사결정이 필요 없게 된다.

이와 같이 소비자가 주어진 소득으로 효용극대화를 추구하는 합리적인 소비행태를 소비자균형이라 하며, 이를 이론적으로 체계화한 것이 소비자균형이론(theory of consumer's equilibrium)이다. 우리는 단순히 수요곡선이 우하향한다고 가정하였는데 그 이유를 보다 체계적으로 분석하는 것이 소비자균형이론의 주요 내용이기도 하다.

소비자균형이론의 전개방법에는 다음과 같이 세 가지가 있다.

첫째, 멩거(C. Menger), 제본스(W. S. Jevons), 왈라스(L. Walras)등 한계효용학파에 의해서 발전된 한계효용이론(theory of marginal utility)이다. 이는 효용이 객관적으로 측정되는 기수적 효용을 바탕으로 전개된 소비자균형이론이다.

둘째, 파레토(V. Pareto), 슬루츠키(E. Slutsky), 그리고 힉스(J. R. Hicks) 등이 발전시킨 무차별곡선이론(theory of indifference curve)이다. 이 이론은 효용이란 주관적이기 때문에 서수적으로만 측정할 수 있다는 서수적 효용을 근거로 하여 전개된 이론이다.

셋째, 사무엘슨(P. A. Samuelson)과 하우덱커(H. S. Houthakker) 등이 발전시킨 현시
선호이론(theory of revealed preference)이다. 이 이론은 효용이란 객관적으로나 주관적으
로나 소비자가 일관성 있게 표현하기 전에는 측정될 수 없기 때문에 효용의 측정을 전제로 한
이론을 배격한다. 이들은 소비자가 시장에서 나타내 보이는 행동이 합리적인 의사결정의 유일
한 결과라고 보고 이것을 바탕으로 소비자의 형태 및 우하향 수요곡선의 근거를 추구한다.

1-1 총효용

소비자가 일정기간에 일정량의 재화를 소비하여 얻는 만족의 전량을 총효용(또는 효용)이
라고 한다. 대체로 매기당 소비량이 많아진다면 총효용은 증가한다. 그러나 어느 한계점에 가
서 총효용은 극대가 되고, 거기에서 소비를 더 증가시키면 오히려 총효용이 감소하는 경우가
있다. 〈**그림 5-1**〉에 가상적인 효용곡선이 그려져 있다. 매기당 소비량이 Q_0에 이르기까지는
소비자는 많아지는 소비량을 즐길 수 있다. 그러나 소비량이 그보다 많아지면 그 재화에 싫증
이 나서 오히려 총효용은 감소한다. 그러므로 소비량이 Q_0에 이르러서 욕망만족은 최고점에
달하게 된다.

소비량과 그로부터 얻는 효용과의 관계를 수식으로 표현한 것이 효용함수이다. 소비하는 재
화를 한 가지로 가정한다면 소비함수를 (식 5-1)과 같이 쓸 수 있다.

$$U = f(Q) \hspace{6cm} \text{(식 5-1)}$$

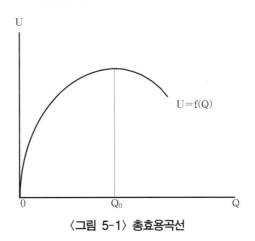

〈그림 5-1〉 총효용곡선

여기에서 U는 총효용, Q는 한 재화의 소비량을 나타낸다. 효용함수를 정의함에 있어서 몇 가지 유의할 점이 있다.

첫째, 수요함수는 소비자의 취미와 기호가 일정하다는 가정 하에 만들어진다. 만약 이러한 것들이 변화하면 효용함수의 형체도 변화할 것이다. 가령 의상의 유행이 지나가면 사람들은 동질동량의 옷감의 소비에서 전보다 작은 만족밖에는 얻지 못할 것이다. 이것은 소비량과 총효용 사이의 함수관계의 내용이 변화하였다는 것을 의미한다.

둘째, 위에서 「매기당의 소비함수」라고 하였는데 효용함수에는 반드시 일정한 시간단위가 전제되어야 한다. 왜냐하면 소비기간이 장단에 따라 효용의 수준이 달라질 수 있기 때문이다. 가령 맥주 한 병을 10분 동안에 마시느냐 또는 한 시간 동안에 마시느냐에 따라 그로부터 얻는 효용수준에는 차이가 생길 것이다. 그러므로 극단적으로 짧지도 않고 극단적으로 길지도 않은 시간 단위를 전제해야만 효용함수는 의미를 가지게 된다.

1-2 한계효용

(식 5-1)의 총효용함수는 한 재화의 소비량이 변화하면 소비자의 총효용도 변화한다는 것을 의미한다. 여기에서 총효용의 변화량(ΔU)을 수량의 변화량(ΔQ)로 나눈 값을 한계효용이라고 하며 (식 5-2)와 같이 표현된다.

$$MU = \frac{\Delta U}{\Delta Q}$$

(식 5-2)

좀 더 구체적으로 말한다면 재화의 제i단위의 한계효용은 소비량을 $(i-1)$단위에서 i단위로 증가함으로써 더 얻어지는 효용 혹은 소비량을 i단위에서 $(i-1)$단위로 줄임으로써 잃게 되는 효용을 말함이다.

총효용과 한계효용과의 관계는 〈**표 5-1**〉과 〈**그림 5-2**〉를 보면 분명해 진다. 〈**표 5-1**〉에 있어서 매기당 소비량을 2단위에서 3단위로 증가시킨다면 총효용은 5에서 6으로 증가한다. 그러므로 재화의 수량이 2단위에서 3단위로 증가할 때의 한계효용, 혹은 재화 제3단위의 한계효용은 1이다. 〈**그림 5-2**〉의 (a)에서 한계효용은 줄친 부분에 해당하고, 이 부분만을 아래에 따로 떼어 그리면 (b)와 같은 그래프가 된다. (a)와 (b) 두 그림을 대조하면 다음과 같은 것을 알 수 있다.

첫째, 총효용그래프가 주어지면 한계효용그래프를 도출할 수 있고 반대로 한계효용그래프가 주어지면 총효용그래프를 도출할 수 있다.

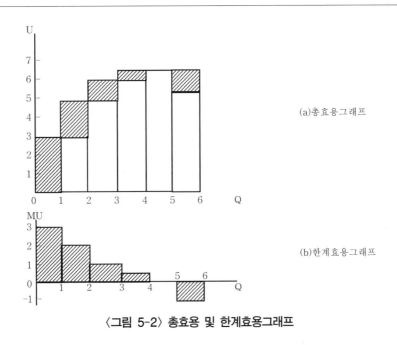

(a)총효용그래프

(b)한계효용그래프

〈그림 5-2〉 총효용 및 한계효용그래프

둘째, 재화 i단위의 총효용은 제i단위까지의 각 단위의 한계효용의 누계와 같다. 〈표 5-1〉에 있어서 소비수량 4단위의 총효용은 6.3인데 이것은 제4단위까지의 한계효용의 누계(3+2+1+0.3=6.3)와 같다.

셋째, 소비량이 4단위에 이르기까지는 총효용이 증가하나 한계효용은 감소한다. 이 경우에 한계효용이 감소한다는 것은 총효용이 증가하되 그 증가폭이 둔화된다는 것을 의미한다. 일반적으로 한계량은 총량의 변화의 속도를 표시하는 것이다.

넷째, 총효용이 극대가 될 때에 한계효용은 0이 된다.

〈표 5-1〉 총효용과 한계효용과의 관계

수　량	총효용	한계효용
0	0	
1	3	3
2	5	2
3	6	1
4	6.3	0.3
5	6.3	0
6	5.5	−0.8

소비량이 증가함에 따라 한계효용이 점점 작아진다는 것이 일반적 그리고 경험적 현상이라 하여 경제학자들은 이를 한계효용체감의 법칙(law of diminishing marginal utility)이라고 부르고 있다. 그러나 한계효용체감만이 보편적인 사실이라고 주장할 필요는 없다. 경우에 따라서는 소비량이 일정수준에 이르기까지는 한계효용이 증가하는 경우도 생각할 수 있는 것이다. 예를 들면 식구가 많은 가정집에 방이 하나밖에 없어서 가족들이 불편을 느끼고 있을 경우에 방을 하나 더 늘린다면 일가는 확실히 방 하나에서 얻던 만족의 두 배 이상의 총효용을 느끼게 될 것이다. 이 경우에 방의 한계효용은 증가하고 있는 것이다. 그러나 방의 수를 3, 4, 5개 등으로 늘려 간다면 방의 중요성은 점점 적어지고 심지어 방 하나를 더 늘리면 가옥 전체의 구조를 망치게 되어, 도리어 만족을 해치게 될지 모른다. 이리하여 방의 한계효용은 체증·체감의 단계를 지나 마이너스의 것이 될 수도 있는 것이다.

생각하건대 한계효용 체증·체감의 여부는 재화의 종류, 소비자의 주관적 조건에 좌우되는 것이라 할 수 있다. 그러나 체감이야말로 보다 일반적인 현상이고 경제적으로 더 의의가 있는 것이다. 따라서 우리는 「한계효용의 체감」을 앞으로 전개되는 모든 이론의 가정으로 삼는 것이 바람직하다.

제2절 소비자균형

소비자행동의 목표는 주어진 소득으로 최대의 효용을 취하기 위하여 여러 가지 재화를 어떻게 배합하여 소비해야 하는가이다. 이것이 바로 효용극대화를 위한 소비자선택의 문제이다.

한계효용이론에서는 이 문제를 한계효용균등의 법칙(law of equimarginal utility)으로 해결한다. 먼저 다음과 같은 세 가지 가정이 필요하다. 첫째, 소비자의 소득은 일정불변 하다. 만약 소비자의 소득이 무한하다면 선택의 필요성이 없게 되고 결국 경제적 문제가 없다는 것을 의미하기 때문이다. 둘째, 각 상품의 가격이 일정불변 하다. 이것은 소비자가 완전경쟁시장[6]에서 재화를 구입한다는 것을 의미한다. 즉 재화의 가격은 소비자에게 주어진 하나의 여건이라는 것이다. 셋째, 소비자의 각 재화의 한계효용표 또는 한계효용곡선이 알려져 있다. 각 재

---

6) 제9장의 완전경쟁시장이론에서 자세히 다룰 내용으로서 가격이 완전경쟁에 의해 형성되는 시장을 말한다. 즉 시장참가자의 수가 많고 시장참여가 자유로우며 각자가 완전한 시장정보와 상품지식을 가지며 개개의 시장참가자가 시장 전체에 미치는 영향력이 미미한 상태에서 그곳에서 매매되는 재화가 동질일 경우 완전한 경쟁에 의해 가격이 형성되는 시장을 말한다. 완전경쟁시장에서는 수급이 균형을 이루고 있으며 정상이윤이 존재할 수 있도록 일반균형의 상태가 성립된다. 이 경우 최저평균비용과 가격이 일치하게 되고 그것은 자원이 가장 효율적으로 이용되는 상태로 경제 후생적 관점에서 가장 바람직한 상태라고 할 수 있다. 그러나 완전경쟁시장이라는 개념은 분석상의 이론가설로서 현실적으로 존재하는 것은 아니다.

화의 한계효용표는 소비자의 각 재화에 대한 주관적 평가를 표시하는 것인 만큼 그 내용은 소비자마다 다를 것이고, 또 같은 소비자라 할지라도 재화의 종류에 따라 다를 것이다.

이러한 가정 하에서 소비자가 주어진 소득으로 n개의 재화를 구입할 경우, 제i재화의 한계효용이 MU_i, 제i재화의 가격이 P_i이면 $\dfrac{MU_i}{P_i}$가 균등하도록 각 상품을 구입할 때 소비자는 효용을 극대화할 수 있다. 이를 구체적으로 명기하면 (식 5-3)과 같다.

$$\frac{MU_1}{P_1} = \frac{MU_2}{P_2} = \cdots\cdots = \frac{MU_n}{P_n} = 1원\ 어치의\ 한계효용 \qquad\qquad (식\ 5\text{-}3)$$

(식 5-3)이 성립되도록 주어진 소득을 각 재화의 구입에 배분할 경우 소비자의 효용은 극대가 된다. 이러한 관계를 한계효용균등의 법칙이라 한다.

(식 5-3)이 의미하는 바를 좀 더 자세히 살펴보자. $\dfrac{MU_1}{P_1}$은 제1재화의 한계효용을 제1재화의 가격으로 나눈 것이므로, 그 값은 제1재화 1원어치의 한계효용이다. 예를 들어 제1재화의 1단위를 더 구입했을 때 가격이 20원이고 한계효용이 100이라면, 제1재화의 1원어치의 한계효용은 5가 된다. 마찬가지로 $\dfrac{MU_2}{P_2}$는 제2재화의 1원어치의 한계효용이다. 그러므로 (식 5-3)은 각 재화의 1원어치의 한계효용이 모두 같게 되도록 각 재화의 구매량을 결정해야만 소비자의 효용이 극대가 된다는 것을 의미한다.

예를 들어 현 소비상태에서 $\dfrac{MU_1}{P_1} > \dfrac{MU_2}{P_2}$이면, 추가적인 소득 없이 기존의 지출액을 재조정하여 효용을 더 증가시킬 수 있다. 구체적으로 1원어치의 한계효용이 더 큰 제1재화를 조금 더 사고 1원어치의 한계효용이 작은 제2재화를 조금 덜 사는 것이다. 이러한 행동을 계속하면 제1재화의 1원어치의 한계효용은 점차 감소하고 제2재화의 1원어치의 한계효용은 점차 증가할 것이다. 이러한 행동은 결국 두 재화의 1원어치의 한계효용이 같게 될 때까지 계속될 것이다. 반대로 $\dfrac{MU_1}{P_1} < \dfrac{MU_2}{P_2}$이면 소비자는 제1재화를 덜 구매하고 제2재화를 더 구매함으로써 총효용을 증가시킬 수 있을 것이다. 이와 같이 각 재화 1원어치의 한계효용이 다를 경우 각 재화의 구매량을 변경시킴으로써 소비자의 총효용은 증가시킬 수 있는 것이다.

그러면 어떠한 경우에 총효용이 극대가 될 수 있는가? 그것은 주어진 소득을 조정하여 각 재화 1원어치의 한계효용이 모두 동일하도록 구매하는 경우일 것이다. 즉, (식 5-3)이 성립하도록 주어진 소득을 각 재화의 구입에 배분하는 경우일 것이다. 왜냐하면 이 경우에는 한 재화를 덜 사는 대신 다른 재화를 더 산다고 해도 총효용의 증가는 있을 수 없기 때문이다.

한계효용균등의 법칙을 다시 설명하면 각 재화 1원어치의 한계효용이 균등하게 되어 한 재화를 덜 사고, 다른 재화를 더 구매하여도 총효용을 더 이상 증가시킬 수 없을 때, 소비자의 총효용은 극대가 된다는 것이다.

지금까지 어떤 주어진 소득 또는 예산을 가지고 재화를 구입하는 데 한계효용균등의 법칙을 따르면 효용이 극대화된다는 것을 설명하였다. 따라서 소비자가 효용을 극대화하기 위해서는 (식 5-3)이외에 재화구입의 총비용이 소비자의 소득과 같아야 한다는 또 하나의 조건이 충족되어야만 한다. 소득을 I, 각 상품의 가격을 각각 P_1, P_2, …… P_n이라 하고 그 구입량을 각각 Q_1, Q_2, …… Q_n이라 한다면, 이 소득제약조건은 다음과 같이 표시된다.

$$I = P_1Q_1 + P_2Q_2 + \cdots + P_nQ_n \qquad \text{(식 5-4)}$$

(식 5-4)의 조건하에서 (식 5-3)을 만족시키도록 Q_1, Q_2, …… Q_n을 결정할 때 소비자는 주어진 소득으로 최대의 효용을 얻게 된다.

따라서 효용극대화조건을 다시 한 번 정리하면 다음과 같다. 각 재화의 구입에 필요한 총지출액이 소득 또는 예산과 일치한다는 조건하에서 각 재화 1원어치의 한계효용이 균등하도록 각 재화를 구매할 때 소비자의 효용은 극대가 된다. 이러한 효용극대화조건이 달성될 때 비로소 소비자의 소득은 각 재화에 최적 배분된 것이며, 소비자의 행동은 더 이상 변화될 여지가 없게 된다. 따라서 소비자의 효용극대화조건을 소비자의 균형조건이라고도 한다.

지금까지 설명한 효용극대화의 원리를 간단한 숫자의 예를 들어 설명할 수도 있다. 다음과 같은 가정을 두고자 한다. 앞에서 설명한 가정들을 숫자화 한 것이다.

(1) 소비자의 소득(예산)은 200원이다.

(2) 소비자는 이 소득으로 X재와 Y재만을 구입하는 데 X재의 가격은 단위당 20원, Y재의 가격은 단위당 40원이다.

(3) X재와 Y재에 대한 소비자의 효용표는 〈**표 5-2**〉와 같다.

〈표 5-2〉 소비자의 효용표

	P_x=20원				P_y=40원		
Qx	TUx	MUx	$\dfrac{MUx}{Px}$	Qy	TUy	MUy	$\dfrac{MUy}{Py}$
1	80	80	4	1	150	150	3.75
2	140	60	3	2	230	80	2
3	180	40	2	3	290	60	1.5
4	210	30	1.5	4	330	40	1
5	230	20	1	5	350	20	0.5

이제 위와 같은 상황에서 소비자가 효용을 극대화하기 위해서는 소득 200원으로 X재와 Y재를 각각 몇 단위 구입해야 하는가?

이제 〈표 5-2〉를 이용하여 소비자가 주어진 소득으로 효용을 극대화 할 수 있도록 X재와 Y재의 구입량을 조정해 가는 과정을 살펴보자. 단, 분석의 간단화를 위해서 재화를 분할해서 구입할 수 없다는 가정을 하자. 우선 소비자의 소득이 20원뿐이라고 하자. 이제 소비자는 최초의 이 20원을 가지고 선택의 여지없이 X재 1단위를 구입할 수 있다. 다음에 소비자의 소득이 40원으로 증가하였다고 하자. 그러면 소비자는 X재 2단위나 Y재 1단위를 구입할 수 있는 데, 현명한 소비자이라면 Y재 1단위를 구입할 것이다. 왜냐하면 총효용도 클 뿐만 아니라 화폐단위당 만족도 크기 때문이다(X재 2단위 구입시 화폐단위당 만족도는 3이고 Y재 1단위 구입시 화폐단위당 만족도는 3.75). 같은 원리로 소비자의 소득이 80원 일 때는 X재 2단위와 Y재 1단위, 소득이 100원일 때는 X재 3단위와 Y재 1단위를 구입할 것이다. 위와 같은 관념적 실험을 되풀이해서 소득이 200원으로 증가하였다면, 소비자는 X재 4단위와 Y재 3단위를 구입하게 되는데, 이 경우 소비자가 얻는 총효용은 X재로부터 210, Y재로부터 290으로 모두 500이 되며, 이것이 200원으로 소비자가 얻을 수 있는 최대의 효용이다.

이와 같은 방식으로 결정된 구매량은 효용극대화조건인 (식 5-3)과 (식 5-4)를 동시에 충족시킨다.

제3절 한계효용이론과 수요곡선

위에서 설명한 바와 같이 합리적인 소비자는 주어진 소득으로 최대효용을 얻을 수 있도록 재화의 구매량을 결정한다. 이제 한 재화의 가격이 변화할 때 효용극대화원리에 따라서 균형 구매량이 변화하는 과정을 살펴보고 이를 바탕으로 우하향하는 수요곡선을 도출하여 본다.

앞의 예에서 X재의 가격이 20원, Y재의 가격이 40원, 그리고 소득(예산)이 200원일 때, 소비자는 X재 4단위 Y재 3단위를 구입함으로써 최대의 만족을 얻고 소비자균형에 도달하였다.

이제 만약 소비자의 효용표, 소득, 그리고 Y재의 가격은 종전과 같고 X재의 가격만 20원에서 40원으로 상승하였다고 가정하자. Y재의 화폐단위당 한계효용은 종전과 같지만 X재의 화폐단위당 한계효용은 〈표 5-3〉과 같이 변하기 때문에 소비자균형 또한 바뀐다. 즉, 가격이 변화하였음에도 불구하고 종전의 구입량을 유지하면 효용극대조건 $\left(\dfrac{MU_X}{P_X} = \dfrac{MU_Y}{P_Y} \right)$ 을 만족시킬 수 없으므로 소비자는 균형상태에 있지 못하게 된다. 이러한 경우 소비자는 주어진 소득의 범위 내에서 화폐단위당 한계효용이 큰 Y재를 더 구입하거나 아니면 화폐단위당 한계효용이 작은 X재의 구입량을 줄여서 화폐단위당 한계효용이 같도록 조정할 것이다. 효용극대화를 위한 이러한 조정과정은 소비자가 Y재의 구입량을 종전과 같이 4단위로 하고 X재의 구입량을 4단위에서 2단위로 줄임으로써 끝나고, 소비자는 새로운 균형에 도달한다. 왜냐하면 이 새로운 균형은 효용극대화조건인 아래의 두 식(식 5-3)′과 (식 5-4)′을 동시에 만족시키기 때문이다.

$$\frac{MU_X}{P_X} = \frac{MU_Y}{P_Y} = 1.5 \qquad\qquad\qquad\qquad\qquad \text{(식 5-3)}'$$

$$I = P_X \cdot X + P_Y \cdot Y = 40 \times 2 + 40 \times 3 = 200 \qquad\qquad\qquad \text{(식 5-4)}'$$

결과적으로 X재의 가격이 20원에서 40원으로 상승함으로써 X재의 균형구매량은 4단위에서 2단위로 줄어들었다. 이러한 변화는 〈그림 5-3〉의 A점과 B점이 된다. A점은 Px=20과 Qx=4를, B점은 Px=40과 Qx=2를 표시한다. 이는 가격과 수요량은 반대방향으로 움직인다는 것을 뜻하며 수요곡선이 우하향한다는 것을 의미한다. 물론 수요곡선 Dx는 X재의 수요에 영향을 미치는 다른 요인들(예컨대 소비자의 소득, 기호, 연관재가격, 예상 등)이 고정된 상태에서 Px가 연속적으로 변화할 때 각각의 가격에 대응하는 균형소비점을 추적하여 연결한 것이다.

어떤 특정재화에 대한 우하향 수요곡선은 위에서 설명된 것처럼 소비자의 소득, 기호, 연관재의 가격, 그리고 예상 등 수요에 영향을 미치는 모든 요인들의 변화가 없고, 다만 그 재화의 가격만이 변경될 때 조정되어지는 소비자균형점을 추적하여 도출될 수 있다. 이처럼 한계효용이론은 소비자가 주어진 소득(예산)으로 최대의 효용을 얻고자 합리적으로 행동하는 원리로부터 수요의 법칙을 보여주고 있다.

개별소비자들의 수요곡선이 도출되면 시장수요곡선은 제3장의 **〈그림 3-11〉**에서 설명한 바와 같이 각각의 시장가격에 대하여 개별수요량을 수평으로 합함으로써 도출할 수 있다.

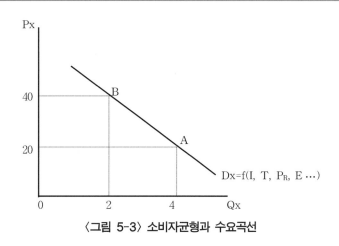

〈그림 5-3〉 소비자균형과 수요곡선

〈표 5-3〉 가격변화와 한계효용

Q	1	2	3	4	5
MUx	80	60	40	30	20
$\dfrac{MUx}{Px}$, Px=20원	4	3	2	1.5	1
$\dfrac{MUx}{Px}$, Px=40원	2	1.5	1	0.75	0.5
$\dfrac{MUy}{Py}$	3.75	2	1.5	1	0.5

제4절 한계효용이론과 아담 스미스의 역설

한계효용이론은 아담 스미스가 끝내 풀지 못한 문제를 해결하는 데 도움을 주었다. 아담 스미스는 그의 저서 국부론(Wealth of Nations, 1776년)에서 모든 재화의 가치를 사용가치(value in use)와 교환가치(value in exchange)로 분류하고, 물은 사용가치가 큼에도 불구하고 교환가치는 작은 반면에 다이아몬드는 사용가치가 작음에도 불구하고 교환가치가 큼을 지적하면서 이런 현상을 어떻게 설명해야 할 것인가 하는 의문을 풀지 못하였다.

여기서 스미스의 사용가치는 오늘날의 총효용으로 볼 수 있고 교환가치는 가격으로 통하는 개념이다. 그러므로 스미스가 제시하는 문제는 결국 물은 인간생활에 없어서는 안 될 아주 유용한 것인데도 거의 값이 없는데 반하여 전혀 없어도 살아갈 수 있는 다이아몬드는 아주 값비싸게 팔리는 것은 무슨 이유 때문인가 하는 것이 된다. 스미스가 제시한 이와 같은 가치의 이율배반적 현상을 아담 스미스의 역설(Adam smith's paradox) 또는 가치의 역설이라고 불리어졌는데 100년이 지나서 이것은 한계효용학파에 의하여 비로소 해결되었다.

1870년에 등장한 한계효용학파는 총효용과 한계효용의 개념을 구별함은 물론 위에서 살펴본 한계효용체감의 법칙을 정립하였다.

이러한 한계효용이론에 의하면 재화의 가격, 즉 교환가치를 결정하는 것은 총효용이 아니라 한계효용이며 어떤 재화의 한계효용의 크기는 그 재화의 존재량에 반비례한다. 그러므로 존재량이 풍부한 물의 한계효용은 0에 가까운 반면에 존재량이 미소한 다이아몬드의 한계효용은 대단히 크다. 따라서 다이아몬드가 물보다 높은 가격으로 교환되는 것이다.

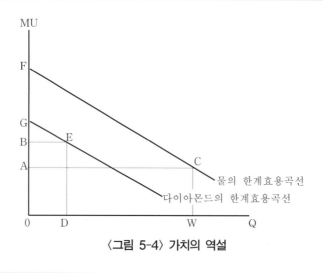

〈그림 5-4〉 가치의 역설

〈그림 5-4〉는 이와 같은 현상을 설명해 주고 있다. 존재량이 똑같을 때 물은 다이아몬드보다 인간생활에 더 유용하기 때문에 물의 한계효용곡선은 다이아몬드의 한계효용곡선보다 항상 위에 있다. 즉, 존재량이 같은 수준에서는 물의 한계효용이 다이아몬드의 한계효용보다 크다는 의미이다. 그러나 현실적으로 물의 존재량 *OW*는 다이아몬드의 존재량 *OD*보다는 훨씬 풍부하기 때문에 물의 한계효용 *OA*는 다이아몬드 한계효용 *OB*보다 훨씬 작다. 그런데 재화의

가격을 결정하는 것은 그 재화의 총효용이 아니라 한계효용이기 때문에 한계효용이 큰 다이아몬드가 물보다 훨씬 값비싸게 교환되는 것이다. 즉 재화의 가격이 재화의 한계효용에 의해서 결정된다고 보는 한계효용학파에게는 가격의 역설은 역설적 현상이 아니다.

〈**그림** 5-4〉에서 다이아몬드의 총효용은 $ODEG$의 면적으로, 물의 총효용은 $OWCF$의 면적으로 표시되어 결국 물의 총효용이 다이아몬드의 총효용보다 훨씬 큰 것을 보여주고 있다.

【연|습|문|제】

1. 한계효용균등의 법칙을 설명하시오.

2. 효용이론의 문제점에 대해서 논하시오.

3. 소득이 18만원이고 X재의 가격은 1만원, Y재의 가격은 2만원일 때 다음 표를 보고 문제에 답하시오.

수량	1	2	3	4	5	6	7	8	9	10
MUx	17	13	10	9	8	7	6	5	4	3
MUy	19	18	17	16	15	14	13	12	11	10

1) 효용이 극대화되는 X재와 Y재의 조합을 구하고 총효용을 구하시오.

2) X재 가격이 2만원으로 상승할 경우 효용이 극대화되는 조합과 총효용을 구하시오.

3) 위의 문제 2)의 경우에서 X의 수요곡선을 도출하시오.

4) 두 재화의 가격은 변화가 없고 소득만 23만원으로 증가할 경우 효용이 극대화되는 조합을 구하시오.

4. 우리 생활에 있어서 실제로 한계효용이론을 응용해서 효용이 극대화되는 소비 행위를 할 수 있다고 생각하는지? 그 이유는 무엇인지 제시하시오?

5. 한계효용곡선의 기울기가 가파른 재화와 완만한 재화를 예를 들어 보시오.

무차별곡선이론과 소비자 균형

제5장에서 우리는 신고전학파의 기수적 효용의 개념을 기초로 하여 소비자행태를 분석하였다. 제6장에서는 서수적 효용의 개념을 사용하는 무차별곡선이론에 의하여 소비자행태문제를 다시 한 번 다루어 보고자 한다. 1881년에 처음으로 무차별곡선을 경제분석에 이용한 사람은 영국의 경제학자 엣지워즈(F. Y. Edgeworth)로 알려져 있다. 그 후 1906년에 이탈리아의 경제학자 파레또(V. Pareto)는 엣지워즈의 무차별곡선의 개념에 약간의 수정을 가하여 그의 유명한 선택이론(theorie des choix)을 전개하는 데에 사용하였다. 그러나 무차별곡선을 개량·확장하여 서수적 효용이론을 확립하는 데에 크게 공헌한 학자는 영국의 힉스(J. R. Hicks)와 알렌(R. G. D. Allen)이다. 무차별곡선의 이론은 효용의 기수적 측정가능을 가정함이 없이 소비자균형을 설명할 수 있을 뿐만 아니라 수요에 관련된 모든 문제를 보다 효과적으로 분석하는 강점을 가지고 있다.

제1절 무차별곡선이론

1-1 무차별곡선(Indifference Curve)

(1) 무차별곡선의 개념

소비자들은 일정액의 소득으로 여러 가지 재화를 구매한다. 이때에 소비자가 구매하는 각 재화의 수량적 구성을 재화의 배합(combination)이라고 한다.

우리는 분석을 단순화하기 위하여 X와 Y 두 재화만을 소비하는 한 소비자의 경우를 분석의 대상으로 할 것이다. 물론 그 단순한 모형에서 도출되는 결론은 다수의 재화를 소비할 경우에도 적용될 수 있다.

〈표 6-1〉 동일만족을 주는 X재와 Y재의 배합

배 합	X재의 수량	Y재의 수량
A	1	5
B	2	2.5
C	3	1.6
D	4	1.2
E	5	1

무차별곡선은 소비자에게 동일 수준의 만족 즉 만족에 있어서 무차별을 주는 두 재화의 무수한 수량적 배합을 표시하는 곡선이다. 다음과 같이 숫자를 예로 하여 그 개념을 알아보자.

가령 소비자에게 동일한 만족을 주는 X재와 Y재와의 배합이 〈표 6-1〉과 같다고 하자. 그림으로 표시된 다섯 가지 배합을 좌표상에 점찍고 각 점을 연결하면 〈그림 6-1〉의 곡선 U가 그려진다. 일예로 A점은 X재 1단위와 Y재 5단위로 구성되는 배합을 가리키고, B점은 X재 2단위와 Y재 2.5단위로 구성되는 배합을 가리키고 있다. 이론적으로 말하면 곡선 U는 무수한 점의 연속으로 이루어졌고, 따라서 각 점은 제각기 동일한 만족 즉 무차별한 만족을 주는 다른 배합을 가리키고 있다고 생각할 수가 있다. 여러 가지 배합들이 모두 동일한 만족을 주는 것이라면 소비자는 구태여 그 중 어떤 배합을 더 좋다거나 싫다 할 까닭이 없다. 모든 배합은 소비자에게 주는 만족에 있어서 무차별하기 때문이다. 그러므로 곡선 U를 무차별곡선이라고 한다.

한 무차별곡선상의 모든 배합에서 얻는 만족보다 큰 만족수준은 보다 오른쪽(또는 위쪽)에 위치하는 무차별곡선으로 표시된다.

이론적으로는 그래프 상에 만족의 수준을 달리하는 무차별곡선을 얼마든지 그릴 수 있는데, 오른쪽으로 위치하는 곡선일수록 보다 큰 만족수준을 표시한다. 좌표 상에 그려진 무차별곡선의 계열을 지도의 등고선에 비유하여 무차별지도(indifference map)라 하는데 〈그림 6-2〉와 같다. 따라서 〈그림 6-2〉에서 효용의 크기는 다음과 같다.

무차별곡선 U_3 〉 무차별곡선 U_2 〉 무차별곡선 U_1 〉 무차별곡선 U_0

위의 표현에서는 만족의 차이를 구체적으로는 알 수 없고 다만 순서만이 알 수 있다. 또 굳이 알 필요도 없다. 따라서 무차별곡선의 개념은 효용의 기수적 측정이 가능하다는 까다로운 가정대신에 다만 서수적 비교가 가능하다는 보다 수월한 가정에 의존하고 있는 것이다.

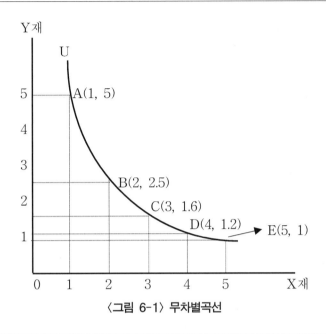

〈그림 6-1〉 무차별곡선

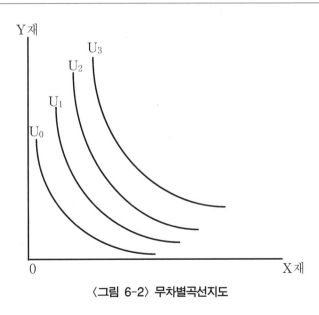

〈그림 6-2〉 무차별곡선지도

(2) 무차별곡선의 성질

무차별곡선은 다음과 같은 세 가지의 기본적 성질을 가지고 있다.

첫째, 우하향의 기울기를 갖고 있다.

둘째, 원점쪽으로 볼록하다.

셋째, 서로 교차하지 않는다.

각자를 차례로 설명하면 다음과 같다.

첫째, 무차별곡선은 우하향의 기울기를 갖는다. 즉, 마이너스의 기울기를 가진다는 것이다. 사실상 모든 경제재는 정(+)의 한계효용을 갖고 있다. 따라서 재화의 한계효용이 0보다 크다면 X재의 1단위를 포기하면 그 만큼의 효용을 잃게 되는데 만족을 동일하게 유지하기 위해서는 Y재의 몇 단위를 더 가짐으로써 만족상의 손실을 보상하여야 한다. 이와 같은 X재의 감소에 Y재의 증가가 따른다면 그 관계를 〈그림 6-3〉과 같이 그래프로 그렸을 때 우하향의 곡선이 되지 않을 수 없다. 즉, 두 재화가 열등재가 아닌 정상재이라면 서로 대체관계에 있기 때문에 위와 같은 결론에 도달할 수 있다.

둘째, 무차별곡선은 우하향의 기울기를 가질 뿐만 아니라 원점쪽으로 볼록하다. 이것은 한계대체율(marginal rate of substitution: MRS)이 감소한다는 것과 같은 말이므로 먼저 한계대체율의 개념을 설명하기로 한다. 앞에서 서술한 바와 같이 소비자는 일정배합에서 출발하여 X재의 일정분량을 더 갖는 대신에 Y재 일정분량을 덜 가짐으로써 종전과 동일한 만족을 유지할 수가 있다. 이 경우에 Y재의 감소분(ΔY)의 X재의 증가분(ΔX)에 대한 비율 $\left(\dfrac{\Delta Y}{\Delta X} \right)$을 「$Y$재의 X로의 한계대체율」이라고 한다. 이 비율이 구체적으로 무엇을 의미하느냐 하는 것은 두 가지 방법으로 설명할 수가 있다.

첫째, 한계대체율은 소비자가 총만족을 동일하게 유지하면서 X재 1단위를 더 얻는 대가로 포기하고자 하는 Y재의 분량을 표시한다. 가령 Y재의 X재로의 한계대체율 $\left(\dfrac{\Delta Y}{\Delta X} \right)$이 3이라면 그것은 X재 1단위를 얻는 대신 Y재 3단위까지를 포기하고자 하되 그 이상은 포기하려 하지 않는다는 것을 의미한다. 만약 X재 1단위에 대하여 Y재 3단위 이상을 포기한다면 총만족은 감소할 것이고, 3단위 이하를 포기한다면 총만족은 증가할 것이다.

둘째, 위의 사실을 비추어 볼 때 한계대체율이란 더 얻는 X재 1단위의 중요도를 Y재의 수량으로 평가한 것이라고 볼 수도 있다. X재 1단위와 Y재 3단위가 교환되는 것은 양자의 소비로부터 얻는 중요도 또는 만족도가 같기 때문에 교환된다. 따라서 X재 1단위의 중요도는 Y재 3단위와 같다고 할 수도 있고, 혹은 거꾸로 Y재 1단위의 중요도는 X재 $\dfrac{1}{3}$단위와 같다고 하여도 좋다. 요컨대 한 재화의 수량은 다른 재화의 주관적 중요도를 평가하고 있는 것이다.

　〈표 6-2〉는 한계대체율의 계산 예를 보여주고 있다. 표에 의하면 Y재가 X재로 대체되어 감에 따라 한계대체율이 감소하고 있다. 독립재간의 대체율에 관한 한계대체율이 감소하는 것이 일반적인 경우라 생각되는데, 그 이유는 이해하기 어렵지 않다. 표에서 배합이 A, B, C, D, E의 순서로 바뀜에 따라 X재의 수량은 1, 2, 3, 4, 5로 증가한다. X재의 소비량이 많아짐에 따라 그 한계효용이 체감한다는 것은 이미 우리가 잘 알고 있다. 여기에서는 X재의 한계단위의 중요도를 「효용」이 아니라 Y재의 수량으로 평가하고 있는데, 중요도는 무엇으로 표시하든, 수량이 많아짐에 따라 그것이 감소한다는 사실에는 틀림이 없다. 그러므로 X재의 한계효용이 감소한다는 것과 X재와 Y재 사이의 한계대체율이 감소한다는 것은 결국 같은 사정을 다르게 파악하고 있을 뿐이다.

〈표 6-2〉 동일만족을 주는 X재와 Y재의 배합과 한계대체율

배 합	X재의 수량	Y재의 수량	X재의 증가분 (ΔX)	Y재의 증가분 (ΔY)	한계대체율 ($\Delta Y/\Delta X$)
A	1	5			
B	2	2.5	1	-2.5	-2.5
C	3	1.6	1	-0.9	-0.9
D	4	1.2	1	-0.4	-0.4
E	5	1	1	-0.2	-0.2

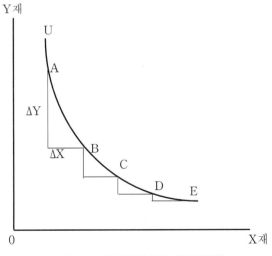

〈그림 6-3〉 무차별곡선과 한계대체율

한편 배합이 A, B, C, D, E의 순서로 바뀜에 따라 Y재의 수량은 적어져 간다. 따라서 Y재의 한계효용은 증가할 것이고, 그것은 Y재와 X재 사이의 한계대체율 $\frac{\Delta X}{\Delta Y}$ 가 증가한다는 것을 의미한다. 요컨대 $\frac{\Delta Y}{\Delta X}$ 가 감소한다는 것은 $\frac{\Delta X}{\Delta Y}$ 가 증가한다는 것과 같은 말이다.

무차별곡선이론에 있어서는 이것을 한계대체율체감의 법칙이라고 한다.

한계대체율이 감소하는 배합관계를 그래프로 표시하면 원점으로 볼록한 곡선이 그려진다. 이것은 〈**그림 6-3**〉의 U곡선과 같다는 것을 보아서도 알 수 있는데 X재를 한 단위씩 일정하게 증가시킴에 따라 포기해야 되는 Y재의 양이 점차 감소하고 있는 것을 보여주고 있다.

셋째, 무차별곡선은 서로 교차할 수 없다. 이것은 〈**그림 6-4**〉에 의하여 쉽게 설명될 수 있다. 무차별곡선 U_0와 무차별곡선 U_1은 A점에서 교차하고 있다. A, B, C의 배합이 주는 만족을 각각 UA, UB, UC라 하자. B의 배합은 C의 배합보다 큰 만족을 준다.

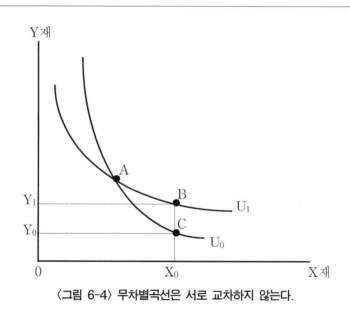

〈그림 6-4〉 무차별곡선은 서로 교차하지 않는다.

왜냐하면 C의 배합과 B의 배합은 X재의 양은 X_0로 같지만 Y재의 양은 B의 배합쪽이 많기 때문이다($Y_1 > Y_0$). 뿐만 아니라 무차별곡선 U_1은 무차별곡선 U_0보다 오른쪽(위쪽)에 위치하고 있으므로 무차별곡선의 정의에 의해서 효용이 더 크다. 따라서 $UC < UB$이다. 그런데 그래프에 있어서 A와 B는 동일무차별곡선 U_1상에 있으므로 $U_A = U_B$이다. 한편 A와 C도 또한 동

일무차별곡선 U_0 상에 있으므로 $U_A=U_C$이다. 이상을 종합하면

$$U_A=U_B, \ U_A=U_C, \ \therefore \ U_C=U_B$$

가 되어야 한다. 그러나 사실상 $U_C{<}U_B$이므로 위의 결론은 모순된다. 그러므로 무차별곡선 은 교차할 수 없다는 것이다.

1-2 예산선(budget line)

(1) 예산선의 개념

한 무차별곡선 상에는 동일한 만족을 주는 두 재화의 배합점이 무수히 있다. 또 좌표 상에는 만족수준을 달리 하는 무차별곡선이 무수히 있다. 이 무차별지도상에서 소비자는 보다 큰 만 족을 주는 배합점을 선호함은 당연하나 그의 소득(예산)이 선택을 제한한다. 주어진 소득의 한도 내에서 최대의 만족을 얻자면 무수한 배합 중에서 어떤 배합점을 택할 것인가. 이것이 곧 소비자선택의 문제이다. 이러한 문제를 해결하기 위해서는 무차별곡선에 이어 우리는 예산선 (가격선)에 대해서 알아보아야 한다.

먼저 일정소득으로 두 재화를 살 수 있는 가능성을 생각해 보자. 두 재화를 사는 비용이 소 비자의 소득(예산)을 초과하여서는 안 된다. 이 조건을 수식으로 표현하면 (식 6-1)과 같다.

$$I=P_X \cdot X+P_Y \cdot Y \qquad \text{(식 6-1)}$$

여기에서 I는 소득(예산), P_x 및 P_y는 각각 X재와 Y재의 가격, 그리고 X 및 Y는 X재와 Y재의 수량을 표시한다. 즉, 좌변의 소득이 우변의 비용과 같아야 한다는 것이 소비자선택에 있어서 제약조건이다. 이를 소득의 제약조건(income constraint)이라고 한다.

(식 6-1)을 변형하면 다음과 같이 쓸 수도 있다.

$$Y=\frac{I}{P_Y}-\frac{P_X}{P_Y} \cdot X \qquad \text{(식 6-2)}$$

이 식에 있어서 I, P_x, P_y는 주어진 여건(상수)이고, Y와 X만이 변수이다. 가령 $P_x{=}500$원, $P_y{=}1{,}000$원, $I{=}5{,}000$원이라 하면 이 수식을 (식 6-2)에 대입하여 아래와 같이 쓸 수 있다.

$$Y = 5 - 0.5X \qquad\qquad\qquad\qquad\qquad\qquad\qquad\qquad \text{(식 6-3)}$$

이것은 가장 단순한 일차방정식이다. 우리는 (식 6-3)에 의하여 5,000원의 소득(예산)으로 살 수 있는 X재와 Y재의 수량배합을 산출할 수가 있다. 일 예로 X에 0을 대입하면 Y는 5가 되는데 이것은 5,000원 중에서 X재를 전혀 구매하지 않는다고 할 때 Y재 5단위를 구입할 수 있다는 것을 말한다. 이렇게 하여 결정된 몇 가지 배합은 〈표 6-3〉에 나타나 있다. 여섯 가지 배합은 모두 5,000원을 다 사용하여 구매할 수 있는 배합들인데, 이들 배합은 결국 비용상의 무차별적 배합이라 할 수 있다.

〈표 6-3〉 구입 가능한 조합(I=5,000원, P_X=500원, P_Y=1,000원 일 때)

결 합	X재의 수량	Y재의 수량
A	0	5
B	2	4
C	4	3
D	6	2
E	8	1
F	10	0

〈그림 6-5〉는 〈표 6-3〉의 배합들을 그래프로 그린 것이다. 이 직선을 예산선 혹은 가격선이라고 한다. 즉 예산선이란 주어진 가격하에서 일정소득(예산)으로 살 수 있는 두 재화의 여러 가지 배합을 가리키는 직선이다.

〈그림 6-5〉에서 종축의 절편 OA는 X재의 구매량이 0일 때의 Y재의 구매량을 표시하므로 그것은 전 소득(5,000원)으로 Y재만을 구매할 수 있는 수량(5)을 표시한다. 같은 이치로 횡축의 절편 OF는 전 소득으로 구매할 수 있는 X재의 수량을 표시한다.

(2) 예산선의 이동

만약 위의 예에 있어서 양재의 가격이 불변이고, 소득이 반으로 감소하면 구매할 수 있는 두 재화의 수량도 각각 반으로 줄어든다. 그러므로 소득이 5,000원에서 2,500원으로 감소하면 〈그림 6-5〉에서 예산선은 AF에서 A′F′와 같이 왼쪽으로 평행이동 된다. 같은 이치로 소득이 증가할 때에는 예산선은 오른쪽으로 평행이동 된다. 따라서 각 소득수준에 대응하는 예산선을 얼마든지 그래프에 그릴 수 있다.

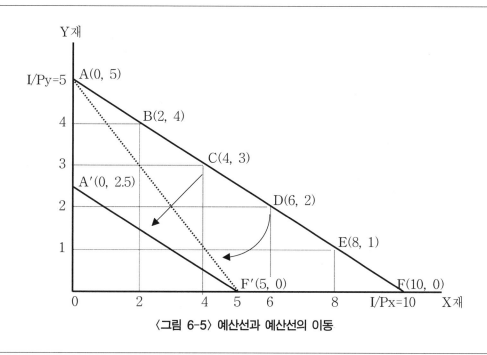

〈그림 6-5〉 예산선과 예산선의 이동

지금까지 우리는 예산선의 위치(양축의 절편의 길이)에 관하여 논하여 왔는데, 그러면 예산선의 기울기는 무엇을 표시하는가? 〈**그림 6-5**〉에서 예산선의 기울기는 $\dfrac{OA}{OF}$ 와 같다. 그런데 상술한 바와 같이 $OA = \dfrac{I}{P_Y}$ 이고, $OF = \dfrac{I}{P_X}$ 이므로 아래와 같은 관계가 성립한다.

$$\frac{OA}{OF} = \frac{\dfrac{I}{P_Y}}{\dfrac{I}{P_X}} = \frac{I}{P_Y} \cdot \frac{P_X}{I} = \frac{P_X}{P_Y} \qquad\qquad \text{(식 6-4)}$$

(식 6-4)에서는 예산선의 기울기가 X재와 Y재의 가격비를 나타내고 있다는 것을 보여주고 있다. 따라서 한 재화 또는 두 재화의 가격이 변화하여 가격비가 달라지면 예산선의 기울기도 반드시 달라질 수밖에 없다. 가령 소득과 Y재의 가격은 그대로 있고, X재의 가격이 500원에서 1,000원으로 오른다면 5,000원으로 살 수 있는 X재는 반으로 줄어들고 따라서 예산선은 〈**그림 6-5**〉에서 점선으로의 이동과 같이 AF에서 AF'로 A점을 축으로 회전한다. 독자들은 반대의 경우도 추측할 수 있을 것이다.

이상을 요약하면 다음과 같다.

첫째, 예산선은 주어진 가격하에서 일정소득으로 살 수 있는 두 재화의 여러 가지 배합을 표시한다.

둘째, 예산선의 기울기는 두 재화의 가격의 역비와 같다.

셋째, 가격이 불변이고 소득이 증가(감소)하면 예산선은 오른쪽(왼쪽)으로 평행이동 한다.

1-3 소비자균형

지금까지 우리는 무차별곡선과 예산선에 대해서 자세히 논의해 왔다. 요약하면 무차별곡선이란 두 재화를 소비하는 한 소비자가 동일한 효용을 유지하는 두 재화의 수량적 결합을 나타내주는 곡선이고, 예산선은 주어진 소득(예산)과 두 재화의 시장가격하에서 모든 소득을 지불하여 구매할 수 있는 두 재화의 최대수량적 구매결합점들을 연결한 선이라는 사실을 알았다.

따라서 소비자는 수많은 무차별곡선 중에서 예산선이 지시하는 무차별곡선을 선택해야만 하고 이렇게 선택된 무차별곡선 상에서도 예산선의 기울기(두 재화의 객관적 교환비율)가 지시하는 소비자결합(두 재화의 주관적 교환비율)을 선택(무차별곡선상의 결합점 선택)함으로써 소비자의 소득과 시장조건(두 재화의 시장가격)의 범주 내에서 그의 효용을 극대화할 수 있는 것이다.

따라서 소비자의 균형을 이루는 소비선택은 무차별곡선과 가격선이 접할 때, 즉 소비자의 주관적 교환비율인 무차별곡선의 기울기 $\left(-\dfrac{\Delta Y}{\Delta X} \right)$와 소비자의 객관적 교환비율인 가격선의 기울기 $\left(-\dfrac{P_X}{P_Y} \right)$가 일치될 때 나타난다. 이것을 소비자 선택의 균형조건이라 하며 (식 6-5)와 같이 표시된다.

$$-\frac{\Delta Y}{\Delta X} = MRS_{XY} = -\frac{P_X}{P_Y} \qquad\text{(식 6-5)}$$

그런데 무차별곡선상의 두 점 A와 B의 효용은 같다. 왜냐하면 예를 들어 점 A로부터 동남방향에 있는 점 B에서의 효용은 Y재를 ΔY만큼 포기하는 대신 X재를 ΔX만큼 더 소비하기 때문이다. 여기에서 우리는 다음과 같은 식을 얻을 수 있다.

$$M U_Y \cdot (-\Delta Y) = M U_X \cdot (\Delta X) \qquad\text{(식 6-6)}$$

(식 6-6)에서 좌변은 Y재를 포기함으로써 잃는 총효용을 의미하며, 우변은 X재를 더 소비함으로써 발생하는 총효용을 말한다. 즉, 잃는 효용과 얻는 효용이 동일하다는 것을 의미한다. (식 6-6)을 변형하면 다음과 같이 된다.

$$- \frac{\Delta Y}{\Delta X} = \frac{MU_X}{MU_Y} \qquad\qquad\qquad \text{(식 6-7)}$$

이는 두 재화간의 한계대체율 $\left(- \frac{\Delta Y}{\Delta X} \right)$과 두 재화의 한계효용의 역비 $\left(\frac{MU_X}{MU_Y} \right)$가 일치한다는 것을 의미한다.

우리는 (식 6-5)와 (식 6-7)에서 다음과 같은 소비자균형조건을 발견할 수 있다.

$$\text{소비자 균형조건 : } - \frac{\Delta Y}{\Delta X} = - \frac{P_X}{P_Y} = \frac{MU_X}{MU_Y} \qquad\qquad \text{(식 6-8)}$$

지금까지의 마이너스(-)부호는 별 의미가 없고 단지 어떤 재화를 포기한다는 뜻을 가지고 있다는 것에 유념해야 한다. 따라서 우리는 지금부터 굳이 마이너스부호를 계속 사용할 필요는 없다.

(식 6-8)에서 $\frac{P_X}{P_Y} = \frac{MU_X}{MU_Y}$를 다시 정리하면 $\frac{MU_X}{P_X} = \frac{MU_Y}{P_Y}$가 되는데 이것이 바로 제5장의 (식 5-3)과 같은 한계효용균등의 법칙을 말해주는 것으로서 X재 1원어치의 한계효용과 Y재 1원어치의 한계효용이 일치할 때 소비자는 균형에 이르고 그의 효용은 극대화된다는 사실을 의미한다.

그러면 한계효용균등의 법칙이 효용극대화를 위한 소비자 균형조건이 되는 이유는 무엇인가. 이를 〈**그림 6-6**〉을 통하여 이를 설명해 보자.

〈**그림 6-6**〉은 〈**그림 6-2**〉와 같은 무차별곡선 지도와 〈**그림 6-5**〉과 같은 예산선을 한 좌표 상에 겹쳐 그린 것이다. 〈**그림 6-6**〉에 의하면 소비자균형은 무차별곡선(U_0)과 예산선이 접하는 점 즉, 무차별곡선의 기울기인 한계대체율 $\left(\frac{\Delta Y}{\Delta X} \right)$과 예산선의 기울기 $\left(\frac{P_X}{P_Y} \right)$가 일치되는 점 E에서 이루어지고 효용은 U_0으로서 극대화된다. 그렇다면 점 E에서만 소비자균형이 이루어진다는 논리적 근거는 무엇인가. 이는 예산선이 지시하는 구매결합과 무차별곡선 상에서의 소비재결합이 일치하는 점이기 때문이며 이 점에서 한계효용균등의 법칙이 실현되기 때문이다.

예산선을 보면 어떤 점에서도 주어진 예산과 가격조건에서 두 재화를 최대량 구매할 수 있기 때문에 점 A, E, C 등 어떤 점에서나 구매행위는 이루어진다 해도 무방하다. 그러나 점 A 또는 C에서 구매하여 소비재를 결합하면 그의 효용은 U_2로서 세 무차별곡선 중 가장 낮은 곡선 상에서 소비재를 결합하기 때문에 효용 역시 가장 작을 것이다.

이러한 논리로 구매결합점이 점 E와 같이 높은 수준의 무차별곡선에서 소비재를 결합함으로써 효용을 증가시킬 수 있다. 즉, 소비자는 그의 구매결합점(예산선상의 점) E에서 소비결합점(무차별곡선상의 점) E를 선택함으로써 구매가능영역 안에서 제일 높은 수준의 효용을 획득하게 된다.

그러나 앞에서도 논의한 바 있지만 소비자는 무차별곡선상의 한 점 D에서 소비재를 결합할 수는 없다. 왜냐하면 점 D에서의 구매결합은 주어진 소득(예산)으로는 구매가 불가능하기 때문이다.

우리는 이와 같은 설명을 다음과 같이 설명할 수 있다. 한계대체율(MRS_{XY})은 X재로서 Y재를 대체하고자 하는 비율이며, 가격비 $\left(\dfrac{P_X}{P_Y} \right)$는 시장에서 구매대체 가능한 비율인 것이다. 〈그림 6-6〉의 점 A에서는 구체적인 숫자의 예가 없다손 치더라도 무차별곡선의 기울기인 한계대체율 $\left(\dfrac{\Delta Y}{\Delta X} \right)$이 가격선의 기울기인 가격비 $\left(\dfrac{P_X}{P_Y} \right)$보다 크게 나타난 것을 쉽게 알 수 있다. 가령 예를 들어 $\dfrac{\Delta Y}{\Delta X} = 6$ 그리고 $\dfrac{P_X}{P_Y} = 0.5$이라면 소비자는 X재 1단위를 얻기 위하여 Y재 6단위를 포기할 용의가 있음을 의미한다. 그러나 시장에서 두 재화의 가격비가 0.5이기 때문에 X재 1단위를 더 구매하기 위해서는 Y재 0.5단위를 포기하는 구매결합이 가능하다. X재 1단위를 추가하기 위해서 Y재의 6단위를 포기할 용의가 있었는데(무차별곡선 상에서의 주관적 교환비율) 이제 시장에서 실제로 Y재 0.5단위만 포기해도 되기 때문에 Y재를 포기하게 된다.

이러한 논리가 점 C에서는 역으로 적용된다. 따라서 소비자는 결국 점 E에서만 그의 소비자 균형을 가져오게 되며 일정한 소득과 시장가격 조건하에서 효용이 극대화된다. 이러한 상황하에서 한계대체율 $\left(\dfrac{\Delta Y}{\Delta X} \right)$, 무차별곡선 상에서 두 재화의 주관적 교환비율인 두 재화의 한계효용의 역비 $\left(\dfrac{MU_X}{MU_Y} \right)$, 그리고 두 재화의 객관적 가격비 $\left(\dfrac{P_X}{P_Y} \right)$ 등 세 가지가 일치하는 상황 $\left(\dfrac{\Delta Y}{\Delta X} = \dfrac{MU_X}{MU_Y} = \dfrac{P_X}{P_Y} \right)$으로 두 재화의 결합비율을 조정함으로써 소비자 균형조건인 두 재화의 1원어치의 한계효용이 일치될 것이며 $\dfrac{MU_X}{P_X} = \dfrac{MU_Y}{P_Y}$ 로써 효용을 극대화할 수 있게 된다.

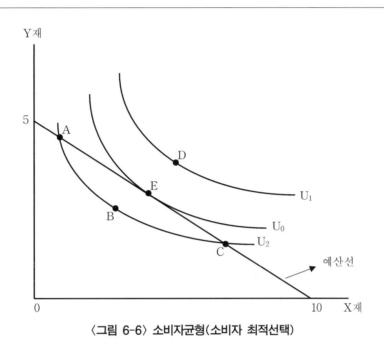

〈그림 6-6〉 소비자균형(소비자 최적선택)

1-4 소비자균형의 이동

우리는 앞에서 무차별곡선의 기울기와 예산선의 기울기가 일치하는 점 즉, 두 선이 접하는 점에서 소비자의 균형이 이루어지고, 이러한 균형 하에서 효용이 극대화된다는 것을 알았다. 그러나 이러한 균형도 소득의 변화 또는 가격의 변화로 인하여 이동하게 된다.

(1) 소득변화와 균형이동

여기에서는 소득의 변화에 따라 소비자균형이 어떻게 달라지는가를 알아보기로 하는데 그러기 위해서는 다음과 같은 가정을 설정해야 한다.

소비재의 가격, 소비자의 선호, 그리고 다른 모든 여건이 일정불변이고 소비자의 소득만 변화한다는 가정이다. 그렇게 되면 소비자균형은 원점으로부터 멀어지거나 가까워지는 변화를 가져온다. 두 재화의 가격이 일정불변이라면, 두 재화의 가격비 또한 변화가 없겠고 따라서 예산선의 기울기는 물론 변화가 없게 된다. 소비자의 선호나 다른 조건이 일정불변이라고 가정한 것은 소비자의 무차별곡선의 형태(기울기) 또한 불변이라는 것을 말해주기 위한 것이다.

　이러한 상황에서 소비자의 소득이 증가(감소)한다면, 가격선은 원점으로부터 멀어져서(가까워져서) 보다 높은(낮은) 수준의 효용을 나타내는 무차별곡선과 접하여 소비자 균형점을 이동시키게 된다. 〈그림 6-7〉은 이러한 내용을 설명해 주는 것으로서 무차별곡선지도와 예산선을 한 좌표 상에 그린 것이다.

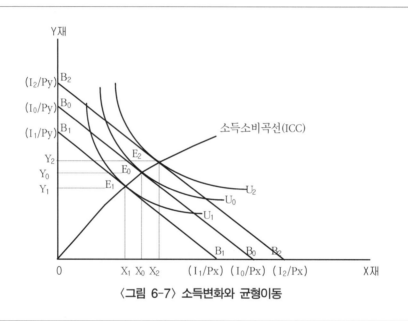

〈그림 6-7〉 소득변화와 균형이동

　예산선 $B_0 B_0$은 U_0의 소득으로 X재와 Y재를 구매할 수 있는 최대 수량적 구매결합점들을 연결한 선이다. 이제 두 재화의 가격이 변화하지 않고 소득만 U_1로 감소한다면 예산선은 $B_1 B_1$과 같이 원점을 향하여 평행이동할 것이며, 소득이 만약 U_2로 증가할 경우에는 $B_2 B_2$와 같이 원점으로부터 멀리 평행으로 이동하게 될 것이다. 이 때 소비자의 선호나 다른 여건이 불변이라면 무차별곡선의 기울기에는 변화가 없을 것이다. 따라서 소비자의 균형점들은 E_1, E_0, 그리고 E_2 등으로 나타날 것이다. 이와 같이 이동하는 소비자 균형점들의 연결선을 소득소비곡선(income consumption curve: ICC)이라한다.

　소득소비곡선이란 한 소비자가 일정기간동안에 두 소비재를 소비한다고 할 때 그에게 주어진 시장가격, 소비자의 선호, 기타 여건이 일정불변이고 소득만 변화한다면 소비자의 예산선은 원점으로부터 평행 이동하게 될 것이다. 이와 같이 이동하는 예산선들과 무차별곡선들이 접하는 접점에서 균형이 나타나게 되는데 이러한 균형점들을 연결한 선을 의미한다.

소득소비곡선은 원점으로부터 출발하여 소득증감에 따르는 새로운 균형점들을 연결한 곡선이므로 이 선을 따라 두 재화의 소비량도 증감하게 됨은 두말할 필요가 없다.

이와 같이 소득의 변화가 두 재화의 균형구매량의 변화를 일으키는 정도를 소득효과(income effect)라고 한다.

그러나 소득소비곡선의 방향이 〈**그림 6-8**〉에서와 같이 급격히 변화되는 경우를 볼 수 있다. 그림 (a)에서는 소득의 증가에 대하여 ICC곡선이 점 E_1로부터 좌측으로 휘기 시작하여 좌상향하는 후방굴절형을 취한다. 이 때 소득의 증가에 따라 소득소비곡선상의 점 E_1로부터 E_2에 이르는 구간에서는 X재는 X_0X_1만큼 소비가 감소하는 반면, Y재는 Y_0Y_1만큼 소비가 크게 증가하고 있음을 볼 수 있다. 그 이유는 X가 열등재이고, Y재는 우등재이기 때문이다. 이 때 X재는 점 E_1까지만 정의 소득효과가 나타나고 점 E_1 다음부터는 부의 소득효과를 나타내고 있다. 이런 현상은 과거 1960년대 이전의 어려웠던 시절의 예를 들어서 설명할 수가 있다. 가령 소비자가 소득이 적을 때는 보리(X재)와 쌀(Y재)을 적당한 비율로 소비하지만 소득이 증가함에 따라 보리의 수량을 감소시키고 쌀의 수량을 증가시킴에 따라 나타나는 현상이다. 그러나 그림의 (b)에서는 이와는 반대로 X재는 우등재이며, Y재는 열등재로 나타나고 있다. 여기에서는 소득이 증가함에 따라 Y재는 점 E_1에서부터 그 소비량이 감소하기 시작하는 한편 X재는 급격히 그 소비량이 증가함을 보여주고 있다.

다른 여건이 일정불변(ceteris paribus)이라면, 소득이 증가함에 따라 소비재의 수량이 증가하는 재화를 우등재(superior goods)라고 하고 감소하는 재화를 열등재(inferior goods)라고 한다.

이제 소득소비곡선으로부터 수요의 소득탄력도와 관련하여 엥겔곡선(Engel curve)을 도출할 수 있다. 〈**그림 6-7**〉에서 소득이 증감에 따라 예산선은 B_0B_0에서 B_1B_1 또는 B_2B_2로 평행 이동 하였고 그 결과 소비자균형은 E_0에서 E_1 또는 E_2로 이동하였다. 이 때 소득과 한 상품에 대한 소비량의 대응관계를 좌표 상에 표시하면 엥겔곡선이 된다. 예를 들어 X재의 경우를 보면 소득이 증가함에 따라 소비량이 X_1에서 X_0, X_2로 증가하였는데, 이 관계를 좌표 상에 표시하면 〈**그림 6-9**〉의 (a)에 나타난 EC곡선과 같이 X재에 대한 엥겔곡선이 그려지는 것이다.

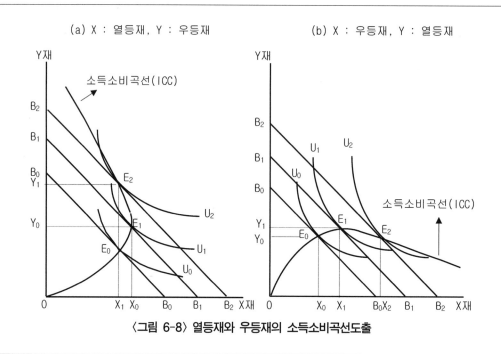

〈그림 6-8〉 열등재와 우등재의 소득소비곡선도출

우상향하는 엥겔곡선은 〈**그림 6-9**〉의 (b)에 그려진 *A*, *B*곡선과 같이 크게 두 가지 유형으로
나눌 수 있다. *A*는 소득증가율이 소비증가율보다 큰 경우이고 *B*는 소득증가율이 소비증가율
보다 작은 경우이다. 소득증가율과 소비증가율이 똑같은 45°선을 중심으로 *A*와 *B*곡선을 비교
해 보면 그 증가율의 차이를 알 수 있다. 이 경우 45°선은 수요의 소득탄력도가 1인 단위탄력
적인 경우이고 *A*는 수요의 소득탄력도가 1보다 작은 경우이고, 그리고 *B*는 수요의 소득탄력
도가 1보다 큰 경우이다. 만약 생활필수품과 사치품을 대비시켜 본다면 *A*는 생활필수품에 대
한 엥겔곡선이고 *B*는 사치품에 대한 엥겔곡선인 것이다.

*X*재가 열등재인 경우에는 〈**그림 6-9**〉의 (b)에서 *A'*과 같이 엥겔곡선은 소득축을 향하여 구
부러지게 그려진다.

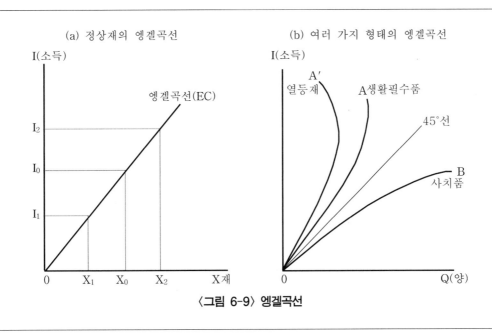

〈그림 6-9〉 엥겔곡선

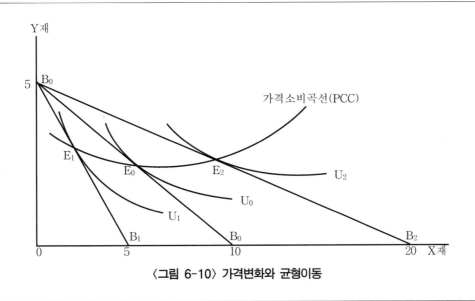

〈그림 6-10〉 가격변화와 균형이동

(2) 가격변화와 균형이동

소비자의 소득과 소비자의 선호, 다른 재화의 가격, 그리고 다른 여건이 일정불변이라는 가정 하에서 한 재화의 가격이 변하면 예산선의 기울기가 변하여 소비자균형도 변하게 된다. 〈**그림 6-10**〉은 이러한 관계를 설명해 주고 있는데, 가령 원래의 소득 5,000원, Y재의 가격

1,000원, X재 가격 500원인 상황하에서 소비자의 가격선은 B_0B_0이다. 그러나 이제 Y재 가격과 소비자의 선호에는 변함이 없고, 다만 X재의 가격만 1,000원으로 상승한다면 소비자는 소득 5,000원으로 5단위의 X재를 구매할 수 있게 되므로 예산선은 원래 B_0B_0으로부터 B_0B_1과 같이 시계방향으로 회전할 것이다. 반대로 이번에는 X재 가격이 250원으로 하락한다면 소득 5,000원으로 20단위를 구매할 수 있게 되어 예산선은 B_0B_2와 같이 시계반대방향으로 회전하게 될 것이다. 따라서 소비자균형점도 이와 같이 회전하는 예산선과 무차별곡선과 접하는 점들 E_0, E_1, 그리고 E_2에서 나타나게 될 것이다. 이러한 균형점들을 연결한 선을 우리는 가격이 변함에 따라 소비량을 변화시키는 균형점들을 연결한 선이라 하여 가격소비곡선(price con-sumption curve: PCC)이라고 한다.

다시 말해서 가격소비곡선이란 한 소비자가 일정기간에 두 재화를 소비한다고 할 때 소비자의 소득, 소비자의 선호, 그리고 다른 재화의 가격이 일정불변이고, 한 재화의 가격만 변화한다고 가정할 때, 가격이 하락(상승)함에 따라 소비자의 예산선은 시계반대방향(시계방향)으로 회전하게 되며 이렇게 회전하는 예산선과 무차별곡선이 접하는 점들에서 소비자 균형이 나타나는 데 이러한 균형점들을 연결한 선을 의미한다.

(3) 소득효과와 대체효과

이와 같이 가격이 하락(상승)함에 따라 그 재화의 수량이 증가(감소)하는 효과를 가격효과라 하는데 이것은 가격하락으로 인한 소득효과(income effect: 재화의 가격이 하락함으로써 마치 실질소득이 증가한 것처럼 나타나는 효과)와 대체효과(substituti-on effect: 재화의 가격이 하락했기 때문에 그 재화를 더 소비하고 다른 재화를 덜 소비하는 효과)로 분류된다.

소득효과는 소득이 일정할 때에 한 상품의 가격이 변하면 나타난다. 상품가격이 하락(상승)하면 소비자의 실질소득이 증가(감소)하기 때문이다. 가령 어떤 소비자가 주어진 소득 5,000원으로 가격이 1,000원인 Y재 2단위와 가격이 500원인 X재 6단위를 구입하여 소비함으로써 균형상태에 있다고 하자. 이제 소득과 Y재의 가격은 불변인데 X재의 가격만 500원에서 250원으로 하락한다면, 종전과 같이 Y재 2단위와 X재 6단위를 구입해도 1,500원이 남는다. 이것은 소비자의 입장에서 보면 가격이 내린 X재나 가격이 불변인 Y재를 종전보다 1,500원어치 더 살 수 있게 되므로 실질소득(상품구매력)이 증가한 것과 같다. 이와 같이 한 상품가격의 변동이 소비자의 실질소득을 변동시키는 효과를 소득효과라 한다.

한편 X재 가격의 하락은 상대가격의 변동을 초래한다. Y재 가격은 변하지 않고 X재 가격이 하락하면 상대가격 PX/PY가 하락한다. X재 가격이 하락하였을 때 실질소득이 증가하는데 이와 같은 실질소득의 증가와는 독립적으로 X재 가격이 Y재 가격에 비해서 상대적으로 싸졌기 때문에 X재 구입을 더 증가시키고 상대적으로 비싸게 느껴지는 Y재 구입을 감소시키려 하는 현상이 일어난다. 이와 같은 효과를 대체효과라 한다.

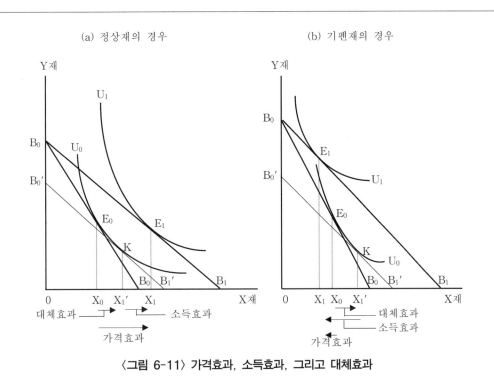

〈그림 6-11〉 가격효과, 소득효과, 그리고 대체효과

〈**그림 6-11**〉의 (a)에서 최초의 예산선 B_0B_0과 무차별곡선 U_0의 접점 E_0에서 소비자가 균형상태에 있다고 하자. 여기에서 소비자는 X재를 OX_0만큼 소비하고 있다. 소득과 Y재의 가격은 불변인데 X재의 가격이 하락하여 예산선이 B_0B_0에서 B_0B_1처럼 시계반대방향으로 회전한다고 하면 소비자의 균형점은 E_0에서 E_1로 이동하게 되고 X재의 소비량은 OX_0에서 OX_1로 X_0X_1만큼 증가한다. 이것을 X재의 가격변화에 의한 총효과 또는 줄여서 가격효과라고 한다.

이제 이러한 X재의 가격효과를 소득효과와 대체효과로 분리하여 보자.

X재 가격이 싸졌기 때문에 X재를 더욱 많이 구입하는 대체효과만을 측정하기 위해서는 실질소득의 변화에 따른 소득효과를 우선 제거해야 한다. 즉, X재 가격이 하락하기 전의 실질소득수준을 유지하여 새로운 가격수준에서도 종전과 동일한 효용수준을 얻을 수 있도록 한다는 것이다.

〈**그림 6-11**〉의 (a)에서 X재 가격이 하락할 때 종전과 동일한 효용수준을 유지할 수 있도록 한다는 것은 무차별곡선 U_0과 접점을 이루어야 함을 의미하고, 동시에 X재의 가격하락 후를

기준으로 해야 하기 때문에 새로운 예산선 B_0B_1과 평행해야 함을 의미한다. 그림에서 새로운 예산선과 평행이면서 원래의 무차별곡선과 접하는 가상적인 직선은 $B_0{}'B_1{}'$이고 접점은 K이다. 따라서 X재의 가격이 하락했지만 가격하락으로부터의 소득효과를 제거했을 때 X재의 수요량은 최초의 X_0에서 $X_1{}'$으로 증가하는 것이다. E_0에서 K로의 이동 또는 $X_0X_1{}'$만큼의 X재 수요증가는 순전히 X재의 가격하락 때문에 생긴 대체효과이다.

X재 가격의 하락은 종전보다 X재와 Y재를 더 많이 살 수 있는 상품구매력을 주기 때문에 실제로 소득의 증가효과를 갖는다. 이것은 새로운 가격비에서 예산선 $B_0{}'B_1{}'$에서 B_0B_1로 평행이동하고 균형점이 K에서 E_1로 이동하는 것으로 나타난다. K에서 E_1로의 이동 혹은 $X_1{}'X_1$ 만큼의 X재 수요증가가 가격하락에 의한 소득효과이다.

이와 같이 가격효과는 대체효과와 소득효과의 합이다.

물론 시장에서 실제로 관측할 수 있는 소비점은 E_0과 E_1이다. 점 K는 E_0에서 E_1로 옮겨가는 과정을 관념적으로 나누어 설명하는데 이용될 뿐 실제로 관측될 수 없는 점이다.

대체효과는 가격과 수요량의 변동방향을 정반대로 만든다. 이러한 뜻에서 대체효과는 항상 음이라고 말한다. 그러나 소득효과는 해당 상품이 정상재인가 열등재인가에 따라 그 부호가 달라진다. 정상재의 경우 가격이 하락하여 소득이 증가하는 효과가 일어나면 수요량도 증가한다. 따라서 가격과 수요량이 반대로 움직이기 때문에 소득효과는 음이다. 반면 열등재의 경우 가격이 하락하여 소득이 증가하는 효과가 일어나면 수요량이 감소한다. 따라서 가격과 수요량이 같은 방향으로 움직이기 때문에 소득효과가 양이다. 그러나 대부분의 열등재는 음의 대체효과가 양의 소득효과보다 크기 때문에 소득효과와 대체효과를 합한 가격효과가 정상재와 마찬가지로 음이다. 가격효과가 음이라는 말은 가격이 상승(하락)할 때 수요량이 감소(증가)한다는 뜻이기 때문에 다름 아닌 수요의 법칙을 표현한 말이다.

그러나 열등재 중에서 양의 소득효과가 음의 대체효과를 압도하여 가격효과가 양이 되는 특수한 경우가 있다. 이때에는 가격의 하락이 오히려 소비량의 하락을 가져와 수요의 법칙에 위배된다. 이와 같은 현상의 기펜의 역설(Giffen's paradox)[7]이라 하고 기펜의 역설을 시현하는 상품을 기펜재라 한다. 하지만 기펜재는 현실적으로 매우 드물게 존재하는 것이 사실이다. 〈그림 6-11〉의 (b)는 기펜의 역설을 설명해 준다. 가령 소비자가 점 E_0의 균형에서 매기에 X재 OX_0단위를 소비하고 있다고 하자. 만약 X재의 가격이 하락하여 예산선이 B_0B_0에서 B_0B_1로 회전하면 균형은 점 E_1로 이동하고 X재의 구매량은 OX_1로 감소한다. 이것이 가격효과이다. 여기에서도 앞에서와 마찬가지로 가상적인 직선 $B_0{}'B_1{}'$을 그으면 이러한 가격효과를 소득효과와 대

---

7) 한 재화의 가격이 하락하면 그 재화의 수요는 증가한다는 수요법칙에 대한 반대현상으로 오히려 수요가 감소할 수 있다는 현상이다. 이 명칭은 이 현상을 가장 먼저 지적한 영국의 경제학자이자 통계학자인 R. 기펜의 이름에서 비롯되었는데 이때의 재화를 기펜재(Giffen's goods)라고 한다.

체효과로 구분할 수 있는데 소득효과는 균형점 K가 E_1로 이동하는 것 즉, $X_1 X_1{'}$만큼이며, 대체효과는 동일 무차별곡선 U_0상의 점의 이동인데 $E_0 K$구간을 의미하며 $X_0 X_1{'}$만큼을 의미한다.

1-5 수요곡선의 도출

이제 우리는 가격소비곡선으로부터 소비자의 개별수요곡선을 유도할 수 있다. 이것을 〈**그림 6-12**〉를 보면서 알아보기로 하자. 〈**그림 6-12**〉의 (a)에서 X재 가격이 Px_0이고 이 소비자가 직면하고 있는 가격선이 $B_0 B_0$이라고 하자. 이 때 소비자균형점은 E_0이고 X재 구매량은 OX_0이다. X재 가격이 Px_0에서 Px_1로 하락하면 이 소비자의 가격선은 $B_0 B_1$로 바뀌고, 소비자균형점

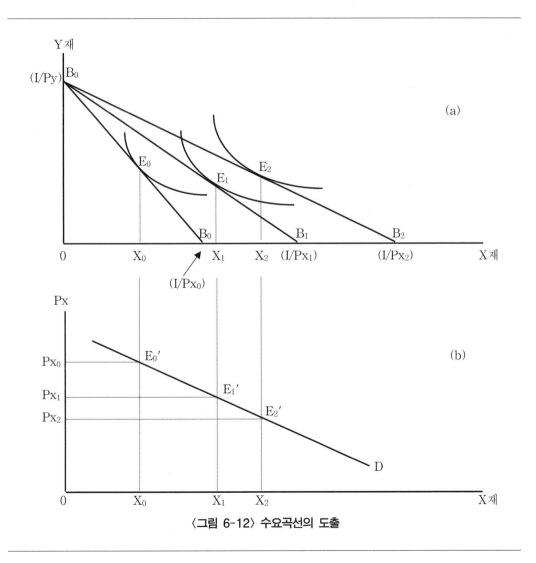

〈그림 6-12〉 수요곡선의 도출

은 E_1이 되어 X재를 OX_1만큼 구입한다. X재 가격이 다시 Px_2로 하락하면 구매량은 OX_2로 증가한다. 이것으로 유도해 낸 X재에 대한 수요곡선이 그림의 (b)이다. 가격이 Px_0일 때에는 OX_0만큼을, Px_1일 때에는 OX_1만큼을, Px_2일 때에는 OX_2만큼을 구입하는 것을 나타내고 있다. 즉, 매 가격수준인 Px_0, Px_1, Px_2와 매 가격수준에 대응되는 X재 구입양인 OX_0, OX_1, OX_2를 표시해 주는 점을 각각 E_0', E_1', E_2'이라 하면 이 점들을 연결하는 곡선 D가 곧 X재에 대한 수요곡선이 된다. 이 수요곡선은 우하향하는 모양을 하고 있다. 여기서 한 가지 지적하고자 하는 것은 앞에서 분석한 대체효과와 소득효과가 수요곡선 상에 이미 반영되어 있다는 사실이다. 만일 여러분이 논리적인 분석에 성공한다면 우상향하는 기펜재의 수요곡선을 도출할 수 있을 것이다.

이상과 같이 도출한 개별수요곡선을 수평적으로 합한 것이 바로 시장수요곡선으로서 제3장의 〈**그림 3-11**〉에 도출한 바 있다.

제2절 현시선호이론과 소비자 선택

2-1 현시선호의 개념

소비자행동을 분석하기 위한 이론에는 한계효용이론, 무차별곡선이론, 현시선호이론의 세 가지가 있다. 한계효용이론에서는 기수적인 효용함수를 가정하고, 무차별곡선이론에서는 기수적 효용의 가정이 없이도 소비자이론의 구성이 가능하다는 것을 보여주었다.

그런데 사무엘슨(P. A. Samulson)을 창시자로 하는 현시선호이론(theory of revealed preference)에서는 효용함수나 효용지표의 존재를 가정하지 않고 소비자가 실제로 현시(顯示: 나타내어 보임)한 시장행동에서부터 이론을 전개하여 무차별곡선이론에서와 같은 여러 가지 소비자행동원리를 설명하고 있다.

즉, 현시선호이론은 시장에서 표출된 소비자의 구체적인 구매행위에 대한 관찰을 기초로 하여 주어진 가격과 소득의 조건하에서 만족을 극대화하고자 하는 소비자의 선택원리를 다루는 이론이다.

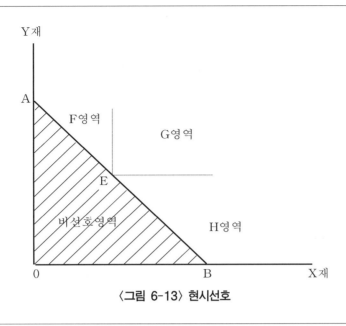

〈그림 6-13〉 현시선호

〈그림 6-13〉에서 소비자의 가격선을 AB라고 할 때 소비자가 시장에서 점 E를 선택하여 소비행위를 했다고 가정하자. 그러면 소비자는 OAB 사선내의 어떤 점이든지 소비할 수 있는 데 다른 점들을 선택하지 않고 점 E를 선택하였다. 이러한 의미에서 우리는 소비자가 OAB 사선내의 어떤 점보다 점 E를 선택하였다면 이를 현시선호 한다고 지칭한다. 물론 AB선 밖의 점들은 주어진 소득(예산)과 두 상품 가격으로는 소비할 수 없는 점들을 나타내는 것이다. 우리는 이 영역을 다시 F, G, H의 세 영역으로 구분할 수 있는데 모두 구입불가능지역을 나타낸다. 하지만 점 E와 비교해서 G영역은 확실한 선호영역임을 알 수 있다. 왜냐하면 두 재화 모두 소비량이 증가하는 것을 보여주기 때문이다. 그러나 나머지 두 영역 F와 H에서는 한 재화만이 점 E에 비해서 증가하고 나머지 재화의 소비량은 감소함을 나타내고 있으므로 점 E에 비해서 확실히 선호영역인지 비선호영역인지 구분하기가 어렵다. 한편 OAB 사선내의 영역은 비선호영역임에 틀림이 없다. 왜냐하면 소비자는 OAB 사선내의 어떤 점에서도 구입이 가능한 데도 불구하고 점 E를 선택했기 때문이다.

2-2 현시선호의 약공준

현시선호이론에서 최소한으로 필요한 가정은 소비자들이 합리적으로 일관성 있게 행동한다는 것이다. 따라서 현시선호의 약공준(weak axiom of revealed preference)이란 합리적인 소비행태에 대한 아주 약한 기준을 의미하는데 만약 이를 만족시키지 못하면 소비자의 소비행동은 합리성과 일관성을 결여하고 있어 이론적으로 설명이 될 수 없다. 따라서 현시선호이론에서는 최소한으로 소비자들이 합리적으로 일관성 있게 행동한다는 것이다.

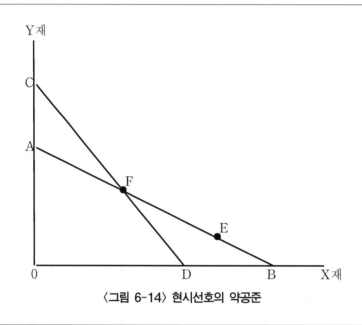

〈그림 6-14〉 현시선호의 약공준

〈**그림 6-14**〉는 현시선호의 약공준을 만족시키는 경우를 설명하고 있다. 그림에서 예산선이 *AB*일 때 소비자가 *E*점을 선택하고 예산선이 *CD*일 때 *F*점을 선택했다면 이 소비자는 현시선호의 약공준을 만족시킨다. 왜냐하면 새로운 가격선 *CD*로는 과거의 소비행동을 나타내는 *E*점이 예산선 밖에 있어 소비가 불가능하기 때문이다. *F*점을 소비자가 선택한 점은 종전의 소비점 *E*를 새로운 예산선 하에서 구매할 수 있는 능력이 없기 때문인 것이다.

【연│습│문│제】

1. 무차별곡선의 개념과 성격에 대해서 설명하시오.

2. 한계대체율체감의 법칙을 설명하시오.

3. 소득효과, 대체효과, 가격효과를 비교하면서 설명하시오.

4. 일반적으로 무차별곡선은 원점으로 볼록하면서 우하향한다. 하지만 특수한 경우의 무차별곡선을 생각할 수 있다. 다음과 같은 특수한 경우의 예를 들고 설명하시오.

   1) 우상향하는 무차별곡선

   2) L자형의 무차별곡선

   3) 직선이면서 우하향하는 무차별곡선

5. 다음 그림에서 G영역만이 확실한 현시선호영역인 이유를 밝히시오.

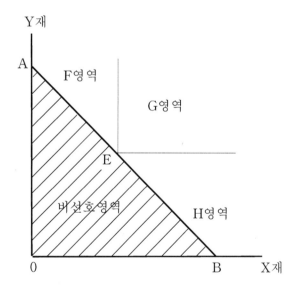

착한 소비, 나쁜 소비

1990년대 중반 업계 점유율 1위를 달리던 스포츠 브랜드 나이키는 축구공 꿰매는 소년의 모습이 담긴 사진 한 장 탓에 큰 곤욕을 치렀다. 축구공 1개는 육각형 가죽 32조각을 1620회 바느질해야 완성된다. 나이키가 아웃소싱한 파키스탄 시알코트 공장에선 어린이들이 하루 13시간 중노동을 하고 있었다. 미국 시사지 라이프의 보도로 이 사실이 알려지면서 나이키 주가는 급락했다. 기업의 사회적 책임, 지속가능 경영 등을 얘기할 때마다 나오는 단골 사례다.

물건을 살 때 생산 과정, 사회와 환경에 미치는 영향, 만든 기업의 도덕성 등을 고려하는 것. 최근 대두된 '윤리적 소비'다. 낮은 가격이 소비 행위의 최우선 결정 요인이 아니라는 점이 흥미롭다. 젖소의 건강을 생각해 유기농 우유를 마시거나, 지역경제를 위해 자신이 사는 지역에서 나는 농산물을 먹는 식이다. '착한 소비'로도 불린다. 빈곤국 아동 노동력을 착취한 축구공은 싸도 사지 않는다. 공정무역 운동도 윤리적 소비의 한 형태다. 제3세계 농민이 커피 원두 1kg을 팔아 버는 돈은 10센트 남짓. 이윤의 99%는 커피회사와 수출입업자, 소매업자 등이 가져간다. 그러니 '공정무역 커피'를 마시면 이런 '강도질'을 피할 수 있다는 주장이다.

윤리적 소비는 쇼핑을 사회적 행위로 본다. 윤리적 소비 운동을 주도하는 영국 잡지 '에티컬 컨슈머'는 심지어 "쇼핑할 때마다 투표하는 것처럼 여겨라. 연비 나쁜 4륜구동차를 사는 건 기후변화에, 공정무역 제품을 사는 건 인권에, 유기농 식품을 사는 건 지속가능한 환경에 대한 투표행위"라고까지 한다. 윤리적 소비에 대한 반론도 만만치 않다. 이런 고려 없는 소비는 '나쁜 소비'라는 흑백논리가 되기 십상이기 때문이다. 하지만 경제 상황이 악화되면 상대적으로 가격이 높은 공정무역 제품에 대한 구매가 줄어드는 게 현실이다. 넉넉할 땐 '착한 소비'를 하던 사람들이 그렇지 않을 때 '나쁜 소비'를 하게 되는 이유는 뭘까. 도덕성의 문제가 아니라 '돈을 아끼기 위해서'라는 게 조금 더 설득력 있는 설명으로 보인다.

최근 한 대형마트 피자가 인기를 끌자 '윤리적 소비' 논쟁이 벌어졌다. "중소 피자가게를 죽이는 대기업의 횡포"라는 비난과 "싸고 좋은 제품을 원하는 건 소비자의 본능"이라는 반론이 팽팽히 맞선다. 착한 소비와 나쁜 소비, 피자 조각 자르듯 딱 잘라 말할 수 있다면 얼마나 좋을까.

출처: 기선민 기자, 『중앙일보』, 2010. 10. 2.

인간 심리 이해 없는 경제정책 효과는
제한적일 수밖에 없다

표준경제학에서는 인간들이 합리적인 경제인이라는 가정 하에 현실생활을 분석한다. 그러나 경제학에서 전제하는 인간들이 종종 합리성에 벗어나는 행동을 하는 경우도 있다. 흔히 복권은 당첨확률이 극히 낮기 때문에 복권을 사는 행위는 합리적인 경제인이 하는 행위라고 볼 수 없다. 하지만 많은 사람들이 복권을 산다. 표준경제학으로는 설명이 되지 않는다.

이처럼 비합리적인 경제행위가 일어나기 때문에 합리적인 행동 양식에 근거한 정책은 종종 정책결정자들이 전혀 예측하지 못한 결과를 초래한다. 이는 경제정책이 인간의 심리에 대한 기본적인 이해를 바탕으로 수립돼야 한다는 것과 경제학에서 가정하는 인간의 합리성도 심리학적 측면에서 새롭게 정의돼야 함을 말해준다.

경제학에 대한 심리학적 접근은 행동경제학(Behavioral Economics)이란 분야를 탄생시켰다. 행동경제학은 인간이 실제 어떤 근거로 경제활동을 하고, 그 결과가 어떻게 사회현상에 반영되는지를 연구하는 학문이다.

대니얼 카너먼(Daniel Kahneman)은 행동경제학에 대한 공헌으로 2002년 노벨경제학상을 수상했다. 그는 비경제학 학위 수여자 중에서 최초로 노벨경제학상을 수상한 학자다. 인간의 심리적인 면을 배제한 정부의 부동산 정책은 효과가 크지 않다.

제한적인 인간의 합리성

합리적 인간이란 어떤 선택과 행위를 함에 있어 개인에게 주어지는 편익과 지불해야 하는 비용 등을 정확히 계산할 수 있는 인간을 말한다. 표준경제학의 전제가 바로 이러한 합리적 인간이다. 이때 선택과 행위는 편익과 비용의 계산을 통한 개인의 효용극대화의 결과로 이해된다.

미국의 제도학파 경제학자였던 소스타인 베블런(Thorstein Veblen)은 이런 인간을 '쾌락과 고통의 번개 계산기'라고 통렬히 비꼬았다. 그러나 행동경제학을 크게 발전시킨 공로로 역시 노벨경제학상을 수상한 허버트 사이먼(Herbert Simon)은 인간은 전자계산기와 같은 기계가 될 수 없다고 주장했다. 개인이 의사결정을 내리는 데 필요한 모든 정보를 완벽히 얻을 수도 없으며, 얻은 정보도 완벽히 처리할 능력이 없기 때문이다.

그렇다면 인간은 어떤 기준과 방법으로 선택과 행위를 결정하게 되는 것일까. 사이먼의 인간의 제한적 합리성에 영향을 받은 카너먼은 "인간은 '휴리스틱(heuristic)'이라 불리는 규칙을 통해 의사를 결정한다"고 말한다. '휴리스틱'이란 불확실한 상황에서 판단을 하는 경우 사용하는 것으로 우리말로 하면 '어림셈' 정도로 표현할 수 있다.

다시 말해 인간은 모든 정보를 사용해 정확한 손익계산을 통해 선택과 판단을 하는 것이 아니라, 직관 등과 같은 방법에 의존해 최적이 아닌 대략적인 해법을 찾는다는 말이다.

대표적인 것으로 '이용가능성 휴리스틱'이라는 것이 있다. 예를 들어, 광우병 파동으로 쇠고기의 소비가 감소하는 것은 최근에 발생한 사건을 통해 사람들이 쇠고기를 먹으면 위험하다고 생각하기 때문이다. 즉, 어떤 사건이 발생했다는 최근의 사례를 생각해내고 이를 근거로 판단을 한다는 것이다. 어느 회사가 학력을 보고 사람을 채용하는 경우도 마찬가지다. 이는 학력으로 응모자의 능력을 판단하는 예로, 이때 학력이 휴리스틱으로 사용된 것이라 할 수 있다.

인간은 절대적 수준보다 상대적 변화에 민감하게 반응한다. 예를 들어 연봉이 2000만 원이었던 사람이 3000만 원으로 오르는 경우와 연봉이 4000만 원이었던 사람이 3000만 원으로 내려가는 경우 반응이 다르다. 절대적 연봉수준은 같은 3000만원이지만, 전자의 경우 입가에 흐뭇한 미소를 지을 것이고, 후자의 경우 비참함을 느낄 것이다. 전망이론은 표준경제학에서 널리 알려진 '기대효용이론'의 대체이론이다. 이 이론은 카너먼과 트버스키(Amos Tversky)가 제창한 것으로, '인간은 변화에 반응한다'는 것이 전망이론의 출발점이다.

대니얼 카너먼은 행동경제학에 대한 공헌으로 2002년 노벨경제학상을 수상했다. 전망이론의 중요한 개념은 '준거점 의존성'이다. 준거점이란 행위자의 평가기준이 되는 것으로, 행위자의 현재 위치가 중요하다는 것이다. 위의 예에서 전자는 2000만 원이, 후자는 4000만 원이 준거점이다. 따라서 3000만 원으로의 인상은 기쁨의 증가를, 인하는 고통의 증가를 초래한다. 즉, 효용이라는 것은 그 당시의 절대수준인 3000만 원을 기준으로 평가되는 것이 아니라, 3000만 원으로 변화한 방향과 양에 의존한다는 주장이다.

카너먼은 인간의 손실과 이익에 대한 반응을 도출하기 위해 여러 가지 실험을 했다. 그 실험 중 하나가 당첨확률이 20%인 105만 원인 복권과 현금 20만 원이 있을 경우 당신은 어떤 것을 선택

하겠는가라는 것이다. 이 실험에서 대다수의 사람들은 후자를 선택한다. 기대이익은 전자가 21만 원으로 후자의 20만 원보다 만 원 더 높은데 말이다. 이처럼 확실한 선택 대안이 과대평가되는 것을 카너먼은 '확실성 효과'라 불렀다. 즉, 인간은 기대이익이 불확실한 대안보다 이득이 확실한 대안을 선택한다는 것이다.

또 카너먼은 실험을 통해 인간은 이익에 비해 같은 정도의 손실에 더 강하게 반응하는 경향이 있다는 사실을 발견했다. 이를 '손실회피성'이라 부른다. 즉, 손실액으로 인한 '고통'이 같은 액수의 이익액이 가져다주는 '기쁨'보다 더 크게 느껴진다는 말이다. 사람에게는 연봉이 1000만 원 하락한 경우의 '고통'이 1000만 원 상승한 경우의 '기쁨'보다 더 크게 평가되는 것을 '손실회피성'이라 말할 수 있다.

카너먼은 인간은 보유의식이 특히 강함을 발견했다. 그는 어떤 사람이 자신이 보유한 것을 처분하고 손에 얻기를 원하는 가격(수취의사액)과 자신이 보유하고 있진 않지만 그것을 얻기 위해 지불하고자 하는 가격(지불의사액)의 차이를 조사했다. 그 결과 전자가 적게는 2배에서 크게는 17배까지 크다는 사실을 발견했다. 카너먼은 이와 같은 현상을 '보유효과'라 명명했다.

경제정책, 인간의 심리에 기초해야

'보유효과'가 강력한 영향을 발휘할 경우 원활한 시장의 거래기능을 저해할 수 있다. 시장에서는 재화와 용역의 수취의사액과 지불의사액이 일치할 때 거래가 성립한다. 표준경제모델은 보유효과를 무시하고 예측을 수행하지만, 보유효과가 있을 경우 실제의 거래량은 표준경제이론이 예측한 경우보다 줄어들 수밖에 없다.

인간의 선택과 행위의 기준과 그 영향에 대한

카너먼의 분석은 정책결정에 많은 참고가 된다. 우리는 집값이 하락하는데도 거래가 전혀 없다는 말을 귀가 따갑도록 들어왔다. 이 때문에 정부는 부동산거래 활성화를 위한 많은 대책을 내놓았다. 그러나 기대한 만큼 효과는 크지 않았다. 이 이유는 카너먼의 '보유효과'로 설명이 가능하다. 보유효과로 인해 주택 소유자의 수취의사액과 주택 구입자의 지불의사액, 매도호가와 매수호가의 괴리가 상당하기 때문에 거래가 성립하지 않는다는 것이다. 이는 정부가 정책입안과 집행에 있어 인간의 심리적인 면을 배제하기 때문에 일어나는 제한적인 결과라 풀이할 수 있다.

또 정부가 어떤 사업을 할 때 편익이 비용보다 크면 사업실시가 타당성을 갖는다는 것이 '비용편익분석'이다. 하지만 사업으로 인해 사람들이 자신의 재화나 자원이라 여기는 것이 없어질 경우, 또 사업으로 인해 비용이 금전적 이익을 훨씬 상회할 경우 기존의 '비용편익분석'은 중대한

의문점을 갖게 한다.

예를 들어, 정부는 4대강 사업이 비용보다 편익이 크다고 판단한다. 그러나 현실적으로 사업에 대한 비판도 만만치 않다. 그 우려의 목소리를 내는 배경이 카너먼이 말한 심리적인 요인일 수 있다. 즉, 기존의 하천을 자신들의 공유자원이라 생각할 경우 정부가 생각한 만큼 비용대비 편익이 클까 하는 의문이 그것이다. 물론 보유효과로 인해 사람들이 현상 유지의 가치를 추구하는 경향이 있다고 해서 현상을 반드시 유지해야 하는 것은 아니다.

카너먼의 인간심리가 경제행위에 미치는 영향에 대한 통찰력 있는 분석은 우리나라의 경제정책 결정가나 집행가, 더 나아가 합리적 경제행위를 추구하는 소비자 등이 다 같이 귀 기울여야 할 대목이다.

출처: 안기정(서울시정개발연구원 부연구원 · 경제학 박사), 『이코노미플러스』, "노벨상 경제학자의 한국 읽기", 2011. 4. 7.

제4편
합리적 생산과 생산자행동

제7장 생산과 생산함수

제8장 생산과 비용이론

생산과 생산함수

제1절 생산과 기업

1-1 생산의 정의

일반적으로 좁은 의미에서의 생산이란 생산요소(원자재, 노동, 자본 등)를 이용하여 경제생활에 필요한 재화와 용역을 만들어 내는 행위이다. 하지만 넓은 의미의 생산이란 재화와 용역의 생산은 물론 분배, 교환, 저장, 장소의 이동 등과 같은 행위를 통하여 가치를 증가시키는 모든 활동을 포함한다.

이와 같이 생산에는 여러 가지 형태가 있다. 근대경제학에서는 재화를 최종적으로 소비하는 행동을 제외하고는 거의 모든 행위를 생산으로 간주하고 있다. 그러나 좁은 의미에서의 생산형태가 가장 전형적이라 할 수 있고, 경제이론도 주로 이와 같은 형태의 생산을 중심으로 전개된다.

1-2 기업의 유형

이 단원에서는 모든 기업을 경제주체의 하나인 생산자로서만 의미를 부여할 뿐 경영학적인 접근은 전혀 고려치 아니하였다. 단지 상식적인 한도 내에서 경제주체의 하나인 생산자로서의 기업을 분류하고 간단히 설명하고자 한다. 생산의 주체는 기업인데 크게 개인기업, 합명회사, 주식회사 등의 세 가지로 분류된다.

개인기업(single proprietorship)은 문자 그대로 개인이 기업을 소유한 것을 의미한다.

장점으로서는 소유주가 기업의 모든 의사결정을 하고 기업을 완전 통제한다는 것이다. 단점으로서는 기업경영결과에 대해 무한책임을 지는 것인데 이는 기업의 손실에 대한 변제한도가 기업소유주의 전 재산을 포함하는 것을 말한다. 한편 자본의 동원능력이 제한된 것도 큰 단점이다.

합명회사(partnership)란 2인 이상의 소유주가 기업을 소유하고 있는 형태를 말한다. 회사채무에 관해 연대 무한의 책임을 지는 동시에 정관에 다른 정함이 없는 한 각 사원이 회사의 업무를 집행하고 회사를 대표할 권한을 가지는 무한책임 사원만으로 구성된 회사를 말한다. 장점으로는 개인기업에 비해 자본동원능력이 어느 정도 커질 수 있다는 것이고 단점으로서는 의사결정의 결과에 대해서는 소유주 전체가 무한책임을 진다는 것이다. 한편 합명회사의 단점을 어느 정도 보완한 합자회사(limited partnership)가 있는데 이는 유한책임사원과 무한책임사원으로 구성되어 있다. 무한책임사원만 경영에 직접 참여하는 것이 특징이다. 유한책임사원은 회사의 업무집행이나 또는 대표행위를 하지 못하나 일정한 범위 내에서 감시권을 가지고 있다. 정관변경·해산·합병·조직변경 등 회사의 기초를 변경하는 중요한 사항에 관하여는 유한책임사원을 포함하는 총 사원의 동의가 필요하다.

주식회사(joint-stock company)는 오늘날 가장 보편적이고 핵심적인 기업형태이다. 이는 법인으로서 그 자체의 인격을 가진 기업체로서 7인 이상의 주주, 즉 유한책임사원만으로 구성되어 있고 자본과 경영이 분리되어 있다. 장점으로는 거액의 자본을 많은 주주들로부터 모을 수 있고, 소유주들은 기업의 경영성과에 대하여 무한책임을 지지 않고 유한책임을 진다는 것이다. 즉, 출자액을 초월한 책임은 안 진다는 것이다. 단점으로는 회사경영에 깊숙이 참여할 수 없다는 것인데 이는 회사운영에 있어서 소유주 자신이 직접 하지 않고 주주들이 선임한 이사회(board of directors)가 경영진을 임명하고 그 경영진이 이사회의 감독하에 회사를 운영한다는 것이다. 또 하나의 단점으로는 이중과세에 대한 것인데 주식회사는 주식배당금을 주주에게 배당하기전 법인세를 공제하며 나머지 이윤을 배당하는데 배당받은 주주들은 다시 개인소득세를 납부해야한다는 것이다. 합작회사(joint venture)의 형태도 있는데 이는 자국과 외국의 공동출자로 세워진 것이며 출자비율은 대략 50% 전후로 결정된다. 주로 외국 측으로부터 기술과 경영을 도입하고 반면에 자국 측은 인적자원의 공급에 관여한다.

제2절 생산함수와 생산자 균형

기업이 어떤 생산물을 산출하기 위하여 생산요소를 투입할 때 그 생산요소의 투입(input)

과 생산물의 산출(output)간에는 일정한 기술적 관계가 존재한다. 이 기술적 관계를 함수형태로 표시한 것이 생산함수(production function)이다. 이 생산함수는 한 생산자가 일정기간동안에 주어진 여러 가지 생산요소를 기술적으로 결합함으로써 생산할 수 있는 생산량을 나타낸다. 예를 들어 지금 L만큼의 노동과 K만큼의 자본을 사용해서 얻을 수 있는 최대생산량이 Q라면 생산함수는 다음과 같이 표현된다.

$$Q = F(L, K) \hspace{4cm} \text{(식 7-1)}$$

(식 7-1)에서 생산물의 수량 Q는 생산요소의 수량 L과 K를 투입했을 때 생산되는 최대량인 것이다. 일반적으로 L과 K의 투입량이 증가하면 증가할수록 생산량 Q도 증가한다.

이제 생산함수라는 개념을 사용하여 생산활동을 보다 구체적으로 분석해 보자. 보통 생산요소라 하면 노동과 자본을 일컫는데 이들 사이에는 상당한 차이가 있는 것이 사실이다. 즉, 노동의 양(노동자 수 또는 노동시간)은 비교적 용이하게 수시로 조절될 수 있는 반면에, 자본의 양(생산시설, 공장, 건물 등)은 일단 한 번 주어지면 단시일 내에 그 규모가 변경되기란 어렵다. 이에 따라 생산이론은 일반적으로 자본의 투입량은 고정되어 있고 노동량만이 조정될 수 있는 단기(short-run)와 노동의 양뿐만 아니라 자본의 양까지 즉 생산요소의 투입량을 전부를 조정할 수 있는 장기(long-run)로 나누어 분석한다. 여기에서 단기와 장기의 구분은 1개월, 1년 또는 10년 등과 같은 구체적인 시간단위로 구분되어지는 것이 아니다. 즉, 단기인지 장기인지의 여부는 그 시간의 절대적인 크기가 아니라 투입되는 모든 요소를 변경시킬 수 있느냐 또는 변경시킬 수 없느냐가 결정한다.

2-1 단기생산함수

앞에서 언급한 바와 같이 자본의 양은 한 번 정해지면 단시일 내에 쉽게 변화될 수 없다. 이 경우 생산량의 증가 또는 감소를 위해서는 노동의 양을 변화시킬 수밖에 없다. 자본량이 K로 고정되어 있고 노동만이 가변적인 단기생산함수는 (식 7-2)와 같다.

$$Q = F(L, \overline{K}) \hspace{4cm} \text{(식 7-2)}$$

어떤 기업이 노동과 자본 두 생산요소를 투입하여 자전거를 생산한다고 하자. 자본은 기계 1대로 고정되어있기 때문에 자전거 생산을 증가시키려면 더 많은 노동자를 고용해야하는 경우이다.

〈**표 7-1**〉에는 투입된 노동의 양과 자전거의 총생산량이 나타나 있다. 한편 노동의 한계생산 (marginal product: MPL)과 노동의 평균생산(average product: APL)도 나타나 있는데 노동의 한계생산이란 자본이 1단위로 고정되어 있을 때 노동 1단위 투입증가에 따른 총생산 증가분 $\left(\dfrac{\Delta TP}{\Delta L}\right)$을 나타낸다. 한편 노동의 평균생산은 총생산을 노동의 투입량으로 나눈 것 $\left(\dfrac{TP}{L}\right)$이다.

여기에서 우리는 제5장의 한계효용이론을 잠시 생각해 봐야 한다. 우리는 어떤 재화의 소비가 증가함에 따라서 소비자의 총효용은 증가하되 그 한계효용은 체감한다는 이른바 한계효용 체감의 법칙을 설명한 바 있다. 마찬가지로 생산에서도 어떤 요소의 투입량은 고정시키고 다른 가변요소의 투입을 증가시킬 때 총생산은 증가하되 한계생산은 체감한다는 한계생상체감이 성립한다.

〈표 7-1〉 노동의 투입량변화와 총생산의 변화

자본(기계) (K)	노동 (L)	자전거의 총생산 (TP)	노동의 평균생산 (AP)＝TP/L	노동의 한계생산 (MP)＝ΔTP/ΔL	생산의 3단계
1	1	10	10	10	제1단계
1	2	24	12	14	
1	3	45	15	21	
1	4	60	15	15	
1	5	70	14	10	제2단계
1	6	78	13	8	
1	7	83	11.9	5	
1	8	75	9.4	-8	제3단계
1	9	60	6.7	-15	

〈**표 7-1**〉을 그림으로 나타낸 것이 〈**그림 7-1**〉이다. 그림 (a)의 가로축에는 기계 1단위에 대한 노동의 투입량을, 세로축에는 자전거의 총생산량(TP)을 표시한다. 그림 (b)의 가로축에는 역시 기계 1단위에 대한 노동투입량을, 세로축에는 노동의 평균생산량(AP) 및 한계생산량(MP)을 표시한다. 그림에 나타나 있는 바와 같이 총생산, 평균생산 및 한계생산 사이에는 일정한 관계가 있다.

총생산과 평균생산의 관계를 보자. 노동의 평균생산이란 총생산을 노동의 투입량으로 나눈 것이므로 총생산곡선상의 한 점과 원점을 연결한 선분의 기울기가 된다. 예를 들어, 노동의 투입량이 L_3일 때 평균생산은 $\dfrac{L_3C}{OL_3}$ 즉, tanθ가 되며 이것은 원점과 점 C를 지나는 OT의 기울기가 된다. 이는 그림 (b)에서 L_3C'를 의미한다. 평균생산곡선은 총생산곡선이 점 C에 이를 때까지는 점점 올라가 점 C에서 극대가 되며, 점 C를 지나면 점점 떨어진다. 즉, 노동의 투입량이 OL_3일 때 노동의 평균생산은 극대에 달한다. 노동의 투입이 OL_4에 이를 때까지 총생산은 증가하지만 평균생산은 점점 감소한다. 물론 노동의 투입량이 OL_4를 넘어서면 계속해서 평균생산은 감소한다.

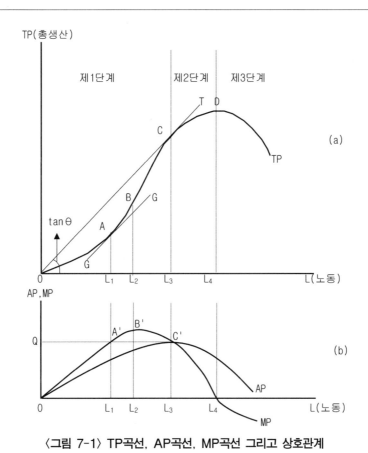

〈그림 7-1〉 TP곡선, AP곡선, MP곡선 그리고 상호관계

총생산과 한계생산 사이에는 다음과 같은 관계가 성립한다. 한계생산(MP)은 총생산(TP)의 노동투입량(L)에 대한 1차도함수와 같기 때문에 $MP = \dfrac{dTP}{dL}$ 와 같다. 즉, 한계생산곡선은 총생산곡선의 기울기(총생산곡선상의 각 점에서의 접선의 기울기)로 나타난다. 예를 들면

노동이 L_1만큼 투입되었을 때 노동의 한계생산은 A점에서 그은 접선 GG의 기울기와 같은데 이것을 그림 (b)에 나타내면 L_1A'이 된다. 변곡점 B까지는 총생산곡선의 기울기가 증가하기 때문에 한계생산곡선은 올라간다. 변곡점 B에서는 2차도함수가 0이기 때문에 한계생산곡선은 극대점에 도달하며, B점을 지나서는 총생산곡선의 기울기가 감소하기 때문에 한계생산곡선이 내려가는데 노동의 투입량이 OL_3일 때 평균생산곡선과 일치한다. 여기까지가 생산의 제1단계이다. 한편 점 A에서 그은 접선 GG는 점 C에서 그은 접선 OT와 우연히 기울기가 같다. 이것은 점 A와 점 C에서 한계생산이 같다는 것을 의미한다. 그림 (b)에서 L_1A'과 L_3C'의 값이 Q로서 같다는 것을 보여주고 있다. 노동의 투입량이 OL_3에서 OL_4에 이를 때까지가 생산의 제2단계인데, 이 단계에서는 총생산은 증가하지만 한계생산이 평균생산보다 작게 된다. 노동투입량이 정확히 OL_4가 되면 한계생산은 0이 되고 그 후로는 음의 값을 갖게 되며, 총생산도 감소하게 되는데 이것을 생산의 제3단계라고 한다.

생산의 제1단계에서 노동이 한 단위씩 증가할 때 수확체증(자전거의 생산량이 체증)하는 이유를 생각해 보자. 노동자 한 사람이 자전거를 생산하는 경우 그 사람이 원료의 운반, 가공, 기계조작, 제품정리 등의 잡다한 일을 다 해야 하므로 비효율이 발생한다. 그러나 노동자의 수가 늘어감에 분업이 이루어지며 비효율이 제거되는데, 이것이 생산이 체증하는 이유이다. 그러나 이 상태가 무한정 계속될 수는 없다. 자전거생산이 일정량을 넘어서면, 총생산은 증가하되 그 증가율이 점점 감소하는 수확체감의 법칙(law of diminishing returns)으로 알려진 현상이 나타난다. 그 이유는 한 대의 기계에 점점 더 많은 사람이 결합되면서 분업에 따른 초기의 효율이 사라지고 사람들간의 일이 서로 중복되어 오히려 비효율을 낳게 되기 때문이다. 일반적으로 수확체감의 법칙은 어떤 생산요소의 투입을 고정시키고 다른 생산요소의 투입을 증가시킬 때 총생산량은 증가하지만 증가율이 점차로 감소한다는 법칙이다. 그리고 수확체감의 법칙은 한계생산이 체감한다는 의미에서 한계생산체감의 법칙(law of diminishing marginal product)이라고도 한다. 이것은 소비자이론의 한계효용체감의 법칙에 대응하는 개념이다.

평균생산과 한계생산의 관계를 정리하면 다음과 같다. 평균생산이 증가하는 동안 한계생산은 평균생산보다 크다. 평균생산이 일정 또는 극대일 때 한계생산과 일치하고, 평균생산이 감소할 때는 한계생산이 평균생산보다 적다.

어느 기업의 생산함수가 〈**그림 7-1**〉과 같다면 그 기업은 과연 얼마만큼의 노동을 고용하는 것이 가장 유리한가를 알아보자. 우리는 위에 그려진 세 곡선에서 그 답을 얻을 수 있을 것이다. TP곡선은 노동의 고용을 늘림에 따라 기계 1단위로부터 얻을 수 있는 총생산이 얼마인가를 말해 주고, AP곡선은 노동 1단위의 고용에서 얼마만큼의 생산량을 얻을 수 있는가를 말해

주며, *MP*곡선은 매 노동 1단위에 의해서 증가되는 총생산을 의미하는 것이다. 제1단계에서는 노동의 평균생산이 증가한다. 노동의 고용을 늘릴수록 노동 1단위의 고용으로부터 얻는 생산량이 증가하므로 이는 노동의 효율이 증가함을 뜻한다. 따라서 이 단계에서는 노동의 고용을 늘리는 것이 유리하다.

제2단계에서는 노동의 평균생산이 감소하므로 노동의 효율이 점차 감소한다. 그러므로 노동의 고용을 늘리는 타당성도 그만큼 줄고 있다. 그러나 총생산은 아직도 증가하고 있고 노동의 한계생산도 양의 수치를 보이고 있다. 만약 임금이 0이라면(노동을 공짜로 얻을 수 있다면) 기업은 총생산이 극대에 도달할 때까지 노동을 고용하려 하므로, OL_4의 노동을 고용할 것이다. 그러나 현실세계에서는 임금이 0이 아니므로, 기업은 OL_3과 OL_4 사이에서 노동을 고용할 것이다. 원칙적으로 말하면 노동의 고용을 증가시킴으로써 얻는 수익의 증가와 부담하는 비용(임금)의 증가가 같아질 때까지 노동의 고용을 늘릴 것이다.

제3단계에서는 총생산 및 노동의 평균생산이 모두 하락하고 있을 뿐 아니라 한계생산이 음의 수치를 가진다. 따라서 이 단계에 진입하면 기업은 손해를 보게 된다. 그러므로 노동의 투입이 OL_4를 초과하는 일은 절대로 없을 것이다.

정리해서 말하면 기업은 제2단계의 어느 점에 도달할 때까지 노동의 고용을 늘리는 것이 유리하며, 정확히 어느 점까지인가 하는 문제는 임금수준에 달려있다.

2-2 장기생산함수

앞에서는 자본의 투입량이 고정되어 있는 단기생산함수를 살펴보았다. 하지만 공장의 시설 규모 등도 변화할 수 있다. 여건이 변하면 시설의 대체, 폐쇄, 신설, 확충이 있게 마련이다. 즉, 장기적으로는 노동(L)의 투입량과 자본(K)의 투입량 모두 변할 수 있다는 것이다.

(1) 등량선의 개념

이처럼 생산요소가 모두 가변인 경우의 생산함수, 즉 $Q = f(L, K)$로 표현되는 장기생산함수를 등량선이란 개념을 통해 살펴보자.

제6장의 무차별곡선이론에서의 무차별곡선은 소비자에게 동일한 만족을 주는 두 소비재의 결합을 나타내는 곡선이었다. 이와 비슷한 개념으로 생산이론에서의 등량선 또는 등량선(iso-product curve)은 동일한 양의 생산을 가능하게 하는 두 생산요소의 결합을 나타낸다. 예를 들면, 생산량 Q_1을 생산하는 방법은 (L_1, K_1), (L_2, K_2), (L_3, K_3) 등이 있다. 동일한 자전거 10대를 생산하는데 기계 1대에 종업원 5명을 고용하거나 기계 2대에 종업원 3명을 고용하

여 생산할 수 있으며, 그밖에도 여러 가지 방법으로 생산요소간의 대체가 가능한 것이다. 더 많은 생산량은 원점으로부터 보다 멀리 있는 등량선에 의해 표시된다.

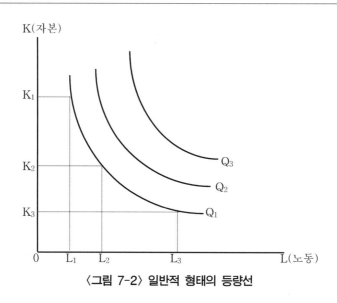

〈그림 7-2〉 일반적 형태의 등량선

이와 같이 요소결합에 의해 가능한 생산물의 수준을 나타낸 등량선이 〈**그림 7-2**〉의 Q_1, Q_2, Q_3이다. 여기서 한 가지 주목할 점은 각 등량선이 주어진 기술수준에서 일정한 투입물을 이용하여 생산 가능한 최대한의 생산수준을 표현한다는 사실이다. 즉, 기술적 효율성이 극대화된 생산량이다.

(2) 등량선의 성질

등량선의 성질은 무차별곡선의 성질과 흡사하다. 따라서 여기에서는 비교적 간단하게 설명하기로 한다.

첫째, 등량선은 우하향한다. 우하향한다는 것은 두 생산요소 L과 K가 서로 대체관계에 있다는 것을 의미한다.

둘째, 등량선은 원점으로부터 멀리 있을수록 더 많은 생산량을 의미한다. 이는 원점으로부터 멀리 있는 등량선은 보다 많은 생산요소의 결합으로 생산을 한 것을 의미한다.

셋째, 등량선은 서로 교차하지 않는다. 만일 두 개의 등량선이 서로 교차한다면 동일한 요소의 투입으로 서로 다른 수준의 산출물을 생산할 수 있다는 뜻이 되는데, 이는 기업이 기술적으로 효율적인 생산을 하고 있다는 가정에 모순된다.

넷째, 등량선은 원점을 향하여 볼록하다. 이는 두 생산요소가 서로 대체되기는 하지만, 그 한계기술대체율(marginal rate of technical substitution: $MRTS_{LK} = \dfrac{\Delta K}{\Delta L}$)이 체감한다는 것을 의미한다. 예를 들면, 동일생산량을 생산하는데 노동을 늘리고 자본을 줄이는 방법을 택하는 경우 노동이 많아지고 자본이 적어지면 적어질수록 자본 1단위가 생산에 기여하는 상대적 중요성이 점차 증가한다. 따라서 노동 1단위를 대체하기 위한 자본의 투입은 작아져야 한다. 이것을 한계기술대체율체감의 법칙(law of diminishing marginal rate of technical substitution)이라고 한다. 즉, 한 생산자가 일정기간 동안에 두 요소 L과 K로서 생산물 Q를 생산한다고 할 때 한 요소 L의 투입량을 한 단위 한 단위 증가시켜 감에 따라 대체되는 요소 K의 양이 점차 감소해 간다는 법칙을 말한다.

자본으로 표시한 노동의 한계기술대체율 $\left(MRTS_{LK} = \dfrac{\Delta K}{\Delta L} \right)$은 노동의 한계생산($MPL$)과 자본의 한계생산($MPK$)의 비율, 즉 $\dfrac{MP_L}{MP_K}$과 같다. 왜냐하면 $MP_L = \dfrac{\Delta Q}{\Delta L}$이고, $MP_K = \dfrac{\Delta Q}{\Delta K}$이기 때문에 $\dfrac{MP_L}{MP_K} = \dfrac{\dfrac{\Delta Q}{\Delta L}}{\dfrac{\Delta Q}{\Delta K}} = \dfrac{\Delta Q \cdot \Delta K}{\Delta Q \cdot \Delta L} = \dfrac{\Delta K}{\Delta L}$ 가 된다.

예를 들어, 등량선상의 어떤 점에서 매기간 단위당 노동의 한계실물생산이 $1Q$이고, 자본의 한계실물생산이 $2Q$이라면, 이 점에서의 노동 1단위의 추가는 자본 $\dfrac{1}{2}$ 단위의 상실과 맞먹는다. 즉, 한계기술대체율은 $\dfrac{MP_L}{MP_K} = \dfrac{1}{2}$ 이다.

(3) 특수한 형태의 등량선

위에서 설명한 일반적인 등량선 외에 우리는 특수한 모양의 등량선을 생각해 볼 수 있다. 가령 〈그림 7-3〉의 (a)에서와 같이 종축에는 잔디깎기 기계, 횡축에는 사람 수를 놓고 일정한 넓이의 잔디깎기를 생각해보자. 등량선 Q_1상의 어떤 점도 같은 넓이의 잔디깎기를 의미하는 것으로 점 A, B, C 모두 같은 넓이의 잔디깎기를 의미한다. 점 A에서는 기계 2대와 1명의 사람이 깎는 넓이를 의미하는데, 이러한 조합은 점 B에서의 1명의 사람과 1대의 기계의 조합과 동일한 넓이의 잔디깎기를 의미한다. 왜냐하면 1명이 동시에 잔디깎기 기계 2대를 사용할 수 없기 때문이다. 점 C에서도 같은 논리가 적용된다는 것을 독자들은 이미 알았을 것이다. 즉, 2명

의 사람이 1대의 기계를 이용하여 잔디를 깎는다고 해서 더 효율적이지는 않다는 것이다. 왜
냐하면 1대의 기계에는 1명만의 사람이 필요하기 때문이다. 지금까지는 두 생산요소(사람과
잔디깎는 기계)는 전혀 대체되지 못한다는 가정 하에서 설명을 해 왔다. 〈그림 7-3〉의 (b)에서
는 등량선 Q_2는 두 생산요소(설탕과 사카린)가 완전 대체될 수 있다는 가정 하에서 설명된 것
이다.

예를 들어 일정량의 빵을 만드는 데는 설탕과 사카린이 완전 대체될 수 있기 때문에 그림과
같이 우하향직선의 등량선이 그려질 수 있다. 즉, 1단위의 설탕을 덜 사용하는 대신 1단위의
사카린을 더 사용하면 일정양의 빵을 만들 수 있다는 것이다. 점 A는 설탕 4단위만을 사용한
조합이고 점 B는 설탕 2단위와 사카린 1단위, 그리고 점 C는 사카린 2단위만을 사용한 조합점
이다. 물론 모두 같은 양의 빵 생산에 사용되는 조합점들이다.

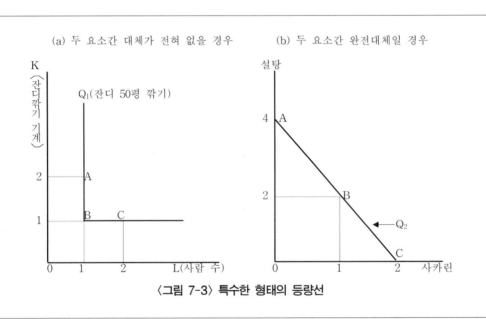

〈그림 7-3〉 특수한 형태의 등량선

2-3 등비용선

(1) 등비용선의 개념

기업(생산자)이 두 생산요소 노동(L)과 자본(K)을 기술적으로 결합하여 한 생산물 Q를 생
산하려고 할 때, 두 요소 L과 K를 일정한 비용(예산)과 두 요소의 시장 가격하에서 구매하여
야 한다. 이 때 생산자는 주어진 비용의 전부를 L의 구입과 K의 구입에 지출한다고 하면 총비

용(total cost: TC)은 (식 7-3)과 같다.

$$TC = P_L \cdot L + P_K \cdot K \qquad\qquad \text{(식 7-3)}$$

여기에서 PL과 PK는 각각 노동과 자본의 시장가격이며, L과 K는 그것들의 양을 의미한다. 이러한 총비용함수를 L 또는 K로 표현하는 등비용선으로 변화시킬 수 있는데 여기에서는 K에 관하여 풀어보기로 한다.

$$K = \frac{TC}{P_K} - \frac{P_L}{P_K} \cdot L \qquad\qquad \text{(식 7-4)}$$

(식 7-4)에서 $\dfrac{TC}{P_K}$ 는 K축의 절편이고 $\dfrac{P_L}{P_K}$ 은 등비용선의 기울기로서 두 요소의 상대가격비가 된다. 독자들은 같은 방법으로 L에 관하여서도 풀 수 있을 것이다.

여기에서 가상적인 숫자를 이용하여 등비용선에 대하여 설명하기로 하자. 가령 생산자의 총비용을 5,000원, 노동의 단위당 가격(PL: 임금)을 500원, 자본의 사용료로서 시간당 기계사용료를 1,000원이라고 한다면 그의 비용함수는 $5,000 = 500L + 1,000K$가 될 것이다. 이러한 상황하에서 총비용 5,000원을 다 지출하여 노동 L과 자본 K를 최대량으로 구매하여 결합할 수 있는 가능한 결합점들을 나타내는 등비용곡선을 유도해 보면 다음과 같다.

$$K = \frac{5,000}{1,000} - \frac{500}{1,000}L$$

$$K = 5 - \frac{1}{2}L \qquad\qquad \text{(식 7-5)}$$

이제 (식 7-5)를 이용하여 그래프를 그리면 〈**그림 7-4**〉와 같이 등비선 T_0C_0이 된다. 그림에 따르면 K축의 절편은 5이고 $-\dfrac{1}{2}$ 의 기울기를 갖는 직선이다.

이상과 같은 등비용선의 개념을 정리하면 다음과 같다.

등비용선(iso-cost curve)이란 한 생산자가 두 생산요소 K와 L로써 한 종류의 재화 Q를 생산하기 위하여 일정한 총비용 TC와 두 요소의 시장가격 PL과 PK하에서 두 요소 K와 L을 구매한다고 할 때 총비용을 전부 지출하여 구매할 수 있는 두 요소의 최대 수량적 결합점들을 연결한 선을 말한다.

그러므로 등비용선상에서의 요소구매결합은 주어진 비용 하에서 구매할 수 있는 두 재화의 최대 수량적 결합점들을 나타낸다. 그러나 등비용선의 안쪽(점 A와 같은 부분)에서의 요소구매결합은 주어진 총비용을 다 지불하지 못한 요소결합을 나타내며, 등비용선의 바깥쪽(점 B와 같은 부분)에서의 요소구매결합은 총비용을 초과한 구매결합이기 때문에 구매 불가능한 결합이다.

(2) 등비용선의 이동

〈그림 7-4〉에서 총비용의 증가는 두 요소가격의 변화가 없는 한 등비용선을 T_1C_1과 같이 원점으로부터 멀리 평행이동시키고, 총비용의 감소는 등비용선을 T_2C_2와 같이 원점을 향하여 평행이동시킨다. 등비용선의 기울기의 변화는 제6장의 무차별곡선이론에서의 예산선의 기울기의 변화에서와 같은 논리를 따른다.

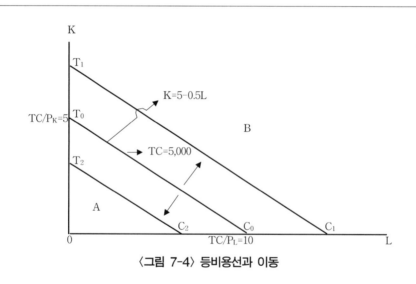

〈그림 7-4〉 등비용선과 이동

2-4 생산자균형

지금까지 우리는 등량선의 설명을 통하여 등량의 산출량을 생산할 수 있는 두 생산요소의 기술적 결합가능성을 이해하였다. 그리고 등비용선의 설명을 통하여 일정한 총비용과 두 요소의 시장가격하에서 두 요소를 최대로 구매할 수 있는 수량적 결합가능성을 이해하였다.

등량선이 등량을 생산하는 두 생산요소의 기술적 결합가능성을 나타내주기 때문에 기술적으로 어떠한 수량적 결합을 선택한다고 할지라도 생산량은 무차별한 것이다. 그렇다고 생산자는 그가 원하는 기술적 결합을 자유스럽게 선택할 수는 없다. 왜냐하면 생산자에게 주어진 총비용과 두 생산요소의 시장가격이라는 제약조건이 있기 때문이다.

그러면 이러한 총비용과 시장가격이라는 제약조건하에서는 어떠한 방식으로 두 생산요소를 결합하면 생산자의 최적선택이 될 수 있는가?

사실상 여기에서의 내용도 제6장의 무차별곡선이론에서 소비자균형조건의 도출과 그 논리적인 측면에서 동일한 것을 독자들은 직감하고 있을 것이다.

이 경우 생산자는 등비용선이라고 하는 구매결합조건(비용제약조건)이 지시하는 요소판매결합(등비용선상에서)을 선택하여 기술적 결합(등량선상에서)을 시도함으로써 최소의 비용으로 주어진 생산량을 생산할 수 있게 된다. 생산자가 최소비용 생산요소결합을 시도하는 이유가 바로 여기에 있다.

〈그림 7-5〉는 최소비용의 생산요소결합을 보여주고 있는데 이는 총비용과 두 요소의 시장가격을 충족시키는 등비용선과 등량선이 접하는 점에서 이루어진다. 가령 생산자에게 제한된 TC가 5,000원이고, PL은 500원, 그리고 PK는 1,000원이라는 제약조건이 주어진다고 하자. 생산자는 제약조건인 등비곡선 T_0C_0이 지시하는 생산요소의 기술적 결합을 시도해야 되기 때문에 등비용선 T_0C_0과 등량선 Q_0과의 접점 E에서 최소비용 투입결합을 가져옴으로써 경제적 효율성을 극대화하고 균형에 도달하게 된다. 즉, 5,000원의 비용으로 Q_0을 생산하는데 L_0만큼의 노동을 고용하고 K_0만큼의 자본을 사용하면 생산자는 최소비용의 결합을 얻을 수 있다는 것이다.

접점 E에서는 등량선의 기울기인 한계기술대체율과 등비용곡선의 기울기인 두 요소의 상대가격비가 일치하게 되는데 이것을 식으로 표현하면 다음과 같다.

$$\frac{\Delta K}{\Delta L} = \frac{MP_L}{MP_K} = \frac{P_L}{P_K}$$

(식 7-6)

(식 7-6)에서 $\dfrac{MP_L}{MP_K} = \dfrac{P_L}{P_K}$ 이 됨을 알 수 있고 이것을 다시 변형하면 (식 7-7)이 된다.

$$\frac{MP_K}{P_K} = \frac{MP_L}{P_L}$$

(식 7-7)

(식 7-7)은 K의 1원어치의 한계생산물과 L의 1원어치의 한계생산물이 서로 같을 때 생산자

는 균형에 도달하게 된다는 사실을 의미하고 있는데 이것을 한계생산물균등화법칙(law of equi-marginal product)이라고 한다. 다시 말해서 한계생산물균등화법칙이란 한 생산자가 그에게 주어진 총비용과 두 생산요소의 시장가격하에서 두 생산요소를 사용하여 한 생산물을 생산한다고 할 때 한 생산요소 1원어치의 한계생산물과 다른 생산요소 1원어치의 한계생산물이 일치할 때 생산자균형(생산자 최적선택)이 된다는 것을 말한다.

그러므로 한계생산물균등화법칙은 생산자균형조건이며, 이 법칙이 실현되도록 L과 K의 수량을 시장으로부터 구매하여 기술적으로 결합함으로써 생산자는 이윤을 극대화할 수 있는 것이다.

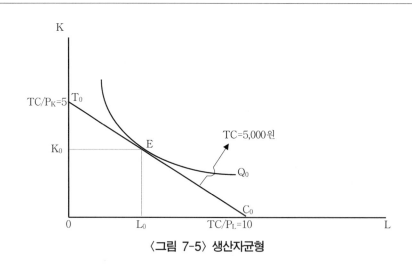

〈그림 7-5〉 생산자균형

【연│습│문│제】

1. 기업의 유형과 그들의 장단점에 대해서 설명하시오.

2. 총생산, 평균생산, 한계생산의 관계를 설명하시오.

3. 수확체감의 법칙과 등량선이 원점으로 볼록하다는 것과는 어떤 상관관계가 있는지 설명하시오.

4. 무차별곡선이론에서의 소비자균형조건과 생산자균형조건과의 유사성에 대해서 설명하시오.

5. 등량선들이 서로 교차할 수 없는 이유를 설명하시오.

제8장

생산과 비용이론

제1절 비용의 개념

1-1 회계적 비용과 경제학적 비용

기업회계에 산정되는 화폐비용을 회계적 비용(accounting cost, business cost) 혹은 명시비용(explicit cost)이라고 한다. 이 비용에는 모든 생산요소에 대한 지출, 계약에 의한 부채 및 생산설비의 감가상각액 등의 일체의 화폐적 지출이 포함된다.

반면에 경제학적 비용(economic cost)에는 상술한 회계적 비용에 두 가지 비용을 추가시켜야 한다. 하나는 기회비용이고, 다른 하나는 정상이윤이다.

기회비용에는 그 기업에 투하된 자본의 이자, 그리고 기업가의 자기노동에 대한 보수가 포함되어야 한다. 흔히 독립적으로 기업을 경영하는 소기업주는 다른 곳에서 벌 수 있는 자기 자신에 대한 임금이나 투하자본의 이자를 무시하고 기업수입에서 타 요소에 대한 지출을 뺀 나머지를 전부 이윤이라고 생각한다. 그러나 경제학적 의미의 이윤을 계산함에 있어서는 기업수입에서 명시비용 이외에 전술한 기회비용도 공제하여야 한다. 이와 같이 회계적 비용에 포함되지 않은 기회비용을 암묵비용(implicit cost)이라고도 한다.

정상이윤이라 함은 기업가로 하여금 재화와 용역을 계속적으로 생산하게 하는 유인으로서 족할 정도의 최저이윤을 말한다. 왜 이것이 비용으로 포함되느냐 하면 기업가는 장기적 견지에서 회계적 비용, 기회비용, 그리고 최저이윤(정상이윤)의 합계를 커버할 만한 수입이 기대되지 않을 때에는 그 재화를 생산하려 들지 않을 것이기 때문이다. 소비자의 입장에서 보면 그 재화를 소비할 수 있으려면 그만한 이윤의 대가를 치러야 한다.

1-2 비용과 기간개념

일반적으로 생산요소의 투입량을 변경하는 데에는 각 생산요소의 성질에 따라 장단기의 시간이 필요하다. 예컨대 토지나 건물 같은 것에는 보통 임차기간이 있고, 또 그것을 구매하거나 처분하는 데에도 시간이 걸린다. 이에 대하여 전력, 교통시설, 반제품, 미숙련 노동 등은 비교적 양적 변화가 용이하고, 따라서 시간도 덜 걸린다.

일찍이 마샬(Marshall)은 이 점에 착안하여 단기(short-run)와 장기(long-run)라는 기간개념을 경제이론에 도입하였는데 이 두 가지 개념은 비용분석에 있어서 특히 중요하다.

(1) 단기

경제학에서 분석상의 목적을 위하여 단기를 다음과 같이 정의한다. 단기란 토지, 건물, 시설 등의 생산설비를 수량적으로 변경시킬 수 없을 정도로 짧되 기타의 생산요소 즉, 노동, 원재료 등의 수량은 변경시킬 수 있을 정도의 기간을 단기라고 한다.

단기의 길이는 산업에 따라 같지 않을 것이다. 어떠한 산업에 있어서의 단기는 불과 1, 2개월의 기간인데 대하여, 다른 산업의 단기는 1년 혹은 5년이 되는 수도 있을 것이다. 대체로 규모나 구조가 간단한 고정요소를 사용하는 산업일수록 단기의 길이는 짧을 것이다. 예컨대 간단한 경공업에 있어서의 단기보다 자동차공업이나 제철공업 또는 중화학공업에 있어서의 단기가 더 긴 기간을 의미할 것이다. 일정기간에 수량을 변경할 수 없는 생산요소를 고정요소 (fixed factors)라 하고 수량을 변경할 수 있는 생산요소를 가변요소(variable factors)라고 한다.

따라서 다시 한 번 단기를 정의하면 단기란 고정요소의 양은 변경할 수 없고 단지 가변요소의 양만 변경하여 생산량을 조절할 수 있는 기간을 의미한다.

(2) 장기

단기의 설명에 의하여 장기의 정의는 스스로 그 정의가 명백해졌다. 장기란 모든 생산요소 즉 노동과 원자재와 같은 가변요소 및 토지와 건물 그리고 시설과 같은 고정요소의 사용량을 변경하여 생산량을 조절할 수 있을 만큼의 긴 기간을 의미한다. 그러므로 사실상 장기에 있어서는 모든 생산요소는 가변적으로 될 수밖에 없다.

장기적 견지에 있어서는 기업은 그의 시설규모를 마음대로 변화시킬 수 있다. 단기와 장기에 따라 기업의 산출량과 비용과의 관계는 같지 않다. 즉, 단기적으로 현재의 고정시설의 수량을 변경할 수 없다고 전제할 때의 생산량과 비용과의 관계는 같지 않다. 그러므로 우리는 단기와 장기의 두 가지 관점에서 생산량과 생산비의 관계를 분석하여야 한다.

1-3 고정비용과 가변비용

고정요소와 가변요소의 구별에 대응하여 고정비용과 가변비용의 분류가 성립한다. 고정비용은 생산량의 다소와 관계없이 일정불변으로 드는 비용이다. 단기에 있어서는 공장의 대지, 건물, 기계설비 등의 수량은 변경할 수 없으므로 이러한 생산요소에 지불되는 비용, 즉 지대, 임대료, 감가상각비 등은 생산량과 관계없이 일정불변이고 심지어 생산량이 전혀 없을 때에도 일정액이 지불되어야 한다.

반면에 가변비용은 생산량의 증감에 따라 증감하는 비용이다. 예를 들면 원재료비, 임금 등은 생산량과 더불어 변화하는 비용이다.

고정비용과 가변비용의 구별도 우리가 전제하는 기간에 의존한다. 일부 생산요소의 수량을 변경할 수 없는 단기에 있어서는 고정비용이 존재하지만 모든 요소가 가변적인 장기에 있어서는 고정비용이란 있을 수 없다.

제2절 단기비용이론

비용함수이론을 전개할 때에도 전장의 생산함수이론에서와 같이 장기와 단기의 구분이 그대로 적용된다. 즉, 고정요소가 존재하는 경우 각 생산량에 대응하는 가변요소의 투입비용이 발생되며 이러한 비용상황을 나타내는 것이 단기비용함수이다. 한편 모든 생산요소가 가변적인 경우 각 생산량에 대응하는 비용을 보여 주는 것이 장기비용함수이다. 이 절에서는 단기비용에 관한 것을 다루고 다음절에서 장기비용에 관한 것을 다룬다. 〈표 8-1〉은 가상적인 숫자를 사용한 것으로 여러 가지 비용들의 관계를 나타낸 것이다. 이 표를 보고 단기비용함수에 대해 알아보기로 하자.

2-1 총비용과 총비용곡선

단기에는 건물, 공장, 기계 및 시설들은 생산활동과 관계없이 일정한 비용을 요한다. 즉, 감가상각비와 유지비, 보험료, 이자(은행으로부터 차입해서 공장을 설립했을 경우), 지대(남의 땅에 공장을 설립했을 경우) 등과 같은 비용이 들어간다.

이와 같이 생산수준과 관계없이 발생하는 비용을 총고정비용(total fixed cost: TFC)이라고 한다. 총고정비용에는 기회비용과 정상이윤이 포함된다. 기회비용은 앞에서 설명하였듯이 자기노동에 대한 최소한의 임금과 은행으로부터 차입하지 않고 가지고 있는 자기자본을 투자했을 때 자기자본에 대한 이자수입(만약 은행에 예금하거나 남에게 자기 돈을 빌려주었을 때 받을 수 있는 이자수입) 등이 있으며, 정상이윤이란 기업경영을 지속적으로 유발할 수 있는 최소한의 이윤을 의미한다. 이러한 두 가지는 당해 생산활동을 함으로써 어차피 고정적으로 잠겨 있는 비용이기 때문에 총고정비용에 포함되는 것이다. 〈표 8-1〉에서 총고정비용은 256만원으로 생산량과 관계없이 일정하다.

반면에 단기에 생산량이 변함에 따라 변하는 비용이 있다. 생산을 증가시킴에 따라 노동이나 원재료 및 연료 등의 사용이 증가하면 임금과 원재료비 및 연료비 등도 증가한다. 이처럼 생산량이 변함에 따라 변동하는 비용을 총가변비용(total variable cost: TVC)이라고 한다.

따라서 총비용(total cost: TC)은 (식 8-1)과 같이 총고정비용과 총가변비용을 합한 값임을 알 수 있다.

〈표 8-1〉 생산량에 따른 여러 가지 비용간의 관계

(1) 생산량 (Q)	(2) 총고정 비용 (TFC)	(3) 총가변 비용 (TVC)	(4) 총비용 (TC) $= TFC + TVC$	(5) 평균 고정비용 (AFC) $= TFC/Q$	(6) 평균 가변비용 (AVC) $= TVC/Q$	(7) 평균비용 (AC) $= TC/Q$ $= AFC + AVC$	(8) 한계비용 (MC) $= \Delta TC/\Delta Q$ $= \Delta TVC/\Delta Q$
0	256	0	256	–	–	–	–
1	256	64	320	256.00	64	320.00	64
2	256	84	340	128.00	42	170.00	20
3	256	99	355	85.33	33	118.33	15
4	256	112	368	64.00	28	92.00	13
5	256	125	381	51.20	25	76.20	13
6	256	144	400	42.66	24	66.66	19
7	256	175	431	36.57	25	61.57	31
8	256	224	480	32.00	28	60.00	49

$$TC = TFC + TVC \qquad \text{(식 8-1)}$$

이러한 총비용은 각 생산량에 대응해서 그 값이 달라지는데 이 때 각 생산량에 대응하는 최소의 총비용을 나타내는 함수를 총비용함수라 하고 그림으로 표시한 것을 총비용곡선이라 한다.

한편 각 생산량에 대응하여 최소의 총가변비용을 나타내는 함수를 총가변비용함수라 하고 그림으로 표시한 것을 총가변비용곡선이라 한다.

일반적으로 총가변비용곡선은 〈**그림 8-1**〉에서와 같이 처음에는 체감적으로 증가하다가 어느 단계를 지나서는 체증적으로 증가하는 특징을 가진다. 이는 총생산물곡선이 제7장의 〈**그림 7-1**〉(a)에서와 같이 처음에는 체증적으로 증가하다가 나중에는 체감적으로 증가하기 때문이다.

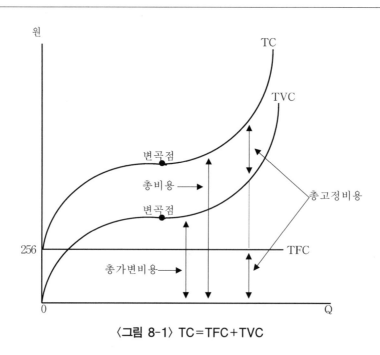

〈그림 8-1〉 TC＝TFC＋TVC

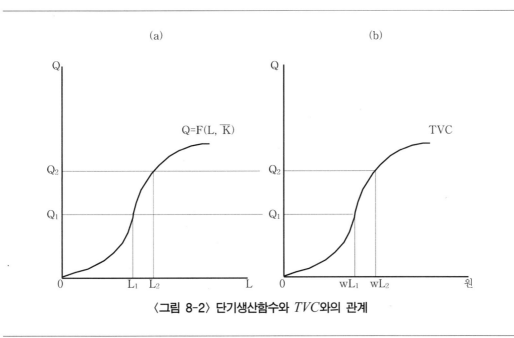

〈그림 8-2〉 단기생산함수와 TVC와의 관계

〈**그림 8-2**〉(a)는 〈**그림 7-1**〉의 (a)와 같다. 그림에서 자본량이 주어져 있을 때 유일한 가변요소인 노동을 L_1만큼을 고용하면 Q_1만큼, L_2만큼 고용하면 Q_2만큼을 생산할 수 있다. 가령 노동 1단위의 평균임금을 w라 하면 Q_1을 생산할 때의 총가변비용은 wL_1이며, Q_2를 생산할 때 총가변비용은 wL_2이다. 만약 시장임금이 불변이라면 〈**그림 8-2**〉(b)의 총가변비용곡선은 그림 (a)의 단기총생산물곡선과 같은 형태를 취한다. 그림 (b)의 종축과 횡축을 바꾼 것이 〈**그림 8-1**〉의 총가변비용곡선이다.

총고정비용곡선은 생산량에 관계없이 총고정비용이 일정하므로 수평선으로 그려진다. 〈**그림 8-1**〉에서 총가변비용(TVC)곡선을 총고정비용(TFC)인 256만원만큼 수직으로 올려주면 총비용(TC)곡선을 얻게 되는 것을 알 수 있다.

2-2 평균비용과 평균비용곡선

평균비용(average cost: AC)은 총비용을 생산량으로 나눈 값으로 생산물 1단위당 생산비를 나타낸다. 총비용이 기술적으로 가능한 최소의 비용을 뜻하기 때문에 평균비용은 기술적으로 가능한 최소의 단위당 비용을 뜻한다. 〈**표 8-1**〉을 보면 생산량과 여러 가지 비용간의 관계와 계산방식이 나타나 있는데 그 중에서 (7)열이 바로 평균비용에 관해 보여주고 있다. 표에

서 보면 (7)열은 (5)열과 (6)열의 합임을 알 수 있다. 즉, 평균비용은 (식 8-2)에 의해서 얻어
질 수 있는데 이는 (식 8-1)의 양변을 Q로 나눈 값이다.

$$AC = \frac{TC}{Q} = \frac{TVC}{Q} + \frac{TFC}{Q} \qquad\qquad \text{(식 8-1)}'$$

$$AC = AFC + AVC \qquad\qquad \text{(식 8-2)}$$

평균비용함수는 각 생산량에 대응하는 평균비용을 나타낸다. 평균비용함수를 그림으로 나
타낸 것을 평균비용곡선이라 한다. 평균비용의 개념에는 위와 같이 총비용을 생산량으로 나눈
값 외에 평균고정비용(AFC)과 평균가변비용(AVC)이 있다.

(식 8-1)$'$에서 우리는 평균고정비용과 평균가변비용의 개념을 알 수 있을 것이다. 평균고
정비용함수와 평균고정비용곡선, 평균가변비용함수와 평균가변비용곡선도 같은 방식으로 정
의된다.

우리는 세 종류의 평균비용개념을 알아보았다. 즉, 평균고정비용(AFC), 평균가변비용
(AVC), 그리고 평균비용(AC)이 그것들이다. 다음에는 이 세 가지의 평균비용곡선의 일반적
인 형태에 대하여 알아보기로 한다.

(1) 평균고정비용(AFC)

평균고정비용은 〈표 8-1〉의 (5)열과 같이 생산량이 증가함에 따라 계속해서 감소하고 있
다. 이는 고정비용이 256만원에 고정되어 있으므로 생산량이 증가함에 따라 생산물단위당 고
정비용이 널리 분산되기 때문이다. 평균고정비용곡선은 〈그림 8-3〉과 같이 총고정비용곡선으
로부터 기하학적으로 도출할 수 있다.

〈그림 8-3〉의 (a)에서 평균고정비용은 $\frac{TFC}{Q}$ 이다. 따라서 생산량 Q_1의 평균고정비용은

$\frac{Q_1A}{OQ_1}$ 이고, 그 값을 C_1이라 하면 그림 (b)에서 점 $A'(Q_1, C_1)$로 나타나게 될 것이다. 같은

원리로 생산량 Q_2, Q_3의 평균고정비용을 구하면 각각 C_2, C_3으로 되는데 이는 그림 (b)에서
각각 점 $B'(Q_2, C_2)$, $C'(Q_3, C_3)$로 나타난다. 즉, 원점으로부터 Q_1에 대응하는 총고정비용곡
선 위의 점 A를 연결하는 직선 OA의 기울기 값, 즉 $\tan\theta$가 Q_1의 평균고정비용이며, 그림에서
나타나는 바와 같이 생산량이 증가함에 따라 원점에서부터 연결되는 직선의 기울기 값($\tan$
θ)이 감소하고 있다. 이와 같은 관계를 그린 것이 그림 (b)의 AFC곡선이다. 평균고정비용

(AFC)에 생산량(Q)을 곱한 것이 총고정비용(TFC)이고 총고정비용은 생산량에 관계없이 일정하기 때문에 AFC곡선은 직각쌍곡선의 형태를 취한다. 직각쌍곡선이기 때문에 그림에서 사각형 $OC_1A'Q_1$과 $OC_2B'Q_2$의 면적이 같고 그 면적은 총고정비용인 것이다.

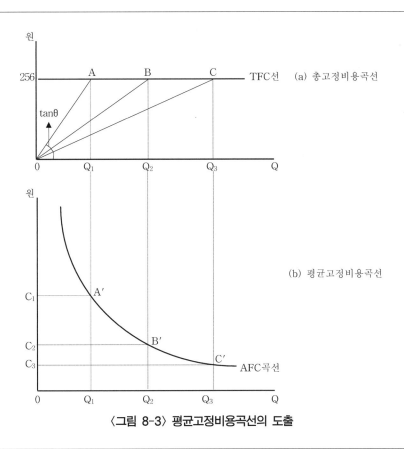

〈그림 8-3〉 평균고정비용곡선의 도출

(2) 평균가변비용

평균가변비용곡선은 총가변비용곡선으로부터 도출할 수 있다. 원점으로부터 각 생산량에 대응하는 TVC곡선 위의 점을 연결하는 직선의 기울기 값($\tan\theta$)이 각각의 생산량에 대응하는 평균가변비용이 된다. 이것을 그림으로 표시하면 〈**그림 8-4**〉의 (b)에서와 같은 U자형의 평균가변비용곡선이 된다. 그림 (a)에서 원점으로부터 그은 직선 OT는 점 B에서 TVC곡선과 접하므로 기울기의 값이 그림 (b)에서처럼 C_1로 가장 작으며 이때의 생산량은 Q_2이다. 따라서 그림 (b)에서 B'은 U자형곡선 AVC의 꼭지점이 된다. 한편 직선 OS는 TVC곡선과 점 A와 C에서 만나는데 이때는 직선의 기울기가 동일하므로 평균가변비용도 C_2로 동일하고 AVC곡선이 그림 (b)와 같이 점 A'와 C'을 통과하게 된다. 이는 생산량이 Q_1일 때와 Q_3일 때 평균가변비용이 동일함을 의미한다.

이와 같은 평균가변비용(AVC)은 다음과 같이 표현될 수 있다.

노동만이 가변요소라고 하자. 노동고용량을 L, 노동 1단위당 평균임금을 w라 하면 총가변비용은 총임금지불액 $w \cdot L$과 같다. 따라서 평균가변비용은 (식 8-3)과 같다.

$$AVC = \frac{TVC}{Q} = \frac{w \cdot L}{Q} = \frac{w}{Q/L} = \frac{w}{AP_L} \qquad \text{(식 8-3)}$$

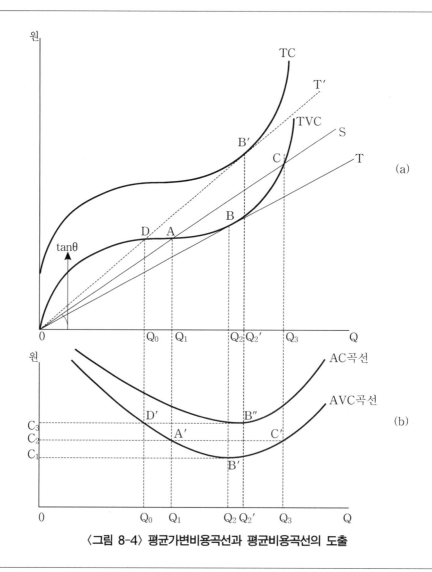

〈그림 8-4〉 평균가변비용곡선과 평균비용곡선의 도출

앞의 식은 평균가변비용은 노동 1단위당 임금을 노동의 평균생산물 $\left(\frac{w}{AP_L}\right)$로 나누어 얻을 수 있음을 보여 주고 있다. 또한 평균가변비용은 평균생산물과 역의 관계에 있음을 알 수 있다. 즉, 평균생산물이 증가(감소)할 때 평균가변비용은 감소(증가)하고, 평균생산물이 최대일 때 평균가변비용은 최소가 되는 것이다.

(3) 평균비용

평균비용곡선은 각 산출량에 대하여 평균고정비용과 평균가변비용을 수직으로 합해 나감으로써 얻을 수 있는데 이는 〈그림 8-1〉에서 각 산출량에 대하여 총고정비용과 총가변비용을 수직으로 합해 나감으로써 TC곡선을 얻는 것과 같은 이치이다. 또한 AFC곡선이나 AVC곡선을 도출하는 방법과 똑같은 방법으로도 도출할 수도 있는데 여기에서는 이 방법으로 도출해 보기로 한다. 즉, 원점으로부터 각 생산량에 대응하는 TC곡선 위의 점을 연결하는 직선의 기울기값이 각각의 생산량에 대응하는 평균비용이 된다. 〈그림 8-4〉의 (a)에서 점선으로 된 직선 OT'과 TC곡선은 점 B'에서 접하고 이 때의 기울기가 가장 작으므로 생산량 Q_2'에서 평균비용곡선은 그림 (b)에서처럼 B''과 같은 꼭지점을 갖게 된다. 이와 같은 평균비용(AC)은 (식 8-4)와 같이 나타내어질 수도 있다.

$$AC = AVC + AFC = \frac{w}{AP_L} + AFC \qquad \text{(식 8-4)}$$

(식 8-4)는 가변요소가 노동뿐일 때 평균비용과 노동의 평균생산물의 관계를 나타낸다. 이상 AC와 AVC의 개념 그리고 그들의 도출에 대해서 알아봤다. 만약 두 곡선을 한 좌표상에 그릴 때 한 가지 알아둬야 할 점은 AC의 꼭지점이 AVC의 꼭지점보다 우측에 있다는 것이다.

2-3 한계비용과 한계비용곡선

한계비용(marginal cost: MC)이란 생산량이 한 단위 증가(감소)할 때 추가적으로 증가(감소)하는 총비용을 의미하며 (식 8-5)와 같다.

$$MC = \frac{\Delta TC}{\Delta Q} = \frac{\Delta TVC}{\Delta Q} + \frac{\Delta TFC}{\Delta Q} = \frac{\Delta TVC}{\Delta Q} \qquad \text{(식 8-5)}$$

$$MC = \frac{\Delta TC}{\Delta Q} = \frac{\Delta TVC}{\Delta Q}$$ (식 8-5)′

(식 8-5)가 성립하는 이유는 $\Delta TFC = 0$이기 때문이다. 즉, 총고정비용은 생산량에 의해서 영향을 받지 않기 때문이다. 따라서 (식 8-5)′에서 알 수 있듯이 MC곡선은 TC곡선이나 TVC 곡선 중 어느 것으로부터 도출해도 같다는 것이다.

한계비용을 생산량의 함수로 표시한 것을 한계비용함수라 하고 이를 그림으로 나타낸 것을 한계비용곡선이라고 한다. 이는 제7장에서 TP곡선으로부터 MP곡선을 도출하는 것과 똑같은 방식인데, 여기에서는 (식 8-5)′에서 보듯이 TC곡선 또는 TVC곡선으로부터 한계비용곡선을 도출할 수 있다.

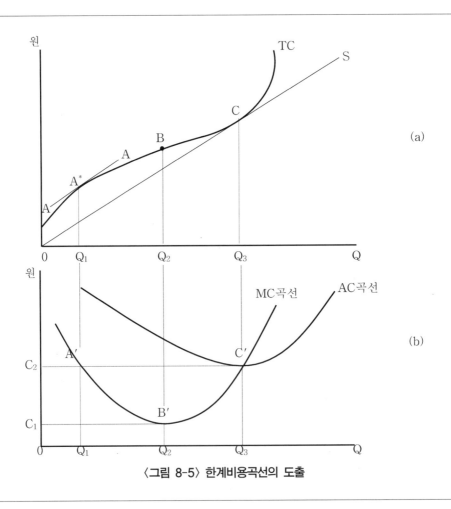

〈그림 8-5〉 한계비용곡선의 도출

〈**그림 8-5**〉는 TC곡선으로부터 MC곡선을 도출한 것을 보여준다. MC곡선은 TC곡선상의 각 점에서의 접선의 기울기와 같다는 것을 (식 8-5)′의 $MC = \dfrac{\Delta TC}{\Delta Q}$에서 이미 알았을 것이다. 접선의 기울기는 변곡점 B에 이르기까지 즉, 생산량이 Q_2가 될 때까지 점점 작아지다가 변곡점 B에서 가장 작은 값(여기에서는 C_1로 하였음)을 갖게 된다. 변곡점 B와 대응하는 점은 그림 (b)에서 B'으로 나타났다. 접선의 기울기는 점 B 이 후로는 다시 커지기 시작한다. 이상의 내용을 〈**그림 8-5**〉의 (b)에 MC곡선으로 나타내었다. 그림 (b)에서 점 A'은 AA(Q_1의 생산량하)와 TC상의 점 A^*에서의 접선의 기울기를, 점 C'은 OS(Q_3의 생산량하)와 TC상의 점 C에서의 접선의 기울기를 각각 보여주고 있다. 한편 AA와 OS의 기울기가 같으므로 점 A'와 C'은 같은 값 C_2를 갖게 된다.

여기에서 반드시 알아두어야 할 점이 있는데 만약 AC곡선, AVC곡선, 그리고 MC곡선을 한 좌표상에 그리면 MC곡선은 AC곡선과 AVC곡선의 꼭지점을 통과한다는 것이다. 이러한 이유는 AC곡선과 AVC곡선의 꼭지점은 〈**그림 8-4**〉에서와 같이 TC곡선과 TVC곡선상의 점의 접선의 기울기에 의해서 도출되었기 때문이다. 한편 직선 OC는 원점에서 시작한 접선이므로 생산량 Q_3하에서의 한계비용은 물론 평균비용도 의미한다. 즉, 점 C'에서는 $MC = AC$가 된다는 것이다. 또한 변곡점 B에서의 기울기는 점 C에서의 기울기보다 작으므로 MC곡선의 밑점은 AC곡선은 물론 AVC곡선의 밑점보다 더 아래에 있음을 알 수 있다.

이상과 같이 우리는 MC의 개념을 알아봤고 또 MC곡선도 도출해봤다. 그런데 MC는 (식 8-6)과 같이도 나타내어질 수도 있다. 만약 가변요소가 노동 하나뿐일 때 $TVC = w \cdot L$이며 $\Delta TVC = w \cdot \Delta L$이 된다.

$$MC = \frac{\Delta TVC}{\Delta Q} = \frac{w \cdot \Delta L}{\Delta Q} = \frac{w}{\Delta Q / \Delta L} = \frac{w}{MP_L} \qquad \text{(식 8-6)}$$

결국 한계비용은 노동의 한계생산물(MPL)과 역의 관계에 있음을 알 수 있다.

2-4 여러 비용곡선들간의 관계

지금까지 우리는 총비용들(TC, TFC, TVC), 평균비용들(AC, AFC, AVC), 그리고 한계비용(MC)에 관한 개념과 이들의 그래프를 알아보았다. 〈그림 8-6〉은 지금까지의 모든 그래프를 한 좌표상에 종합적으로 그려놓은 것이다.

점 A는 TC곡선과 원점에서 시작한 직선 OT와의 접점인데 이는 AC곡선의 밑점 A'과 대응되는 점이며, 점 C는 TVC곡선과 원점에서 시작한 직선 OS와의 접점인데 이는 AVC곡선의 밑점 C'와 대응되는 점이다. 한편 변곡점 B에서 한계비용은 최소가 되는데 이것을 나타낸 점이 MC곡선의 밑점 B'이다.

〈그림 8-6〉의 (a)에 나타난 총비용들간의 관계는 이미 〈그림 8-1〉에서 다루었으므로 그림 (b)에 나타난 단기비용곡선들에 관한 주요 특징들만 다음과 같이 요약하기로 한다.

첫째, AC곡선, AVC곡선, MC곡선은 모두 U자형이고 AFC곡선만 우하향하는 직각쌍곡선 형태이다.

둘째, AC곡선은 항상 AVC곡선 위에 위치한다. 왜냐하면 평균비용에는 평균가변비용 이외에 평균고정비용도 포함되어 있기 때문이다. 예를 들면 생산량이 Q_3일 때 평균비용은 Q_3A인데 이는 평균가변비용 Q_3R과 평균고정비용 Q_3Z의 합이다. 따라서 구간 RA'은 구간 Q_3Z와 같다.

셋째, 생산량이 증가함에 따라 평균고정비용은 단조롭게 감소하고, 이에 따라 평균가변비용은 점점 평균비용에 접근한다.

넷째, AC곡선의 밑점(A')은 AVC곡선의 밑점(C')보다 오른쪽에 위치한다. 평균가변비용이 증가하는 단계에서도 평균고정비용은 계속해서 감소하고 있으므로 평균고정비용의 감소가 평균가변비용의 증가를 능가하는 단계까지는 평균비용이 감소하는 것이다.

다섯째, AC곡선의 밑점에 대응하는 산출량(Q_3)은 단기에 주어진 고정요소가 가변요소가격의 조건하에서 최소비용으로 생산되는 유일한 산출량수준이라는 점에서 최적산출량(optimum rate of output)이라고 한다.

여섯째, MC곡선은 평균비용이 감소할 때는 AC곡선 아래에 있고 평균비용이 증가할 때는 AC곡선 위에 있다. 따라서 평균비용이 최소일 때 한계비용과 평균비용은 같다. 이러한 한계비용과 평균비용의 관계는 한계비용과 평균가변비용의 관계에도 그대로 적용된다.

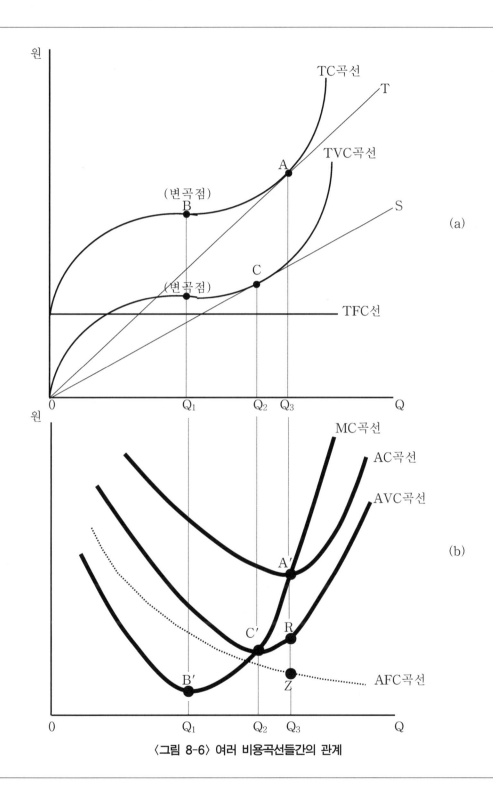

〈그림 8-6〉 여러 비용곡선들간의 관계

제3절   장기비용이론

단기비용함수는 기업의 자본량(공장, 건물, 그 밖의 생산시설 등)이 고정된 단기에 생산량의 변화에 대응하는 비용을 나타낸다. 그러나 장기에는 고정비용이 없고 모든 비용은 가변비용이 되므로 장기비용함수는 모든 투입요소의 변화에 따른 생산물과 비용의 관계를 나타낸다. 장기에는 생산시설의 규모가 자유로이 변경될 수 있으므로 각각의 생산시설의 규모에 따른 단기비용곡선이 존재하여 전체적으로 무수히 많은 단기비용곡선이 존재한다. 만약 장기에 매기당 목표생산량이 주어진다면 기업은 이에 알맞은 생산시설규모를 선택하고 이에 알맞은 가변요소를 투입하여 비용의 극소화를 추구한다. 다시 말하면 최적생산시설하에서 단기비용의 극소화를 도모하는 것이다. 이와 같이 단기비용과 장기비용사이에는 밀접한 관계가 있다. 장기비용곡선은 각 생산시설에 대응하는 단기비용곡선 중에서 주어진 생산량을 최소의 비용으로 생산할 수 있는 점들을 연결하여 얻을 수 있다.

단기평균비용이 수확체감의 법칙에 따라 U자 형태를 취하는데 반하여, 장기평균비용은 규모에 대한 보수가 변함에 따라 U자 형태를 취한다.

이 절에서는 장기적으로 최적생산요소의 배합점을 연결한 생산확장경로의 개념을 알아본다음 장기비용곡선이 어떻게 도출되는가를 알아본다. 그 다음으로 규모에 대한 보수가 각각 증가·불변·감소하는 경우에 장기비용곡선의 형태가 어떻게 다르게 나타나는가를 알아본다.

3-1 생산확장경로

제7장의 〈그림 7-5〉에서 생산자의 최적요소배합에 대해서 알아보았다. 이는 생산량이 주어졌을 때 장기에 최소의 비용으로 생산할 수 있는 생산요소의 배합을 나타내는 것이다.

〈그림 8-7〉의 (a)는 요소가격이 일정할 때 Q_1을 생산하기 위해서 $TC_1(=PK \cdot K_1 + PL \cdot L_1)$의 비용, Q_2를 생산하기 위해서 $TC_2(=PK \cdot K_2 + PL \cdot L_2)$의 비용, 그리고 Q_3을 생산하기 위해서 $TC_3(=PK \cdot K_3 + PL \cdot L_3)$이라는 비용이 들었다. 물론 이들 비용은 각각의 생산량에 대응하는 최소의 비용을 의미한다. 이와 같은 생산량의 증가가 계속 있다면 E_1, E_2, E_3과 같은 최적요소배합점들도 계속 나타나게 되는데 이들을 연결한 선이 생산확장경로(production expansion path)이다. 즉, 생산확장경로란 두 생산요소 노동과 자본으로 생산활동을 할 때 그리고 이들 생산요소가격이 일정할 때 좌표상에서 각 생산수준에 대응하는 최소비용점들을 연결한 선이다.

3-2 장기총비용곡선의 도출

〈그림 8-7〉의 (b)에는 장기총비용곡선이 그림 (a)로부터 도출되었다. 즉, 그림 (b)의 E_1', E_2', E_3'은 그림 (a)의 E_1, E_2, E_3과 대응되며 장기총비용곡선상의 점이 된다.

장기와는 달리 단기에서는 자본투입을 고정시킨 채 노동투입만을 조정할 수 있다. 자본투입이 일정수준으로 정해져 있을 때 단기비용곡선을 유도하는 방법은 이미 앞에서 설명한 바와 같다. 여기서 중요한 것은 자본투입이 어느 수준에서 고정되어 있느냐에 따라 서로 다른 단기비용곡선이 얻어진다는 점이다.

〈그림 8-7〉의 (b)에서는 고정된 자본투입량수준에 대응되는 단기총비용함수를 STC곡선으로 나타내었다. 장기총비용곡선(long run total cost curve)은 LTC곡선으로 표시되어 있다. 먼저 자본투입량이 K_1로 고정된 때를 생각해 보자. 즉, 그림 (a)에서 K_1에서 그은 수평선을 생각해 보자. 이 때 생산량 Q_1을 얻기 위해서는 E_1, 생산량 Q_2를 얻기 위해서는 A, 생산량 Q_3를 얻기 위해서는 B의 요소결합이 각각 선택되어야 한다. 이에 해당하는 단기총비용곡선은 그림 (b)에서 $STC(K_1)$곡선이 된다. 이제 단기총비용곡선과 장기총비용곡선의 위치를 따져 보자. 고정된 자본수준이 K_1이라면, Q_1의 생산을 위해서는 단기비용과 장기비용의 차이가 없다. K_1에서 그은 수평선이 등량선 Q_1과 만나는 점이 우연히 생산확장경로위에 있기 때문이다. 그러나 생산량 Q_1을 제외한 나머지 생산량에서는 그렇지 않다. Q_2의 생산을 위한 최소비용의 요소결합은 생산확장경로 위의 점인 E_2인데 자본투입이 K_1의 수준에서 고정되어 있으므로 생산자는 단기적으로는 부득이하게 A를 선택해야 한다. 따라서 K_1의 자본시설로 생산량 Q_2를 위해서는 단기총비용이 장기총비용을 상회한다는 사실을 쉽게 알 수 있다. 왜냐하면 그림 (a)에서 점 A는 총비용이 TC_1보다 크게 나타났기 때문이다. 이는 그림 (b)에서 생산량이 Q_2일 때 $STC(K_1)$곡선이 LTC곡선위에 놓여있음을 의미한다. 또한 정의상 생산확장경로상의 E_2는 주어진 요소가격에서 Q_2의 생산량을 최소비용으로 생산할 수 있는 요소결합인 데 반해, A는 최적자본량 K_2가 아닌 고정된 K_1의 자본량에서 Q_2를 생산할 수 있는 요소결합이기 때문이다. 같은 논리로 Q_3을 생산하는 경우에도 생산확장경로상의 E_3이 아닌 B를 선택할 수밖에 없으므로 단기총비용은 장기총비용보다 크게 된다. 결국 그림 (b)의 $STC(K_1)$곡선은 Q_1의 생산량에서만 LTC곡선과 접하게 되고 그 외에는 LTC곡선보다 위에 있게 된다. 같은 이유로 $STC(K_2)$곡선은 Q_2의 생산량에서만 LTC곡선과 일치하고 다른 점에서는 LTC곡선 위에 놓이게 된다. 또 $STC(K_3)$곡선은 Q_3의 생산량에서만 LTC곡선과 같은 값을 갖고 나머지 생산량에서는 LTC곡선 위에 놓이게 된다. 만약 자본투입수준이 다양하다면 이에 대응하는 많은 단기총비용곡선들 $[STC(Ki), i=1 \cdots n]$을 생각할 수 있다.

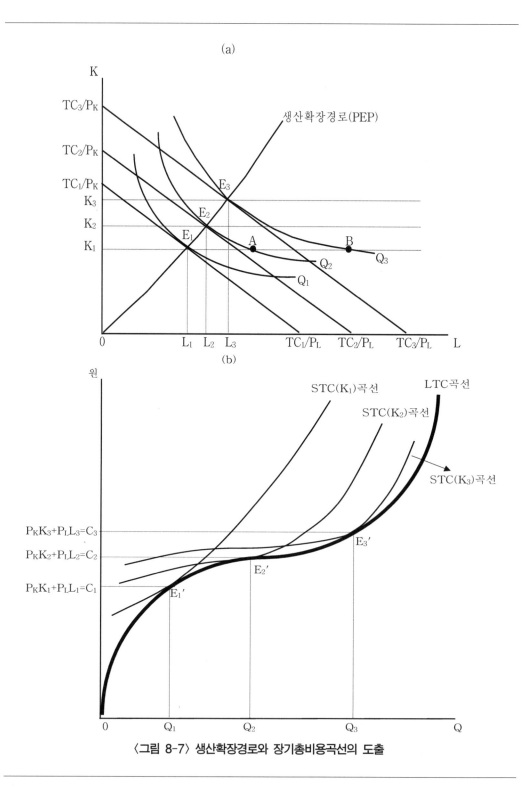

(a)

(b)

⟨그림 8-7⟩ 생산확장경로와 장기총비용곡선의 도출

그런데 이들 역시 *LTC*곡선과 한 산출수준에서만 접하고 나머지 산출량에서는 *LTC*곡선보다 위에 놓이게 된다. 이러한 사실을 가리켜 *LTC*곡선은 *STC*곡선들의 포락선(envelope curve)이 된다고 한다. *STC*곡선은 고정투입요소의 수준을 변경할 수 없다는 제약 하에서 비용을 극소화한 경우이다. 한편 *LTC*곡선은 이와 같은 제약이 없이 비용을 극소화한 경우이다.

3-3 규모에 대한 보수와 장기평균비용곡선

〈그림 8-8〉은 세 가지 종류의 *LAC*곡선을 보여 준다. 첫째는 기업의 규모가 확대될 때 평균비용이 감소하는 경우이고, 둘째는 불변인 경우이며, 셋째는 증가하는 경우이다.

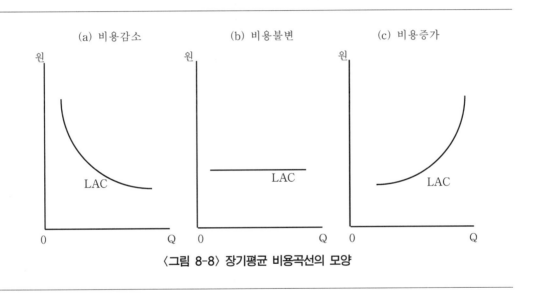

〈그림 8-8〉 장기평균 비용곡선의 모양

(1) 비용감소의 경우

〈그림 8-8〉의 (a)는 생산규모가 커짐에 따라서 평균비용이 감소하는 경우를 보여주고 있는데 이런 경우를 비용감소(decreasing cost)라고 한다. 평균비용이 감소한다는 것은 투입생산요소단위당의 수익이 증가한다는 것을 의미하므로 수익증가(increasing returns)라고도 한다.

생산요소의 가격이 일정불변이라고 가정하면 생산규모가 커짐에 따라서 단위당 비용이 감소한다는 것은 결국 생산량의 증가가 생산요소의 투입량 증가보다 더 빠르다는 것을 의미한다. 이러한 상황하의 기업을 규모의 경제(economies of scale)하에 있다고 한다.

이러한 규모의 경제가 발생하는 원인은 다음과 같다.

첫째, 노동의 특화(labor specialization)에 의한 것이다. 이는 분업(division of labor)을 의미하는데 분업을 통한 노동의 전문화는 노동의 질과 강도를 높여 보다 효율적인 생산을 할 수 있게 만들기 때문이다. 즉, 생산규모가 커짐에 따라서 각자가 한 가지 역할을 담당하게 되어 효율이 증가한다.

둘째, 효율적인 자본의 이용에 의한 것이다. 즉, 생산규모가 확장됨에 따라서 기계도 보다 전문화되고 효율적으로 사용되기 때문이다. 예를 들어 대규모의 기업체는 매우 전문화된 기계나 장비를 구입할 수 있어 노동의 자본에 대한 비율이 매우 낮을 것이다. 대체로 대규모생산에 있어서는 자본이 노동을 대체함으로써 평균생산비를 절감할 수 있다.

셋째, 경영적 특화에 의한 것이다. 즉, 대규모생산에서는 경영면에서도 효율화를 가져온다는 것이다. 작은 규모의 기업에서는 한 명의 관리자가 시장판매·인사관리·생산관리·재무관리 등 여러 특수부문의 감독을 해야 하므로 비효율성이 발생하는 반면에 대규모 기업에서는 전문분야별로 경영관리를 하므로 효율적이다.

(2) 비용불변의 경우

〈그림 8-8〉의 (b)의 경우와 같은 기업에서는 생산규모가 변경되어도 평균생산 비용은 변화하지 않는다. 이것은 생산의 증가가 요소투입의 증가와 같은 비율로 증가하는 것을 의미한다. 기업규모가 어느 수준에 도달하면 그 이상 생산규모를 늘려도 평균비용이 더 이상 하락하지 않는 경우가 있다. 이때 기존업체는 그대로 두고 기존업체와 동일한 새로운 업체를 만들면 생산을 배가시킬 수 있다. 따라서 실제로 기업은 보통 비용불변인 규모로 활동하는 경우가 많다. 생산요소가격이 변화하지 않는 한, 기업은 적어도 장기적으로 수익이 증가 또는 불변인 것이 일반적이다. 왜냐하면 규모를 확장함으로써 규모의 경제가 생기면 수익이 증가할 것이고, 규모의 경제가 그 이상 작용할 수 없는 규모에 도달하면 새로운 기업을 설립하여 최소한 기존업체의 모든 것을 그대로 재현하고자 할 것이기 때문이다.

(3) 비용증가의 경우

〈그림 8-8〉의 (c)는 규모가 커짐에 따라 평균비용이 증가하는 경우의 장기평균비용곡선을 보여 주고 있다. 이 경우를 규모의 불경제(diseconomies of scale)라고 한다.

이러한 현상이 나타나는 이유는 기업의 무리한 생산규모확장에 따르는 기업의 관리능력의 부족으로 인하여 비용이 증가하기 때문이다. 그러나 현실적으로 규모의 불경제가 나타나는 경우는 드물다. 기업의 생산규모가 확장에 따르는 관리능력은 사무자동화, 전산화, 그리고 업무의 모니터링시스템의 도입 등으로 인하여 계속 커지고 있어서 현실세계에서 장기평균비용곡선은 계속 완만한 기울기로 우하향하고 있음을 보여주고 있다.

【연│습│문│제】

1. 경제학적비용과 회계학적비용의 차이는 무엇인가? 만약 여러분들이 사업을 한다면 어떤 비용개념으로 사업을 할 것인지? 그 이유는 무엇인지 설명하시오.

2. 다음 용어를 설명하시오.

    1) 단기

    2) 장기

    3) 고정비용

    4) 가변비용

    5) 한계비용

    6) 단기비용

    7) 장기비용

    8) 규모의 경제

3. 모든 단기비용곡선들의 관계를 그래프로 그려보시오.

4. 모든 장기비용곡선을 유도하고 이들의 관계를 그래프로 그려보시오.

5. 한계비용곡선이 평균비용곡선의 최저점 및 평균가변비용곡선의 최저점을 통과하는 이유에 대해서 설명하시오.

중소기업도 성장기회 누려야 공정사회

우리나라 사람들은 소나무를 좋아한다. 소나무 향과 솔잎을 스치는 바람 소리는 우리의 마음을 사로잡는다. 그런데 소나무 숲 속의 모습은 매우 특이하다. 다른 숲에는 온갖 잔풀과 크고 작은 나무들이 함께 어울려 자라지만 소나무 아래엔 풀이 자라지 않는다. 솔잎이 카펫처럼 깔려 있을 뿐이다. 바늘 같은 솔잎이 촘촘하게 땅을 뒤덮어, 공기와 햇빛이 통하지 못하게 한다. 그런 곳에서는 잔풀이 자랄 수 없고 어떤 나무도 새싹을 틔울 수 없다. 경쟁자의 등장을 원천적으로 가로막는 소나무의 용의주도함에는 약육강식(弱肉强食)의 잔인함마저 느껴진다.

동반성장위원회를 맡고부터는 이런 소나무의 모습이 우리 대기업과 중소기업 생태계의 모습으로 각인되어 내 머릿속을 떠나지 않고 있다. 물론 대기업들은 우리 경제의 기둥이요 자부심이다. 경제 위기도 가뿐하게 넘기고, 명실상부한 글로벌 기업으로서 세계시장을 주름잡고 있다. 국민도 해외여행 길에 우리 대기업의 광고판을 만날 때마다 자랑스러워한다. 하지만 대기업과 중소기업의 생태계는 소나무 숲 속과 너무도 닮았다. 협력사들이 고사(枯死) 직전까지 내몰리더라도 대기업들은 기술을 가로채거나 납품단가를 후려치면서까지 자기 이익을 올리는 데에 거리낌이 없다. 대지가 공급하는 영양소와 햇빛과 공기를 다른 나무들과 나누지 않고 모조리 독차지하는 소나무의 생존 방식과 다르지 않다.

경제학에서는 누구든지 자기이익을 극대화하면 보이지 않는 손에 의해 사회 전체의 후생(厚生)이 극대화된다고 했다. 대기업들은 '하도급기업에 너무하는 것 아니냐'는 비판에 이런 경제학 원리를 원용해 "우리는 단지 이윤 극대화라는 시장경제의 원리를 따를 뿐인데 뭐가 잘못되었느냐"는 식으로 대응한다. 하지만 그런 사고방식을 갖고 있다면 경제학을 잘못 배웠다. 경제학은 결코 자기 몫만 악착같이 챙기는 게 선(善)이라고 가르치지 않는다.

다른 나무가 싹을 틔우지 못하도록 바늘 같은 솔잎을 촘촘히 떨어뜨리는 것은 '공정(公正)'이란 사회정의에도 맞지 않다. 그것은 기회를 독차지하려는 것일 뿐이다. 우리 헌법 전문에는 "각인(各人)의 기회를 균등히 해야 한다"고 했다. 성장의 기회를 원천적으로 가로막는 요인이 있다면 하나하나 없애나가야 한다. 그런데도 여전히 대기업으로부터 억울한 일을 당했다는 중소기업인들이 우리 주변에는 많이 있고, 그들의 목소리엔 울분이 가득 차 있다.

동반성장의 목표는 이런 중소기업에도 성장의 기회를 고르게 나누어 주자는 것이다. 초과이익공유제는 이 목표를 달성하기 위한 방법에 불과하다. 하도급기업의 생산성 향상과 고용안정을 위해 대기업의 자율적인 투자(기부)를 유도하고, 여기에 호응하는 대기업에는 혜택이 돌아가도록 해보겠다는 것이다. 기업들이 수익의 일부를 좋은 일에 기부하면 세제상 혜택을 주는 것과 비슷하다.

시장이란 원래 불완전하다. 초과이익공유제는 불완전한 시장의 실패를 사회공동체 유지를 위해 보완해보자는 것이다. 대기업의 이익을 강제로 빼앗겠다는 얘기가 아니다. 사정이 이런데도 초과이익공유제의 내용에 들어 있지도 않은 강제성을 거론하며 반대하는 건 동반성장의 취지를 오해한 것이다. 성공의 기회를 제대로 주지 않은 상태에서의 경쟁은 공정한 경쟁이 될 수 없다. 공정하지 못한 경쟁의 결과에는 아무도 승복하지 않는다. 그런 사회는 불만으로 가득 찬 사회가 될 뿐이다. 소나무만 자라는 곳에는 소나무 껍질 말고는 먹을 게 없다. 우리는 열매도 딸 수 있고 버섯과 약초도 얻을 수 있는 다양한 숲을 원한다.

정부가 기업을 키우던 시대는 지났다. 대기업의 도움 없이 동반성장의 목표는 달성이 불가능하다. 중소기업이 중견기업으로, 중견기업이 대기업으로 성장하는 활기찬 경제생태계가 아무리 좋아 보여도 대기업이 길목을 가로막고 있으면 도달할 수 없다. 우리 대기업들도 눈앞의 자기 이익만을 지키려 하지 말고 우리 경제 전체를 바라보는 넓은 시야와 너그러운 마음을 가져주었으면 좋겠다.

출처: 정운찬 동반성장위원장, 『조선일보』, 2011. 3. 16.

中 생산비용 급증 생산기지 매력 '뚝'

싸고 풍부한 노동력으로 한국 기업들의 생산기지로 각광 받았던 중국의 매력이 떨어지면서 U턴 하는 국내 기업들이 늘고 있다.

24일 지식경제부 및 재계에 따르면 중국은 2001년 WTO 가입 후 풍부한 저임 노동력 및 고정된 통화가치 등을 바탕으로 전세계 기업들의 생산기지 역할을 톡톡히 해왔다. 2000년부터 2009년까지 중국 수출은 1조2000억 달러로 5배가 늘었고, 전세계에서 수출 점유율은 3.9%에서 9.7%로 3배 가까이 증가했다.

하지만 이런 와중에 중국 근로자들의 임금은 2000~2005년 연 10%에서 2005~2010년에는 연 19%로 2배가량 상승했다. 특히 향후 5년간 평균 임금이 연 18%씩 상승해 시간당 임금이 4.5달러에 이를 것으로 예상되고 있으며 최대 생산기지인 상하이, 저장 등은 시간당 6.3달러까지 치솟고 있다.

상황이 이렇다보니 임금대비 생산성도 크게 떨어지고 있다. 중국 근로자들의 생산성 증가율은 임금증가율보다 낮고 전기·토지 등 인프라 및 운송비용 상승, 위안화 절상 등도 생산기지로서의 중국 매력을 잃게 하는 요인으로 작용하고 있다. 미국 보스턴 컨설팅의 한 보고서는 "최근 중국 생산기지가 생산비용 증가로 경쟁력이 크게 감소했다"고 지적했다.

이런 이유로 한국 기업들도 중국을 더 이상 최선의 생산기지로 생각지 않고 있다. 지식경제부와 코트라가 조사한 바에 따르면 중국에 진출한 한국의 악세사리, 기계, 의류, 신발 기업 등이 해외바이어의 메이드 인 코리아 선호와 한-미, 한-EU 발효에 따른 관세 효과를 누리기 위해 U턴을 추진하거나 고려중이다. 특히 악세사리 완성업체 50여 개 사는 지자체와 U턴에 대한 협의를 진행 중이며 먼저 10개 업체가 U턴을 결정한 것으로 전해졌다. 지경부 관계자는 "협의가 성공적으로 진행되면 향후 5년 내 50여 개 사가 U턴해 1만3000명 이상의 고용 창출효과가 기대된다"고 밝혔다.

출처: 이상택 기자, 『중앙일보』, 2012. 5. 24.

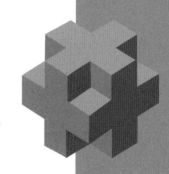

제5편
시장의 형태와 자원배분

제9장

완전경쟁시장과 자원배분

지금까지 살펴본 수요와 공급이론, 그리고 소비자행동이론 및 생산자행동이론을 배경으로 하여 가격과 생산량이 어떻게 결정되는가 하는 것을 이해해야 한다. 이것을 분석하기 위해서는 가격과 생산량이 결정되는 시장구조를 관찰하여야 하는데, 이 시장구조는 크게 완전경쟁, 독점, 독점적 경쟁, 그리고 과점이라는 네 가지 시장 모델로 분류된다.

제1절 완전경쟁시장의 정의

완전경쟁(perfect competition)이란 어떤 생산분야에서 각 기업 혹은 판매자가 가격순응자(price taker)가 될 때에 이루어진다. 각 기업은 그들이 차지하는 시장점유율이 너무 낮기 때문에 가격에 영향을 미치지 못한다. 따라서 완전경쟁시장에서는 각 기업은 그들의 생산량이나 판매수준을 변화시킬 수는 있지만, 가격에는 아무런 영향을 미치지 못한다. 즉, 가격순응자로서 시장에서 결정된 가격을 받아들여야 한다.

어떤 산업의 시장이 완전경쟁이 이루어지기 위해서는 다음과 같은 네 가지 조건을 충족시켜야 한다.

첫째, 다수의 공급자와 다수의 수요자가 있어야 한다. 여기에서 '다수'라는 말은 어떤 한정된 수를 가리키는 것이 아니고 충분한 수의 공급자 또는 충분한 수의 수요자를 의미함으로서 공급자든 수요자든 개별적 공급량 조절이나 수요량 조절이 시장가격에는 아무런 영향을 미치지 못한다는 것을 의미한다. 따라서 공급자든 수요자든 전체 시장에서 결정된 가격에 순응 즉 따라갈 수밖에 없다.

둘째, 모든 완전경쟁기업은 동종동질의 상품(homogeneity of product)을 공급해야 한다. 따라서 각 업체의 상품은 서로가 완전한 대체성을 갖고 있다고 보아야 한다. 이것은 어느 누구도 다른 기업체의 상품에 높거나 낮은 가격을 지불하지 않는다는 것을 의미한다.

셋째, 산업에 대한 기업의 진입과 퇴출이 자유로워야 한다. 기업이 어떤 산업분야로 진입 즉, 새로 시작하려고 할 때에 법적인 제재, 자금의 방해, 그리고 기술적인 장벽과 같은 어떠한 장애물도 존재해서는 안 된다는 것이다. 또한 기존기업의 퇴출 즉, 기업활동을 그만 둘 때에도 진입 때와 같은 자유가 보장되어야 한다.

이와 같은 진입에 대한 장애요인의 제거는 각 기존기업으로 하여금 최대의 효율로써 운용을 하게 한다. 왜냐하면, 비효율적인 기업은 효율성 높은 새로운 기업의 진입으로 인하여 축출 당하기 때문이다.

넷째, 공급자와 수요자 모두 완전한 시장정보를 갖고 있어야 한다. 즉, 모든 상품의 가격, 품질 등에 대하여 생산자 및 소비자가 확실히 알고 있다는 것을 의미한다. 따라서 하나의 상품은 오직 하나의 가격으로 거래된다. 왜냐하면 동일상품에 대하여 어느 한 공급자가 조금이라도 높은 가격을 책정한다면 모든 정보를 알고 있는 소비자는 그 공급자로부터 구매하지 않기 때문이다.

현실적으로 완전한 시장정보를 갖는다는 것은 불가능하다. 따라서 마지막 네 번째 조건을 제외한 세 조건이 충족된 상황을 순수경쟁(pure competition)이라고 하기도 한다.

사실상 완전경쟁조건을 다 만족시키는 시장은 있을 수 없으나 조건을 비슷하게 충족시켜 주는 실제의 경우는 얼마든지 있다. 더욱이 가격순응자의 예는 흔히 볼 수 있는 경제적 현실이다. 예를 들면 농업부문에서의 경쟁인데 채소시장, 과일 및 일반 곡물시장 등을 관찰하면, 완전경쟁에 흡사한 양상을 띠고 있다. 수십만의 농민들이 농작물을 재배하고 이들이 생산한 농산품의 가격은 한 사람의 농부 또는 한사람의 수요자에 의해서 영향을 받지 않을 것이며, 쌀이나 콩과 같은 작물은 일반적으로 동종의 상품으로 간주될 수 있다. 한편 농업으로의 진입과 퇴출이 그다지 까다롭지 않은 실정이며, 또한 농산물시장에 반출되는 가격정보는 비교적 정확하게 농민들에게 알려져 있다. 따라서 일반적으로 농업부문은 완전경쟁에 가까운 좋은 예라고 할 수 있다.

제2절 완전경쟁하에서의 수요곡선과 수입개념

2-1 완전경쟁기업이 직면한 수요곡선

완전경쟁하에서는 개별기업이 직면한 수요곡선과 산업(시장)의 수요곡선과의 관계를 이해하는 것이 중요하다. 완전경쟁하에서 기업이 가격순응자라는 말은 하나의 기업이 생산량을 증감시킬지라도 그 기업이 판매하는 상품의 가격에는 영향을 미치지 못한다는 의미인데, 이는 정확하게 표현해서 완전경쟁 기업이 직면한 수요곡선은 완전탄력적인 수평선의 형태를 이루고 있다는 것이다.

이와 같은 수요곡선은 〈그림 9-1〉의 (b)에 d로 나타나 있는 데 자신의 생산량을 아무리 변화시켜도 가격은 그림 (a)의 산업의 수요와 공급, 즉 전체 기업과 전체 수요자에 의해서 결정된 PE를 변화시킬 수 없음을 의미한다.

이와 같이 기업이 직면한 수요곡선이 완전탄력적인 이유는 다음과 같다. 첫째, 한 기업의 상품이 다른 기업의 상품과 같은 성격을 띠고 있기 때문에 그 기업이 가격을 올린다면 완전한 정보를 알고 있는 소비자는 그 보다 낮은 가격인 PE로써 다른 기업의 상품을 사게 되기 때문이다. 둘째, 한 기업의 공급능력은 산업 전체의 공급능력에 비교할 때 아주 작은 비중을 차지하고 있기 때문에 시장균형가격인 PE에 전혀 영향을 미치지 못하기 때문이다.

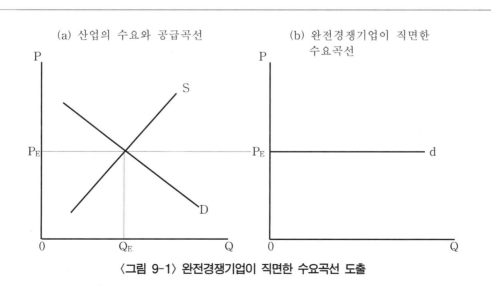

〈그림 9-1〉 완전경쟁기업이 직면한 수요곡선 도출

2-2 완전경쟁기업의 총수입, 평균수입, 한계수입

한 개의 기업은 시장에서 결정된 균형가격에 영향을 주지 못하기 때문에 생산되는 전 상품을 이 가격으로 팔게 될 것이고, 따라서 총수입(total revenue: TR)은 가격(P) 곱하기 산출량(Q)이 될 것이다. 즉, $TR = P \times Q$가 되는데 〈그림 9-2〉의 (a)에 나타나 있다.

평균수입(average revenue: AR)은 총수입을 판매량으로 나눈 값으로 언제나 가격과 일치한다. 즉, $AR = \dfrac{TR}{Q} = \dfrac{P \times Q}{Q} = P$를 의미한다. 한계수입(marginal revenue: MR)이란 한 단위의 상품을 추가로 팔았을 때에 늘어나는 총수입의 증가분을 의미하며 이는 가격과 동일하다. 즉, $MR = \dfrac{\Delta TR}{\Delta Q} = \dfrac{\Delta(P \cdot Q)}{\Delta Q} = P$이다.

이상의 사실을 요약하면, 완전경쟁하에서는 $AR = MR = P$가 되고 〈그림 9-2〉의 (b)에 나타나 있다.

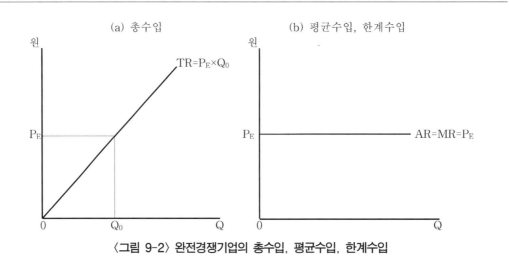

〈그림 9-2〉 완전경쟁기업의 총수입, 평균수입, 한계수입

제3절 완전경쟁기업의 단기균형

  단기란 경쟁기업의 생산이 고정되어 있고 단지 노동과 같은 가변요소의 투입량만을 변화시키킴으로써 생산량을 변화시킬 수 있는 기간을 의미한다. 한편 경제학에서 균형이란 더 이상 변화시킬 필요가 없는 가장 좋은 상태를 의미한다고 이미 설명한 바 있다. 따라서 기업의 단기균형이란 가변요소와 고정시설을 사용하여서 생산을 하여 그것을 판매함으로써 경제적 이윤(economic profit)을 극대로 하는 것이라고 말할 수 있다. 만약에 총수입이 총비용(총가변비용+총고정비용)보다 많으면 기업의 경제적 이윤이 나타나고, 작으면 손실을 보게 된다. 기업이 이윤을 극대화하거나 손실을 극소화하는 방법은 두 가지 면에서 포착될 수 있다. 총수입과 총비용으로, 그리고 한계수입과 한계비용으로 비교하면 가능하다. 그런데 경제학자들은 주로 한계수입과 한계비용을 이용하는 방법을 많이 쓰고 있다. 이것은 다음 장에 나오는 독점과 과점 등의 불완전경쟁 시장구조에서도 똑같이 적용되고 있다.

3-1 기업의 조업중단점과 손실극소점

  단기적으로 보면, 생산을 하건, 안 하건 간에 고정비용은 존재한다. 따라서 생산을 하지 않을 경우, 가변비용은 없으나 고정비용만큼의 손실을 보게 된다. 그래서 단기적으로 본 기업의 첫 문제점은 생산을 할 것인가, 안 할 것인가 하는 문제에 직면한다.
  이 문제는 다음 사항을 고려함으로써 그 해답이 얻어진다. 가변비용이란 생산을 영위함으로써 나타나는 것이므로 이 생산품으로 얻어지는 총수입에서 가변비용을 빼고 난 후에 나머지 부분이 존재한다면 이것은 고정비용을 충당할 수가 있게 되고, 따라서 기업은 생산을 계속하는 것이 이익이 된다. 이 나머지 잉여부분이 고정비용을 완전히 보상하지 못 한다 손치더라도 이미 나타나 있는 고정비용인 손실을 극소화시킨다는 점에서 생산을 영위하여야 하며, 이것이 고정비용을 능가할 때에는 경제적 이윤이 나타나게 된다. 결론적으로 기업의 단기적 생산과정이란 손실의 크기가 고정비용보다 크지 않는 한 생산을 계속하여야 하며, 이것이 손실을 보면서도 생산을 계속하는 경우이고, 총수입이 고정비용과 가변비용을 초과할 때에는 경제적 이윤이 나타난다.

3-2 **이윤극대화 생산량과 가격**

이윤(π)은 총수입(TR)에서 총비용(TC)을 제한 것인데 생산량이 얼마일 때 최대의 이윤을 취할 수 있는가를 알기 위해서는 두 방법이 있다. 하나는 「이윤곡선 방법」이고 다른 하나는 「한계수입-한계비용 방법」이다. 지금부터 「이윤」은 언제나 「경제적 이윤」임을 알아야 한다.

(1) 이윤곡선 방법

$\pi = TR - TC$이므로 각 생산량에 대응하는 총수입과 총비용 중 그 차이가 가장 클 때의 생산량이 결국 이윤을 극대화하는 생산량이 된다. 이러한 내용을 그림으로 나타내면 〈**그림 9-3**〉과 같다.

그림 (a)에는 각 생산량에 대응되는 TR과 TC(제8장에서 다룬 내용)가 선으로서 그려져 있고 (b)에는 TR과 TC의 차이를 나타낸 이윤곡선이 그려져 있다. 예를 들어 생산량이 0일 때는 이윤곡선은 마이너스(-)값을 갖고 있는 데 그 크기는 총고정비용이 될 것이다. 왜냐면 생산을 전혀 하지 않더라도 기업은 일정액의 고정비용(예컨대 임대료, 보험료, 감가상각비, 이자 등)이 들어가기 때문이다. 생산이 Q_1수준에 이르면 기업의 총수입과 총비용이 일치하여 이윤은 0이 되고 그 이상 생산을 하면 이윤이 발생하기 시작하는데 생산량이 Q_2에 이르게 되면 총수입과 총비용의 차이가 가장 크게 되어서 이윤도 극대가 된다. 그러다가 생산량이 Q_3에 도달하면 다시 이윤은 0이 되고 생산이 그 이상이 되면 이윤은 다시 마이너스(-)값을 가지게 된다.

여기에서 한 가지 주목해야 할 것은 생산량이 Q_2일 때 TC곡선상의 점 b에서의 접선 BB의 기울기는 바로 TR의 기울기와 같다는 것이다. 이는 기하학적으로 TR선을 밑으로 수평이동 하였을 때 ab의 거리가 가장 크다는 것이다. 그림 (b)의 $a'b'$은 정확히 그림 (a)의 ab와 크기가 같다. 한편 수학적으로는 TR의 기울기인 MR과 TC의 기울기인 MC가 생산량이 Q_2일 때는 같다는 것을 의미한다. 즉, 생산량이 Q_2일 때 이윤이 극대가 되고 이 때에 $MR = MC$가 된다. 그런데 완전경쟁기업은 언제나 $MR = P$이므로 결국 $MR = MC = P$가 되는데 이것이 바로 완전경쟁기업의 이윤극대화 조건이다.

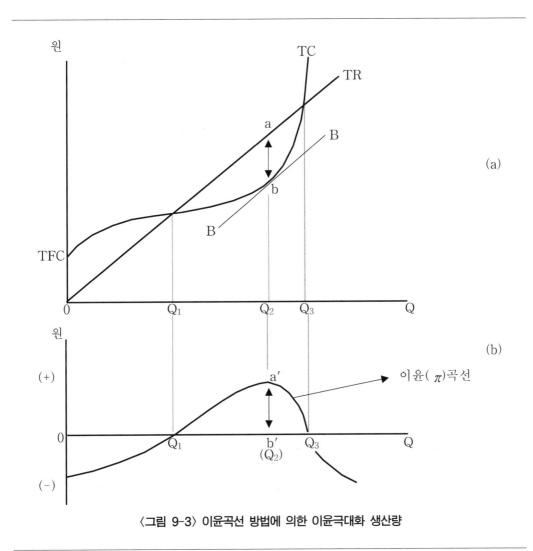

〈그림 9-3〉 이윤곡선 방법에 의한 이윤극대화 생산량

(2) 한계수입-한계비용 방법

또 다른 방법이 〈**그림 9-4**〉에 나타나 있다. 이 방법도 위의 이윤곡선 방법과 마찬가지로 기업이 완전경쟁하에서건, 불안전경쟁 하에서건 간에 적용될 수 있는 생산량 결정방법인데, 완전경쟁하에서는 한 가지 다른 점이 있다. 그것은 완전경쟁하에서는 가격이 언제나 한계수입과 같다는 것인데 이는 이미 설명한 바와 같다.

「한계비용–한계수입」 방법은, 기업이 생산을 시작하였다고 할 때에, 얼마만큼의 생산을 할 것인가 하는 것을 결정하기 위해서는 한 단위를 생산하는데 필요로 하는 한계비용(총비용의 증가분)과 한 단위의 생산품 판매로 얻어지는 한계수입(총수입의 증가분)과를 비교하여야 한다. 만약에 $MC < MR$이면, 이 기업은 추가로 한 단위를 더 생산할 때 증가되는 수입이 추가로 한 단위를 더 생산할 때 소요되는 비용보다 크게 되므로 돈을 벌게 된다. 따라서 이러한 경우에는 생산을 증가시키는 것이 유리하며, 생산이 증가됨에 따라 한계비용이 점점 증가하여 결국 한계수입과 같아지는 데 바로 이 때 즉, $MR = MC$가 될 때가 이윤극대화 생산량이 된다. 만약 $MR < MC$가 된다면 정반대의 논리가 적용되어서 결국 $MR = MC$가 될 때까지 생산을 감소시키게 될 것이다.

〈그림 9-4〉에서 생산량이 Q_2일 때 총수입(TR)은 $P_C \times Q_2$가 되어서 사각형 OP_CEQ_2가 된다. 총비용(TC)은 생산량이 Q_2일 때 한 단위당 평균생산비용이 AC곡선과 만나는 점 F에서 결정되므로 C_C이기 때문에 $C_C \times Q_2$이므로 그 크기는 사각형 OC_CFQ_2가 된다. 따라서 이윤(π)은 줄친 부분으로 총수입에서 총비용을 제한 C_CP_CEF가 된다. 이때의 이윤은 역시 위에서와 마찬가지로 $MR = MC = P$가 될 때의 이윤으로서 최대의 이윤을 나타내고 있다.

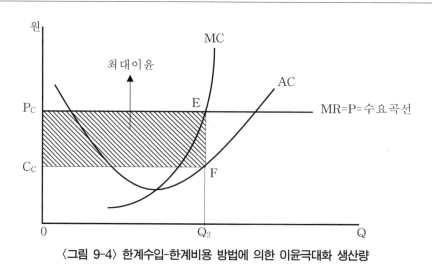

〈그림 9-4〉 한계수입-한계비용 방법에 의한 이윤극대화 생산량

3-3 손실극소화 생산량

기업의 총수입이 총비용보다 적지만 총수입이 총가변비용을 상회하여 총고정비용의 일부를 보충할 수 있을 때는 손실을 극소화시키기 위해서 생산을 영위해야 한다.

〈그림 9-5〉는 손실을 극소화하는 생산량을 한계수입-한계비용 방법으로 알아본 것이다. $MR = MC$가 되는 생산량은 Q_L인데 이때의 평균비용은 C_C가 되므로 시장가격인 P_C를 능

가하게 된다. 한편 생산량 Q_L에서 가격 P_C는 평균가변비용 (gQ_L)은 물론 평균고정비용 (ag)의 일부(eg)까지 충당하는 것을 볼 수 있다. 다시 정리를 하면 생산량이 Q_L일 때 총고정비용은 사각형 VCcag이고 이 중 가격 P_C에 의해서 충당될 수 있는 부분은 사각형 $VPceg$이다. 따라서 총손실은 사각형 P_CCcae가 되고 이때의 손실은 가장 적게 된다.

여기에서 유의하여야 할 것은 손실극소화 산출수준이 반드시 AC의 극소점과 일치하지는 않는다는 사실이다.

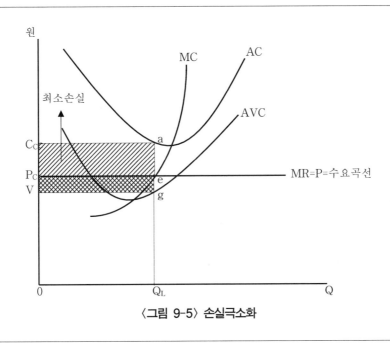

〈그림 9-5〉 손실극소화

제4절 단기공급곡선 유도

4-1 기업의 단기공급곡선

우리는 앞에서 완전경쟁기업은 단기적으로 $MR = MC$가 되는 생산량수준을 공급한다는 것을 알았다. 그런데 완전경쟁기업에서는 항상 $MR = P$이기 때문에 P가 변할 때마다 MR이 변하고 따라서 균형생산량도 변한다. 이 때 P가 변함에 따라 생산량이 어떻게 변하는지를 추적함으로써 완전경쟁기업의 단기공급곡선을 도출할 수 있다.

〈**그림 9-6**〉에서 가격이 P_4만큼 높으면, 이 때 완전경쟁기업의 한계수입곡선은 이 수준에서 수평인 P_4E_4가 될 것이다. 따라서 이 기업은 $P_4 = MC$조건이 충족되는 생산량인 Q_4를 공급할 것이며 점 E_4가 공급곡선상의 한 점이 될 것이다.

만약 가격이 P_3이라면 이 기업은 똑같은 원리로 Q_3만큼 공급할 것이고, 점 E_3이 공급곡선상의 한 점이 될 것이다. 그러나 이 점에서는 $P_3 = MC = AC$이기 때문에 아무런 초과이윤이 없다. 그렇다고 기업이 손실이 발생하는 것도 아니다. 이 점에서는 기업의 총수입과 총비용이 일치하기 때문에 이 점을 손익분기점(break-even point)이라고 한다.

만약 가격이 P_2로 내려간다면 이 기업은 똑같은 원리로 Q_2만큼 공급할 것이다. 그러나 이때는 $P_2 = MC < AC$때문에 이 기업은 손실을 보게 된다. 비록 이 손실이 극소화된 손실이라고 할지라도 이 기업은 손실을 보고도 생산을 계속 해야 할지, 아니면 생산을 중단해 버리는 것이 유리한지를 결정해야 한다. 생산을 중단해 버리면 단기에는 고정요소를 처분할 수 있는 시간이 충분치 못하기 때문에 고정비용을 그대로 감수해야 하고, 고정비용 전체가 총손실이 된다. 그러나 생산을 계속하게 되면 $P_2 > AVC$이기 때문에 총수입은 총가변비용을 초과하고 이 초과분으로 고정비용의 일부를 충당할 수 있다. 그러므로 생산을 계속하면 총손실은 고정비용보다는 적어진다. 이와 같이 생산을 아예 중단하면 고정비용만큼 손실을 보고 생산을 계속하면 손실이 고정비용보다는 적어지기 때문에 가격이 P_2일 때는 비록 손실을 볼지라도 생산을 중단하는 것보다는 생산을 계속 하는 것이 유리하다. 그러므로 점 E_2도 공급곡선상의 한 점이 된다.

가격이 P_1이면 이 기업은 손실을 극소화하기 위해 Q_1만을 생산할 것이다. 이 때는 $P_1 = MC = AVC$이기 때문에 총수입이 총가변비용과 일치한다. 그러므로 총손실은 고정비용과 일치한다. 이 가격에서는 생산을 계속해도 고정비용만큼 손실을 보게 되고, 생산을 중단해도 고정비용만큼 손실을 보게 된다. 그러나 가격이 P_1보다 낮아지면 이 때는 사정이 달라진다. 만약 가격이 P_0이고 생산량이 Q_0이라면 이 때는 $P_0 = MC < AVC$이므로 총수입이 총가변비용도 충당해 주지 못한다. 그러므로 생산을 중단해 버리면 고정비용만 손해 보아도 되는데 생산을 계속하게 되면 이 때의 수입으로 가변비용조차도 충당하지 못하기 때문에 총손실은 고정비용보다 더 커진다. 이 경우 기업은 생산을 중단하는 것이 유리하다. 즉, 가격이 P_1보다 낮아지면 생산을 중단하는 것이 단기적으로 이 기업에게는 최선의 전략이 된다. 그러므로 점 E_1을 조업중단점(shut-down point)이라고 한다. 그리고 가격이 P_1이하일 때는 생산량이 0이 된다. 그러므로 공급곡선은 평균가변비용곡선의 극소점인 E_1부터 출발하여 MC곡선을 따라 도출된다. 그리고 $P < P_1$일 때는 생산이 0이기 때문에 이 가격구간에서의 공급곡선은 원점에서 수직이다. 즉, 완전경쟁기업의 단기공급곡선은 〈**그림 9-6**〉에서

$OP_1E_1E_2E_3E_4$를 연결하는 MC곡선과 일치한다.

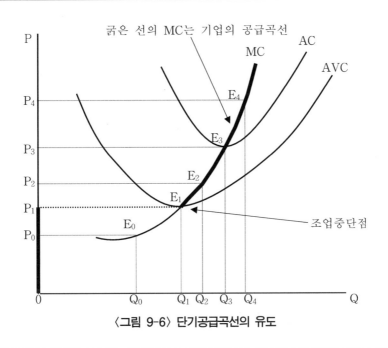

〈그림 9-6〉 단기공급곡선의 유도

4-2 산업의 단기공급곡선

MC곡선의 일부가 기업의 단기공급곡선이라는 것을 알았다. 산업의 공급은 동종의 재화를 생산하는 개별기업의 생산을 모두 합한 크기이다. 따라서 산업의 단기공급곡선은 개별기업의 단기공급곡선을 수평으로 합한 것과 같다. 이러한 내용은 이미 제3장의 〈**그림 3-12**〉에서 다룬 바 있다. 〈**그림 9-7**〉은 〈**그림 3-12**〉에서 개별공급곡선 S를 MC로 바꾼 것만 제외하고는 모두 같다. 그런데 MC곡선은 AVC의 꼭지점 위 부분만 공급곡선이 되므로 그림에서는 이 부분만 나타내었다.

극단적으로 산업 전체에 두 기업 A와 B만 존재한다면 그림 (c)와 같이 산업의 공급곡선을 도출 할 수 있을 것이다.

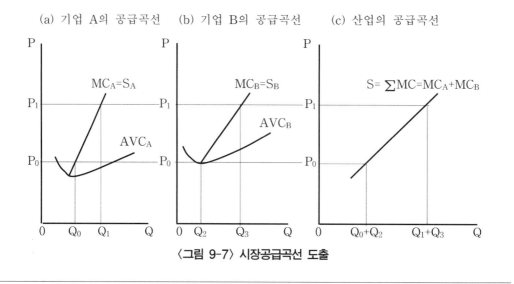

〈그림 9-7〉 시장공급곡선 도출

제5절 완전경쟁기업의 장기균형과 산업의 장기공급곡선

장기는 자본시설의 규모를 마음대로 확장 또는 축소할 수 있을 정도로 긴 기간이기 때문에 개별기업들은 수지타산에 따라 한 산업에의 진입과 퇴출을 자유롭게 결정할 수 있다. 이와 같이 산업에 존재하는 기업의 수가 이윤동기에 의하여 조정된다는 사실이야말로 장기균형의 달성에 중요한 요소가 된다.

5-1 완전경쟁기업의 장기균형

〈그림 9-8〉은 생산요소가격이 일정한 경우 산업과 개별기업이 장기균형에 이르는 과정을 나타내고 있다.

그림 (b)에서 최초에 기업이 단기평균비용곡선이 AC_0으로 표시되는 자본시설을 가지고 있다고 하자. 이 기업은 $MR = MC = P$가 되는 단기균형점인 e_0에서 q_0만큼 생산하여 가격 P_0에 판매를 하여 줄친 부분만큼의 초과이윤을 취한다. 따라서 이 기업은 시설의 확장으로 생산량을 증가시킬 유인을 갖게 된다(장기적으로 q'까지 생산량 증가시킴). 또한 이와 같은 산업에서의 초과이윤 발생은 신규기업들의 진입을 유인하게 된다. 기존기업들의 생산확장과 신규기업들의 진입이 이루어지면 산업(시장)의 공급곡선은 그림 (a)에서와 같이 S_0에서 우측으로 이동하고 시장가격은 P_0에서 하락하기 시작한다. 초과이윤이 조금이라도 존재하는 한 지속적으로 기존기업들의 시설확장과 신규기업들의 진입이 이루어져서 결국 산업공급곡선은 S'로 이동하고 가격은 P'까지 하락하며 산업전체의 생산량은 Q'까지 증가한다. 결국 장기적으로 산업은 E'으로 균형이 바뀌고 개별기업은 점 e'에서 장기균형을 이루게 된다. 이때는 개별기업은 AC'의 단기평균비용으로 표시되는 최적시설규모를 보유하여 가격 P'수준 하에 매기당 q'을 생산하게 된다. P'의 가격수준에서는 초과이윤은 전혀 없고 기업활동을 계속하게 유인하는 정상이윤만 발생하게 되는데 이는 가격과 장기평균비용이 같기 때문이다. 이 상태에서는 더 이상의 기업의 진입이라든가 퇴출이 일어날 이유가 없게 된다.

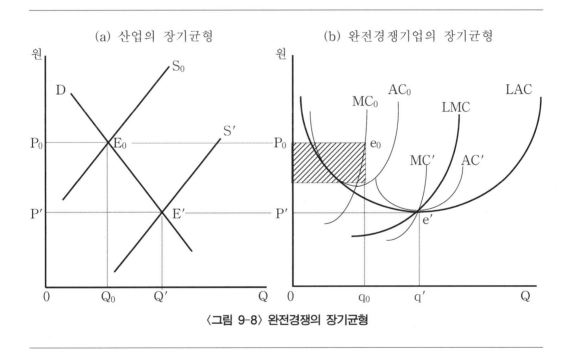

〈그림 9-8〉 완전경쟁의 장기균형

따라서 개별기업의 장기균형은 새로운 기업들의 진입이나 기존기업들의 퇴출, 기존기업들의 시설확대와 축소 등의 조정이 다 이루어진 다음에 달성되는 균형상태이며, 초과이윤도 없고 손실도 없는 상태이다. 이와 같은 균형상태는 시장가격이 개별기업의 장기평균비용곡선의 최저점과 일치하는 생산량수준에서 이루어진다.

그림 (b)에서 보듯이 완전경쟁기업의 장기균형조건은 다음과 같다.

$$AC = MC = LAC = LMC = P = MR$$

5-2 산업의 장기공급곡선

어떤 산업에 있어서 시장수요는 소비자의 소득상승, 기호의 변화, 인구의 증가 등으로 인하여 증가되는 경우가 있다. 이 때 시장가격은 오르게 되고 기존기업은 초과이윤을 취하게 될 것이다. 이러한 초과이윤의 발생은 기존기업의 시설확장과 신규기업의 진입을 자극하게 된다. 이러한 행동은 시장공급을 확대시키기는 하겠지만 새로운 균형가격은 원래의 수준보다 높거나 낮아지거나 같아지는 데, 그것은 시장공급의 확대가 요소가격에 어떠한 영향을 미치는가에 따라 다르게 나타난다.

따라서 일반적으로 장기공급곡선은 장기곡선이므로 기존기업체의 시설이 확장 또는 축소가 가능하고, 또한 기존기업체의 퇴출 또는 신규업체의 진입이 허용될 수 있을 정도로 긴 시간을 전제로 하고 나서, 각 가격수준과 이에 대응하는 공급량의 관계를 나타내는 곡선인 것이다.

산업의 장기공급곡선은 생산비용에 따라 다음과 같이 세 가지로 분류할 수 있다.

첫째, 산업의 생산량이 증가하더라도 생산요소가격의 변화가 없는 경우에는 산업의 장기공급곡선은 기업의 장기평균비용곡선의 최저점을 지나는 수평선이 된다.

둘째, 산업에서 사용하는 생산요소가 희소성을 가져 산업의 생산량이 증가함에 따라 생산요소에 대한 수요의 증가로 생산요소의 가격이 상승하는 경우에는 장기공급곡선은 우상향하는 모양을 한다.

셋째, 산업의 생산량이 증가함에 따라 생산요소의 수요가 증가하는데 이는 요소공급자들의 기술과 숙련도를 높이고 따라서 요소의 산출단위당 비용을 저하시키는 결과를 가져올 수 있으므로 장기공급곡선은 우하향하는 모양을 한다.

(1) 비용불변산업의 경우

우선 산업의 생산량이 증가하더라도 생산요소가격이 변동하지 않는 비용불변산업의 경우에 산업의 장기공급곡선에 대해서 알아보자.

〈그림 9-9〉에서 보는 바와 같이 원래 산업과 기업의 장기균형은 시장가격이 장·단기평균비용곡선의 극소점과 일치하는 점 E_0과 E_0'에서 각각 이루어진다. 만일 시장수요곡선이 D_0에서 D_1로 이동할 경우 적어도 단기에는 가격이 P_1로 오르게 되며, 이로 인하여 기존기업들은 MC 곡선(단기공급곡선)을 따라 공급량을 q_1로 증가시켜 초과이윤을 얻는다. 이 때 단기균형점은 e_0과 e_0'이 된다. 이러한 초과이윤은 신규기업의 진입도 자극해서 산업의 공급곡선이 S_0에서 S_1로 이동되고 가격은 다시 P_0으로 하락하기 때문에 장기적으로는 초과이윤의 획득이 어려워진다. 기존기업들도 단기에는 최적시설규모 이상으로 생산량을 증가시키겠지만 장기에는 최적

시설규모로 되돌아가 생산량은 q_1에서 q_0으로 다시 감소하게 된다.

여기서는 산출의 증가와 투입요소에 대한 수요유발에도 불구하고 생산요소가격이 변동하지 않는다는 가정을 설정하고 있기 때문에 LAC곡선은 위로 이동하지 않는다. 따라서 신규기업들은 기존기업들과 같은 비용조건하에서 생산활동을 할 수 있다.

이와 같이 수요와 공급의 변화에 따라 가격이 단기적으로 $E_0 \rightarrow e_0 \rightarrow E_1$의 경우로 밟아 동태적 변화를 되풀이 할 때 산업의 장기공급곡선 LS는 원래의 균형가격수준에서 수평축과 평행을 이루는 새로운 선, 즉 E_0E_1의 경로를 따라 이어지는 선이 될 것이다.

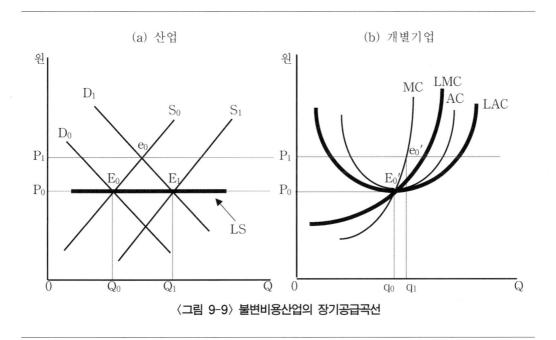

(a) 산업   (b) 개별기업

〈그림 9-9〉 불변비용산업의 장기공급곡선

(2) 비용증가산업의 경우

어떤 산업에서 생산량이 증가될 때 생산요소의 가격이 상승하는 이른바 비용체증산업의 경우를 알아본다.

〈**그림 9-10**〉에서와 같이 시장수요곡선이 D_0으로부터 D_1로 이동한다면 단기에 있어서 가격은 P_0으로부터 P_2로 상승하고 기존기업은 초과이윤을 획득하게 된다. 따라서 기존기업은 산출량을 증가시킬 것이고 신규기업의 진입도 발생될 것이다. 이에 따라 산업의 공급곡선도 우측으로 이동하게 되는데 그 이동 폭은 수요곡선의 이동 폭보다 작게 된다. 즉, S_0이 S_1로 이동해서 새로운 장기균형점 E_1에서 원래가격보다 높은 P_1로 결정된다. 이는 산업의 생산증가로 인

한 생산요소에 대한 수요의 증가가 필연적으로 생산요소가격의 상승을 유발시키게 될 것이라는 가정을 세우고 있기 때문이다.

이와 같이 생산요소가격의 상승은 기존기업과 신규기업의 LAC곡선을 위로 이동시키게 한다. 따라서 모든 비용곡선은 위로 이동된다.

결국 장기공급곡선 LS는 장기균형점인 E_0과 E_1을 연결한 선이 된다.

여기에서 유의할 점은 새로운 균형가격수준 P_1에서 개별기업의 생산량은 생산요소가격의 상승으로 비용곡선이 어떻게 이동하느냐에 따라서 원래의 생산수준 q_0보다 적거나, 많거나, 같아진다는 사실이다. 〈그림 9-10〉에서는 원래의 생산량과 같은 것으로 나타내어 졌다.

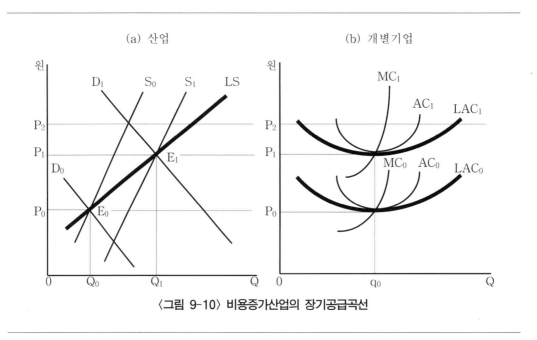

〈그림 9-10〉 비용증가산업의 장기공급곡선

(3) 비용감소산업의 경우

산업의 생산량이 증가함에 따라 생산요소의 수요가 증가하는데 이는 요소공급자들의 기술과 숙련도를 높이고 따라서 생산요소의 산출단위당 비용을 저하시키는 결과를 가져올 수 있다. 이와 같은 생산요소가격의 하락은 그 요소를 원료로 사용하는 기존기업의 생산비를 절감시키게 될 것이다. 이와 같이 산업 내부의 기술혁신으로 인하여 개별기업의 비용이 감소되는 현상을 외부경제(external economies)라 부른다. 이는 기업내부에서 일어나는 규모의 경제(economy of scale)와는 다른 것이다.

〈그림 9-11〉은 비용감소산업의 장기공급곡선을 보여주고 있다. 생산요소가격의 하락은 기

업의 비용곡선을 아래로 이동시키고 이로써 초과이윤이 획득됨에 따라 기존기업은 공급량을 q_0으로부터 q_1로 증가시킬 것이다. 아울러 신규기업의 진입도 발생될 것이고 그에 따라 산업의 공급량을 증가될 것이다. 그 결과 산업의 공급은 수요보다 크게 증가하기 때문에 시장가격은 장기에서 원래의 수준 아래로 하락한다. 이 때 비용의 감소로 인하여 공급곡선의 우하향으로의 이동 폭이 수요곡선의 우상향으로 이동 폭을 능가한다. 즉, 장기균형점이 E_0에서 E_1로 이동하게 된다는 것이다. 따라서 산업의 장기공급곡선 LS는 우하향의 기울기를 갖는 E_0E_1의 경로를 밟게 될 것이다.

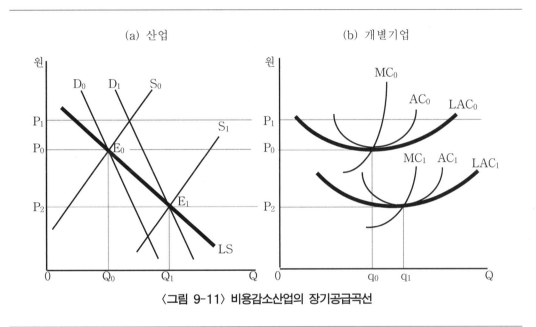

〈그림 9-11〉 비용감소산업의 장기공급곡선

【연│습│문│제】

1. 단기적으로 기업은 손실을 보면서 생산을 계속하는 경우가 있다. 그 이유를 설명하시오.

2. 우리나라에서 완전경쟁과 유사한 업종을 몇 가지 예를 들어보시오.

3. 교과서에서 이윤극대화가 되는 생산량과 가격을 이론적으로 알고 있지만 현실세계에 적용하기 어려운 이유는 무엇이라고 생각하는지 설명하시오.

4. 단기공급곡선이 한계비용곡선의 일부라는 것을 설명하시오.

5. 콩나물산업이 완전경쟁산업이라고 가정할 때 공급함수는 $Q = 2P$이며, 수요함수는 $Q = 1200 - P$라고 하자. 한편 콩나물 산업에 속한 생산자 A씨의 총비용함수는 $TC = Q^2$이라고 하자.

   1) 시장평균가격을 구하시오.

   2) 이 기업의 한계비용함수를 구하시오.

   3) 이 기업의 한계수입함수를 구하시오.

   4) 이 기업의 최적생산량은 얼마인가?

6. 완전경쟁기업의 수요곡선은 수평선인데 시장수요곡선은 우하향인 이유를 설명하시오.

7. 완전경쟁기업의 장·단기균형에 대해서 설명하시오.

독점시장과 자원배분

제1절 독점시장의 정의

1-1 독점의 성립조건

독점(monopoly)시장은 완전경쟁시장과 반대되는 개념으로, 하나의 기업이나 조직이 구매자가 다수인 시장전체를 점유하는 것을 의미한다. 즉, 하나의 생산자 또는 하나의 판매자가 100%의 시장점유율을 가지는 경우를 의미한다. 따라서 판매자는 경쟁자가 없기 때문에 자기에게 가장 유리한 방향으로 거래조건을 이끌어 갈 수 있다. 즉, 독점자는 같은 판매량이라도 가능한 높은 가격으로 판매할 수 있다. 독점자가 갖는 이러한 힘을 독점력(monopoly power)이라고 한다.

독점시장에 판매자는 하나만 존재하지만, 잠재기업이 이 시장으로 쉽게 진입할 수 있다면 이 독점자는 큰 독점력을 갖지 못한다. 만약 독점자가 높은 독점적 초과이윤을 내면, 이 시장은 매우 매력적인 시장이 되어 잠재기업들의 시장 진입을 자극할 것이다. 신규기업의 진입이 이루어지면 더 이상 독점시장이 될 수 없다. 그러므로 진입이 쉬우면 쉬울수록 독점력을 갖지 못한다. 따라서 순수독점(pure monopoly)이란 새로운 기업의 진입이 불가능한 상태이다.

그러나 어떤 상품이든 그 상품과 용도가 유사한 대체상품이 존재하기 마련이다. 그러므로 비록 순수독점이라고 해도 유사한 대체상품에 의한 경쟁까지 배제할 수는 없다. 예를 들어 철도서비스가 독점시장이라 해도 고속버스나 항공기가 어느 정도 대체될 수 있다면 이러한 대체서비스에 의한 경쟁까지 배제할 수는 없다.

이와 같이 독점시장이란 구매자는 무수히 많지만 판매자가 하나뿐이어서 판매자가 어떠한 경쟁상대도 갖지 않는 시장구조를 말하지만, 현실적으로 잠재기업이나 대체상품에 의한 경쟁까지 완벽하게 배제하고 있는 독점시장을 찾기란 매우 어렵다. 그러므로 구매자수는 많지만 판매자수는 하나뿐인 시장을 일반적으로 독점시장이라고 구분하고 있다.

1-2 독점의 발생원인

독점이 발생하게 되는 원인에는 여러 가지가 있다. 일반적으로 독점이 되면 독점적 초과이윤이 존재하기 마련이며, 그렇게 되면 이 정상이윤을 넘는 초과이윤을 노려 신규기업의 진입이 발생해서 독점은 무너지게 된다. 그럼에도 불구하고 독점이 지속적으로 존속하는 데는 법률적 요인, 자연적 요인, 기타 기술적 요인 및 원료독점 요인 등이 있다.

(1) 법률적 요인

법적 독점은 정부가 특정목적을 위해 법적으로 한 기업에게만 영업권을 부여할 때 생기는 독점이다. 이러한 법률적 요인으로는 독점이 생기는 이유는 크게 허가(인가)제도와 특허제도 두 가지가 있다.

첫째, 허가(인가)제도란 법으로 규정된 허가 및 인가사항 등으로 인해 타 기업의 진입이 매우 어려워 기존기업이 계속 독점적 위치를 고수하게 하는 것이다. 정부는 일반적으로 공공수익사업들에 대해서는 타 기업의 시장진입을 배제시킨다. 왜냐하면 여러 소규모의 기업에 의하여 제품 또는 용역이 공급되는 것보다 하나의 거대한 단일기업에 의하여 공급되는 것이 가격 면에서나 품질 면에서도 유리하다고 판단하기 때문이다. 이러한 예는 전기, 도시가스, 우편, 철도, 전화 등의 재화나 서비스에서 볼 수 있다.

둘째, 특허제도 의해서도 독점이 유지될 수 있다. 특허제도란 정부가 특정 기업의 생산기술을 합법적으로 보호해주므로 인하여 타 기업의 진입에 장벽을 두게 하는 것이다. 이러한 특허제도 또는 특허법에 의한 보호는 생산기술의 혁신이 기업의 수익성을 보다 높일 뿐만 아니라 새로운 발명을 위한 자극제가 되어서 사회적 이익(social benefit)을 높여준다. 그러므로 어느 특정기업에게 특허법에 의한 독점권을 일정기간 부여함으로써 보다 많은 양의 자원을 당분간 안심하고 기술혁신에 투입하도록 유도할 수 있을 것이다.

(2) 자연적 요인

규모의 경제를 나타내는 거대독점기업이 생산비의 절감에 힘입어 가격을 인하함으로써 소규모의 타 기업들로 하여금 가격경쟁에서 살아남을 수 없게 만들어버리기 때문에 독점이 발생하게 되는 것이다. 이러한 자연적 요인은 마치 자연에서 동물세계의 약육강식 원리와 같다. 즉, 힘센 자가 약한 자를 몰아내거나 잡아먹는 방식이다.

이와 같은 자연독점은 전시장수요에 대응해서 한 기업이 독점적으로 공급(생산)할 때 단위당 생산비가 가장 낮아지기 때문에 독점이 오히려 사회적으로 더 유리하게 되어 자연적으로 독점이 될 수밖에 없는 독점을 말한다.

(3) 기타 요인

기타 요인으로는 기술적요인과 원료독점요인 두 가지를 들 수 있다.

첫째, 기술독점으로 인한 독점을 들 수 있다. 독점기업이 자기존속을 위하여 생산기술(technology)과 지식(know-how)을 독점적으로 보존하려고 최선을 다하므로 타 기업의 진입이 곤란하게 되는 것이다.

둘째, 원료독점으로 인한 독점을 들 수 있다. 원료독점은 어떤 상품의 생산에 필수적인 원료를 한 기업이 독점하고 있어서 이 원료를 사용하여 생산하는 상품을 독점하는 것이다. 실제로 미국의 한 알루미늄회사는 원료인 보크사이트를 독점함으로써 알루미늄 시장을 독점한 때가 있다.

1-3 독점의 수요곡선, 한계수입곡선, 총수입곡선의 관계

독점시장에는 하나의 기업만이 존재하기 때문에 독점기업은 자기에게 가장 유리하도록 가격을 설정하려고 하고, 실제 그렇게 할 수 있는 힘을 가지고 있다. 독점기업은 이러한 독점력을 가지고 있기 때문에 완전경쟁시장에서처럼 가격순응자(price taker)가 아니라 원하는 가격을 정할 수 있는 가격설정자(price setter)가 된다. 완전경쟁기업은 주어진 시장가격하에 생산량만 결정할 수 있는 반면 독점기업은 가격과 생산량을 동시에 결정할 수 있다.

그러나 높은 가격만이 반드시 높은 이윤을 가져다주는 것이 아니라는 것을 독자는 알고 있을 것이다. 가격과 수요량과는 역의 관계에 있기 때문이다.

〈표 10-1〉 가격, 수요량, 총수입, 한계수입의 관계

P(가격)	Q(수요량)	TR(총수입)	MR(한계수입)
12	0	0	-
10	1	10	10
8	2	16	6
6	3	18	2
4	4	16	-2
2	5	10	-6
0	6	0	-10

〈표 10-1〉에서 가격이 12로 높게 정해지면 수요량은 0이다. 가격이 점점 낮아지면 수요량은 점점 증가해서 가격이 2가 되면 수요량은 5로 증가하고 가격을 아예 무료로 하면 수요량은 6까지 증가한다. 이러한 관계를 그래프로 나타내면 〈그림 10-1〉의 (a)에서 D처럼 수요곡선이 된다.

가격과 수요량을 곱하면 독점기업의 총수입 ($TR = P \cdot Q$)이 된다. 그리고 총수입을 수량으로 나누면 평균수입 $\left(AR = \dfrac{TR}{Q} = \dfrac{P \cdot Q}{Q} = P \right)$이기 때문에 각 생산량수준에서의 가격 P는 AR과 일치한다. 따라서 각 생산량에서 P를 나타내는 수요곡선은 평균수입곡선과 일치한다. 즉, 수요곡선 D는 평균수입곡선 AR도 된다.

$MR = \dfrac{\Delta TR}{\Delta Q}$ 이므로 수량이 추가로 증가할 때 총수입의 증가분을 의미한다. 따라서 MR값과 Q와의 관계를 그리면 한계수입곡선이 도출된다. 그런데 〈표 10-1〉에서처럼 한계수입은 항상 가격보다 낮으므로 그림 (a)와 같이 MR곡선은 수요곡선 D의 아래에 있게 되는 데 수요곡선과 종축간의 거리를 정확히 반으로 자른 점들을 통과하게 된다. 즉, ab의 크기와 bc의 크기는 같다는 것이다.

〈그림 10-1〉의 (b)는 총수입과 수요량의 관계를 그래프로 그려본 것인데 이러한 총수입곡선은 점 T'까지 증가하다가 그 이후부터는 감소한다. 점 T'은 총수입이 극대 되는 점으로서 수요량 3에서 판매수입이 18이 되는 것을 나타낸다. 그리고 MR은 TR곡선의 접선의 기울기와 같은 값인데 점 T'에서는 기울기 값이 0이기 때문에 그림 (a)의 점 T에서 $MR = 0$가 되고 그때의 수량은 3이 된다. 수량이 3보다 많은 부분에서는 TR곡선이 마이너스의 기울기의 형태이므로 MR곡선도 수량이 3 이후부터는 마이너스의 값을 갖게 된다.

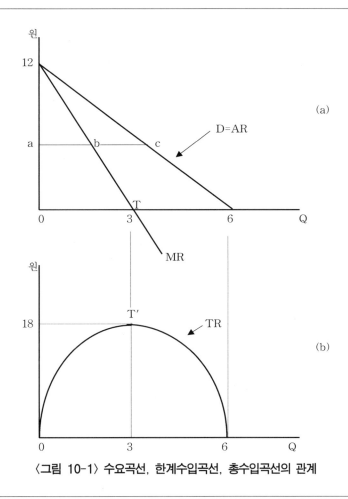

〈그림 10-1〉 수요곡선, 한계수입곡선, 총수입곡선의 관계

제2절 독점의 단기균형

2-1 이윤극대화 생산량과 가격

이윤(π)은 총수입(TR)에서 총비용(TC)을 제한 것인데 생산량과 가격이 각각 얼마일 때 최대의 이윤을 취할 수 있는가를 알기 위해서는 완전경쟁의 경우와 마찬가지로 생각해 볼 수 있다.

$\pi = TR - TC$이므로 각 생산량에 대응하는 총수입과 총비용 중 그 차이가 가장 클 때의 생

산량이 결국 이윤을 극대화하는 생산량이 된다. 이러한 내용을 그림으로 나타내면 〈**그림 10-2**〉와 같다. 그림 (a)에는 각 생산량에 대응되는 TR곡선, TC곡선, 그리고 이들의 차이를 나타낸 π곡선이 그려져 있다. 생산이 Q_1수준에 이르면 기업의 총수입과 총비용이 일치하여 이윤은 0이 되고 그 이상 생산을 하면 이윤이 발생하기 시작하는 데 생산량이 Q_2에 이르게 되면 총수입과 총비용의 차이가 가장 크게 되어서 이윤도 극대가 된다. 그러다가 생산량이 Q_4에 도달하면 다시 이윤은 0이 되고 생산이 그 이상이 되면 이윤은 다시 마이너스(−)값을 가지게 된다.

여기에서 한 가지 주목해야 할 것은 생산량이 Q_2일 때 TC곡선상의 점 b에서의 접선 BB의 기울기는 바로 TR곡선상의 점 a에서의 접선의 기울기 AA와 같다는 것이다. 즉, 수학적으로는 TR의 기울기인 MR과 TC의 기울기인 MC가 생산량이 Q_2일 때는 같다는 것을 의미한다. 따라서 생산량이 Q_2일 때 이윤이 극대가 되고 $MR=MC$가 이윤극대화 조건이 된다. 한편 ab의 크기는 $a'b'$의 크기와 같다는 것은 의심할 여지가 없다.

〈**그림 10-2**〉의 (b)에서는 이윤극대화 조건인 $MR=MC$를 이용하여 균형수량과 균형가격을 알아보았다. 완전경쟁기업을 비롯하여 모든 종류의 기업은 $MR=MC$가 될 때가 이윤극대화 생산량이 된다는 것은 재론할 여지가 없는 것이다. 따라서 점 E에서 생산량은 Q_2로 정해지고 가격은 수요곡선과 만나는 점 G에서 독점가격인 PM으로 결정된다. 총수입은 $P_M \times Q_2$가 되어서 사각형 OP_MGQ_2가 된다. 총비용은 생산량이 $Q2$일 때 한 단위당 평균생산비용이 AC곡선과 만나는 점 F에서 결정되므로 CM이기 때문에 $C_M \times Q_2$이므로 그 크기는 사각형 OC_MFQ_2가 된다. 따라서 이윤(독점이윤)은 총수입에서 총비용을 제한 줄친 사각형 C_MP_MGF가 된다. 완전경쟁하에서의 이윤극대화 조건은 $MR=MC=P$가 되지만 독점기업을 비롯하여 기타 형태의 기업의 이윤극대화 조건은 $MR=MC<P$가 된다. 왜냐하면 그래프에서 보듯이 수요곡선 아래에서 언제나 $MR=MC$가 성립되기 때문이다.

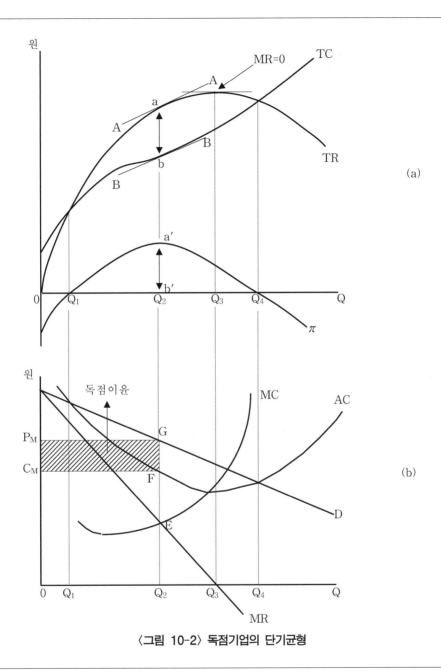

〈그림 10-2〉 독점기업의 단기균형

2-2 단기적 손실극소화

독점기업은 〈그림 10-2〉의 경우와 같이 반드시 초과이윤만을 얻는 것만은 아니다. 만약 시장수요가 너무 적거나 생산비가 너무 높으면 비록 $MR=MC$가 만족된다손 치더라도 〈그림 10-3〉과 같이 평균비용 C_M이 가격 P_M보다 높아서 손실을 보게 된다. 여기에서 이 기업의 손실액은 줄친 사각형 $P_M C_M FG$가 된다.

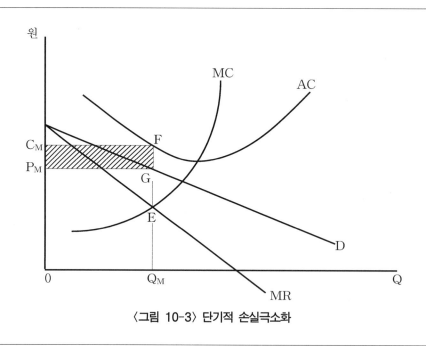

〈그림 10-3〉 단기적 손실극소화

독점기업이 이러한 손실을 감수하고라도 생산을 계속할 것인지는 단기와 장기로 구분하여 논의해 볼 수 있다. 먼저 단기에는 비록 손실을 볼지라도 이 손실액의 크기가 고정비용보다 작다면 생산을 하는 것이 손실을 극소화시키는 방법이다. 만약 생산을 중단해 버리면 $P_M C_M FG$보다 더 큰 고정비용만큼 손실을 볼 것이기 때문이다.

그러나 이 기업은 장기적으로 고정요소의 양을 조정함으로써 이 손실의 크기를 줄이거나 오히려 이윤을 낼 수도 있다. 그러므로 독점기업은 독점이윤을 노려 장기적으로 고정요소의 크기를 조정하면서 생산을 계속하려고 할 것이다. 그리고 만약 앞으로 수요가 증대될 것이라고 예측한다면 이 기업은 일시적으로 손해를 볼지라도 장기적으로 초과이윤의 가능성이 있기 때문에 생산을 계속하려고 할 것이다. 앞으로 수요가 증가하여 수요곡선 D가 오른쪽으로 이동한다면 초과이윤을 낼 수 있다. 뿐만 아니라 장기적으로 이 업종의 생산기술에 혁신이 일어나서 생산비가 급격히 줄어든다면 AC와 MC가 하향 이동할 것이기 때문에 또한 초과이윤을 낼 수도 있다.

제3절 독점의 장기균형

장기적으로 기업의 외부조건(수요의 변화와 타 기업의 진입발생 등)이 변하지 않는다는 가정 하에서 기업내부의 장기조정을 알아보자. 〈**그림 10-4**〉에서와 같이 독점기업이 E_0에서 단기균형이라면, 독점기업은 장기적으로 고정요소의 양을 변화시킴으로써 이윤을 더 낼 수도 있다. 단기에는 $MR = MC_0$이 만족되는 점 E_0에서 Q_0만큼 생산하고 P_0에 판매함으로써 C_0P_0GH만큼의 독점이윤을 취할 수 있었다. 그러나 이 생산량을 생산하는 평균비용은 자본시설의 양(고정요소의 양)을 조정하면 더 낮아질 수 있다. 왜냐하면 이 생산량에서의 평균비용을 나타내는 H점은 고정요소의 양을 조정하면 LAC곡선까지 낮출 수 있기 때문이다.

그런데 점 H에서의 평균비용이 LAC곡선까지 낮아지도록 고정요소의 양을 조정해 놓고 나면, Q_0의 생산수준에서 $MR = MC$조건이 만족되지 않을 것이다. 즉, Q_0이 이미 이윤극대화 생산량이 되지 못한다. 이번에는 $MR = MC$조건이 만족되도록 다시 생산량을 조정하여야 할 것이다.

이와 같이 장기적으로 자본시설의 양과 생산량의 크기를 조정해 나가면 더 이상 조정이 필요하지 않는 점까지 도달하게 되는데 이 점이 바로 장기균형점이 될 것이다. 이와 같은 장기균형점은 $MR = MC_1 = LMC$(일반적으로 $MR = MC = LMC$)조건이 만족되는 점 E_1이다. 점 E_1을 기준으로 생산량을 Q_1에서 정하고 가격을 P_1에서 정하면 장기적으로 이윤이 극대화되고 그 크기는 C_1P_1LM이 된다.

이때는 점 M에서 $AC_1 = LAC$이기 때문에 자본설비도 더 이상 조정할 필요가 없다. 즉, Q_1을 생산하는 단위당 생산비는 고정요소를 조정해도 점 M이하로 내려질 수 없다. 그러므로 점 E_1을 기준으로 가격과 생산량을 각각 P_1과 Q_1로 정했을 때, 이 독점기업은 장기균형에 도달한다.

한 가지 주목해야 할 것은 장기독점이윤 C_1P_1LM은 단기독점이윤 C_0P_0GH보다 반드시 크다는 사실이다. 만약 그렇지 않다면 기업은 장기균형을 향해 조정할 필요가 없을 것이다.

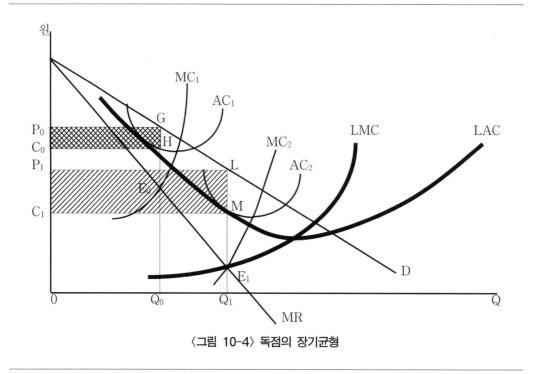

〈그림 10-4〉 독점의 장기균형

여기에서 독점균형의 특성에 대해서 살펴보기로 하자.

독점 균형조건은 앞에서도 다루었지만 $MR = MC < P$ 또는 $MR = MC = LMC < P$이기 때문에 단기, 장기를 불문하고 독점기업의 균형에서는 항상 한계비용이 가격보다 낮다.

이와 같이 독점균형에서는 항상 $MC < P$된다는 것이 독점균형의 매우 중요한 특성이다. 왜냐하면 이것이 독점의 폐해를 설명해 주기 때문이다. 즉, MC는 이 상품을 생산하는 데 소요되는 사회적 한계비용을 나타내므로 상품을 추가적으로 1단위 더 생산하기 위해서는 사회가 MC만큼 추가적인 비용을 부담해야 한다는 것이다. 반면에 P는 사회가 이 상품을 평가해 주는 사회적 한계가치 혹은 사회적 한계이익이다. 즉, 이 상품이 추가적으로 한 단위 더 공급될 때 사회는 P만큼 그 상품으로부터 혜택을 본다. 왜냐하면 가격이란 바로 사회가 그 상품을 구입할 때 기꺼이 지불하려고 하는 상품의 화폐가치를 나타내기 때문이다.

따라서 $MC < P$라는 것은 1단위를 추가적으로 더 공급할 때 그 비용은 사회적으로 MC만큼만 소요되는 데 반해, 사회는 P만큼 편익을 본다는 것이다. 그러므로 생산을 더 증가시킴으로써 이 사회는 $(P - MC)$만큼 순수한 편익을 더 누릴 수 있어야 되는데 독점 하에서는 생산을 더 늘리지 못하고 $MC < P$인 수준에서 생산을 정해야 하기 때문에 사회적 후생을 극대화시킬 수 없다.

제4절 독점기업의 가격차별

독점기업은 시장을 분리시키고 각 시장에서 동일한 상품을 다른 가격으로 판매함으로써 이윤의 증가를 꾀하는 경우가 있다. 이것을 가격차별(price discrimination)이라고 부른다. 가격차별은 한 마디로 말하자면 독점기업이 자신의 이윤극대화를 위해 독점력을 이용하는 가격설정인데 이것이 성립하기 위해서는 다음의 조건들이 충족되어야 한다.

첫째, 시장이 두 개 이상으로 분리될 수 있고 또 이들 시장에서의 수요의 탄력성이 서로 달라야 한다. 예를 들어 어떤 상품(용역)을 학생집단과 성인집단을 대상으로 판매할 경우를 생각해 보자. 이 때 만일 두 개의 시장을 쉽게 분리할 수 있고 그 상품에 대한 수요의 탄력성이 학생집단의 경우에는 크고 성인집단의 경우에는 비교적 낮다면 독점기업은 두 시장에 대하여 동일한 가격을 매기기보다는 학생집단에게는 저렴한 가격을, 성인집단에게는 보다 높은 가격을 매김으로써 이윤을 더 높일 수 있다.

둘째, 이러한 시장의 분리가 유지되고 가격차별이 이루어지기 위해서는 구매자간에 상품의 이전매매(arbitrage)가 불가능해야 한다. 즉, 낮은 가격으로 구매한 사람이 높은 가격이 매겨진 시장에 다시 판매할 수 있다면 독점기업의 가격차별은 성립될 수 없다는 것이다.

이제 수요의 탄력성이 다른 두 시장의 수요곡선과 한계수입곡선, 그리고 독점기업의 한계비용곡선이 〈**그림 10-5**〉와 같다고 하자. D_1은 시장 1(학생집단)의 수요곡선, D_2는 시장 2(성인집단)의 수요곡선으로 시장 1의 수요곡선이 보다 큰 탄력성을 가지고 있음을 알 수 있다. MR_1, MR_2는 각 시장의 한계수입곡선 이다. 이제 MR_1과 MR_2를 수평으로 합한 곡선을 $\sum MR$ ($= MR_1 + MR_2$)로 표시하자.

이윤을 극대화하는 독점기업은 $\sum MR = MC$수준에서 QM의 생산량을 결정하고 MC수준을 각 시장의 MR수준과 같은 점 즉, $MC = MR_1 = MR_2$가 되는 점에서 각 시장에 할당한다. 그림에서는 각 시장에 대한 할당량이 Q_1, Q_2로 나타났고, 따라서 $Q_M = Q_1 + Q_2$가 된다. $MR_1 > MR_2$라면, 시장 2의 공급량을 줄이고, 그것을 시장 1에 공급함으로써 더 큰 수입을 올릴 수 있다. 왜냐하면 시장 2에의 공급량 감소에 따른 수입감소($= MR_2$)가 시장 1에의 공급량 증가에 따른 수입증가($= MR_1$)보다 작기 때문이다. 따라서 가격차별을 행하는 독점기업이 이윤을 최대화하는 조건은 $MC = MR_1 = MR_2$가 된다. 이때 시장 1은 Q_1의 생산량과 P_1의 가격이 설정되고, 시장 2에는 Q_2의 생산량과 P_2의 가격이 설정된다. 따라서 $P_1 < P_2$이고, 수요의 탄력성이 낮은 시장의 가격이 높은 것을 알 수 있다.

가격차별의 예는 독점이 아닌 경우에서도 많이 볼 수 있다. 예를 들면 일반인과 학생에게 다르게 매기는 각종 입장료 또는 유원지에서의 바가지요금 등이 있다. 또 전기료, 수도료, 철도 요금 등에도 이러한 가격차별이 있는 데 이러한 공공요금의 경우에는 이윤을 극대화하려기 보다는 생산물의 사용을 조절하는데 그 목적이 있는 경우가 많다.

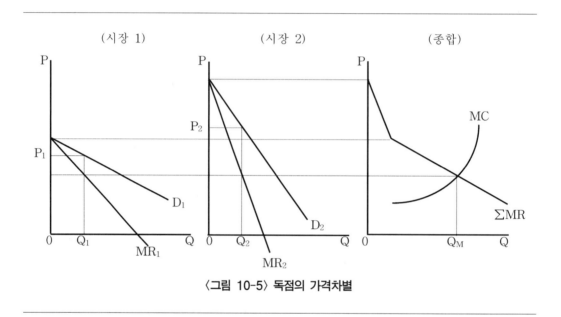

〈그림 10-5〉 독점의 가격차별

제5절 완전경쟁과 독점의 비교

우리는 앞에서 독점기업은 생산량을 적게 하고 가격을 높인다는 사실을 알았다.

〈그림 10-6〉에서 보는 바와 같이 완전경쟁의 경우 균형은 수요곡선 D와 공급곡선 S(또는 MC곡선)가 교차하는 E_C에서 달성되며 균형가격은 P_C, 균형수량은 Q_C가 된다. 반면에 독점기업이라면 $MR = MC$가 되는 균형점 E_M에서 위로 수요곡선과 만나는 점에서 가격이 P_M으로, 수량은 Q_M으로 된다.

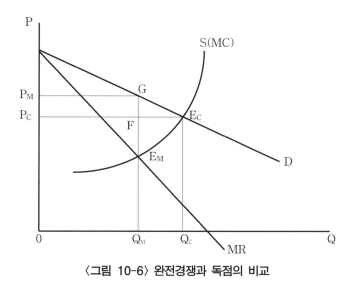

〈그림 10-6〉 완전경쟁과 독점의 비교

따라서 $P_C \langle P_M$이 되고 $Q_C \rangle Q_M$이 되어서 독점의 경우는 완전경쟁에 비해 사회적 후생이 낮다. 이러한 사실은 완전경쟁의 경우 소비자잉여가 $P_C K E_C$인 반면, 독점은 소비자잉여가 $P_M K G$로서 결국 독점이윤으로 이전된 부분인 $P_C M_c G E_C$만큼 감소하였다. 사회전체로 보면, 생산은 줄고 가격은 상승함으로 인하여 소비자잉여는 $G E_C F$만큼이, 생산자잉여는 $E_C E_M F$ 만큼이 감소하여 $E_C G E_M$ 만큼의 사회적 잉여가 상실되었다. 이는 독점으로 인한 사회적 순손실 또는 후생손실이며 특히 이를 경제학에서는 사중손실(deadweight loss, excess burden 또는 allocative inefficiency)이라 하며, 이러한 사중손실(死重損失)은 재화나 서비스의 균형이 파레토최적(Pareto optimality)[8]이 아닐 때 발생하는 경제적 효용의 순손실을 의미한다. 위의 예에서는 완전경쟁시장체계가 독점체계로 바뀜에 따라 발생하는 사회적 순손실을 의미하는데 소비자잉여의 감소분과 생산자잉여의 감소분의 합으로 나타났다. 사중손실의 원인은 독점가격외에 외부효과(externality)[9], 세금이나 보조금 그리고 가격상한제, 가격하한

8) 파레토효율(Pareto efficiency) 이라고도 하며 이는 게임이론과 엔지니어링 및 기타 다양한 사회과학분야에서 쓰이는 경제학적 개념이다. 이탈리아의 경제학자 파레토(V. Pareto)의 이름에서 가져왔다. 그는 경제적 효율성과 수입의 분배에 대한 연구에서 이 개념을 사용하였다. 파레토효율성이란 하나의 자원배분상태에서 다른 사람에게 손해가 가도록 하지 않고서는 어떤 한 사람에게 이득이 되는 변화를 만들어내는 것이 불가능할 때 이 배분상태를 파레토효율적이라고 한다. 반면에 파레토비효율은 파레토개선(Pareto improvement)이 가능한 상태를 말한다. 어떤 배분상태가 파레토비효율적이면, 어느 사람에게도 손해가 가지 않게 하면서 최소한 한 사람이상에게 이득을 가져다주는 파레토개선이 가능해진다.

9) 외부효과란 어떤 경제활동과 관련하여 제3자에게 의도하지 않은 혜택이나 손해를 가져다주면서도 이에 대한 대가를 받지도 지불하지도 않는 생태를 말한다. 다시 말하면 외부효과는 한사람의 행위가 제삼자의 경제적 후생에 영향을 미치지만 그 영향에 대한 보상이 이루어지지지 않는 경우라고 할 수 있다. 외부효과는 외부성이라고도 한다.

제 등에 의해서 발생한다. 삼각형 $E_C GE_M$은 발견자의 이름을 따라 하버거의 삼각형 (Harberger's Triangle)이라고 부르기도 한다.

또한 이와 같이 수요곡선 상에서 파악된 소비자잉여의 감소와 일부 사회적 손실 이외에도 독점기업은 독점력을 보장받기 위하여 예컨대 로비와 같은 직접 생산에 기여하지 않는 방법으로도 이윤을 추구함으로써 희소자원의 낭비를 가져와 더 큰 사회적 손실을 야기할 수도 있다. 그러나 독점기업이 자연적으로 성립되었을 경우에는 규모의 경제가 있는 경우이며, 이때 독점기업은 오히려 경쟁기업보다 더 효율적(낮은 가격)으로 생산할 수 있다. 따라서 규모의 경제가 있는 경우에는 억지로 경쟁제도를 도입하는 것보다 상업구조정책면에서 독점을 허용하고, 그 대신에 독점이윤을 어떤 정책으로 사회에 흡수시킬 것인가를 연구해야 한다.

제6절 독점에 대한 규제와 문제점

우리는 앞에서 독점이 소비자에게 미치는 불이익과 사회적 순손실에 대하여 지적하였다. 이는 결국 적은 생산량과 높은 가격으로 인한 것인데, 독점에 대한 규제를 함으로써 가격과 생산량을 완전경쟁의 수준으로 조정해 가기도 한다. 그러나 이러한 규제는 독점기업으로 하여금 생산활동을 중단케 할 수도 있어서 실제로는 어려운 문제이기도 하다.

〈그림 10-7〉은 생산량을 증가시킴에 따라 AC와 MC가 모두 감소하는 규모의 경제영역에서 독점기업이 공급하고 있는 것을 나타내고 있다. 이러한 경우 독점기업에 대한 규제로 어떠한 방법이 실시될 수 있는가를 알아보자.

만약 규제가 없다면 독점기업은 $MR = MC$의 이윤극대화조건 상황에서 Q_M을 생산하고 P_M에 판매해서 독점이윤 $C_M P_M AB$를 취한다. 하지만 소비자의 입장에서는 QC만큼 생산해서 P_C에 팔기를 원하는데, 이는 독점의 입장에서 볼 때 $P_C C_C HI$만큼 손실을 보게 되므로 정부에서 최소한 손실만큼의 보상을 해주지 않으면 Q_C만큼 생산을 증가시키려고 하지 않을 것이다.

따라서 독점기업으로 하여금 Q_C만큼 생산하도록 유도하기 위해서는 $P_C C_C HI$만큼의 손실

외부효과는 주로 시장실패의 원인으로 논의되며 비록 완전경쟁시장이라 할지라도 존재할 수 있다. 외부효과는 외부경제와 외부비경제로 구분된다. 다른 사람에게 의도하지 않은 혜택을 입히면서 이에 대한 보상을 받지 못하는 것이 외부경제(external eco-nomy) 또는 양의 외부성(positive economy)이고, 다른 사람에게 의도하지 않은 손해를 입히고도 이에 대한 대가를 지불하지 않는 것이 외부비경제(external diseconomy) 또는 음의 외부성(negative economy)이다. 외부효과가 발생하면 사회적 후생은 시장에 참여하는 수요자와 공급자의 경제적 후생뿐만 아니라, 방관자로서 간접적인 영향을 받는 제삼자의 경제적 후생까지도 감안해야 한다. 수요자와 공급자들이 시장에서 의사결정을 할 때, 자신들의 행위가 다른 사람에게 어떠한 영향을 미치는지 의식하지 않기 때문에 시장균형이 자원의 효율적인 배분을 달성할 수 없다. 즉 시장균형이 창출하는 경제적 후생이 극대화되지 않는 것이다.

을 보상해 주던가, 아니면 Q_F만큼 생산하게 해서 보상을 해주지 않는 방법이 있다. Q_F만큼
생산하게끔 ㅠ세를 하면 가격 P_F에 판매하게 되는데 이 때의 가격 P_F는 정상이윤을 포함한
평균비용(AC)을 커버하기 때문에 정부는 보상의 책임을 면할 수 있다.

  가격을 평균비용에 일치시키는 생산량의 결정은 공공용역산업(철도, 상하수도, 전기, 전
화)과 같은 독점기업에 대한 전형적인 규제 방법이기도 하다. 이들은 평균비용이 얼마나 증가
되었다는 증거를 보이지 않는 한 가격인상에 대한 허락을 받아내기가 어렵다. 따라서 비용증
가의 증거만 보이려고 노력할 뿐 비용감소를 위한 노력을 기울이지 않으므로 가격을 평균비용
에 일치시키도록 하는 생산량과 가격에 대하여 규제하기란 쉽지 않다.

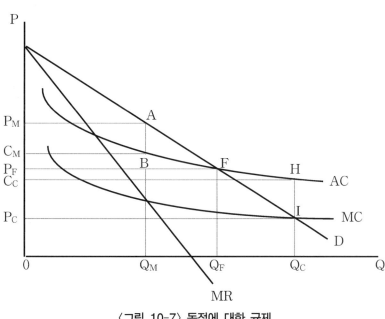

〈그림 10-7〉 독점에 대한 규제

【연|습|문|제】

1. 독점이 발생하는 이유를 설명하시오.

2. 우리나라에서 독점기업과 유사한 기업들 몇 개를 예로 들고, 그들이 계속 독점을 유지할 수 있었던 이유를 설명하시오.

3. 독점의 장기균형에 대해서 설명하시오.

4. 독점이 가격차별을 하는 경우를 예를 들어서 설명하고 그래프로 그려보시오.

5. 독점의 경제적 효과를 설명하시오.

6. 독점의 규제방안을 설명하시오.

독점적 경쟁시장과 자원배분

제1절 독점적 경쟁시장의 정의

독점적 경쟁(monopolistic competition)시장은 완전경쟁시장과 독점시장의 양면적인 성격을 가지고 있는 시장조직이다. 산업 안에 다수의 기업이 존재하고 기업의 자유로운 진입과 퇴출의 보장은 완전경쟁과 같으나 완전경쟁기업이 가질 수 없는 약간의 시장지배력을 가지고 있는 점이 다르다. 즉, 독점적 경쟁기업은 독점기업과 같은 완벽한 독점력은 아니지만 생산량을 조절하여 가격을 다소 변경시킬 수 있는 힘을 가지고 있다. 이러한 독점력은 제품차별화에서 기인한다. 독점적 경쟁의 예로서는 음식점, 약국, 이발소, 목욕탕 등이 있는데 이들의 특징을 살펴보면 다음과 같다.

첫째, 다수의 판매자와 구매자가 존재한다. 독점적 경쟁시장은 구매자 수는 물론 판매자인 기업의 수가 많다는 점에서 완전경쟁과 비슷하나 기업의 수는 완전경쟁기업의 수보다 상당히 적은 것이 일반적이다.

둘째, 다른 기업들과는 다소 다른 차별화 된 상품을 공급한다. 예를 들어 냉면을 판매하는 음식점은 상당히 많은데 각 음식점마다 양념이라든가 면의 맛이 조금씩 다른 것을 알 수 있다. 즉, 동종이질적인 상품을 취급한다는 것이다. 이러한 이질적인 면 또는 제품의 특성이 약간의 독점력을 갖게 해주는 요인이 되는 것이므로 냉면의 가격을 다소 올려 받는다고 해도 완전경쟁의 경우처럼 수요가 완전히 사라지지는 않을 것이다. 이는 독점적 경쟁기업이 단기에 독점기업처럼 우하향하는 수요곡선에 직면하고 있다는 것을 뜻한다. 하지만 가격이 너무 비싸지면 비슷한 맛을 내는 다른 음식점과의 경쟁에서 축출당할 수도 있다. 이 점에서 독점기업과는 달리 독점적 경쟁기업에는 밀접한 대체재가 존재하여 수요의 가격탄력도가 크다. 따라서 〈**그림**

11-1)에서처럼 독점적 경쟁기업이 직면한 수요곡선은 독점기업의 수요곡선에 비해 완만한 기울기를 가지게 된다.

　셋째, 기업의 자유로운 진입과 퇴출이 보장된다. 따라서 기존 기업들이 평균적으로 초과이윤을 시현하면 장기적으로 신규기업의 진입이 발생된다. 물론 기존 기업들의 손실은 장기적으로는 기존 기업들 중 일부가 이 산업으로부터 빠져나가게 한다. 따라서 장기적으로는 초과이윤을 향유하지 못하고 정상이윤만을 얻게 된다.

　넷째, 가격경쟁보다는 비가격경쟁을 하는 경우가 많다. 각 기업들은 비슷한 제품을 공급하고 있기 때문에 자기제품이 타제품에 비해 우수하다는 것을 강조하여 더 많은 매출을 올리려 한다. 이러한 경쟁은 서비스나 품질의 개선 또는 광고 등의 형태로 일어나는데 이를 비가격경쟁(non-price competition)이라 한다.

　완전경쟁에서는 같은 품질의 상품을 같은 가격으로 팔 수 있으므로 비가격경쟁의 유인이 존재하지 않는다. 독점에서는 대체재가 존재하지 않으므로 제품의 우수성을 강조할 필요가 없어 비가격경쟁이 존재하지 않는다. 다만 독점에서의 광고는 제품의 유용성을 알려주는 정보차원의 성격을 가지고 있을 뿐이다.

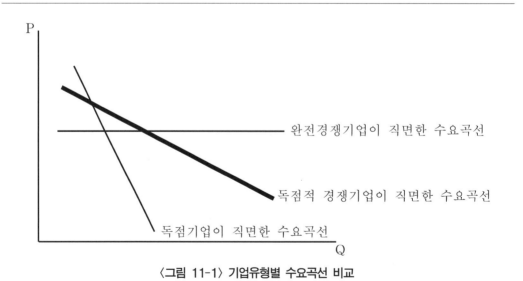

〈그림 11-1〉 기업유형별 수요곡선 비교

제2절 **단기균형**

독점적 경쟁기업이 직면한 수요곡선은 우하향하기 때문에 기본적으로 독점에서의 단기균형과 다를 바가 없다. 그러나 앞에서 논한 바와 같이 독점적 경쟁기업이 직면한 수요곡선은 독점기업의 그것에 비하여 기울기가 완만하다는 것이다.

〈그림 11-2〉는 독점적 기업의 단기균형을 나타내고 있다. 이 그림은 수요곡선의 기울기가 〈그림 10-2〉의(b)에 비해 완만하다는 가정 하에 그려진 것이다.

독점적 경쟁기업도 기업의 균형조건인 $MR = MC$를 기준으로 해서 생산량과 가격을 결정한다. 그림에서는 균형생산량이 Q^*로, 균형가격이 P^*로 나타내어졌고 이때의 초과이윤은 줄친 부분으로 표시되었다.

독점적 경쟁 하에서는 상품의 이질성을 가정했기 때문에 시장가격에서 개별기업의 수요곡선을 합계하여 시장수요곡선을 도출할 수 없다. 또한 제품의 차별화로 인하여 생산비도 각각 다르다. 따라서 독점적 경쟁산업의 균형을 정확히 설명하기는 어렵다.

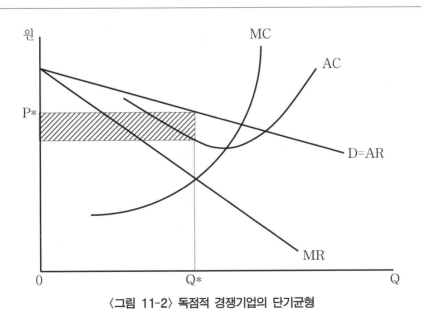

〈그림 11-2〉 독점적 경쟁기업의 단기균형

제3절 장기균형

독점적 경쟁에서는 완전경쟁에서와 같이 신규기업의 진입과 퇴출이 자유롭기 때문에 만약 기존기업이 초과이윤을 시현하고 있는 상황이라면 장기적으로 신규기업의 진입이 발생될 것이다. 이로 인하여 장기적으로는 기존기업의 수요가 신규기업에 의해서 감소되게 되고 수요곡선은 좌로 이동하게 될 것이다. 결국 이러한 수요곡선의 이동으로 장기적으로는 초과이윤도 손실도 없는 정상이윤만을 취하게 된다. 따라서 장기균형상태에서는 먼저 초과이윤이 없도록 $P = AR = LAC = AC$의 조건이 충족되어야 하고 또한 장기이윤극대화조건이 충족되기 위해서는 $MR = MC = LMC$의 조건도 성립되어야 한다.

〈그림 11-3〉에서와 같이 수요곡선이 좌로 이동하여 LAC곡선과 접할 때까지 신규기업의 진입이 계속되어 QE를 생산할 때 $P = AR = LAC = AC$의 조건을 충족시킨다. 수요곡선에 의하여 MR곡선이 그려지고 LAC곡선에 의하여 LMC곡선이 그려진다. 이 두 곡선들은 생산량 QE수준에 대응하는 점 EL에서 교차함으로써 $MR = MC = LMC$의 조건도 만족된다. QE를 매기당 생산하는 공장설비규모는 AC_0으로 표시되고 AC_0곡선에 부응하여 그려지는 MC_0곡선이 AC_0의 최저점과 점 EL을 통과한다. 가격은 PE가 되고 기업은 매기당 QE를 생산하여 정상이윤만을 얻게 된다.

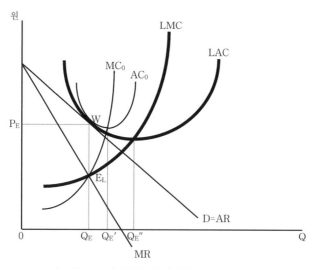

〈그림 11-3〉 독점적 경쟁기업의 장기균형

제4절 독점적 경쟁의 평가

〈**그림 11-3**〉에서 균형산출량 QE가 장기평균비용의 최저점에 해당하는 산출량 QE''보다 적을 뿐만 아니라 AC_0으로 표시되는 현재 생산시설로써 평균비용이 극소화되는 생산량 QE'보다도 적다. 이는 장기평균비용이 하락하고 있는 상황에서 현재의 산출량 QE에서 멈추었으므로, 현재의 균형점에서 볼 때 초과생산할 수 있는 능력이 남아 있다는 것을 의미한다. 즉, QE에서 QE''까지 초과시설을 보유하고 있다는 것이며, 이는 생산에 있어서의 비효율성을 의미한다. 또한 균형점에서 완전경쟁의 경우처럼 $P = MC$가 아니라 $P > MC$이므로 독점적 경쟁기업의 가격수준이 너무 높다는 것도 자원배분에 있어서 비효율적임을 의미한다.

하지만 독점적 경쟁에서의 자원배분의 비효율성은 독점에서의 경우와 비교할 때 그 성격이 매우 상이하다. 독점적 경쟁기업의 수가 줄어들면 남은 기업의 생산량은 그만큼 늘어나고 가격 또한 하락할 수 있으나 소비자들에게는 상품에 대한 선택의 폭이 줄어든다. 시장경제에서 자원이 효율적으로 배분된다는 것은 소비자의 다양한 기호에 부응하여 여러 가지 상품들이 최대한도로 저렴한 가격으로 공급되어야 한다는 것인데, 단지 가격이 높고 산출량이 적다는 이유만으로 독점의 경우처럼 비효율적이라고 단정해서는 안 된다.

소득분배면에서는 독점적 경쟁기업들이 장기적으로 정상이윤만을 수취하기 때문에 소득의 공평분배라는 측면에서는 독점의 경우보다는 효과적일 수 있지만 완전경쟁의 경우보다는 덜 효과적인 것이 사실이다.

【연|습|문|제】

1. 우리나라에서 독점적 경쟁기업의 예를 들고 그 이유를 설명하시오.

2. 독점적 경쟁기업이 직면한 수요곡선의 기울기가 독점기업과 완전경쟁기업이 직면한 수요곡선의 기울기의 중간쯤 되는 모양을 하고 있는 이유를 설명하시오.

3. 독점적 경쟁기업이 완전경쟁기업보다 광고를 많이 하려고 하는 이유를 설명하시오.

4. 독점적 경쟁이 완전경쟁 및 독점과 유사한 점 및 차이점에 대해서 설명하시오.

5. 독점적 경쟁시장의 단기균형을 설명하시오.

6. 독점적 경쟁은 독점보다 비효율적인 측면에서 덜 하다. 그 이유는 무엇인지 설명하시오.

과점시장과 자원배분

제1절 과점시장의 정의

동종상품의 생산자가 소수이기 때문에 그 중 한 생산자의 영리행위가 타 생산자의 영리상태에 현저하게 영향을 미치게 될 때 그 산업을 과점(oligopoly)상태에 있다고 한다. 즉, 시장가격에 영향을 미칠 만한 몇 개의 대기업들이 시장을 지배하는 형태를 의미하는데 전체시장 거래량의 측면에서 가장 많은 양을 점유하고 있는 것이 보통이다. 완전히 동종동질적인 상품의 과점을 순수과점(pure oligopoly)이라고 하고, 동종이질에 속하는 상품의 과점을 이질적 과점(differentiated oligopoly)이라고 한다.

우리나라의 경우 승용차, 비누, 우유, 맥주, 라면, 청량음료 등이 과점시장에서 유통되는 상품들의 예라고 할 수 있다.

이러한 과점시장의 특징을 정리하면 다음과 같다.

첫째, 과점은 소수의 기업에 의해 지배되는 시장형태를 말한다.

둘째, 과점기업은 몇 안 되는 경쟁기업들을 의식하며 가격을 설정하기 때문에 가격에 대한 영향력이 독점기업에서보다는 약하나 독점적 경쟁기업에서 보다는 강하다.

셋째, 동종의 높은 이질성 재화를 생산하는 시장형태이다.

넷째, 기업의 진입과 퇴출에 대한 장벽이 독점에서보다는 낮고 독점적 경쟁에서보다는 높다. 이는 대규모 고정비용투자를 기초로 한 대기업운영이 이루어지기 때문이다.

다섯째, 기업들이 협약 또는 담합과 같은 비경쟁행위를 하려는 경향이 크다. 즉, 가격경쟁으로 인한 피해를 꺼려하기 때문이다. 어느 한 기업이 가격을 인상할 때 타 기업들은 이를 따르지 않게 되므로 가격을 인상한 기업만이 시장에서 축출당할 위험이 있다. 반대로 가격을 인하할 때에는 타 기업들도 같이 인하하기 때문에 과열경쟁이 발생되어 모두의 피해가 우려되기 때문이다. 이러한 이유로 어느 정도 비용조건의 변화에도 불구하고 가급적 가격을 변화시키려들지 않는다. 따라서 상품차별화 등 비가격경쟁에 의존하는 경우가 많다.

이상과 같은 특징으로 인하여 과점시장의 형태를 분석한다는 것은 매우 어렵다. 특히 경쟁기업의 전략을 잘 알 수 없을 뿐만 아니라 광고에 대한 소비자의 반응이나 소비자의 수요량을 정확하게 파악한다는 것은 대단히 어려운 일이다.

이러한 점에서 과점기업이 직면한 수요곡선은 우하향하기는 하지만 경쟁기업의 전략에 따라 수시로 변화하기 때문에 일정하지 않은 경우가 많다.

제2절   비협약의 경우 과점시장: 굴절수요곡선이론

완전경쟁시장에서 가격은 수요와 공급의 원리에 의하여 수시로 변하지만 과점시장에서의 가격은 자주 변하지 않고 경직성을 보인다. 과점기업들간에 협약이라든가 담합 등이 없을 경우 행동의 통일이 불가능하므로 각각의 과점기업은 자신의 영리를 위해서 각각 행동을 하게 될 것이다. 예를 들어 어느 한 과점기업의 가격인하행위는 타 경쟁기업의 가격인하를 야기할 것인지 또는 자신의 소비자수만 어느 정도 잠식당할 것인지 알 수 없기 때문에 한 번 설정한 가격을 가능한 변화시키려고 하지 않는다.

1939년 미국의 경제학자 Paul Sweezy가 이러한 과점가격의 경직성을 굴절수요곡선 (kinked demand curve)모형을 통하여 설명하였다.

〈그림 12-1〉은 과점기업간의 비협약시 발생할 수 있는 굴절수요곡선의 모형을 통하여 가격의 경직성을 설명해 주고 있다. 현재 이 과점기업은 Q_0만큼 생산하여 P_0의 가격으로 판매하고 있다. 만약 이 과점기업이 원래가격 P_0에서 가격을 인상할 경우, 앞에서 설명했듯이 타 경쟁기업은 가격의 동반인상을 꺼려할 것이다. 따라서 이 기업은 소비자를 많이 잃게 될 것이며 이로 인하여 수요곡선의 모양은 보다 탄력적인 형태가 될 것이다. 그림에서 P_0가격이상에서는 수요곡선 dd'과 DD' 중 보다 탄력적인 dd'이 될 것이다. 이번에는 반대로 원래가격 P_0에서 가격을 조금이라도 인하시키면 타 경쟁기업도 가격을 같은 비율로 인하시키기 때문에 처음 가격을 인하시킨 과점기업이 취할 수 있는 수요의 증가는 전체 증가하는 수요 중 자기의 몫밖에 차지하지 못하기 때문에 별로 증가하지 못한다. 따라서 수요곡선은 dd'과 DD' 중 비탄력적인 수요곡선인 DD'이 된다. 결국 전체 수요곡선은 dGD'과 같이 점 G에서 굴절하는 모양이 되고 이를 굴절수요곡선이라고 한다.

이러한 굴절수요곡선으로부터 우리는 MR곡선을 유도할 수 있다. MR곡선의 일부인 dF는 수요곡선의 일부인 dG에 대응되는 부분이고, MR곡선의 일부인 HJ는 수요곡선의 일부인 GD'에 대응되는 부분이다. 따라서 전체 MR곡선은 수직절단구간인 FH(점선)를 포함한 $dFHJ$와 같은 모양을 가지게 된다.

그림에서 한계비용곡선 MC는 MC_1과 MC_2처럼 FH구간 어디를 통과하든 간에 이윤극대화 조건인 $MR = MC$가 생산량과 가격은 각각 Q_0과 P_0으로 변함이 없다. 이러한 현상을 과점가격의 경직성(stickiness of oligopolistic prices)이라고 한다. 즉, 과점기업은 비용이 조금 더 들거나 덜 들어도 가격의 변화를 꺼려한다. 왜냐하면 한 편으로는 가격인하경쟁으로 인한 모두의 피해를 두려워하고, 다른 한 편으로는 가격인상으로 인하여 자신만이 시장으로부터 축출될 것을 두려워하기 때문이다.

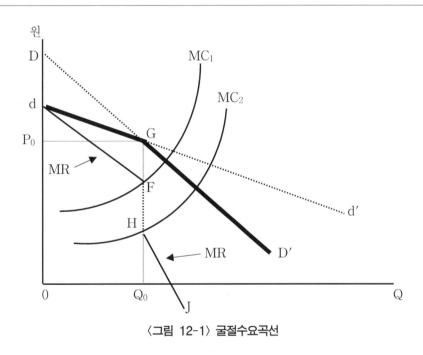

〈그림 12-1〉 굴절수요곡선

제3절 협약의 경우 과점시장

3-1 카르텔

앞에서 논의한 바와 같이 과점기업간에는 상호의존성이 크므로 경쟁기업의 영리행위라든가 판매전략에 대하여 대단히 민감한 반응을 보인다. 경우에 따라서는 경쟁기업의 가격정책이나 가격전략에 효과적으로 대처하지 아니하면 기업은 존속할 수 없는 경우도 있는 것이다. 그러나 만일 과점들이 명시적으로 담합함으로써 가격과 생산량을 과점의 수준에서 결정할 수 있다고 판단되고, 그렇게 함으로써 그들의 이윤을 극대화할 수 있다고 생각되면 그들은 담합에 들어갈 것이다.

세계적으로 성공한 카르텔의 예는 OPEC(Organization of Petroleum Exporting Countries: 석유수출국기구)이다. 그렇다고 모든 카르텔이 OPEC처럼 유지하기 쉬운 것은 아니다. 기업 각자의 생산량 할당을 제한함으로써 가격을 등귀시키려는 일에 동의하도록 기업들을 유도하는 것은 그리 쉬운 일이 아니다. 왜냐하면 일단 가격이 등귀되고 이윤이 증가되면, 개별기업은 카르텔회원 중 성업하고 있는 기업들을 파산시키기 위하여 비밀할인제를 채택하는 등의 유혹을 받게 된다. 그러나 이러한 사실이 발각되면 담합의 종말로 접어들게 되는 것이다.

〈그림 12-2〉는 카르텔이 독점기업으로서의 이윤극대화조건에 따라 산출량과 가격을 결정하는 것을 보여주고 있다. $\sum MC$는 모든 카르텔 회원사의 개별 한계비용곡선들(MC_1, MC_2, MC_3)을 수평적으로 합계한 것이다. 즉, 각 가격수준에서 $\sum MC = MC_1 + MC_2 + MC_3$가 된다.

카르텔은 독점기업이 이윤극대화산출량을 결정하는 것과 같이 $MR = MC < P$의 조건이 성립되는 산출량 OQ_0을 생산하고 가격은 P_0이 된다. 이는 명백히 독점가격이므로 카르텔의 이윤을 극대화시킬 것이며 이 이윤은 각 회원회사에게 판매량의 크기에 따라 할당된다.

그런데 개별기업들이 할당받는 산출량은 카르텔에서 결정된 MR수준을 개별기업들이 받아들여 각각의 MC수준에 맞추어 결정하게 된다. 즉, 각 회원 기업들이 카르텔에서 주어진 MR과 각각의 MC를 일치시킴으로써 산출량을 결정하게 되는데 기업 1은 OQ_1, 기업 2는 OQ_2, 기업 3은 OQ_3만큼 각각 할당을 받게 된다. 다시 말해서 $OQ_0 = OQ_1 + OQ_2 + OQ_3$가 된다.

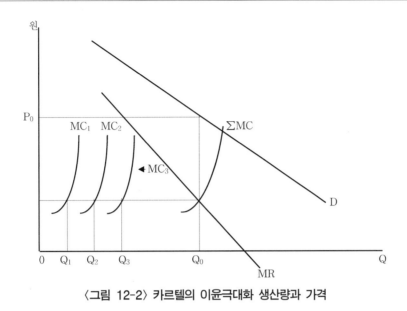

〈그림 12-2〉 카르텔의 이윤극대화 생산량과 가격

3-2 가격선도제

　카르텔과 같은 명시적인 담합이 우리나라를 포함한 대부분의 자본주의 국가에서는 독과점 규제법상 규제가 되고 있다. 따라서 가격선도제의 형태로서 암묵적 담합에 들어갈 수도 있다. 예컨대 시장수요가 증가할 때 각 기업은 이윤증대를 위해 가격을 인상시키고 싶어도 타 기업들이 뒤따라오지 않을 경우 판매가 오히려 감소하여 손실을 볼 것을 두려워함으로써 선뜻 가격을 인상시키지 못한다. 이러한 경우 과점기업들간에 묵시적인 협약을 이루어 어느 기업이 가격을 인상한다면 나머지 기업도 이를 따르게 될 것이다.

　이러한 암묵적 담합의 하나가 바로 가격선도제(price leadership)이다. 가격을 변경시켜 변경된 가격을 여러 독점기업에게 알리고 이 가격을 준수하도록 점검하는 기업을 가격선도자(price leader)라고 한다. 일반적으로 가격선도자의 역할은 과점산업내에서 시장점유율이 가장 높은 지배기업(dominant firm), 혹은 대기업이 맡는 경우가 있으나 어떤 경우에는 윤번제로 이러한 역할을 담당하는 경우도 있다.

　가격선도자는 언제 어떤 수준으로 가격을 인상시킬 것인가를 잘 판단해야 한다. 가격선도자가 책정한 가격이 모든 기업에게 받아들여지는 것이 일반적이나 다른 기업들이 이를 따르지 않을 경우 가격선도자는 즉시 원래의 가격으로 환원하기도 한다. 이 때 가격선도자는 산업내에서 가장 이윤을 많이 획득하는 지배기업이 되겠지만 최악의 비용조건에 있는(즉, 비용곡선이 높아서 이윤의 폭이 작은) 기업의 입장도 충분히 고려해서 모두다 믿고 따를 수 있는 가격을 책정하는 지혜와 전략으로 임해야 하는 것이다. 그렇지 않으면 가격선도제는 무너지기 때문이다.

이러한 가격선도제는 미국과 영국의 여러 산업에서 종종 이루어져왔다. 예를 들어 미국의 자동차산업에서 제너럴 모터스사가 새로운 모델에 대해 가격을 설정하면 포드와 크라이슬러 회사가 이에 준하여 자기 회사의 새로운 모델의 가격을 설정하곤 했다.

제4절 복 점

복점(duopoly)은 공급자나 수요자가 둘인 시장형태를 말하는 것으로 전자를 공급복점, 후자를 수요복점이라고 한다. 또한 수요와 공급 쌍방이 모두 둘인 경우를 쌍방복점이라고 한다. 그러나 일반적으로 복점이라고 하면 흔히 공급복점을 말한다.

복점자의 행동에는 복점자 모두 다 같이 상대방의 공급량을 무시하고 단독적으로 공급량을 결정하느냐 또는 상대방의 공급량을 충분히 고려하면서 자기의 공급량을 조절하느냐의 두 개의 태도로 구분될 수 있다.

동질적인 제품을 공급하는 과점기업의 행동을 최초로 분석한 사람은 쿠루노(Augustin Cournot)인데 그는 상대방의 공급량이 주어져 있을 때 자신의 최적산출량을 어떻게 결정하는가에 대한 분석을 통하여 과점가격과 산출량이 결정되는 과정을 살펴보았다.

〈그림 12-3〉은 쿠르노적 복점에 대해서 설명한 것이다. 그림(a)에는 먼저 결정된 B의 공급량에 대해서 차후에 결정된 A의 공급량이 표시되어 있다. 예를 들어 B가 공급을 전혀 하지 않으면 A는 이윤극대화 조건인 $MR_0 = MC_A$에서 Q_0만큼 공급할 것이고 가격은 P_0이 될 것이다. 이번에는 B가 먼저 MN만큼 결정하면 A가 직면한 수요곡선은 원래의 D_0에서 좌측으로 MN만큼 이동한 D_1이 되는데 이때에는 $MR_1 = MC_A$일 때 공급량이 Q_1로 결정되고 가격은 P_1이 된다. 계속적으로 이렇게 B가 먼저 공급량을 결정하고 A는 차후에 결정한다면 우리는 〈그림 12-3〉의 (a)로부터 〈표 12-1〉과 같은 결과를 얻을 수 있을 것이다.

그림(b)와 (c)는 각각 A와 B의 상대방 행동에 대한 반응을 그림으로 표시한 것이다. 그림(b)에서 예를 들면 B의 공급이 0일 때 A는 Q_0을 공급하고, B가 ON을 공급할 때에는 A는 전혀 공급을 못하는 것이 선 NQ_0으로 그려져 있다. 이와 같은 선을 A의 반응곡선이라고 한다. 즉, A의 생산량(QA)을 B의 생산량(QB)에 대한 함수로 $Q_A = f(Q_B)$로 표시할 수 있다. 그림 (c)

도 같은 원리로 B의 반응곡선이 그려져 있고 $Q_B = g(Q_A)$로 표시 될 수 있다. 그림(d)는 두 반응곡선을 한 좌표에 종합하여 그린 것이다. 만약 A가 $0a$를 공급하면 B는 ab를 공급하게 되고 이는 다시 A가 점 c로 이동하게 만들며 이로 인하여 B는 d로, A는 e로 … 결국 점 E로 이동하게 된다. 따라서 서로에 대한 반응의 결과 A는 QA'의 공급량, B는 QB'의 공급량을 결정하게 된다.

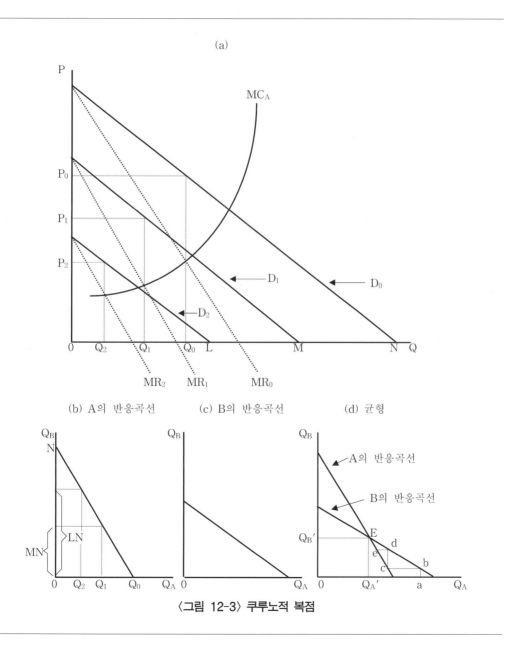

〈그림 12-3〉 쿠루노적 복점

〈표 12-1〉 쿠루노적 복점의 생산량 결정

먼저 결정된 B의 생산량	차후 결정된 A의 생산량	A가 결정한 가격
0	Q_0	P_0
MN	Q_1	P_1
LN	Q_2	P_2
0N	0	-

제5절 과점과 자원배분

산업구조의 장·단점을 분석할 때 그 기준이 되는 것은 완전경쟁과 독점이라 할 수 있는 데 이 기준에 따라서 과점산업의 단점과 장점을 분석해 보기로 한다.

먼저 단점부터 알아보면 다음과 같다.

첫째, 과점기업의 제품가격은 항상 한계비용보다 높다. 과점산업에 있어서는 개별기업이 직면한 수요곡선이 우하향하기 때문에 시장가격이 항상 한계비용보다 높다. 즉, $P > MR = MC$가 된다. 그러므로 과점산업에 있어서는 소비자가 부담해야 할 가격이 완전경쟁의 경우보다 상대적으로 높다.

둘째, 완전경쟁의 경우에는 기업들이 일반적으로 최적조업도에서 조업을 하지만 과점기업의 경우는 그 이하에서 한다. 최적조업도라 함은 단기에 있어서 평균비용의 최저점에 대응하는 조업도를 의미하는 것이다. 과점기업들이 최적조업도 이하에서 조업한다는 것은 그들이 생산설비를 완전가동하지 않는다는 것을 뜻하며 그 만큼 자원을 유휴상태로 방치하는 것이 된다.

셋째, 상품이 동질이 아닐 경우 과점기업들은 시장점유율을 높이기 위하여 막대한 자금을 들여서 광고나 선전을 하게 된다. 그러나 이러한 행동은 상품의 실제가치를 증대시키지 않으면서도 비용의 증가만 가져오기 때문에 결국 가격상승으로 소비자의 부담만 가중시킨다.

넷째, 과점기업들은 명시적 또는 묵시적 협약에 의하여 시장을 지배함으로써 독점적 착취를 할 때도 있다.

과점은 사회적으로 이상과 같은 폐해를 주는 반면에 사회적으로 바람직한 측면도 있다.

첫째, 과점기업들은 신규기업의 진입을 저지해야 하므로 가격을 자유로이 올릴 수 없다. 오히려 설정 가능한 가격수준보다 낮은 가격을 설정한다.

둘째, 일반적으로 과점기업들은 대기업이기 때문에 규모의 경제를 실현할 수 있고, 이로 인하여 평균비용을 크게 인하시킬 수도 있다. 따라서 완전경쟁의 경우보다 오히려 더 낮은 가격으로 공급할 수도 있다.

셋째, 과점기업들은 대규모의 기업들이기 때문에 막대한 연구개발비를 투입할 수 있는 능력이 있고, 이로 인하여 생산방법을 개발하고, 보다 양질의 제품을 저렴한 가격으로 공급할 수 있다.

【연│습│문│제】

1. 과점의 개념과 생성원인에 대해서 설명하시오.

2. 과점기업에서 굴절수요곡선이 생기는 이유를 그래프로 그려서 설명하시오.

3. 우리나라 경제에서 과점의 예를 들고 그 폐해와 대책을 설명하시오.

4. 과점시장에서 비가격경쟁이 심한 이유에 대해서 설명하시오.

5. 쿠루노적 복점에 대해서 설명하시오.

학계 "이윤에 대한 간섭은 사회주의"
독점 이익은 경쟁 촉진 통해 해결해야

'이익 공유' 강제할 학문적 근거도 없어

정부가 최근 들어 기업의 이익을 떼내어 협력업체나 소비자에게 돌려주라는 압박을 하고 있다. 중소기업이나 소비자들로서는 환영할 만한 일이다.

그러나 학계에서는 이 같은 이윤에 대한 간섭이 자유시장경제 체제를 부정하는 위험천만한 행위라며 크게 우려하고 있다. 불확실성과 투자에 대한 대가로 얻은 기업의 이익을 함부로 침해해서는 안 된다는 게 시장경제의 제1원칙이기 때문이다. 시장구조가 독과점이어서 독점이윤이 생긴다면 경쟁을 촉진하는 식의 해법이 필요할 뿐이다.

● 정부 정책에 대한 학계의 진단

△ 기업 이익 강제 축소

· 반시장주의적 발상
· 경쟁 구도 촉진이 대안
· 기업 부실 촉진과 악순환 고리 형성
· 기업가 정신과 투자 의지 꺾어

△ 이익 공유제

· 학문적 근거 찾기 어려워
· 외부(정부)에서 강제할 수 없는 시안
· 이윤함수에서 협력업체는 변수 포함 불가
· 협력업체 거래는 계약으로만 가능

특히 공익을 위해 기업에서 이익을 덜어내 다른 부문으로 이전하는 게 어떠냐는 단순한 인식은 사회주의와 맥이 닿아 있는 '포퓰리즘'의 전형이다. 이윤추구를 목적으로 하는 기업이 자유롭게 이익을 창출하는 시스템이 시장경제 체제라면 이익공유를 목표로 경제를 운영하는 게 사회주의인 것은 주지의 사실이다.

'텅빈 가게와 긴 줄'로 상징되는 옛 소비에트연방의 붕괴는 사회주의식 국가통제경제의 결말을 증언한다. 김이석 한국경제연구원 초빙연구위원은 "연암 박지원은 '이윤을 빼앗으면 물자가 풍부한 곳에서 모자라는 곳으로 흐르지 않는다'고 갈파한 바 있다"며 "시장경제에서 이윤에 대한 간섭은 가장 중요한 유인체계와 신호를 왜곡하므로 특별히 삼가야 한다"고 강조했다.

이익에 대한 침해는 또 기업을 부실화시켜 경제의 활력을 떨어뜨린다. 이익을 내는 기업이 많아질수록 왕성한 투자를 결정하는 기업가 정신이 고취되고 시장에는 새로운 경쟁자가 나타나 경쟁이 촉진돼 소비자 효용이 높아진다는 사실을 간과한 것이다.

기업에 대한 압박은 당장의 성과에 집착해 투자를 꺼리게 하는 악순환의 고리를 만드는 어설픈 행위다. 정부가 해야 할 일은 정작 시장을 경쟁촉진적으로 만드는 것임에도 기업들만 부실하게 만들기 때문이다.

여기에 동반성장위원회는 한 술 더 떠 기업이 거둬들인 수익을 협력사와 공유하는 이익공유제까지 들먹이고 있다. 이에 대한 학계의 평가도 냉정하다. 학계는 "이익공유제는 원칙적으로 학문적인 근거를 찾기가 어렵다"고 진단했다. 이익의 배분 여부는 전적으로 기업이 단독으로 결정해야 하는 사항이지 외부에서 이를 강제할 수도 없고 이를 강제할 만한 학문적인 근거를 찾기가 어렵다는 것. 경제학에서는 기업이 선택하는 의사결정의 목표가 이윤창출이라고 가정하고 기업의 이윤함수는 총수입에서 총비용을 빼는 것이라고 정의하고 있다. 수입과 비용에서 기업이 임직원에게 인센티브를 준다고 하면 이는 곧 기업비용은 늘어나지만 시장개척과 기술개발 등의 더 큰 효과로 돌아올 수 있다고 판단하기에 가능하다는 설명이다.

그러나 협력업체에 이 같은 이윤의 일부를 공유한다는 것은 기업의 의사결정 함수에 또 다른

협력업체 변수까지 포함시켜야 한다. 경제학에서는 대기업이 '별도의 기업'인 협력업체의 이윤까지 보장해야 한다는 점을 동의하지 못하고 있다.

서승환 연세대 경제학과 교수는 "협력업체와의 거래는 계약(거래) 관계로 끝나는 것이지 대기업의 이윤함수에 포함될 수 없다"며 "중소기업이 비용절감을 통해서 이익이 날 경우 이는 전적으로 중소기업의 몫이지 대기업과의 거래를 통해 발생한 이윤이라는 이유 때문에 대기업과 공유하지 않는 것과 마찬가지"라고 설명했다.

출처: 김상용 기자, 『서울경제』, "상생은 소통에서", 2011. 4. 28.

시장거래 활성화의 최우선 과제

우리의 민생을 위협하는 취업문제나 자산가격의 하락이 초래된 원인은 각국 정부가 경제의 체제적 적응력 저하에도 불구하고 증상완화로 일관해왔기 때문이다. 기축통화마저 흔들리는 글로벌 금융체제와 선진국들의 자국위주 경제정책, 그리고 고령화와 사회복지 수요증가에 따른 재정여력의 고갈은 향후 대응마저 어렵게 하고 있다. 뒤늦게나마 지속가능한 성장을 위한 다양한 공공재의 역할이나 사회적 정의와 형평성이 강조되고 있으나 만시지탄의 제스처일 뿐이다. 엄연한 현실은 자산보유 계층의 부채감축노력이 수요위축을 통해 민생기반을 더욱 위축시키는

외통수 상황이다. 이미 소득과 자산의 양극화로 인해 사회적 비용분담에 대한 공감대 형성마저 쉽지 않다. 글로벌 차원의 개혁과 정책공조는 기대하기조차 힘들다.

현 상황의 가장 핵심적인 문제는 소득과 저축·투자의 선순환을 가능케 했던 과거의 가치체계가 부채위주의 경제로 인해 철저히 망가졌다는 사실이다. 고용불안이나 양극화, 그리고 다른 체제적인 문제들은 모두 금융기능의 왜곡과 마비에서 출발한다. 그동안 사회적 비용을 줄일 수 있는 공공재 공급에 모두가 인색해온 결과 시스템 차원의 위험요인들이 과거의 생존방식을

송두리째 위협하고 있다. 대표적인 예로 양극화나 자산버블, 환경 및 복지문제 등은 과거 심각하게 의식하지 못했던 이슈들이다. 그러나 극심한 이상기후와 거듭된 금융위기로 급증한 불끄기 비용으로 인해 정작 민생에 중요한 고용문제는 난제로 남아있다. 급기야 고령화 및 은퇴인구의 급증으로 늘어난 재정부담과 이미 과잉부채로 잠식된 수요기반은 미래세대의 생존마저 위협하고 있다. 경제시스템의 연결고리가 단절된 상태에서 재정지출로 간신히 최소한의 경제탄력을 유지하고 있을 뿐이다.

현실적으로 체제적 개선에 시간이 걸린다면 정부는 최우선으로 민생경제가 스스로 작동할 수 있도록 노력해야 한다. 재정이 투입되더라도 경제생태계의 연결고리가 회복되어 선순환이 복원될 수 있어야 한다. 민간주체들이 소비와 투자에 나서고 시장이 움직일 수 있도록 최소한의 기댈 곳을 마련해주어야 한다. 전반적 위험부담을 덜 수 있는 시장기구의 확충을 통해 공통적인 비용요인을 관리해가면서 거래 활성화에 주력해야 한다. 복지논의는 단순한 사회안전망 차원의 추가적 재정지출이라기보다는 국가가 참여하는 고용프로그램의 일환으로 인식되어져야 한다. 급격한 인구구조의 변화와 취약한 산업기반의 불일치 현상을 완화하기 위해 국가는 모든 역량을 집중해야 한다. 그 핵심은 민간이 자발적으로 참여할 수 있는 시장여건의 회복과 조성이다. 정부의 역할은 시장을 살리는 것이지 시장자체의 기능을 대신해선 안 된다. 거래없는 시장은 무용지물이며 경제의 끝없는 추락만을 재촉한다. 사실 소득흐름과 자산가격이 안정되는 기미를 보여야

민간부채의 구조조정도 가능하다. 현 시점에서 당국은 공공기관과 민간의 협조를 총동원하여 고용창출 및 부동산 거래활성화 노력을 구체화해야 한다.

결론적으로 대혼란기의 민생문제 해결은 복지확충과 병행하여 스스로의 노력으로 자립할 수 있는 여건을 만들어 주는 것이다. 사회적 차원에서 일자리를 제공하고 시장에서의 거래활성화를 통해 다변화된 자금흐름을 살려야 선순환으로 이어질 수 있다. 첫째, 현 위기상황에서 정부는 모든 재정지출을 고용효과와 연계시켜 집행해야 한다. 소득흐름과 자산가격안정은 모든 자금흐름의 근간이다. 특히 고용을 통한 민생의 자립기반 없이는 어떠한 대책도 일시적인 불쏘시개에 불과하다. 지금은 이윤이 아닌 민생을 지키기 위한 포괄적 고용 및 인적투자 프로그램의 가동이 절실한 때이다.

둘째, 시장거래를 경색시키는 각종 진입장벽과 교란요인을 관리할 수 있는 거래소 기능을 대폭 확충하여 투명한 거래가 촉진될 수 있는 여건을 확보해야 한다. 이례적 상황이므로 민간과 정부가 공동기금을 조성하여 얼어붙은 부실자산의 수요기반을 회복시켜야 한다. 새로운 민간자본의 참여를 적극 유도해야 시장거래가 쉽게 이루어질 수 있는 여건을 조성할 수 있다. 부실자산 구매 과정에서 있을 수 있는 재정자금 투입카드는 이후의 시장회복과 옵션행사를 통해 이윤까지 확보할 수 있으므로 전향적 차원에서 접근해야 한다.

출처: 최공필(한국금융연구원 상임자문위원), 『한국일보』, "아침을 열며", 2013. 1. 21.

소비자를 사기치는 카르텔

시장거래는 공정하게 이루어져야 한다. 사고 파는 사람은 서로 속이지 말고 공정한 대가를 주고받아야 하며 계약 이행이 차질을 빚을 때도 일을 공정하게 해결해야 한다. 그런데 공정함의 구체적 내용이 문제다. 철이네 공장에서는 바지를 제조하는데 이 바지가 어느 수준의 가격으로 팔려야 공정한가?

철이네 바지는 처음에는 다른 회사 바지와 마찬가지로 한 개 2만 원에 팔리고 있었다. 그러나 품질과 디자인이 호평 받으면서 주문이 몰려들었고 철이네 바지는 공장을 완전 가동해도 주문을 소화할 수 없는 지경에 이르렀다.

결국 물량을 얻지 못한 사람들이 더 높은 값에라도 사겠다고 나서는 통에 철이네 바지는 다른 바지보다 5배나 비싼 10만 원에 팔리고 있다. 생산 원가는 전과 마찬가지인데 2만 원 하던 바지가 10만 원짜리로 그 값이 올라 버린 것이다. 이렇게 올라 버린 가격 10만 원은 공정한 가격일까?

다른 바지는 2만 원에 팔리는데 철이네 바지만 10만 원에 팔리는 까닭은 철이네가 강요했기 때문이 아니라 소비자가 그 값을 내고도 자발적으로 사 가기 때문에 형성된 것이다. 그러므로 바지 가격 10만 원을 불공정한 가격이라고 말할 수는 없다. 철이네 바지에 대한 소비자의 평가가 다른 회사의 바지보다 월등하게 좋으면 그 가격은 공정한 경쟁을 거쳐서 높게 결정되는 것이다.

그런데 철이네 바지가 다른 회사의 바지와 같은 평가를 받을 정도로 평범한 품질이라 하더라도 10만 원을 받아낼 수 있는 방법은 있다. 수요의 법칙에 따르면 사람들은 바지 값이 오르면 덜 사고 내리면 더 산다.

이 사실은 모든 바지 생산업자들이 일제히 공급량을 줄이면 바지 값이 올라가고 늘리면 내려감을 뜻한다. 만약 바지 생산업체들이 모두 모여서 바지 값이 10만 원을 유지하도록 공급량을 줄이기로 합의한다면 바지 가격은 10만 원이 되고 누군가 합의사항을 위반하지 않는 한 그대로 유지된다. 그렇다면 이때의 가격 10만 원은 공정한 가격일까?

바지 생산업체들이 모여 가격을 올리기 위해 공급량을 줄이기로 합의하면 사업자들 간의 시장경쟁은 소멸한다. 이처럼 경쟁을 없애고 책정한 가격 10만 원은 공정한 시장경쟁을 통해서 형성된 가격이 아니기 때문에 공정한 가격이 아니다. 일반적으로 사업자들이 합의해 시장경쟁을 없애는 행위를 담합(collusion) 또는 카르텔(cartel)이라고 한다.

담합은 시장경쟁을 부당하게 제한하는 행위이기 때문에 세계 각국은 예외 없이 법으로 금지하고 있다. 우리나라에서는 담합에 참여한 사업자에게는 벌칙으로 과징금을 부과한다. 그러나 미국에서는 징역형과 같은 형사처벌까지 함께 내린다. 미국 반도체 시장의 담합에 참여한 우리나라 반도체 수출업체의 임원도 미국에서 징역형을 받은 적이 있다.

출처: 『한국경제신문』, "이승훈 교수의 경제학 멘토링"
2009. 12. 16.

경 제 학 의 기 본 원 리

제6편
소득분배와 공공정책

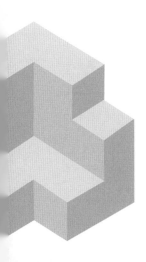

생산요소시장이론

제1절 소득분배

1-1 생산요소시장의 정의

생산물시장은 생산활동에 필요한 생산요소(토지, 노동, 자본 등)들이 어떻게 수급되며 균형요소가격과 균형수량은 어떻게 결정되는가를 규명해 준다. 생산물시장과는 반대로 생산요소의 수요자는 기업이고 공급자는 가계이다. 기업이 생산요소를 수요하는 이유는 기업이 생산요소를 사용하여 상품을 생산했을 때 그 상품에 대한 수요가 있기 때문에 노동이나 자본 등과 같은 생산요소에 대한 수요가 발생된다. 따라서 생산요소에 대한 수요를 파생수요(derived demand)라고 한다.

먼저 생산요소시장이 완전경쟁적일 경우에 대해서 생각해 보기로 한다.

기업은 이윤극대화를 이루기 위해서 비용을 극소화해야 할 것이고 이러한 과정에서 기업의 요소에 대한 개별 수요곡선이 유도된다. 개별 요소수요곡선의 합은 시장의 요소수요곡선이 된다.

한편 요소의 공급자인 가계는 재화의 수요에서와 같이 효용극대화의 원칙에 의하여 요소를 공급하고자 한다. 이러한 원칙으로부터 요소의 개별 공급곡선이 유도되고 개별가계의 요소공급곡선으로부터 시장의 요소공급곡선이 도출된다. 균형가격과 균형수급량은 시장에서의 요소공급곡선과 요소수요곡선으로부터 구할 수 있다.

만약 생산요소시장이 완전경쟁적이 아닐 경우에는 시장수요곡선과 시장공급곡선으로부터 균형요소가격과 수급량을 결정할 수 없다.

완전경쟁적인 요소시장에서의 균형가격과 균형수급량의 결정은 완전경쟁적인 재화시장에서와 같이 희소한 자원을 효율적으로 배분하게 한다. 수익성이 좋은 산업은 타 산업에 비해서 비싼 가격으로 생산요소를 고용할 것이고, 이는 생산요소를 수익성이 낮은 산업으로부터 더 높은 산업으로 이동하게 할 것이다.

요소시장에서의 가격과 균형 수급량의 결정은 소득의 분배에 중요한 영향을 미친다. 즉, 가계의 경우 노동으로 인한 소득은 요소시장에서 정해진 시간당 임금과 노동시간의 곱이다. 이자나 지대 등으로 인한 소득의 분배분도 역시 생산요소시장에서 결정된다. 이와 같이 요소의 소유자가 생산에서 행한 기능에 따라 수취하게 되는 소득의 배분을 기능적 소득분배라고 한다.

이에 반하여 모든 가계의 소득을 그 크기에 따라 차례로 배열하여 특정 소득계층이 총소득 중에 차지하는 비율을 보는 식의 소득분배를 계층별 소득분배라고 하며 계층 간 소득분배의 균등성 여부를 살펴보는데 요긴하다.

우선 이번 장에서는 계층별 소득분배에 대해서 알아보기로 한다.

1-2 계층별 소득분배

자본으로 인한 소득과 노동으로 인한 소득의 구분은 이론적으로는 명확하지만 현실적으로는 쉽지 않은 것이 사실이다. 즉, 자영업자의 소득을 이자와 임금으로 정확하게 구분한다는 것은 매우 어려운 일이다. 따라서 실제의 분배상황을 정확하게 파악하기 위해 계층별 소득분배 이론이 나왔다.

계층별 소득분배에서는 소득의 원천이나 형태를 따지지 않고, 소득의 크기만을 중시하며, 일반적으로 가계단위에서 파악된다. 이는 학생과 같이 소득원이 없는 사람도 많고 기본 생활단위가 가계이기 때문이다. 현재 우리나라의 가계소득은 도시가계와 농촌가계로 구분하여 파악되고 있다. 가계소득의 계층별 분배상태를 측정하는 대표적인 방법으로는 로렌츠곡선, 10분위분배율, 지니집중계수 등이 있다.

이 세 가지 방법은 모두 전체가계를 소득이 가장 낮은 가계부터 차례로 배열하여 최하위 10%, 그 다음 10%, …, 최상위 10%로 소득계층을 10등분하거나 20%씩 5등분하고, 각 계층의 소득이 전체 가계소득에서 차지하는 비율, 즉 소득점유율이 얼마인가를 살펴본다.

(1) 로렌츠 곡선

소득계층별 분포표를 작성하여 횡축에는 저소득층으로부터의 가구의 누적비율, 종축에는 각 계층이 총국민소득에서 차지하는 소득의 누적점유율을 표시한 것이다. 〈**그림 13-1**〉은 로렌츠곡선을 보여주고 있다. 그림에서처럼 한 사회에서 25%의 가구가 25%의 소득, 75%의 가구가 75%의 소득을 점유하고 있다면 소득분배가 완전 평등화된 상태이며 이는 직선 *OL*로 나타낼 수 있다. 반면에 소득분배의 불평등 정도가 심할수록 선 *OL*은 *H*를 향하여 볼록하게 휘기 시작할 것이다. 극단적으로 어느 한 사람이 그 사회 전체의 소득을 점하고 있다면 *OHL*과 같은 선의 모양이 될 것이다. 즉, 직선 *OL*에 가까울수록 한 사회의 소득불평등도는 낮고 멀수록 소득불평등도는 높다는 것을 나타낸다.

현실적인 소득분포를 나타내는 점을 선으로 연결하면 하위 소득층 25%의 소득점유율은 25%에 미달될 것이고 이와 같은 현상은 누적되어 75%의 가구누적비율은 75%에 상당히 밑도는 소득점유율을 보이게 되어 결국 곡선형태의 소득분포를 나타내는 곡선 *OL*형태로 나타나게 된다. 이를 로렌츠(M. O. Lorenz)가 처음 고안하여 로렌츠곡선(Lorenz curve)이라 한다. 그러나 로렌츠곡선으로서는 두 사회의 불평등한 정도를 서수적으로 비교할 수는 있지만, 기수적으로 비교하는 것은 곤란하다. 보통 기수적 불평등 정도의 크기 비교는 다음에서 설명하는 지니집중계수나 십분위 분배율 등을 이용한다.

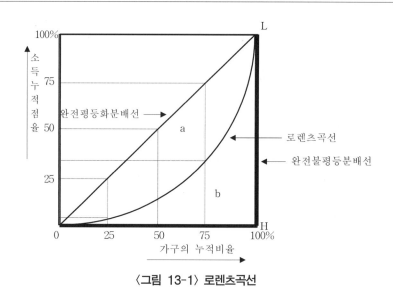

〈그림 13-1〉 로렌츠곡선

(2) 지니집중계수

지니(C. Gini)는 소득불평등도를 기수적으로 비교 가능하도록 지니계수(Gini coefficient of concentration)를 고안하여 다음과 같이 정의하고 있다.

$$지니집중계수 = \frac{a}{a+b}$$

여기에서 a는 〈**그림 13-1**〉에 나타나는 바와 같이 완전평등한 상태를 나타내는 직선 OL과 로렌츠 곡선 사이의 면적이고, b는 완전불평등한 상태를 나타내는 OHL과 로렌츠 곡선 사이의 면적이다.

지니 계수는 0에서 1사이의 값을 가질 수 있는데, 0에 가까울수록 평등한 소득분배를 나타내게 되어, 소득의 불평등도를 비교 가능케 하는 지수이다.

(3) 십분위 분배율

한 나라의 전체가계를 소득수준에 따라 저소득에서 고소득으로 배열했을 때 첫 번째 10%를 제1십분위, 다음 10%를 제2십분위, …라 한다. 10분위 분배율은 이러한 계층별 소득분포 자료에서 최하위 40% 소득계층의 소득(점유율)이 최상위 20% 소득계층의 소득(점유율)에서 차지하는 비율을 말하는 것으로 (식 13-1)과 같다.

$$십분위분배율 = \frac{최하위 40\% 소득계층의소득(점유율)}{최상위 20\% 소득계층의소득(점유율)} \qquad (식 13-1)$$

10분위 분배율은 측정하기가 간단하면서도 소득분배정책의 주 대상이 되는 하위 40% 계층의 소득분배상태를 직접 나타낼 수 있고, 또 이를 상위계층의 소득분배상태와 비교할 수 있다는 점에서 큰 장점이 있다. 이 때문에 10분위 분배율은 세계적으로 가장 널리 사용되는 소득분배측정방법이다.

10분위 분배율은 그 값이 클(작을)수록 소득분배가 균등(불균등)하다는 것을 나타낸다. 국제적으로 10분위 분배율이 0.45이상이면 고평등분배, 0.45미만 0.35이상이면 저평등분배, 그리고 0.35이하이면 불평등분배라고 분류된다.

10분위 분배율에 의한 소득분배의 측정은 매우 간편하다는 것을 앞에서 지적하였는데, 현실적으로 편법으로 이보다 더 단순한 방법을 사용하는 경우도 있다. 예컨대 최하위 20%나 40%의 저소득계층이 점유하는 소득비율, 또는 최상위 10%나 20%의 고소득계층이 점유하는 소득비율만으로 소득분배의 (불)균등도를 측정하는 일도 많다.

(4) 소득분배의 불평등

불평등한 소득분배의 원인을 알아봄으로써 우리가 소득분배의 형평성을 제고하는데 도움이 될 것이다. 다음과 같이 몇 가지 원인을 들 수 있다.

첫째, 개인의 능력차이로 인하여 발생한다. 선천적 또는 후천적인 능력의 차이 또는 성격, 노력, 특성 등 여러 면에서 차이가 있을 수 있는데 이러한 것들이 결국 소득의 차이를 발생하게 한다.

둘째, 상속 또는 증여받은 부의 크기의 차이로 인하여 발생한다.

셋째, 교육과 훈련 등의 차이로 야기될 수 있다. 교육과 훈련을 받을 수 있었던 사람은 그렇지 못한 사람에 비하여 소득에 차이가 있을 수 있다.

넷째, 사회의 제도, 경제의 체제, 경제정책의 차이로 인하여 야기될 수 있다. 가령 인도의 경우 사회적 신분에 따른 유리한 기회에 대한 제약으로 인하여 낮은 신분의 사람은 높은 소득을 얻을 수 있는 기회가 봉쇄 당할 것이다. 또 성장일변도의 경제정책도 소득의 편재, 불평등 배분 등의 문제를 심화시킬 것이다.

(5) 쿠즈네츠의 U자가설

쿠즈네츠(S. Kuznets)는 여러 나라의 시계열소득 통계자료를 분석하여 경제발전단계에 따라 소득분배가 개선되는가 또는 악화되는가를 조사하였다.

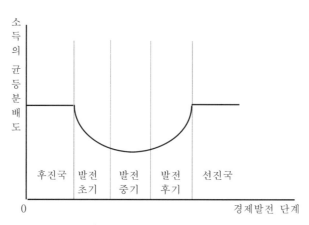

〈그림 13-2〉 쿠즈네츠의 U자가설

〈그림 13-2〉는 쿠즈네츠의 U자가설을 나타낸 것이다. 이 가설에 의하면 후진국에서 경제발전이 이루어지기 전의 단계에서는 모두가 소득수준이 낮으면서도 비교적 균등한 소득배분의 시기로써 절대적 빈곤의 시기라고 할 수 있다. 그러나 경제발전이 어느 정도 진행된 개발도상국이 됨에 따라 이익을 보는 계층과 그렇지 못한 계층으로 나누어지고 소득의 불평등도가 심화되며 고소득층에 대하여 저소득계층이 느끼는 상대적 빈곤감은 커져간다. 그러나 경제가 선진의 성숙단계에 진입함에 따라 각종 사회보장제도, 조세제도를 통한 소득의 재분배정책의 영향으로 소득의 불평등도는 많이 개선된다. 그림에서 표시된 바와 같이 종축은 소득의 균등분배도를 나타내고 횡축은 경제발전단계를 나타낸 다면 그림에서와 같이 U자 모양이 되며 이것을 쿠즈네츠의 U자가설이라고 한다.

(6) 평등분배의 의미

소득의 평등분배란 수치적으로 동일하게 나눈다는 뜻이다. 그러나 이러한 분배개념은 불공평성이 개재된 개념이다. 즉, 생산에 기여도가 높음에도 불구하고 그렇지 못한 사람과 같은 몫으로 소득을 분배받는다는 것은 불공평하다는 의미이다. 따라서 공평한 분배의 정의를 정확히 내릴 필요가 있다. 공평한 분배란 노력과 능력에 따라 소득분배의 크기를 다르게 하는 것이다. 노력을 많이 하고 능력이 많은 사람에게 높은 소득이 보장되는 것은 생산을 증가시키는 방법이 된다. 다시 말해서 생산에 기여도가 큰 생산요소의 소유자에게 보다 많은 소득이 보장된다는 것은 지속적인 분배를 가능케 할 생산을 늘리기 위해서는 필요한 일이다.

그렇지만 능력이 없는 사람들이 분배에서 제외되어야 한다는 뜻은 아니다. 무능력한 사람에게도 어느 정도의 생활수준이 보장되어야 평등분배의 이념에도 부합될 것이다. 요컨대 생산에 대한 고려 없이 분배문제만 고려한다면 능력의 여하를 막론하고 평등분배가 바람직할 것이다. 그러나 지속적인 분배를 가능케 할 생산의 문제를 고려한다면 생산에 있어서의 기여도에 따른 분배를 우선적으로 고려해야 한다. 그러한 후 소득의 재분배 방식으로 기여도가 낮거나 없는 사람들에게도 분배하는 것이 공평한 분배와 평등적인 분배를 조화시킬 수 있는 것으로 생각된다.

제2절 생산요소의 균형가격과 균형수량

2-1 생산요소에 대한 수요

생산자는 이윤극대화의 원리에 따라서 행동하기 때문에 생산요소를 수요할 경우에도 같은 원리로 행동에 임할 것이다. 이와 같은 원리를 바탕으로 생산자의 행동을 다음에 기술하였는데 내용은 신고전학파의 한계생산이론에 기초를 둔 것이다.

(1) 이윤극대화 조건과 요소수요

우리는 제7장의 생산자이론에서 한계생산물균등화법칙이 성립될 때 생산자는 최소의 비용으로 일정한 생산량을 얻을 수 있다는 것을 알았다. 즉, 다음 식이 성립할 때이다.

$$\frac{MP_K}{P_K} = \frac{MP_L}{P_L}$$
(식 13-1)

(식 13-1)은 일정한 생산을 위한 요소의 결합에서 최소비용이 소요되는 결합은 각 요소의 화폐단위당(1원어치) 한계생산물이 일치해야한 다는 것을 의미한다.

이제 위의 조건하에서 일정한 생산량을 위해 요소 각각의 한계비용이 일치하는 두 요소의 투입량을 각각 얼마로 할 것인가가 문제이다. 즉, 산출량 1단위의 생산을 위해서 각 요소에 지출된 비용으로서의 한계비용이 모든 투입된 요소마다 일치해야하고, 이러한 조건이 성립되는 두 요소의 수량이 결정되어야 한다는 것이다.

(식 13-1)의 역은 $\frac{P}{MP}$ 가 되는데 이는 생산물 단위당 한계비용을 의미한다. 따라서 다음 (식 13-2)가 성립될 때 두 요소의 수량이 결정된다.

$$\frac{P_L}{MP_L} = \frac{P_K}{MP_K} = MC$$
(식 13-2)

기업의 이윤극대화 조건은 한계비용과 한계수입이 일치할 때임은 두말할 여지가 없으므로 위의 식을 고쳐 쓰면 다음과 같다.

$$\frac{P_L}{MP_L} = \frac{P_K}{MP_K} = MC = MR \qquad\qquad (식\ 13\text{-}3)$$

위의 (식 13-3)을 다음과 같이 유도하면 한계수입생산물(MRP: marginal revenue product)의 개념을 알 수 있다.

$$MP_L \cdot MR = P_L$$
$$MP_K \cdot MR = P_K \qquad\qquad (식\ 13\text{-}4)$$

MRP는 요소의 한계생산물(MPL 또는 MPK)에 한계생산물로부터 수입된 한계수입(MR)을 곱한 값이다. 즉, 요소 1단위를 더 투입함으로써 증가된 총수입의 증가분을 의미한다. 따라서 생산자는 이윤극대화를 위해서 요소가격(PL 또는 PK)과 MRP가 일치하도록 각 요소투입양을 결정해야 한다.

만약 생산물시장이 완전경쟁적이라면 한계수입은 제품의 가격과 같으므로(즉, $MR = P$이므로) 다음 식이 성립된다.

$MR = P$이므로) 다음 식이 성립된다.

$$MP_L \cdot P = P_L$$
$$MP_K \cdot P = P_K \qquad\qquad (식\ 13\text{-}5)$$

위의 (식 13-5)에서 좌변들은 요소의 한계생산물에 가격을 곱한 것으로 한계생산물가치(VMP: value of marginal product)라고 한다. 즉, 다음 (식 13-6)과 같다.

$$MP_L \cdot P = VMP_L = P_L$$
$$MP_K \cdot P = VMP_K = P_K \qquad\qquad (식\ 13\text{-}6)$$

한계생산물가치가 생산요소를 한 단위 더 고용하는데 드는 비용, 즉 한계요소비용(MFC: marginal factor cost)보다 크면 그 생산요소를 더 고용하여 이윤을 증대시킬 수 있다. 반대의 경우일 때는 같은 논리로 생산요소의 고용량을 감소시킬 것이다.

결론적으로 완전경쟁하에서 기업의 이윤극대화를 위한 요소투입량의 결정은 각 요소의 한계생산물가치($VMPL$ 또는 $VMPK$)와 요소가격(PK 또는 PL)이 일치하는 조건하에서 이루어져야 한다는 것을 의미한다.

(2) 가변생산요소가 한 종류인 경우

만약 한 종류의 가변생산요소가 노동이라면 기업은 다음 (식 13-7)이 성립될 때의 노동량을 고용해서 이윤극대화를 꾀할 것이다.

$$VMP_L = P_L = MFC_L = W \text{ 또는 } MP_L \cdot P = VMP_L = W \qquad \text{(식 13-7)}$$

위 식에서 W는 명목임금을 뜻하므로, 예를 들어서 기업은 한 명의 노동자를 추가로 더 고용했을 때 그 노동자로부터 산출된 생산물의 명목가치(시장가치)가 명목임금과 같을 때를 균형고용량으로 결정할 것이다.

〈그림 13-3〉은 한 생산요소가격(W)과 고용량간의 관계를 보여주고 있는데 우하향하고 있는 한계생산물가치곡선이 생산요소(노동)에 대한 수요곡선이다. 그림에서 VMP_L이 L을 증가시킴에 따라 감소하고 있는 모양을 보여주고 있는데 이는 노동의 투입량을 증가시킴에 따라 한계생산물체감의 법칙에 의하여 노동의 한계생산물은 감소하고 따라서 그 가치도 감소하기 때문이다.

만약 임금이 W_E이면 기업은 $W_E = VMP_L$을 만족시키는 L_E단위의 노동을 고용해야 이윤을 극대화 할 수 있다. 마찬가지로 W_1일 때는 L_1, W_2일 때는 L_2를 고용해야 한다. 이는 마치 생산물시장에서 이윤극대화 조건이 $MR = MC$로 결정된 것과 같은 논리인 것이다.

따라서 위의 모든 것을 종합해 볼 때 완전경쟁시장에서의 이윤극대화 생산요소고용조건은 다음 (식 13-8)과 같다.

$$MRP_L = VMP_L = W = MFC \text{ 또는}$$
$$MRP_K = VMP_K = P_K = MFC \qquad \text{(식 13-8)}$$

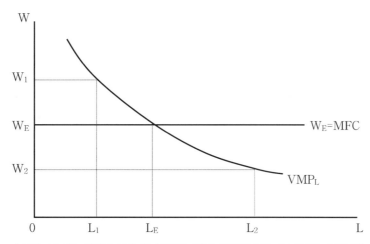

〈그림 13-3〉 생산요소가 한 종류인 경우 생산요소의 수요곡선: L의 예

(3) 가변생산요소가 두 종류인 경우

현실적으로 대부분의 기업은 한 종류의 가변생산요소만 고용하는 것이 아니라 둘 또는 그이상 고용한다. 그러나 분석의 단순화를 위하여 두 요소(L, K)만 고용한다고 하고 두 요소 모두 가변요소라고 하기로 한다. 이 경우는 앞에서처럼 한계생산물가치곡선 자체가 그 요소의 수요곡선이라고 볼 수 없다. 그 이유를 알아보자. 가령 두 요소 L과 K로서 한 생산물 X를 생산하는 경우를 생각해 보자. 이 때 생산함수 $Q_X = f(L, K)$에서 L과 K가 서로 대체관계에 있을 경우에는 한 요소의 수량을 변화시키면 다른 요소의 수량도 필연적으로 변한다. 우리는 이것을 두 요소의 한계기술대체율 $\left(\dfrac{\Delta K}{\Delta L}\right)$의 논리로써 설명하였다.

한 요소의 수량 L이 증가해 가면 다른 대체되는 요소의 수량 K는 반드시 감소해야만 되는데 이 때 두 요소의 한계생산물은 서로 반대 방향으로 증감한다는 사실도 알고 있다. 이 사실을 두 요소간의 한계기술대체율이 두 요소의 한계생산물의 역비와 같다 $\left(\dfrac{\Delta K}{\Delta L} = \dfrac{MP_L}{MP_K}\right)$는 사실로써 설명한 바 있다.

이제 P_L의 하락으로 L의 수량을 증가시킨다고 하자 이 때 P_L의 하락은 두 가지 효과를 가져온다. 첫째, 두 요소의 가격비율 $\left(\dfrac{P_L}{P_K}\right)$을 변경시켜 K대신 L로 대체하는 대체효과를 가져오게 된다. 둘째, 기업의 한계비용을 하락시켜 이윤극대화 생산량을 증대시키는 생산효과를 가져오게 된다.

대체효과란 동일한 한계생산물가치곡선을 따라 요소가격이 하락함에 따라 요소수요량을 증가시키는 효과를 말하고, 생산효과란 한계생산물을 증가시키기 때문에 한계생산물가치곡선을 우상향으로 이동시키는 효과를 말한다. 이렇게 요소가격의 변환에 대응하여 이동한 한계생산물가치곡선상의 점들을 연결한 선을 가변요소의 수요곡선이라 한다.

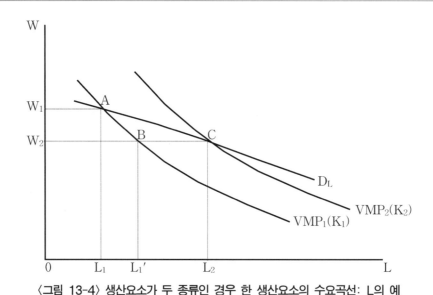

〈그림 13-4〉 생산요소가 두 종류인 경우 한 생산요소의 수요곡선: L의 예

〈그림 13-4〉는 가변요소가 둘일 때 한 요소의 수요곡선이 어떻게 도출되는가를 보여주고 있다. 임금이 최초에 W_1 수준에 있을 때 기업이 L_1의 노동, K_1의 자본을 고용했다고 하자. 이제 임금이 W_1에서 W_2로 하락했을 때 기업의 새로운 노동고용량은 앞 절의 경우와 같이 L_1'이 아니다. 위에서 설명한 두 가지 효과로 노동의 고용량뿐 아니라 자본의 고용량도 증가하기 때문이다. 자본의 고용량이 K_1에서 K_2로 증가하면 종전과 같은 노동량으로도 더 많이 생산할 수 있으므로 노동의 한계생산이 증가하고 가격은 일정하기 때문에 노동의 한계생산물가치는 더 커지므로 노동의 한계생산물가치곡선도 최초의 $VMP_1(K_1)$로부터 $VMP_2(K_2)$와 같이 우측으로 이동한다.

따라서 임금이 W_2일 때에는 $VMP_2(K_2)$곡선에 대응하여 노동의 고용량은 OL_1로부터 OL_2로 증가한다. 임금의 하락은 노동수요의 대체효과(AB를 따른 증가 L_1L_1')와 생산효과(BC를 따른 증가 $L_1'L_2$)를 합한 L_1L_2의 증가효과를 가져온다.

이렇게 하여 완전경쟁에서 두 종류의 가변요소 L과 K를 사용하는 기업의 요소 L에 대한 수요곡선은 L만을 사용하는 기업의 수요곡선인 VMP_L곡선 그 자체보다 탄력적인 D_L로 점 A와 점 C를 이은 선이 된다.

(4) 생산요소에 대한 시장수요곡선

생산요소에 대한 시장수요곡선의 유도는 생산물시장에서 개별기업의 수요곡선들의 수평적 합계로 시장수요곡선이 유도된다는 사실과는 다르다. 요소가격의 하락이 생산물가격에 영향을 미치기 때문이다.

앞에서 논의한 개별기업의 요소수요곡선은 개별기업의 요소수요량결정이 생산물가격에 영향을 미치지 않는다는 가정 하에서 도출된 것이었다. 그러나 요소의 시장수요곡선은 요소의 각 가격수준별 요소수요량을 나타내준다. 그러므로 요소의 시장수요곡선은 산업내 모든 기업들이 요소가격변화에 대응하여 그들의 요소고용량을 변화시키는 정도를 반영하고 있다. 가령 임금이 하락하면 산업의 노동수요량이 증가할 것이고 이는 산업내의 생산량을 증가시킬 것이다. 따라서 시장가격이 하락할 것이고 이는 개별기업의 VMP곡선을 좌측으로 이동시킬 것이다. 결과적으로 개별기업의 요소수요곡선을 좌측으로 이동시키고 이는 다시 시장수요곡선에 반영될 것이다.

〈그림 13-5〉에서 임금이 W_0일 때 노동의 수요량은 노동의 수요곡선 DL_0의 점 A에 대응하는 OL_0이다. 만약 임금이 W_0에서 W_1로 하락하면 개별기업은 노동의 고용을 증가시키고 이로 인하여 생산량도 증가하게 된다. 산업 내에서 모든 개별기업의 이러한 현상은 결국 상품가격의 하락을 초래하고 결과적으로 VMP가 하락하기 때문에 개별기업의 요소수요곡선은 좌측으로 이동하게 된다. 따라서 개별기업의 요소수요량은 기존의 요소수요곡선상의 점 C와 대응하는 OL_1이 아니라 새로운 요소수요곡선 DL_1상의 점 B와 대응하는 OL_1'이 되는 것이다. 즉, 점 A와 B를 이은 D_L'이 개별기업의 노동에 대한 수요곡선인 것이다.

이러한 과정을 거쳐 도출된 개별요소수요곡선을 수평으로 합하면 시장의 요소수요곡선이 되는데 일반적으로 시장의 요소수요곡선은 개별요소수요곡선에 비해 완만하다.

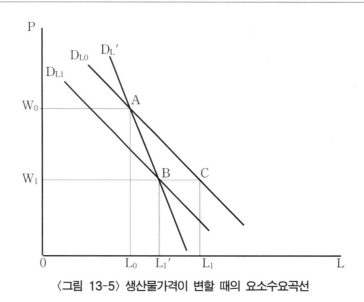

〈그림 13-5〉 생산물가격이 변할 때의 요소수요곡선

(5) 생산요소수요의 가격탄력도 결정요인

생산요소수요의 가격탄력도란 생산요소의 수요가 그 자체의 가격에 대한 민감도를 나타낸다. 다음은 생산요소수요의 가격탄력도에 영향을 주는 요인들을 정리한 것이다.

첫째, 생산요소간의 대체가능성의 크기이다. 즉, 한 생산요소가 다른 생산요소로의 대체가 용이하면 할수록 그 생산요소의 가격변화에 대하여 수요량의 변화는 크게 된다.

둘째, 한 생산요소를 투입하여 생산한 제품에 대한 수요의 가격탄력도가 클수록 그 생산요소수요의 가격탄력도가 크다. 즉, 어떤 제품에 대한 수요의 가격탄력도가 크면 요소가격의 약간의 변화에도 제품가격의 변화를 초래하여 그 제품에 대한 수요가 변화하게 되고 동시에 그 생산요소의 수요도 변화하게 된다.

셋째, 한 생산요소의 비용이 총생산비용에서 차지하는 비중이 클수록 그 생산요소에 대한 수요의 탄력도가 크게 된다. 가령 어떤 생산요소의 비용이 총생산비용에서 차지하는 비중이 높다면, 그 요소의 가격변화가 총생산비용에 주는 부담이 클 것이므로, 기업은 그 생산요소의 수요를 대폭 줄이려고 할 것이다.

넷째, 단기에서보다 장기에서 탄력도가 더 크다. 일반적으로 장기로 갈수록 요소의 대체가능성이 커지기 때문이다.

2-2 생산요소의 공급

여기에서는 노동이라는 생산요소를 중심으로 개별공급곡선을 도출하기로 한다.

사람들은 주어진 시간에 얼마만큼 노동을 하고 얼마만큼 여가를 가져야 효용이 극대화 되는 가하는 선택의 문제에 직면하는 경우가 있다. 보통 여가는 일반 재화와 마찬가지로 많으면 많을수록 좋지만 여가가 많으면 노동시간이 단축되어 소득이 줄어들고 따라서 일반 재화의 소비를 줄여야 하기 때문이다.

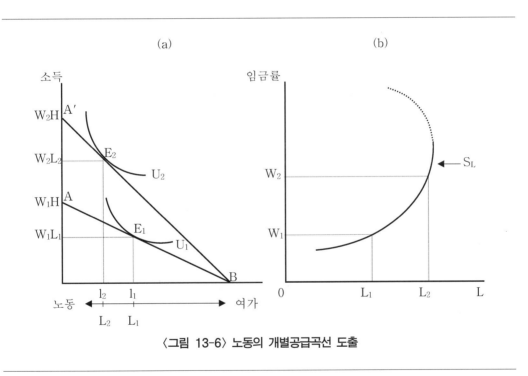

〈그림 13-6〉 노동의 개별공급곡선 도출

〈**그림 13-6**〉은 이러한 근로-여가선택의 문제를 소득-여가선택의 모형으로 단순화시켜 개별노동자의 우상향하는 을 도출한 것이다. 그림 (a)에서 종축은 시간당 임금에 노동시간을 곱한 소득을 표시했고 횡축은 원점과 멀수록 여가(I)를 나타내고 반대로 원점과 가까울수록 노동시간(L)을 나타낸 것이다. 만약 하루 24시간 중 여가와 노동으로 사용할 수 있는 가용시간(H)을 모두 여가로 활용하면 소득은 0이 될 것이며, 가용시간을 모두 노동에 사용하면 소득은 시간당 임금에 가용시간을 곱한 것이 될 것이다. 따라서 시간당 임금이 W_1로 주어졌을 때 가용시간을 모두 여가로 활용하면 소득은 점 B에서와 같이 0이 되고, 모두 노동으로 활용하면 소득은 점 A와 같이 W_1H가 될 것이다. 여기에서 두 점 A와 B를 연결하면 소득과 여가사이의 예산

선이 된다. 한편 소득과 여가사이의 무차별곡선은 U_1이 되기 때문에 균형점은 E_1이 되고, 이 경우 노동시간은 $L_1(=H-l_1)$이 되어서 소득은 W_1L_1이 된다. 만약 시간당 임금이 W_2로 상승하면 같은 논리로 예산선과 무차별곡선은 각각 $A'B$와 U_2가 되어서 균형점 E_2에서 L_2의 노동시간과 W_2L_2의 소득을 갖게 된다.

그림(b)에서는 위에서 결정된 임금과 노동시간간의 관계를 나타내는 선이 그려져 있는데 이것이 바로 노동의 개별공급곡선(SL)이고 우상향한다. 그러나 임금률이 아주 높으면 개인차는 있으나 노동의 시간을 단축하고 여가를 많이 가지려고 하는 성향이 있으므로 노동의 개별공급곡선은 점선부분처럼 후방굴절을 할 수도 있다.

요소의 개별공급곡선의 수평적 합계로 표시되는 요소의 시장공급곡선은 요소의 개별공급곡선보다 완만하게 그려지는 것이 보통이다.

2-3 요소수요의 시장가격과 고용량 결정

지금까지 노동을 예로 하여 개별수요곡선과 개별공급곡선을 도출해 보았으며 이들의 각각의 수평적 합이 시장의 수요곡선과 공급곡선이라는 것도 설명했다.

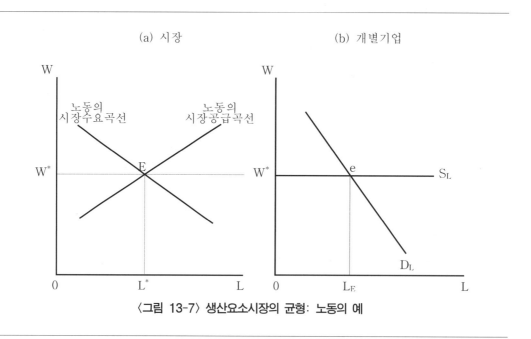

〈그림 13-7〉 생산요소시장의 균형: 노동의 예

〈**그림 13-7**〉의 (a)에는 노동의 시장수요곡선과 노동의 시장공급곡선이 교차하는 점 E에서 균형임금 W^*와 균형고용량 L^*가 결정되는 것을 보여주고 있다.

만약 노동시장이 완전경쟁이면 개별기업의 노동수요량은 노동시장전체의 노동수요량에 비해 아주 미미할 것이다. 따라서 개별기업은 노동의 고용을 노동시장에서 주어진 임금 하에서 할 것이다. 따라서 완전경쟁의 특성상 노동을 고용할 때 시장에서 주어진 임금보다 높게 지불할 필요가 없으며, 그렇다고 해서 낮게 지불하면 노동을 전혀 고용할 수가 없게 된다. 즉, 그림 (b)에서 보듯이 한 기업이 직면하는 노동의 공급곡선은 주어진 임금수준에서 수평선이 된다. 그래서 균형점 e에서 개별기업의 균형노동고용량은 L_E가 된다. 한편 생산물시장에서의 완전 경쟁의 경우에서 $P = S = AC = MC$가 되듯이 여기에서도 임금수준에서 그린 수평선이 개별기업이 직면하는 노동의 공급곡선이자 노동의 고용에 대한 평균비용곡선이며 노동의 고용에 대한 한계비용곡선이 된다.

2-4 불완전경쟁하의 요소시장

(1) 요소의 수요독점

요소의 수요독점(monopsony)이란 다수의 요소공급자가 있는 완전경쟁적 요소공급시장에서 하나의 요소수요자가 하나의 요소를 독점적으로 수요하는 경우를 의미한다.

앞에서 살펴본 바와 같이 한 기업이 요소시장에서 요소를 완전경쟁적으로 수요하면, 그 기업은 수평적인 요소공급곡선에 직면하게 되고 요소의 시장공급곡선은 우상향하는 형태를 취한다. 그러나 요소시장에서 요소를 독점적으로 수요하는 수요독점기업은 이 기업의 요소수요량이 요소에 대한 전체수요량이 되어 우상향하는 시장전체의 공급곡선에 직면하게 된다.

수평의 요소공급곡선에 직면하는 기업의 경우 요소가격이 곧 요소의 한계비용(MFC)이다. 그러나 우상향하는 요소공급곡선에 직면하는 기업의 경우에는 요소의 한계비용은 요소의 공급곡선보다 높은 위치에서 진행한다. 왜냐하면 요소의 공급곡선은 언제나 요소의 평균비용곡선(AFC)과 일치하는 데 요소의 공급곡선이 우상향하고 있으므로 요소의 평균비용곡선도 우상향한다. 그런데 요소의 평균비용이 우상향하는 구간에서는 요소의 한계비용이 요소의 평균비용보다 항상 크다. 이는 제8장의 〈**그림 8-5**〉에서 AC곡선이 양의 기울기를 갖는 동안 MC곡선이 AC곡선의 위쪽에 있는 것과 같은 내용이다. 즉, 우상향하는 요소의 공급곡선에 직면하는 기업의 경우에는 요소이 모든 고용량수준에서 $MFC > P_F = AFC$인 것이다.

이 경우도 역시 독점기업의 한계수입생산물곡선 MRP가 수요곡선이 된다. 이러한 가운데 수요독점기업은 이윤을 극대화하기 위하여 $MFC = MRP$ 인 조건하에서 요소의 고용량을 결정하고 공급곡선에서 MRP 보다 낮은 가격을 결정한다.

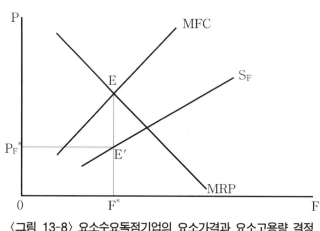

〈그림 13-8〉 요소수요독점기업의 요소가격과 요소고용량 결정

〈그림 13-8〉에서 요소의 수요독점기업은 요소의 수량을 점 E 에서 F^* 로 결정하고, 그가 지불하는 요소가격은 그 보다 낮은 요소공급곡선상의 점 E' 에 대응한 PF^* 가 된다. 이것은 분명히 MRP 에 대응한 요소가격 E 보다 낮은 것이다.

여기에서 요소수요독점의 문제점에 대해서 알아보자. 〈그림 13-9〉에서 보듯이 요소의 독점수요는 완전경쟁적 요소수요보다 낮은 수준에서 요소고용량이 결정될 수 있다는 점이다. 완전경쟁에서라면 수요곡선 VMP 와 공급곡선 MC 가 교차하는 점 EC 에서 OF_0 을 수요하고 요소가격 PF_0 를 지불하겠지만, 수요독점 하에서는 요소의 한계비용(MFC)과 한계수입생산물 (MRP)이 일치하는 점 EM 에서 요소고용량 OF_1 을 고용하고 요소가격 PF_1 을 지불하게 된다. 이와 같이 점 EC 와 EM' 사이에서 고용량은 F_1F_0 만큼 감소하고 요소가격 PF_0 와 PF_1 간의 요소단위당 수요독점착취가 일어난다. 이것을 요소수요독점 착취(monopsonistic exploitation)라 한다.

우리나라에서는 담배인삼공사에서 담배와 홍삼의 원료를 원료생산자들로부터 독점수요함으로써 나타날 수 있는 현상이다.

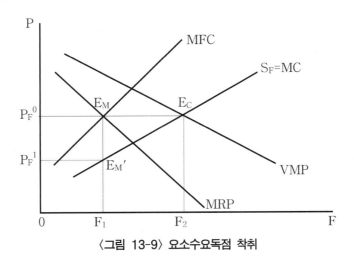

〈그림 13-9〉 요소수요독점 착취

(2) 요소의 쌍방독점

요소의 쌍방독점(bilateral monopoly)은 하나의 요소를 독점공급하는 단일기관과 동일한 요소를 독점수요하는 요소수요독점자가 만나는 시장상황이다. 이러한 상황에서는 요소가격과 고용량은 쌍방의 교섭능력에 따라 나타나기 때문에 경쟁시장에서와 같이 합리적인 균형은 이루어지지 아니하고 교섭능력이 큰 쪽에 유리한 방향에서 가격과 고용량은 결정된다. 즉, 요소의 가격과 고용량은 완전경쟁상태와 독점의 상태 사이에서 교섭능력에 따라 결정된다는 것이다.

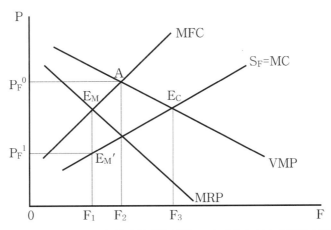

〈그림 13-10〉 요소의 쌍방독점의 경우 요소가격과 요소고용량 결정

〈**그림 13-10**〉은 쌍방독점 하에서 가격과 고용량이 불균형상태에서 결정되고 있음을 보여준다. 완전경쟁의 경우에서라면 요소의 공급곡선 SF와 요소의 수요곡선 VMP가 교차하는 점 EC에서 고용량 OF_3과 이에 대응한 균형가격이 결정된다. 만일 요소의 공급독점자가 완전경쟁시장에서 요소를 공급하는 경우라면 VMP를 요소의 수요곡선으로 보고 이를 요소의 한계비용 MFC와 일치시킴으로써 요소량 OF_2를 공급하고 점 A에 대응하는 가격 PF_0를 부과할 것이다. 그러나 요소수요자가 요소수요를 독점한다면 MFC와 MRP가 교차하는 점 EM에 대응하는 요소수요량 OF_1을 수요하고 가격 PF_1을 지불할 것이다.

이와 같이 고용량과 가격은 각각 F_1-F_3사이 그리고 PF_0-PF_1사이에서 불안정적으로 결정되게 된다.

【연|습|문|제】

1. 로렌츠곡선과 지니계수를 설명하시오.

2. 우리나라에서 도시와 농촌 중 소득분배가 더 불평등하게 된 곳은 어디이며 그 이유를 설명하시오.

3. 노동의 공급곡선이 후방굴절하는 이유를 설명하시오.

4. 생산요소의 수요곡선을 이동시키는 요인에 대하여 설명하시오.

5. 불완전경쟁의 요소시장에 대해서 설명하시오.

지대, 이자 및 이윤

제1절 지 대

  토지는 인간에게 직·간접적으로 매우 유용함에도 불구하고 경제학적으로 분석할 때에는 그것의 직접적인 이용가치만을 평가하는 경우가 보통이다. 예를 들면 인간의 발이 미치지 못하는 깊은 밀림을 형성해 낸 토지는 우리에게 경제적으로는 가치를 측정할 수 없는 산소의 공급과 공기의 정화 그리고 생태계에서의 역할과 시각적인 아름다움 등을 제공함에도 불구하고 그 가치를 제대로 평가받지 못하고 있다.

  즉, 토지는 인간에 의해 물리적인 힘이 가해질 수 있거나 다른 생산수단과의 결합이 가능할 때 이용가치가 있으며, 이용가치의 대소에 따라 토지 자체의 가치도 정해지는 것이다.

  이러한 토지의 특징은 다음과 같이 요약될 수 있다.

  첫째, 토지의 절대공급량은 고정적이다. 즉, 자연적인 토지의 공급은 일정하며 간척과 개발 등과 같은 인위적인 것에 의한 토지공급량의 증대는 토지 전체에 비해 미미하다.

  둘째, 토지공급은 고정되어 있으므로 토지가격인 지대는 수요에 의해 결정된다.

  셋째, 보관비용이 없으나 이동성이 없기 때문에 위치에 따라 용도와 가치가 다르다.

  넷째, 소멸되거나 마모되지 않는 영구적인 내구성을 갖는다. 일반적으로 영구적인 내구성을 갖지만 농토의 경우 오염 등으로 더 이상 제 구실을 못하는 경우가 있는 것이 현실이다.

  다섯째, 수확체감의 법칙이 적용된다. 즉, 토지는 자본 또는 노동의 투입량이 증가함에 따라 어느 시점에서는 토지로부터 얻을 수 있는 수확량은 체감한다는 것이다.

1-1 차액지대

토지의 이용에 대한 대가인 지대의 결정을 리카아도(D. Ricrdo)는 차액지대론으로 설명했다. 차액지대론이란 우등지에서 얻어지는 수확(수입)의 차에서 지대가 발생한다는 이론이다.

사람들은 인구가 적은 상황에서는 이용하기가 편하고 생산성이 높은 1등지만을 지대 없이 선택하여 경작한다. 그러나 인구가 증가하고 물의 수요도 증가하게 되면 1등지의 경작만으로는 수확이 부족하게 된다. 그래서 1등지보다도 생산성이 뒤지는 2등지를 사용하게 되는 데, 이렇게 2등지가 경작되게 되면 1등지에는 필연적으로 지대가 발생하게 된다. 왜냐하면 누구나 생산성이 높은 1등지를 선호하기 때문이다. 따라서 1등지에는 2등지와의 수확의 차이만큼 가격이 발생하고 이것이 지대가 된다. 이 경우 사람들은 1등지를 이용하거나 2등지를 이용해도 똑같은 이윤을 얻게 된다. 이는 1등지의 수확에서 생산비인 지대를 빼면 2등지의 수확과 같은 이윤을 얻게 되기 때문이다.

인구가 계속 증가하면 같은 논리로 3등지의 이용이 시작되고 3등지의 수확량은 2등지보다 더욱 뒤떨어지므로 1등지와 2등지의 지대는 상승하고 각각의 수확량과 3등지의 수확량의 차이가 지대로 된다. 물론 3등지에는 지대가 발생하지 않는다. 이와 같이 차액지대란 토지의 비옥도 또는 생산력 차이에 의해 발생하는 지대를 일컫는다.

또한 리카아도는 같은 1등지에 노동량이 추가되어 감에 따라 그 수확량은 점차 체감해 나간다고 보고, 추가적 노동량에 따라서는 1등지 내에도 지대가 발생함을 제시했다. 이것은 수확체감의 법칙으로서 그 후의 경제이론에도 자주 응용되고 있다.

사실상 주거지와 공업 및 상업용지의 경우에도 차액지대로 설명될 수 있으나 이러한 경우 토지의 가치의 척도는 교통편, 환경, 교육, 상업성, 수익성 등 각각의 척도가 적용되어 지대가 결정된다.

1-2 절대지대

마르크스(K. Marx)는 지대에는 차액지대 이외에 자본주의경제사회의 토지소유제도에 의한 절대지대가 발생함을 지적했다. 자본주의경제사회에서의 토지는 모두 누군가에 소유되고 있는 데 생산력에 관계없이 토지라는 생산요소를 소유하고 있다는 데에 기초하여 토지의 소유자가 요구하는 지대인 것이다. 즉, 토지의 소유자는 비록 그 토지가 경작한계지라 할지라도 지대를 받지 않고 토지를 빌려주지 않는다. 이 경우의 지대는 토지의 등급에 의한 수확량과는 무관계하다고 하여 마르크스는 이를 절대지대라고 불렀다.

1-3 수요와 공급에 의한 결정

지대는 토지에 대한 수요와 공급에 의해 결정된다는 이론으로 토지의 한계생산력에 착안 한 것이다.

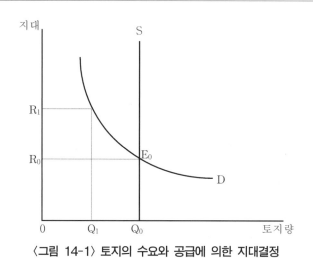

〈그림 14-1〉 토지의 수요와 공급에 의한 지대결정

〈그림 14-1〉에서 D는 토지의 한계생산력(제13장에서 다룬 MRP 또는 VMP개념)을 나타내고 있는데 이것은 토지에 대한 수요곡선이기도 한다. 그림에서 D곡선(한계생산력)이 토지를 증가시킴에 따라 감소하고 있는 모양을 보여주고 있는데 이는 토지라는 생산요소의 투입량을 증가시킴에 따라 한계생산물체감의 법칙에 의하여 토지의 한계생산물은 감소하고 따라서 그 가치도 감소하기 때문이다. 한편 S는 토지의 공급곡선으로 수직선으로 그려져 있는 데 토지의 공급이 고정적이기 때문이다.

일반적으로 토지의 공급은 완전비탄력적인 것으로 간주되고 있다. 가령 지대가 상승되었다고 해서 사막과 같은 토지를 쉽게 개발해서 이용할 수 있는 것은 아니기 때문이다.

따라서 균형지대는 D곡선과 S곡선의 교차하는 점 E_0에서의 R_0으로 결정된다. 만일 지대가 R_1로 상승하면 수요량은 OQ_1로 감소하고 유휴지가 증대하므로 지대는 내려가게 된다. 또 R_0 이하로 지대가 내려가면 토지의 공급량 이상의 수요가 발생하게 되므로 지대는 상승하게 될 것이다. 만일 토지의 개량이나 기술의 발전이 있다면 토지의 한계생산력을 증대시켜 D곡선을 위로 이동시킴으로써 지대는 상승하게 된다.

제2절 이 자

이자의 본질에 대해서는 아담 스미스이후 여러 논의가 있었지만, 대체로 소득분배 중 자본가에 해당되는 자본사용에 대한 대가로 이해되어 왔다. 즉, 이자란 화폐자본을 빌려준데 대해 요구되는 대가이다. 일반적으로 이것은 돈으로 지불되기 때문에 그 화폐의 원금에 대해 일정 비율로써 표시하여 이자율이라고 한다. 그런데 화폐자체는 지금까지 논해 온 경제적 자원 또는 생산요소는 아닌 것이다. 즉, 화폐자체로는 재화나 용역을 생산해 낼 수는 없다. 그러나 기업이 화폐를 사용하여서 자본재를 구입하게 되므로 분명히 생산에 기여한다고 할 수 있다.

1-1 이자율의 범위

이자율의 크기는 다음과 같이 상황에 따라 변할 수 있다.

첫째, 대출금에 대한 위험도에 따라서 이자율은 달라진다.

둘째, 대출금의 기한이 장기일수록 대여자의 불편과 대체성이 크므로 이자율이 높다.

셋째, 같은 위험부담률 하에서는 고액의 대출금보다 소액의 대출금에 대해 이자율이 높다. 그 이유는 관리비 등의 이유 때문이다.

넷째, 시장의 불완전성도에 따라 이자율은 달라진다. 작은 지역에서 하나밖에 없는 은행은 높은 이자를 부과할 수 있는 반면, 금융기관이 많은 경쟁적인 곳에서는 비교적 낮은 이자율을 부과한다.

1-2 이자율의 결정

자세한 이자율 결정이론에 대해서는 제6편부터 다루는 거시경제이론에서 다루기로 하고 여기에서는 대략적인 내용만 다루기로 한다.

〈그림 14-2〉의 (a)는 고전학파의 이자율 결정이론으로 이자율이 채권시장에서 대부자금(loanable fund)의 공급과 수요에 의해서 결정된다는 것을 보여주고 있다. 채권시장의 측면에서 보면 대부자금의 공급이 채권의 수요이고, 대부자금의 수요는 채권의 공급이 된다. 그리고 채권의 공급은 실물투자와 같고 채권의 수요는 저축과 같다. 따라서 다음의 관계가 성립한다.

$$I(\text{투자}) = B_S(\text{채권의 공급}) = L_D(\text{대부자금의 수요})$$
$$S(\text{저축}) = B_D(\text{채권의 수요}) = L_S(\text{대부자금의 공급})$$

여기에서 채권의 공급은 이자율의 감소함수이고 채권의 수요는 이자율에 대한 증가함수이므로 〈**그림 14-2**〉와 같은 그래프를 생각할 수 있다. 그림에서 두 곡선의 교차점에서 균형이자율이 결정됨을 보여주고 있다.

그림 (b)에는 이자율의 결정이 화폐의 수요와 공급에 의해서 결정된다는 것을 보여주고 있다. 화폐의 수요는 크게 거래목적과 투기목적이 있다. 화폐의 수요곡선 *MD*은 우하향하고 있는데 이는 소득에 의한 거래목적의 화폐수요량과 이자율에 의한 투기적 목적의 화폐수요량이 합해진 것이다. 이자율(수익률)이 높으면 화폐수요가 감소하고 낮으면 증가함을 보여주고 있다. 화폐공급은 통화당국에 의해서 이자율과는 관계없이 결정된다고 보아 수직선인 *MS*로 나타난다. 이 화폐에 대한 수요곡선과 공급곡선의 교차점에서 균형이자율이 결정된다.

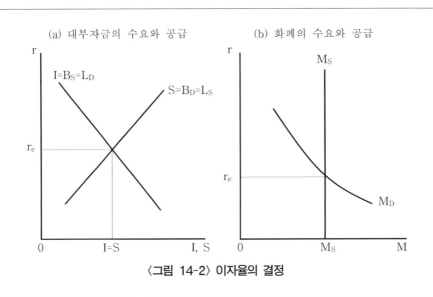

〈그림 14-2〉 이자율의 결정

1-3 이자율의 역할

경제에 있어서 이자율은 이자지출 및 이자소득에 영향을 미칠 뿐만 아니라 실물경제에 많은 영향을 미치므로 그 역할은 매우 중요하다. 자세한 내용은 거시경제에서 다루기로 하고 여기에서는 간단히 설명하기로 한다.

첫째, 이자율은 국민총생산, 즉 국민소득에 밀접한 영향을 미친다.

이자율의 변화는 기업의 투자량변화를 유발하고, 기업의 투자량은 결국 국민산출고를 변화시킨다. 예를 들면 이자율의 하락은 투자를 자극하고 결국 국민총생산을 증가시킨다.

둘째, 이자율과 자본의 배당관계를 알아보자.

가령 어떤 산업의 부가적인 실제 자본의 예상이윤율이 10%이고 이에 필요한 자금의 이자율이 7%라고 하면, 이 산업은 돈을 빌려서 그의 자본시설을 증대시키는 것이 합리적이다.

간단히 말해서 이자율은 화폐를 배정하고 궁극적으로 실제 자본을 가장 생산적이고 이윤을 초래할 수 있는 기업에 돈을 공급해 주는 역할을 한다. 그와 같은 자본재의 배정은 분명히 사회전체의 이익이 되는 것이다. 그러나 이자율이 이와 같이 자본을 통제 배당하는 기능을 완벽하게 수행하고 있는 것은 아니다. 과점기업은 그들의 가격을 조작할 수 있는 능력에 의하여 이자비용을 소비자에게 전가시킬 수가 있기 때문에 경쟁적인 차용자본을 더 유리한 조건으로 차용할 수 있는 반면, 소기업은 그들의 이윤예상율이 더 큰 데도 자금을 얻지 못하는 경우가 있다.

제3절 이 윤

노동, 자본 및 토지와 같은 필수적인 생산요소를 일정한 생산계획 하에 결합·조직하고 운영을 해야 비로소 제대로 이용될 수 있다. 이렇게 생산요소를 결합·조직 및 운영하는 능력도 절대 필요한 생산요소이며, 이것을 기업활동이라고 한다. 노동의 대가가 임금, 자본의 대가가 이자, 토지의 대가가 지대이듯이, 기업활동 또는 경영의 대가가 이윤인 것이다.

그런데 기업가들이 기업을 조직하고 관리할 때 자신의 자본과 노동을 투입하는 것이 보통이므로, 일반적으로 이윤으로 간주되는 것 중에는 자신의 자본과 노동에 대한 기회비용(기업의 기회비용 또는 암묵적 생산비)과 기업경영을 계속하게끔 유인작용을 하는 정상이윤이라는 최저이윤이 포함되어 있다. 따라서 경제학에서는 엄밀한 의미에서의 이윤, 즉 경제학적 이윤(순수이윤)을 계산하기 위해서는 경제학적 비용(회계적 비용에 기업의 기회비용과 정상이윤을 합한 것)을 총수입으로부터 공제해야 한다.

경제학적 이윤＝총수입－경제학적 비용
(경제학적 비용＝회계적 비용＋기업의 기회비용＋정상이윤

완전경쟁시장의 경우를 예를 들어서 이윤에 대해서 생각해 보면 장기균형에서는 기업의 이윤은 정상이윤뿐이며, 만약 어떤 기업이 정상이윤을 능가하는 순수이윤을 획득한다면, 당장에 기업의 신규진입이 그 산업에 발생하고 제품의 공급이 증가하여 가격이 하락함으로써 순수이윤이 없어지게 된다. 그러나 실제로 이러한 완전경쟁시장의 경우는 존재하지 않는다.

이하에서는 여러 이윤발생이론 중에서 가장 유력한 두 이론에 대해서 설명하고자 하는데 첫 번째는 이윤의 근원을 기업의 혁신에서 찾는 이론이고, 두 번째는 그것을 미래의 불확실성에서 찾는 이론이다.

3-1 혁신설

슘페터(J. A. Schumpeter)는 이윤을 기업의 혁신의 대가라고 보았는데 여기에서 혁신이란 기술적인 측면만 아니라 경영과 마케팅 등을 포함한 개념이다. 새로운 방식의 도입은 낡은 생산과정에 충격을 주고 동시에 기업의 이윤을 증대시키고, 이는 다시 투자를 자극하여 경제가 발전한다는 것이다.

이와 같은 관점에서 볼 때 혁신이 없는 경영자에 대한 보수는 이윤이 아니라 임금에 불과하다. 혁신자란 일상적인 관리자가 아니라, 독창력을 가지고 성공적으로 새로운 기술과 경영방식을 개발·채택하는 사람을 말하며, 이와 같은 의미에서의 혁신으로 인해 이윤이 발생하는 것이다. 시간이 지남에 따라 매번 등장한 혁신은 일반화되어 가면서 이윤은 없어지고, 또 새로운 혁신이 등장하여 이윤을 얻게 된다.

슘페터의 이론의 단점은 첫째, 혁신의 경계가 애매하며 혁신의 유발원인도 불분명하다. 둘째, 현실적으로는 혁신이 없는 경우에도 큰 이윤을 얻는 기업이 많이 존재한다는 것이다.

3-2 위험 부담설

나이트(F. H. Knight)는 이윤의 근거를 불확실성에서 찾고자 했다. 즉, 부의 가치가 예상하지 못한 과정에서 증가하면 그 부의 소유자는 그만큼 이윤을 보고, 그것이 감소하면 그만큼 손실을 본다는 것이다.

불확실성의 원인은 내생적인 원인과 외생적인 원인으로 나누어질 수 있다. 예를 들어 혁신과 같은 기업가들의 활동에서 연유하는 원인이 내생적 원인이고, 소비자의 기호의 변화와 같이 기업가들의 활동과는 무관하게 일어나는 원인이 외생적 원인이다.

첫째, 불확실성의 내생적 원인은 자원의 소유자들이 이윤을 추구하여 슘페터의 혁신설에서처럼 여러 가지 새로운 혁신을 시도해서 그 자원의 가치가 변화하고 이윤이 생기는 경우이다. 혁신을 매우 성공적으로 예측할 수도 있겠으나, 그 반대의 가능성도 예측할 수 있다. 이러한 상황에서 새로운 투자에 대한 위험부담은 클 수도 있으며 위험을 기피하는 대다수의 기업가들은 새로운 투자를 하지 않을 것이다. 그럼에도 불구하고 누군가가 낮은 성공가능성 대신 높은 예상수익을 가진 투자계획에 투자하여 성공한다면 이때의 이윤은 위험을 이겨낸 대가라고 볼 수 있다. 즉, 이윤은 혁신에 따른 위험부담의 보상인 것이다. 따라서 나이트의 위험 부담설은 슘페터의 신혁신을 포함하는 것으로 볼 수 있다. 따라서 혁신을 한다는 것은 그것이 성공할 경우 생기는 이윤을 바라는 반면에, 실패할 위험을 부담하려는 용의가 있다는 것을 뜻한다.

둘째, 불확실성의 외생적 원인이란, 예를 들어 사람들의 기호가 크게 변해서 어떤 재화에 대한 수요가 급증하고 그것을 생산하는 사람이 뜻하지 않게 이득을 보는 경우이다. 이처럼 기업가의 능력 또는 경영방식과는 아무런 관계없이 큰 이득을 얻는 경우를 말한다. 물론 이와 반대의 경우도 많이 있다.

사실 위험 부담설에 의하면 이윤은 기업가에게만 발생하는 것이 아니라, 모든 자원(자원＝부)의 소유자에게 발생할 수 있다는 것이다. 노동력의 소유자인 노동자나, 자본의 소유자인 자본가, 토지의 소유자인 지주에게 이윤은 발생할 수 있다. 가령 어떤 토지의 소유자가 지가의 급격한 상승으로 인하여 이득을 보았다면 이것도 그의 자원의 가치가 예기치 않게 증가한 것이므로 역시 이윤이라고 볼 수 있다.

【연|습|문|제】

1. 차액지대의 발생요인은 무엇인지 설명하시오.

2. 이자율결정이론에 관하여 논하시오.

3. 이자와 이윤을 구분하여 설명하시오.

4. 혁신설과 위험부담설을 구분하여 설명하시오.

시장실패와 정부의 개입

제1절 시장실패

1-1 시장실패의 개념

경제학에서는 시장기구가 자원을 효율적으로 배분할 수 있다는 것을 기본원리로 삼고 있다. 그러나 현실에서는 시장기구가 불완전하여 시장기구가 그 기능을 제대로 발휘하지 못하여 자원이 효율적으로 배분되지 못하거나 균등한 소득분배를 실현하지 못하는 경우가 발생한다. 이를 시장실패라 일컫는다. 이러한 시장실패가 발생하면 자원배분이 효율적으로 이루어지지 못하므로 정부의 시장개입이 필요하다. 즉, 시장실패가 정부의 시장개입에 대한 이론적인 근거가 되는 것이다.

1-2 시장실패의 발생원인

(1) 불완전경쟁

완전경쟁하에서는 기업이 이윤극대화를 달성하기 위해 가격을 한계비용에 일치시켜야 한다. 즉, 완전경쟁산업은 항상 $P=MC$가 성립하므로 시장의 가격기구에 의하여 자원배분의 효율성이 달성되게 된다. 그러나 현실에서는 불완전경쟁시장이 거의 대부분이다. 앞에서 살펴보았듯이 독점 등과 같은 불완전경쟁하에서는 최적의 자원배분은 불가능하다. 즉, 불완전경쟁산업의 경우는 $P>MC$이므로 시장실패가 발생하고 사회적인 후생손실이 초래된다.

(2) 공공재

공공재는 누가 공급하든 관계없이 일단 공급이 되면 누구나 동시에 '공동으로 소비할 수 있는 재화'를 말한다. 즉, 공공재(public goods)는 소비에 있어서 비경합성과 비배제성이 존재하는 재화와 서비스를 의미한다. 여기서 소비의 비경합성은 추가적으로 한 사람이 더 소비행위에 참여한다고 해도 다른 사람의 소비가능성이 전혀 줄어들지 않는 경우를 말한다. 소비의 비배제성은 소비를 위하여 그 대가를 지불하지 않은 사람이라도 소비에서 배제할 수 없는 것을 의미한다.

이러한 두가지 특성으로 인하여 공공재는 시장에서 아예 공급이 되지 않거나 공급이 된다 하더라도 그 양이 불충분할 수밖에 없다. 즉, 공공재의 경우 공공재 생산비를 전혀 부담하지 않은 개인도 자유롭게 사용하는 것이 가능하다. 따라서 공공재의 생산을 시장기구에 맡겨 놓으면 모든 사람들이 공짜로 소비하는 무임승차자(free-rider)가 발생할 가능성이 크다. 결국 시장경제에서는 이러한 공공재를 어떤 생산자도 공급하려 하지 않을 것이며 생산이 불가능하거나 과소생산이 이루어져 시장실패가 발생하게 된다.

(3) 외부성

외부성(externality)이란 한사람의 생산 또는 소비행위가 제3자에게 의도하지 않은 이득이나 손실을 주었음에도 불구하고 그에 대한 대가를 받거나 그 비용을 지불하지 않는 경우를 말한다. 다시말하면, 시장의 가격기구를 통하지 않고 재화의 생산·소비행위에 참가하지 않은 제3자에게 유리하거나 불리한 영향을 미치는 것을 의미한다.

여기서 한사람의 생산 또는 소비행위가 제3자에게 혜택을 주면서도 대가를 받지 못하는 경우를 외부경제(external economy)라 한다. 반면, 한사람의 생산 또는 소비행위가 제3자에게 손실을 주면서도 그 대가를 지불하지 않는 경우를 외부비경제(external diseconomy)라 한다.

이러한 외부성을 발생시키는 당사자는 외부성 유발에 대하여 어떤 가격을 지불하거나 보상을 받는 것이 아니므로 생산·소비활동시 외부성을 고려하지 않는다. 따라서 외부성이 발생하는 경우에는 시장의 가격기구에 의한 재화의 생산이 사회적인 최적수준을 초과하거나 사회적인 최적수준에 미달하는 현상이 발생한다. 예를 들면, 외부경제의 경우 교육이 이에 해당될 수 있다. 정부가 교육부문에 많은 재원을 지원하여 초중등학교의 육성을 지원하는 이유는 사적 필요에 의해 공급되는 교육서비스의 규모는 사회적 필요량에 미치지 못하기 때문이다. 즉, 외부경제가 발생하는 경우 사회적으로 바람직한 생산 및 공급이 원활하게 발생될 수 있도록 정부가 개입하여 보조금을 지원하는 것이다. 외부비경제의 경우는 생산과정에서 오염물질을 방출하는 경우를 예로 들 수 있다. 오염물질의 경우 그 대가를 지불하지 않을 경우 사회적으로 더 많이 발생할 수 있다. 따라서 이를 시정하기 위해 오염방출의 원인제공자에게 조세를 부과하여 이를 감소시킬 수 있다.

(4) 불확실성

완전경쟁시장에서의 효율적 자원배분은 소비자들이나 생산자들이 모든 상품, 요소가격과 질 등을 확실하게 알고 있다는 확실성의 가정을 바탕으로 한다. 그러나 현실적으로는 현재 자기가 소비하려는 상품의 가격, 품질 등에 관한 정보를 소비자가 완벽하게 갖는다는 것으로 불가능하다. 일반적으로 불확실성하에서는 위험이 수반되며, 또한 개별경제주체가 보유하고 있는 정보수준이 서로 다르게 되어 정보의 비대칭성(asymmetry of information)이 존재하게 된다. 이로 인해 시장의 실패가 발생한다.

만약 불확실성을 해결할 수 있는 완벽한 보험이 가능하다면 효율적 자원배분이 가능할 것이다. 그러나 이 역시 정보의 비대칭성하에서는 도덕적 해이(moral hazard)와 역선택(adverse selection)이 발생할 수 있어 결국 이로 인하여 자원배분의 비효율성이 초래된다. 즉, 완벽한 보험에 든 사람이라면 최선을 다해 미연에 사고를 방지하려는 노력을 하지 않을 경우가 많아질 수 있다. 이러한 도덕적 해이로 완벽한 보험이 제공되는 것이 어려울 것이다. 한편, 보험회사의 입장에서는 사고 확률이 낮은 사람이 보험에 가입하는 것이 바람직 할 것이다. 그러나 현실에서는 사고확률이 높은 사람들의 보험가입이 증가하는 역선택 현상이 발생하게 된다. 이로인해 보험지급률이 높아지고, 따라서 보험가입료의 인상을 유발하게되어 현실적으로 완벽한 보험제공이 매우 어렵게된다.

제2절 정부의 개입과 정부실패

이상에서 살펴본 시장실패로 자원배분의 비효율성이 초래되어 효율적인 자원배분을 달성하고자 정부가 개입하게 된다. 정부가 시장실패를 교정할 수 있는 가능성은 시장의 개별경제주체와는 달리 정부는 강제력을 갖고 있기 때문이다. 즉, 정부는 시장경제가 원활하게 작동하도록 법과 제도를 제정하고 운영하여 이를 위반하는 경제주체들을 강제적으로 제재하여 시장경제가 바람직한 방향으로 운영되도록 유도할 수 있다.

그러나 시장실패는 정부가 시장경제에 개입할 수 있다는 것을 의미하지 당연히 개입해야하는 것으로 의미하지 않는다. 즉, 시장실패는 정부개입을 위한 필요조건이 될 수는 있으나 충분조건은 될 수가 없다는 것이다. 이는 정부의 개입이 시장의 효율성을 더욱 저하시킬 수 있기 때문이다. 이렇듯 시장실패를 교정하기 위한 정부개입이 오히려 효율적인 자원배분을 저해하는 상황을 정부실패(government failure)라 한다. 정부실패가 일어나는 원인으로는 규제자의 불완전한 지식·정보, 규제수단의 불완전성, 관료조직의 문제 그리고 정치적 제약에 의한 공공선택의 문제 등을 들 수 있다.

즉, 첫째, 규제자의 불완전한 지식 및 정보는 정부의 실패를 가져올 수 있다. 경제주체가 모든 정보를 갖추기 어렵듯이 정부 또한 시장실패를 교정하기 위한 정책결정에 필요한 모든 정보를 갖추기 어려운 것이 현실이다. 이로 인해 원래 의도한대로 효율적인 자원배분을 달성하기 어렵거나 그 정책의 효과가 떨어질 가능성이 높다.

둘째, 규제수단의 불완전성도 정부의 실패를 야기시킨다. 정부는 적정한 규제수단과 지도방법을 사용하여 민간경제주체들이 바람직한 방향으로 개선되도록 유도한다. 그러나 그 수단이 불완전하여 민간부문의 행동이 기대한 것과 다를 경우 이를 완벽하게 통제하는데 한계를 보이게 된다.

셋째, 관료조직의 문제를 정부의 실패의 요인으로 들 수 있다. 정부의 경우 민간부문과 달리 경쟁이 미약하여 목적달성을 위한 인센티브가 부족하다. 관료제의 속성상 장기적이고 효율적인 정책수행보다는 금방 눈에 띄는 정책에 치중하는 경향이 있다. 도한 정부의 성과나 관료조직의 성과 및 업적을 객관적으로 평가할 수 있는 지표가 미약한 경우 공공의 목적과 거리가 먼 내부적인 상벌이 정부나 관료조직의 행위에 더 큰 영향을 미치기도 한다.

마지막으로 정치적 제약에 의한 공공선택의 문제를 살펴보면, 정부의 정책결정과정은 경제적 원리에 따르기 보다는 이해당사자들간의 타협을 통한 정치적 의사결정과정을 거쳐 이루어지는 경우가 많은 그 정책의 효과가 바람직하게 수행되지 못하는 경우가 발생하게 된다.

【연│습│문│제】

1.   시장실패 및 정부실패의 개념과 원인을 설명하시오.

2.   국내에서의 시장실패의 사례를 제시하시오.

3.   국내에서의 정부실패의 사례를 제시하시오.

4.   향후 시장의 효율성을 위한 정부의 역할은 무엇이라고 생각하는지 각자의 생각을 제시하시오.

국민이 행복한 나라

바야흐로 우리나라 국운이 상승기를 맞이하고 있다. 지난 달 30일 나로호의 발사 성공은 국민 모두에게 기쁨과 자긍심이라는 큰 선물을 선사했다. 새 정부 출범을 축하하는 상서로운 세리머니라는 생각이 든다. 이제 우리나라도 우주강국의 대열에 합류하게 되었다.

지난 해에는 세계속으로 도약한 대한민국의 한 해였다. 갤럭시폰과 현대차가 세계시장에서 크게 두각을 나타냈고, 가수 싸이는 소셜네트워크서비스를 통해 순식간에 10억명이 넘는 유투브 시청을 통해 세계적인 케이팝 스타로 등극하게 되었다. 일본인은 개선의 명수라 비탈 길은 잘 오르지만, 계단을 뛰어 오르는 혁신에는 약하다. 그러나 우리는 두뇌가 좋고 몰입에 뛰어나기 때문에 조금씩 개선하는 정도로는 성에 차지 않는다. 계단을 뛰어서 올라가는 것을 좋아한다. 두세 계단씩 뛰기도 한다. 우리 피속에는 혁신의 유전자가 들어 있다. 소니와 도요타가 개선의 꽃이라면 삼성전자와 현대차는 혁신의 꽃이라 할 수 있지 않을까? 세계가 놀랄 만한 경제 고도성장에 더해서, 세계가 경탄할 만한 제품을 만들어 내고 있다. 지난해 우리나라의 1인당 국민총소득(GNI)은 2만 2,700달러에 달해서 사상 최고치를 기록했다.

그러면 이제 우리나라는 선진국이 되었는가? 선뜻 그렇다고 대답하기가 쉽지 않다. 경제적 이유에서가 아니라 선진국이라고 말하기에는 뭔가 좀 부족한 느낌이다. 영국의 경제학자 리처드 레이어드는 그의 저서 〈행복의 함정〉에서 국민소득이 2만 달러를 넘어서게 되면 소득수준의 향상만으로는 더 이상 행복해지지 않는다고 했다. 그런데 우리나라는 너무나 많은 사람들이 국민소득 3만 달러를 달성해야 한다고 주장을 한다. 국민소득이 3만 달러를 넘었다고 해서 국민의 행복지수가 올라가는 것도 아니고, 선진국이 되는 것도 아니다. 선진국 기준이란 국민소득 외에 산업구조·기대수명·문맹률·교육·생활수준·소득 불평등 정도를 감안해서 판단하게 된다.

진정으로 국민이 행복하려면, 어느 정도 경제적 풍요도 중요하지만, 삶의 의미를 재발견하고 정신적 가치가 더 존중받으며, 삶의 균형과 조화가 이루어져야 한다. 선진사회가 되려면 먼저 국민의 행복권이 보장되고 증진돼야 한다. 가장 소중한 가치는 무엇인지, 모든 국민이 공유해야 할 가치를 찾아내야 한다. 둘째, 자녀들이 꿈을 키워갈 미래를 창조해야 한다. 우리의 자녀를 위한 일에 우선순위를 부여해야 한다. 부모의 경제력과 지식의 격차로 인한 사회적 열위가 자녀에게 세습되지 않도록 포용적 사회를 만들어야 한다. 대런 애쓰모글루 교수는 그의 저서 〈국가는 왜 실패하는가〉에서 국가가 번영하려면 포용적 사회제도를 통해 모든 사람이 동기부여를 받고, 창조적 파괴를 통해 부와 권력의 재분배 과정이 이루어 져야한다고 주장했다.

새로 출범하는 정부에 거는 국민적 기대가 크고 요구도 많다. 새 정부가 국제 경쟁의 거친 파도를 헤쳐 나가는 한 척의 배와 같을 지라도 명랑 해전에서 대승을 거둔 이순신 장군이 거느리는 12척 중 하나와 같다면 이야기가 달라질 것이다. 역전의 멋진 드라마를 펼칠 장군의 지혜를 기대해 본다. 새 대통령은 자신의 강점과 약점을 알고, 국민을 알고, 국민이 원하는 가치를 알아야 한다.

뉴턴의 만유인력의 법칙 발견, 플레밍의 페니실린 발견 등과 같이 역사적인 대발견은 숨겨진 지대한 노력 끝에 찾아오는 우연한 행운의 산물이다. 이러한 우연을 붙잡아 행운으로 바꾸는 힘

을 세렌디피티라고 한다. 세렌디피티를 만나려면 매일 반복되는 일상 속에서 작은 변화를 놓치지 말아야 한다. 세렌디피티의 전제조건은 '숨겨진 지대한 노력' 속에서 진주를 발견하는 것이다. 하늘은 스스로 돕는 자를 돕는다는 말이 가깝게 들린다.

150여 년 전 프랑스에서 태어난 에밀 쿠어가 이런 예언자적 말을 남겼다. "우리나라는 날마다 모든 면에서 점점 더 좋아지고 있다"

출처: 신은철(한국IR협의회 부회장), 『이데일리』, "여의도 칼럼", 2013. 2. 8.

딱한 한국인…70세까지 일해야 쉴 수 있다

경기도 평촌에서 폐지를 주워 팔아 생활하는 김철순씨(71·가명)는 요즘 하루하루가 고역이다. 찜통더위에 다리가 후들거릴 정도로 종일 돌아다녀도 손에 쥐는 돈은 하루 1만 원 정도. 운이 없는 날은 고물상에서 이마저도 안 쳐준다. 작년부터 오른쪽 무릎이 안 좋다는 그는 "언제까지 일을 할 수 있을지 모르겠다"며 불안해했다.

우리나라에는 김씨처럼 노년에도 일을 그만두지 못하는 사람이 많다. 경제협력개발기구(OECD)의 발표에 따르면, 우리나라의 실질은

퇴연령〈키워드 참조〉은 남성의 경우 70세를 넘겼다. 노후에도 원하는 일을 하면서 삶의 보람을 느낀다는 우아한 이야기가 아니다. 70세가 넘어야 밥벌이에서 풀려난다는 얘기다. 한국은 OECD 회원국 중 멕시코에 이어 두 번째로 실질적인 은퇴가 늦다. 미국과 유럽에선 60대 중반이면 은퇴한다.〈그래픽 참조〉몸 담았던 직장에서 빨리 쫓겨난 뒤, 어떻게든 다시 10여년 넘게 돈을 벌어야 하는 게 우리나라 보통 가장의 현실인 것이다.

OECD 주요 회원국 남성들의 실질은퇴연령		
국가	실질은퇴 연령(세)	공적 연금 지급 개시 연령
멕시코	72.2	65
대한민국	70.3	60
일본	69.7	65
스웨덴	66.0	65
미국	65.5	66
영국	64.3	65
그리스	61.9	57
이탈리아	61.1	59
프랑스	59.1	60.5

각 국의 2009년 통계 기준. 한국의 국민연금 지급 시작 연령
은 2033년까지 단계적으로 65세로 올라갈 예정.
자료: OECD(경제협력개발기구)

40대면 명퇴 압박 시달리는데, 은퇴연령은 왜 70세가 넘나

우리나라에선 '사오정(45세 정년)'이나 '오륙도(56세까지 직장에 다니면 도둑)'라는 말이 유행할 정도로 직장인들이 조기 퇴직 압박에 시달리고 있다. 1990년대 후반 외환위기를 겪은 뒤 10년 넘게 이어져 온 현상이다. 실제로 통계청 자료를 보면 우리나라 사람들이 '평생 가장 오래 일했던 직장'을 떠나는 평균 나이는 53세(남성은 55세)다. 보통 사람들이 생각하는 은퇴 시점과 거의 다르지 않다.

상황이 이런데, OECD는 왜 우리나라 국민의 실질은퇴연령을 70세라고 했을까? 결론부터 말하면, OECD가 말하는 은퇴연령이란 직장인이나 개입사업자가 평생 일했던 번듯한 직장에서 퇴직하는 시점을 뜻하는 게 아니다. 어떤 형태로든 돈을 받고 일하면 그 사람은 은퇴자가 아니라는 게 OECD의 분석 기준이다.

앞선 김씨 사례처럼 하루 단돈 1만원을 버는 사람도 OECD 기준에 따르면 아직 은퇴를 하지 않은 것으로 간주된다는 뜻이다. 기재부 김범석

인력정책과장은 "직장을 퇴직하면 사람들은 스스로 '은퇴했다'고 생각하지만, 실제로는 퇴직자들이 대부분 창업을 하거나, 보수가 좀 적은 다른 직장을 찾는다. 실제 은퇴는 이런 일마저 모두 그만둘 때라고 봐야 한다"고 했다.

그럼 평생 일한 직장을 나와도 사람들이 일을 손에서 놓지 못하는 이유는 뭘까. 노후 대비가 제대로 안 돼 있어 일하지 않으면 생계를 해결 못하는 노년층이 많기 때문이라는 게 경제 전문가들의 분석이다. 역시 OECD의 2011년 소득불평등 통계에 따르면, 우리나라 65세 이상 인구의 소득 수준은 전체 가구 평균 소득의 3분의 2 정도로, OECD 회원국 가운데 가장 낮다. 이는 우리나라 노년층이 아직 국민연금 같은 공적인 연금 혜택을 본격적으로 누리지 못하고 있기 때문이기도 하다.

우리나라 노인층은 연금소득이 15%에 불과하고, 근로소득 비중은 58%에 달한다. 반면 프랑스는 노인가구 소득 가운데 연금소득 비중이 86%이고, 근로소득 비중은 6%에 그친다. 한국 노인층의 근로소득 비중은 OECD 회원국 평균치인 21%의 2.7배에 이른다.

노인 빈곤율 1위, 자살률 1위

서울 을지로 다가구주택에서 월세를 사는 이복남(80·가명)씨는 길거리에서 토스트를 팔아 버는 30만원에다 구청에서 나오는 후원금 20만원을 합쳐 버텨 왔지만, 8월부터 5만원 하던 방세를 올려달라는 집주인 때문에 걱정이 태산이다. 김씨는 "입에 풀칠도 못할 수준인데 자식들이 있다는 이유로 기초생활보장 대상에도 못 들어갔다"고 하소연했다.

국민연금연구원 보고서에 따르면 이씨처럼 처지가 딱한 노인이 급증하면서 한국의 노인 빈곤

율(소득이 중간에 못 미치는 노인의 비율)은 45%(2000년대 중반 평균치)에 달해 OECD 국가 중 가장 높다. 우리나라 노인 10만명당 자살자 수는 77명(2009년 기준)으로 역시 OECD 최고 수준이다. 전문가들은 노인들이 일할 수 있는 양질의 일자리를 만들고, 미리미리 노후 대비를 할 수 있도록 사회안전망을 정비하는 작업이 시급하다고 입을 모은다. 신민영 LG경제연구원 경제연구부문장은 "건강이 나쁜데도 생계를 위해 노인들이 일해야 한다면 그만큼 사회의 행복도가 떨어진다는 뜻"이라며 "젊은 세대가 노후를 제대로 준비할 수 있도록 제도를 정비하고, 노인에게도 상당한 보수가 보장되는 양질의 일자리들이 만들어져야 한다"고 말했다. 고영선 한국개발연구원(KDI) 연구본부장은 "인구구조가 고령화되면 노인도 일을 해야 하지만, 질 낮은 일자리로 노인 빈곤층이 급증하는 현실이 문제"라며 "연령

에 따라 임금이 올라가는 체계를 바꿔 기업의 노령층 고용 부담을 덜어주고, 자영업자 등의 국민연금 가입률을 높여 노후에 대비할 수 있도록 해줘야 한다"고 조언했다.

실질은퇴연령

근로자나 사업자가 어떤 형태로든 보수를 받는 일을 완전히 그만둬, 경제활동에서 물러나는 나이를 뜻한다. 첫 번째 직장에서 은퇴하고 자영업을 시작했다면 이마저 완전히 마치고 물러나는 연령을 말한다. 경제협력개발기구(OECD)는 각국의 연령대별 경제활동 참가율을 바탕으로 별도의 계산 공식을 활용해 매년 실질은퇴연령을 산정하는데, 현재 2009년 기준 예측치까지 공개돼 있다.

출처: 김태근·최형석 기자, 『조선일보』, 2012. 7. 4.

신문으로
읽는 경제학
14

'시장의 실패'보다 무서운 '정부의 실패'

현재 진행 중인 정부조직 개편과 작은 정부 만들기 개혁은 각종 이익 집단의 반발에도 불구하고 시장경제에서 정부의 역할과 한계에 대한 확고한 인식과 원칙 아래 이루어져야 한다.

정부가 민간 경제 활동에 간섭하는 이론적 근거는 시장실패론이다. 자유방임 상태의 경제활동은 바람직하지 못한 결과를 초래하기 때문에 정부가 개입해서 바로잡아야 한다는 것이다. 그 결과 대부분의 경제학 교과서는 시장은 불완전

한 것이고, 정부는 이를 고칠 수 있는 완벽한 능력을 가진 것으로 암묵적으로 전제하고 기술되어 있다.

그러나 어떤 일을 해야 한다는 것과 그 일을 제대로 하는가는 다른 이야기이다. 시장의 실패와 정부 역할을 강조하는 경제학 교과서는 이런 점에서 반쪽 이론이다. 진정으로 균형 잡힌 이론이 되기 위해서는 '정부의 실패'도 함께 다루어져야 한다.

정부 실패는 왜 발생하는가. 많은 연구 결과는 정부 실패가 일부 무능한 관료나 정치인들 때문에 발생하는 것이 아니라 정부 조직에 내재하는 구조적 요인 때문이고, 시장의 실패보다 더 보편적이고 구조적인 현상임을 보여주고 있다. 특히 다원 민주주의가 발달한 선진국일수록 이익집단의 정치적 개입에 의한 정부 실패 가능성이 높은 것으로 나타나고 있다. 정부의 정책과 제도가 대다수 국민의 공익보다는 조직화된 이익집단의 사익(私益) 보호 또는 이익 증대를 위한 수단으로 사용되기 때문이다. 조직된 이익집단의 사적 이익이 대다수 국민의 공익을 능가하는 현상은 이제 한국에서도 일반화된 현상이다.

이런 형태의 정부 실패를 극복하는 방법은 무엇인가. 정부가 자원 배분에 개입하지 않으면 된다. 정부가 자원 배분에 간섭하고 영향을 미칠 수 있는 만큼 이익집단은 정부 공권력을 이용해서 사적 이익을 추구하려 할 것이다.

정부가 자원 배분에 개입한다는 것, 즉 정부가 누가 무엇을 어떻게 만들어 누구에게 나누어 주는가의 과정에 개입한다는 것은 정치인과 관료들에게 말 잘 듣는 사람 떡 하나 더 주고, 말 안 듣는 사람 굶길 수 있는 능력, 즉 권력을 쥐어 준다는 것을 의미한다. 권력은 반드시 부패하고 오·남용되게 되어 있다. 먹고사는 모든 것을 국가가 결정하던 사회주의 국가나 정부 개입이 심한 관치(官治) 경제에서 부패가 만연한 것은 결코 우연이 아니다.

정부 실패의 두 번째 유형은 민간 조직에 비해 현저하게 낮은 효율성이다. 공조직이 민간조직에 비해 효율성이 낮다는 것은 이제 실증적으로나 이론적으로 더 이상 논쟁의 대상이 되지 않는 사실이다. 대불공단 전봇대 이전과 태안 주민에 대한 지원금 지급 지연 과정에서 나타난 문제는 새로운 문제도 아니고 한국에만 있는 문제도 아니다. 이것은 '관료주의' 또는 '레드 테이프'라고 불리는 현상으로 고금동서를 막론하고 관료 조직이 처음 생겼던 시절부터 존재했던 현상이다.

관료 조직은 경쟁과 생존의 압력이 없다. 망할 걱정도 없고, 신분 보장도 되니 일부러 나서서 일을 벌일 필요도 없다. 시키는 일만 해도 승진이 되고 연금도 나온다. 고객이 중요한 것이 아니라 인사권자가 중요하다. 성과보다는 절차를 중시하는 것이 관료조직의 기본 생리다. 이렇게 보면 전봇대 하나 옮기는 게 왜 그렇게 힘들고, 왜 태안 주민이 자살을 할 때까지 생계비가 지급되지 않았는지 그 이유를 짐작할 수 있다. 이런 구조적이고 본질적인 문제가 있는 한, 공기업이든 정부 부처든 공조직은 아무리 정신 교육을 시켜도 민간 조직에 비해 비효율적이고 불친절할 수밖에 없고, '전봇대'는 계속 다른 형태로 나타날 것이다.

이런 정부 실패를 막는 방법은 무엇인가. 국내외적으로 수많은 개혁 시도가 있었지만, 현실적으로 지속 가능한 해법은 공공 기능을 민간에게 위탁하는 '아웃소싱(out-sourcing)' 또는 민영화 외에 대안이 없다는 것이 국내외의 경험이다. 공익(公益)은 공조직만이 보호할 수 있다는 미신에서 벗어나야 한다. 남의 나라를 볼 것도 없이 우리나라에도 이미 학교, 병원, 대중교통, 에너지, 방범과 같이 중요한 공공 서비스를 민간 조직이 공조직보다 더 효율적이고 유연하고 친절하게 제공하는 사례가 많다. 이제 민간이 담당할 수 없는 정부 기능의 성역(聖域)은 더 이상 없다고 해도 과언이 아니다.

그동안 우리 정부의 문제는 정부가 해서는 안 될 일에 몰두하고 정작 해야 할 일은 제대로 못했기 때문이다. 사실은 그래서 비대해지고 비효율적이 된 것이다. 정부가 해서는 안 되는 대표적 일이 자원 배분에 개입하는 일이다. 이익집단의 압력에 굴복했거나 또는 자원 배분의 달콤함에 도취된 나머지 시장 기능을 무시하고 자원 배분에 개입한 결과가 정부 규제의 증가, 공무원 숫자의 증가, 정부 부처의 증가, 국가 경쟁력의 저하, 지속되는 부정부패인 것이다.

지금 차기 정부가 추진하고 있는 정부 조직 개편과 규제 개혁 작업은 기본적으로 그동안 누적된 정부 실패의 구조적 원인을 제거하는 작업이 되어야 한다. 그리고 그것은 공익은 공조직만이 보호할 수 있다는 정부 만능주의, 무슨 문제든지 정부가 해결할 수 있다는 정부 능력에 대한 막연한 신뢰를 버리는 것으로부터 시작되어야 한다. 이런 잘못된 믿음이 결국 정부 조직의 비대화와 목소리 큰 이익집단의 사적 이익 증대에 이용되었음을 알아야 한다.

출처: 김종석 한국경제연구원 원장, 『조선일보』, 2008. 2. 2.

제7편
거시경제학과
국민경제의 이해

거시경제학과 거시경제변수

우리는 지금까지 미시경제학으로써 소비자, 생산자(기업), 그리고 정부와 같은 개별경제주체의 행동에 관한 분석으로 소비자행동이론, 생산자행동이론, 생산물시장이론, 요소시장이론, 그리고 국민소득분배이론에 관하여 알아보았다.

이제부터는 거시경제학(macro-economics)으로써 국민소득수준과 고용량 등이 소비자, 기업, 그리고 정부 등과 같은 개별경제주체의 종합적인 행태에 의해서 결정되는 과정을 분석하고 이와 관련된 여러 거시경제변수 및 주요 관련 개념에 대해서 알아봐야 한다.

따라서 본 장에서는 먼저 거시경제학 및 여러 거시경제변수와 주요 관련 개념에 대해서 알아보고, 또한 지금까지 거시경제학을 이끌어 온 중요한 경제학파간의 견해의 차이는 무엇인가 등에 관하여 논의하고자 한다.

제1절 거시경제학의 개념과 과제

거시경제이론은 각 개별경제주체의 합리적인 경제행위보다는 국민경제 전체를 하나의 집합체로 보아 그 집합체의 경제이론을 유도하여 현재의 경제문제를 해결하고 나아가 장래의 경제현상을 예측하고자 하는 것을 주요 과제로 한다. 따라서 거시경제학은 국민경제의 총량적인 개념인 국민소득, 종합물가수준, 총고용과 실업, 이자율, 국제수지와 환율, 그리고 통화량과 정부지출 및 조세 등이 어떻게 결정되며, 또한 주위 여건에 따라서 어떠한 변화를 보이는 지를 규명하는 한편 이들 상호간에 어떠한 연관이 있는가를 연구하는 학문이다. 이 중에서 가장 중요한 개념이 국민소득이기 때문에 거시경제학을 일명 국민소득론이라고도 한다.

거시경제학의 목표는 물가안정, 완전고용의 실현, 경제성장 및 국제수지의 균형을 달성하는 데 있다. 따라서 거시경제학의 과제를 다음과 같이 생각해 볼 수 있다.

첫째, 물가를 안정시키는 것이다. 지속적인 물가상승 즉 인플레이션은 투기심을 조장하고 경제주체들의 장래를 불확실하게 하여 생산활동을 위축시키므로 국민경제에 나쁜 영향을 미친다. 따라서 물가상승의 원인과 해결책을 찾아야 한다.

둘째, 실업문제를 해결하는 것이다. 실업률이 높다는 것은 경제가 자원을 효율적으로 활용하지 못하고 낭비하고 있음을 나타낸다. 만일 실업자들이 전부 고용된다면 경제는 재화와 용역을 더 많이 생산할 수 있게 될 것이다. 따라서 거시경제학에서는 높은 실업률과 자원의 낭비를 초래하지 않도록 하는 정책수단의 연구가 그 주된 목적이라 할 수 있다. 실업문제는 경제성장과 밀접한 관련을 맺고 있으며 동시에 물가, 국제수지에도 영향을 미친다.

셋째, 경제성장을 이루는 것이다. 재화와 용역의 생산이 지속적으로 증가할 때 경제는 성장한다. 경제성장은 고용의 증대를 수반하며 생활수준도 높여준다. 인플레이션, 실업 및 경제성장의 문제는 거시경제학에서 다루어야 할 가장 중요한 과제들이라고 말할 수 있다.

제2절 거시경제변수의 기초개념

2-1 국부 및 국민소득

(1) 국부의 개념

한 나라의 경제규모를 파악하는 지표로서 국부(national wealth)와 국민소득(nati-onal income)의 개념이 있다.

국부라 함은 한 나라에 존재하는 모든 부의 총량을 말한다. 아담 스미스(A. Smith)는 그의 저서 「국부론」에서 국부가 증가하면 한 나라의 경제생활은 윤택해진다고 지적하였다. 국부는 국민경제에 있어서 특정시점에 존재하는 자본재의 총가치로서 저량(stock)의 개념이다. 그것은 특정시점에 있어서 국민경제의 모든 가계와 기업이 보유하고 있는 순자본의 총계이다. 즉, 간단히 말해서 자연이 준 토지와 사람이 만든 자본재로 구성되어 있다.

예를 들면 토지, 광산, 삼림, 가축, 건물, 주택, 기계설비, 원자재의 재고품 등의 개인 및 기업의 자산과 도로, 항만, 상하수도, 병원 등의 사회간접자본 그리고 국영기업의 자산 및 대외자산 등을 말한다. 근래에 와서는 교육된 노동력을 인적 자본(human capital)이라 하여 물적 자본 못지않게 중요시하고 있으나 그 평가가 어렵기 때문에 국부의 계산에는 포함시키지 않는다.

(2) 국부와 국민소득의 관계

위에서 설명한 저량개념인 국부와 노동이 결합해서 흘러나오는 것이 국민소득이며, 국민소득이 클수록 경제생활은 윤택해지는 것이다. 그러므로 국부는 국민소득의 근원이며, 국민소득은 국부를 기초로 해서 매년 산출되고 있다.

모든 재화와 용역이 생산되어 소비되고 축적되는 물량을 국민소득이라고 하는데, 이것은 생산되어 흘러나온다는 의미에서 유량(flow)의 개념이다. 그런데 노동과 자본은 과거로부터 축적된 것이기 때문에 저량(stock)의 개념이다. 그러므로 국민소득은 일정기간에 흘러나오는 유량이고, 노동과 자본은 특정시점에 존재하는 저량이다.

2-2 물가지수와 인플레이션

(1) 물가지수

물가수준의 변동을 알아보기 위하여 물가지수(price index)를 사용하는데 그 방법에는 보통 두 가지가 있다. 첫째, 라스파이레스 지수(Laspeyres index)가 있는데 이 물가지수는 기준년도의(재화와 용역의) 수량을 가중치로 사용하고 있으며 (식 16-1)로 표시할 수 있다.

$$\text{라스파이레스 물가지수} = \frac{\sum(P_i \times Q_0)}{\sum(P_0 \times Q_0)} \times 100 \qquad \text{(식 16-1)}$$

여기에서 P_0, P_i, Q_0는 각각 기준년도 물가, 비교년도 물가, 기준년도 수량을 나타낸다. 둘째, 파아쉐(Passche) 지수가 있는데 이는 가중치로 기준년도의 수량 대신 비교년도의 수량을 사용하고 있으며 (식 16-2)로 나타낼 수 있다.

$$\text{파아쉐 물가지수} = \frac{\sum(P_i \times Q_i)}{\sum(P_0 \times Q_i)} \times 100 \qquad \text{(식 16-2)}$$

위 식에서 Q_i는 비교년도의 수량을 나타낸다. 위의 두 식에서 가중치(수량)가 기준년도의 물가수준에 비해서 비교년도의 평균물가수준이 어떠한가를 나타낸다. 만약 물가지수가 100

보다 크다면 물가가 기준년도에 비하여 상승하였음을 나타내며 100보다 작다면 물가가 기준년도에 비해 하락하였다는 것을 의미한다.

현실적으로는 수만 개의 재화와 용역이 거래되기 때문에 이들을 전부 이용하여 물가지수를 측정하는 것은 불가능하고 또 그렇게 할 필요도 없다. 따라서 우리나라의 경우 예를 들어 소비자 물가지수를 측정할 때에는 일상생활에 비중이 큰 재화와 용역을 400여개 선택하여 측정을 해 왔으며, 그 품목의 종류는 필요에 따라 가변적이었다. 예컨대 석탄(9공탄)의 경우 현재는 품목에서 제외되었다.

최근 통계청에서 산출한 물가지수와 일반 국민이 느끼는 체감물가지수와의 괴리가 크다고 하여 일상생활에 비중이 큰 100여 품목을 정하여 생활물가지수로 활용하고 있는 실정이다.

여기에서 〈표 16-1〉과 같은 가상적인 자료를 이용하여 물가지수를 측정해 보기로 한다.

〈표 16-1〉 물가지수측정에 사용되는 품목과 가격 및 수량

(단위: 만원, 만개)

연 도	품 목	가 격	수 량
2000 (기준년도)	자동차	1,000	10
	쌀	15	500
2005 (비교년도)	자동차	1,200	12
	쌀	18	500

$$\text{라스파이레스 물가지수} = \frac{\sum(P_i \times Q_0)}{\sum(P_0 \times Q_0)} \times 100 = \frac{1,200 \times 10 + 18 \times 500}{1,000 \times 10 + 15 \times 500} \times 100 = 120$$

$$\text{파아쉐 물가지수} = \frac{\sum(P_i \times Q_i)}{\sum(P_0 \times Q_i)} \times 100 = \frac{1,200 \times 12 + 18 \times 500}{1,000 \times 12 + 15 \times 500} \times 100 = 120$$

여기에서는 두 물가지수의 값이 우연히 같게 120%가 나왔는데, 이것은 기준년도인 2000년도의 물가수준에 비해 비교년도인 2005년도의 물가수준이 20% 상승하였음을 보여주고 있다. 일반적으로 라스파이레스 물가지수는 소비자물가지수(CPI: consumer price index)의 측정에 사용되며, 파아쉐 물가지수는 GNP 디플레이터(deflator)를 산출에 사용된다. 소비자 물가지수와 GNP 디플레이터의 차이점은 전자의 경우 지수 산출품목이 제한적인데 반하여 GNP 디플레이터의 산출품목은 GNP 산출에 사용되는 최종생산물 전부이므로 광범위하다고 할 수 있다. i년도의 GNP 디플레이터는 아래와 같이 정의된다.

$$\text{GDP 디플레이터} = \frac{\sum(P_i \times Q_i)}{\sum(P_0 \times Q_i)} \times 100 = \frac{i\text{년도의명목}GDP}{i\text{년도의실질}GDP} \times 100$$

가령 2010년도의 명목 GDP가 500조원이고 2010년도의 2005년도 기준가격으로 환산된 실질 GDP가 400조원이라면 GDP 디플레이터는 125%라고 할 수 있다. 이것은 2010년도의 전반적인 물가수준이 기준년도인 2005년도의 물가수준(즉, GDP 디플레이터는 100)에 비하여 25% 상승하였음을 의미한다.

(2) 인플레이션

인플레이션이란 전반적인 물가수준의 지속적인 상승을 의미한다. 인플레이션의 측정은 소비자물가지수의 변화로 나타나 물가수준의 연간 변화율로 표시된다. 가장 정확한 인플레이션의 측정은 인플레이션율(rate of inflation)을 측정하는 방법으로써 일정기간의 시작시점으로부터 마지막 시점간의 소비자물가수준의 증가율로 표시된다. 가령 CPI_0를 일정기간의 시작시점에서의 소비자물가지수, 그리고 CPI_i를 마지막 시점에서의 소비자물가지수라고 한다면 인플레이션율은 (식 16-3)과 같이 계산된다.

$$\text{인플레이션율} = \frac{CPI_i - CPI_0}{CPI_0} \times 100 \qquad \text{(식 16-3)}$$

예를 들어 2000년 말의 소비자물가지수가 100, 2005년 말의 소비자물가지수가 135라고 한다면 두 시점간의 인플레이션율은 35%로써 다음과 같이 계산된다.

$$\text{인플레이션율} = \frac{135 - 100}{100} \times 100 = 35$$

이는 물가수준변동률과 같은 의미이므로 물가수준변동률과 인플레이션율은 동일개념이다.

2-3 실업과 실업률

인플레이션에 이어 실업은 거시경제학이 해결해야 할 과제 중 하나이다. 이러한 실업은 일반적으로 크게 자발적 실업(voluntary unemployment)과 비자발적 실업(involuntary unemployment)으로 구분되는데 전자는 일할 능력이 있으면서도 현재의 임금수준하에서 일할 의사가 없는 상태이며 후자는 일할 능력도 있고 현재의 임금수준에서 일할 의사가 있음에도 불구하고 고용의 기회를 갖지 못한 상태를 말한다. 경제적 나아가서 정치적·사회적으로 문제가 되는 실업은 바로 후자인 비자발적 실업이다.

실업률은 경제활동인구 중 실업자수의 비율을 말하는 것으로 (식 16-4)와 같이 계산된다.

$$실업률 = \frac{실업자수}{경제활동인구} \times 100 \qquad (식\ 16\text{-}4)$$

일반적으로 자발적 실업을 포함하여 실업률이 2-3%이면 완전고용이라고 보고 이때의 실업률을 자연실업률(natural rate of unemployment)이라고 한다.

한편 단기적으로 실업은 인플레이션과 상충관계(trade-off)에 있다. 즉, 실업을 해결하기 위한 정책(총수요 증가정책)을 사용하면 물가가 상승하고 물가상승을 억제하기 위한 정책(총수요 감소정책)을 사용하면 실업이 증가한다. 따라서 실업과 인플레이션문제를 동시에 해결하는 것은 거시경제학에서 어려운 정책과제로 남아 있다.

2-4 이자율

이자에 대해서는 제14장 2절에서 다룬 적이 있으므로 여기에서는 거시경제와 관련되어서 개략적으로 다시 한 번 설명하기로 한다.

이자율은 자금의 사용에 대해 지불되는 가격이라고 볼 수 있으므로 이자율은 자금의 수요와 공급에 의해서 결정된다. 한편 자금의 수요와 공급은 주로 중앙은행의 통화정책과 기업의 투자전망 및 인플레이션에 대한 예상 등에 의해 결정된다.

이자율은 명목이자율과 실질이자율로 구분하기도 하는데 명목이자율은 인플레이션에 의한 구매력 하락에 대한 조정이 없이 단순히 현재의 화폐가치로 표시되는 이자율을 말하는 반면에 실질이자율은 인플레이션을 감안한 이자율을 의미한다.

따라서 명목이자율은 실질이자율과 예상인플레이션의 합으로 나타낼 수 있으며 (식 16-5)로 표시될 수 있다.

$$R = r + P^e \qquad (식\ 16\text{-}5)$$

여기에서 R은 명목이자율, r은 실질이자율, Pe는 예상인플레이션이다. 높은 인플레이션이 예상되면 명목이자율이 높아지고 낮은 인플레이션이 예상되면 명목이자율도 낮아진다.

이와 같은 이자율은 경제의 여러 주요한 선택에 영향을 미치기 때문에 거시경제에서의 주요 경제변수가 된다. 예를 들어 이자율의 크기는 기업의 투자에 영향을 미치고 투자는 다시 고용과 국민소득에 영향을 미친다. 또한 소비자들의 소비와 저축에 대한 선택에 영향을 미친다. 중앙은행의 정책에 의한 이자율의 변화가 국민소득을 비롯하여 여러 거시경제변수(소비, 투자, 생산, 실업, 물가, 국제수지 등)에 영향을 미치는데 자세한 내용은 다음의 여러 장에서 다루기로 한다.

2-5 환율과 국제수지

환율이란 오늘날과 같이 개방된 경제에서는 매우 중요한 경제변수 중 하나다. 환율이란 가격과 같은 개념으로 일반적으로 외환의 수요와 공급에 의해 결정되는 것이 보통이다. 만약 어떤 이유로(가령 수출이 증가하여서) 우리나라에 미국달러가 많아지면(달러의 수요는 일정하다고 가정할 때) 환율은 내려갈 것이다. 예컨대 전에는 1달러와 1,300원이 교환되었는데 이제는 달러의 공급이 증가하여서(달러의 가치가 하락하여서) 1달러와 1,000원이 교환될 수 있다는 것이다. 즉, 환율이 1:1,300에서 1:1,000으로 하락하였음을 의미한다.

이와 같은 환율은 두 나라 사이의 상대가격을 변화시켜 국제수지에 영향을 미친다. 예를 들어 위의 예에서처럼 환율이 하락하면(국내통화가 평가절상되면) 외국으로부터의 수입품가격은 싸져서 수입은 증가하고 반면에 외국에 대한 수출품가격은 비싸지므로 수출은 감소한다. 또한 환율은 국가간의 자본의 이동(특히 투기성 자본)에도 영향을 미치어 결국 국제수지에 상당한 영향을 미친다.

국제수지는 이러한 수출입 및 기타 자본이동의 체계적인 기록으로 구체적으로는 일정기간에 국가간에 일어나는 모든 경제적 거래의 체계적인 기록을 말한다. 그리고 이것을 복식부기의 원리에 따라 표로 나타낸 것이 국제수지표이다.

환율과 국제수지는 한 나라의 경제활동수준에 중요한 영향을 미치는 거시경제변수이므로 환율의 적절한 운용정책과 국제수지균형의 달성은 중요한 문제가 된다.

2-6 경기변동

한 나라의 국민경제의 성장과정을 보면 경제활동이 활발한 때도 있고 뒤이어 침체가 따르기도 하고, 얼마 있다가 다시 경제활동이 활발해지는 등 상당한 규칙성을 보이며 변동하는 것을 알 수 있다. 따라서 국민경제를 안정적으로 성장시키기 위해서는 이러한 순환의 요인과 그 전개과정을 이해하는 것이 필요하다.

경기변동은 몇 가지 국면을 거치면서 반복되는데 〈그림 16-1〉의 (a)와 같이 일반적으로 호황, 후퇴, 불황, 회복의 4국면으로 구분한다.

호황국면(AB구간)이란 총체적 경제활동이 상승하는 국면으로서 투자와 소비뿐 아니라 고용과 소득도 증가한다. 이에 따라 재고와 실업은 감소하며 기업이윤은 증가한다. 또한 물가, 주가, 임금 등이 오르고 은행대출도 증가하여 이자율도 오름세를 보인다.

호황이 지속되면 경기는 정상(peak)에 도달하게 되고 그 후부터 경제는 전반적인 후퇴국면(BC구간)으로 접어든다. 이 국면에서는 경제활동이 활기를 잃고 그 규모가 전반적으로 축소된다. 즉, 소비, 투자, 소득, 고용 등이 모두 감소되고, 판매가 감소되어 기업이윤도 감소한다. 물가, 주가, 임금, 이자율 등도 내림세로 반전하는 것이 일반적이다.

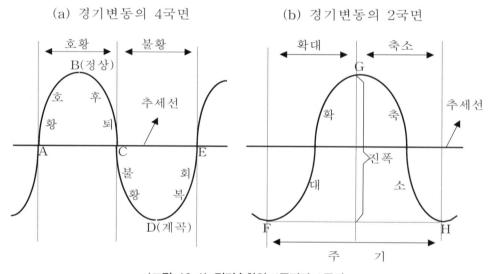

〈그림 16-1〉 경기순환의 4국면과 2국면

이러한 후퇴국면은 불황국면(CD구간)으로 이어지는데 불황국면에서는 소비와 투자가 더욱 위축되고 고용과 소득도 크게 감소한다. 기업이윤은 격감하고 이에 따라 기업의 도산이 증가하며, 물가, 주가, 임금, 이자율 등도 일반적으로 낮은 수준에 머무른다. 재고는 초기에 증가하다가 생산이 격감함에 따라 나중에는 축소되기 시작한다.

불황이 진행되어 일정기간이 지나면 경기의 밑바닥인 계곡(trough)에 도달하게 되고 경기는 회복국면(DE구간)에 접어들게 된다. 회복국면에서는 낮은 이자율이 투자 및 소비수요를 유발시키고 고용과 소득도 확대되기 시작한다. 이에 따라 물가, 임금, 이자율도 완만한 오름세를 보인다. 이 과정에서 기업이윤도 증가한다. 이 회복국면이 진행되어 평균수준 이상으로 경제활동규모가 확대되면 호황국면으로 다시 접어들어 또 다른 순환이 시작된다. 한편 점 A, C, E들을 연결하면 경제성장 추세를 알 수 있는 추세선(trend)이 된다.

경기순환을 〈그림 16-1〉의 (b)와 같이 두 국면으로 나누기도 하는데 계곡에서 정상까지를 확대국면(FG구간), 정상에서 계곡까지를 축소국면(GH구간)이라고도 한다. 정상에서 다음 정상까지, 혹은 계곡에서 다음 계곡까지를 경기순환의 한 주기(cycle)라 하며, 정상과 계곡의 격차를 진폭(amplitude)이라 한다. 경기순환은 매 순환마다 같은 주기나 진폭을 보이는 것은 아니고 각 국면의 지속기간도 상이한 것이 일반적이다.

제3절 **거시경제학의 학파별 비교**

경제전문가들이 경제현상을 분석하고 경제문제를 파악하는데 있어서 미시경제이론은 거시경제이론에 비하여 비교적 단일 접근이 많았다는 것을 얼마 있으면 알 수 있을 것이다. 즉, 거시경제로서의 자본주의의 경제현상과 문제 그리고 문제의 해결책을 바라보는 시각이 경제전문가간 또는 전문가집단간 서로 다른데 원인이 있다. 예를 들어 고전학파(Classical school)를 중심으로 한 경제학자들은 시장메커니즘이 「보이지 않는 손」(invisible hand)에 의해서 충분한 자동조정능력을 가지고 있으므로 정부의 인위적 경제정책은 문제를 해결하는데 비효율적이고 오히려 문제를 복잡하게 할 수 있다고 주장하고 있다. 반면에 케인즈학파(Keynesian school)와 같은 경제학자들은 시장메커니즘은 매우 불완전한 것이므로 정부가 재량적 경제정책을 사용하여 시장메커니즘을 보완하여야 한다고 주장하고 있다.

이와 같이 자본주의 경제의 시장메커니즘에 대해서 상이한 시각이 존재하는 한 그리고 경제현상과 문제가 수학과 같은 개념이 아닌 한 두 부류의 학자 또는 전문가의 견해 중 어느 것이 옳다고 결정하는 것은 불가능한 일이다. 따라서 이하에서는 위에서 소개한 두 학파의 거시경제이론에 대해서 핵심적인 내용을 비교하기로 한다. 물론 두 학파는 지금까지 거시경제이론을 발전시키고 이끌어 왔으며 경제발전에도 많은 공헌을 해왔다.

3-1 **고전학파**

(1) 정의

고전학파란 아담 스미스, 리카도, 밀, 마샬, 피구 등 중상주의 이후의 경제학자들을 일컫는 것으로 케인즈(J. M. Keynes)가 1936년에 저술한 『일반이론』(The General Theory of Employment, Interest and Money)에서부터 불려졌다. 고전학파 경제이론에서는 국민소득, 고용, 물가 등을 다루는 거시경제이론의 체계가 뚜렷하게 성립되지는 않았지만 거시경제의 개념은 잘 나타나 있다. 즉, 고전학파의 경제이론에는 거시이론과 미시이론의 구별이 확실하지는 않았으나 거시이론의 개념이 존재하였음은 분명하다는 것이다. 다만 현대 거시경제이론에서와 같이 총량적 변수(총생산, 물가, 총소비, 총저축, 총투자 등)를 중심으로 전개하는 분석이 부족했었다.

고전학파는 다음과 같은 몇 가지의 기본 가정하에 국민소득결정모형을 설정하였다고 볼 수 있다.

첫째, 고전학파모형은 세이의 법칙(Say's law)의 작용이 상정되고 있다. 세이의 법칙에 의하면 시장에서는 항상 균형이 달성되며, 따라서 초과수요와 초과공급은 없다. "공급은 스스로의 수요를 창출한다"(Supply creates its own demand.)는 것이다. 예를 들어 노동을 기업부문에 제공하고 소득을 얻어 기업이 생산한 재화와 용역을 소비하는 가계부문과 생산한 재화 및 용역을 팔아서 가계부문으로부터 받은 수입을 모두 노동을 구입하는 데 지출하는 기업부문만 있다고 가정하면, 모든 생산물은 다 팔릴 것이므로 재화나 용역의 초과공급은 나타나지 않는다. 만약 가계부문이 소득의 일부를 저축한다면 생산물시장에서는 저축 크기만큼 생산물이 팔리지 않고 초과공급이 발생한다. 고전학파에서 저축은 현재소비 대신 미래소비를 선택하는 행동이다. 그리고 이 미래소비는 현재투자로 이해된다. 따라서 소비수요를 초과하는 생산물의 공급량은 모두 투자수요에 의해 처분된다. 그리하여 생산된 모든 재화와 용역은 다 판매된다.

고전학파의 세이의 법칙에 있어서 저축과 투자가 항상 균형을 이루게 되는 것은 이자율이라는 가격이 신축적으로 움직여 저축과 투자를 일치시켜 주기 때문이다.

즉, 세이의 법칙하에서는 생산(공급)이 되면 생산물가치만큼 소득이 창출되고 이 소득이 수요로 나타나 일반적인 과잉생산 없이 수요될 수 있다는 것이다. 세이의 법칙에 의하면 국민소득의 결정에 공급측면만 영향을 미치고 수요측면은 하등 영향을 미치지 못한다.

둘째, 물가, 명목임금, 명목이자율 등이 완전 신축적이다. 특히 물가와 명목임금이 완전 신축적이라는 가정은 고전학파의 노동시장을 설명하는 데 매우 중요한 의미를 갖는다. 물가와 임금이 신축적이라는 것은 이 두 경제변수들의 크기가 다른 경제변수들의 변화에 의해서 자유롭게 변할 수 있다는 것을 의미한다.

셋째, 노동에 대한 수요와 공급은 모두 실질임금(명목임금을 물가수준으로 나눈 값)의 함수이며 노동시장은 완전경쟁시장이다. 명목임금과 물가가 신축적이기 때문에 실질임금도 당연히 신축적이게 된다.

넷째, 노동시장에서의 수요와 공급의 불일치는 신축적인 명목임금에 의하여 아주 신속히 조절된다. 따라서 노동시장은 항상 균형상태에 있다. 즉, 노동시장에서 결정되는 고용량은 균형고용량이며 이는 시장에서 결정된 균형임금수준에서 일하고자 하는 모든 사람이 정상적으로 고용된 상태라는 뜻에서 완전고용량이 된다는 것이다.

(2) 노동시장과 국민소득

고전학파의 거시경제모형에서는 재화의 시장이 완전경쟁시장이다. 그러므로 재화를 생산하는 모든 기업들은 시장가격에 의하여 재화를 생산한다. 기업들은 결국 이윤극대화 생산량을 결정하며 단기에 있어서 생산량의 변경은 기업의 노동수요량(노동고용량)의 변경에 의해서 이루어진다. 왜냐하면 단기적으로 총생산함수는 (식 16-6)과 같기 때문이다.

$$Y = F(L, \overline{K}) \hspace{4cm} \text{(식 16-6)}$$

여기에서 Y는 총생산량, L은 총고용량 그리고 $\overline{K}$는 고정된 총자본량을 의미한다. 즉, 단기에는 노동의 고용량에 의해서 생산이 결정된다는 것이다.

그런데 고전학파에 의하면 노동의 수요는 노동의 한계생산에 의하여 결정된다고 보았다. 노동의 한계생산물(MPL)은 고용의 증가에 따라 감소하기 때문에 〈**그림 16-2**〉의 (a)에서 보는 바와 같이 우하향한다. 물론 기업은 이윤을 극대화하기 위해서 (식 16-7)과 같이 노동을 고용할 때 노동의 한계생산물가치 (VMP_L)가 노동의 가격(W: 명목임금)과 일치하는 수준까지 노동을 고용한다.

$$VMP_L = MP_L \times P = W \hspace{3cm} \text{(식 16-7)}$$

(식 16-7)을 변경하면 다음의 식이 된다.

$$MP_L = \frac{W}{P} \hspace{5cm} \text{(식 16-8)}$$

(식 16-8)은 완전경쟁기업이 이윤을 극대화하기 위해서 노동의 한계생산물과 실질임금이 같게 되는 수준까지 노동을 고용해야한다는 것을 의미한다. 즉, 실질임금이 얼마인가에 따라서 노동의 고용량이 결정된다는 것이다. 따라서 노동에 대한 총수요함수를 일반식으로 표시하면 (식 16-9)와 같다.

$$L^D = L^D\left(\frac{W}{P}\right), \qquad \frac{\Delta L^D}{\Delta(W/P)} < 0 \qquad\qquad \text{(식 16-9)}$$

여기에서 L^D는 노동의 총수요를 의미하며 실질임금과 반비례관계에 있음을 의미한다.

한편 노동의 공급은 여가와 소득의 선호체계에 의해서 결정된다고 볼 수 있다. 사람들은 주어진 시간에 노동과 여가에 각각 얼마만큼 활용해야 효용이 극대화 되는가하는 선택의 문제에 직면하는 경우가 있다. 그런데 여가는 많을수록 좋지만 여가가 많으면 노동시간이 단축되어 소득이 줄어들고 따라서 일반 재화의 소비를 줄여야 한다. 즉, 근로-여가선택의 문제는 소득-여가선택의 문제와 같게 되는데 여기에서 소득이란 실질소득 또는 실질임금을 의미한다.

따라서 노동에 대한 총공급함수를 일반적인 식으로 쓰면 (식 16-10)이 된다.

$$L^S = L^S\left(\frac{W}{P}\right), \qquad \frac{\Delta L^S}{\Delta(W/P)} > 0 \qquad\qquad \text{(식 16-10)}$$

여기에서 L^S는 노동의 총공급을 의미하며 노동의 공급은 실질임금에 비례하고 있는 것을 의미한다. 즉, 노동의 공급곡선은 〈그림 16-2〉의 (a)에서 보는 바와 같이 우상향한다.

따라서 노동의 수요곡선과 노동의 공급곡선이 교차하는 점 E에서 노동의 균형고용량과 균형실질임금이 각각 L_E와 $\left(\frac{W}{P}\right)_E$로 결정된다. 그런데 고전학파의 이론에서는 경제는 자동조절의 시장메커니즘에 의해서 언제나 완전고용상태에 있다고 하였다. 즉, 실업이 존재하면 노동자들의 경쟁의 결과로 임금은 하락하고 노동수요는 증가하여 일자리를 구할 수 있다. 또한 노동에 대한 초과수요가 있다면 기업주의 경쟁의 결과로 임금이 상승하고 노동의 수요와 공급은 다시 균형을 회복한다. 완전고용은 실질임금이 신축적으로 움직이기만 한다면 항상 달성된다. 따라서 균형고용량은 바로 완전고용량 L_F를 의미하기도 한다.

이와 같이 노동시장에서 완전고용이 달성되었을 때 국민총생산은 국민경제의 기술적 조건을 반영하는 총생산함수($Y = F(L, \overline{K})$)에 따라 결정된다. 〈그림 16-2〉의 (b)는 (식 16-6)의 총생산함수를 그림으로 표시한 것이다. 여기에서 Y_E는 고용량이 L_E일 때의 국민총생산량으로 균형국민소득(완전고용균형국민소득)이 되며 산출할 수 있는 최대생산량을 나타낸다.

즉, 균형실질임금 $\left(\dfrac{W}{P}\right)_E$ 가 균형고용량 L_E를 결정하고 균형고용량은 다시 균형국민소득 L_E를 결정한다.

결론적으로 고전학파의 국민소득결정이론의 골자는 노동시장에서 자율적으로 고용수준이 결정되고 이것이 한 나라 전체의 생산함수와 결합되어 총공급을 결정하며 이 총공급에 의하여 국민소득이 결정된다는 것이다.

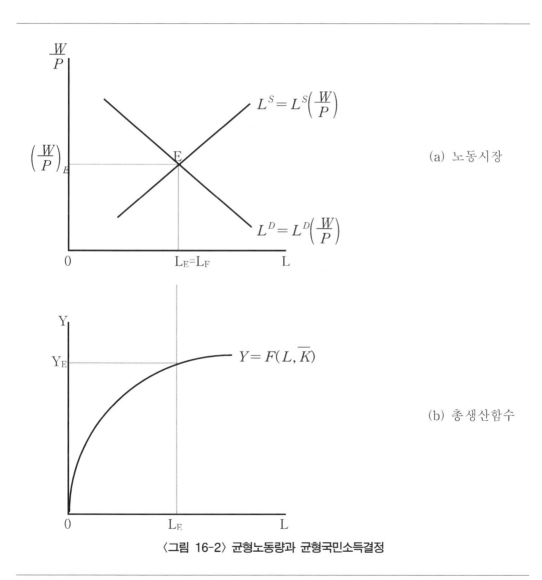

〈그림 16-2〉 균형노동량과 균형국민소득결정

(3) 화폐이론

고전학파의 화폐관을 잘 보여주는 이론이 (식 16-11)에서 보여주는 화폐수량설(quantity theory of money)이다. 이 이론에 대해서는 다음에 자세히 하기로 하고 여기에서는 간단히 개념만 살펴보기로 한다.

화폐수량설에 의하면 화폐는 단지 교환수단의 기능만 갖고 있다는 것이다. 교환방정식으로 표현되는 화폐수량설은 다음과 같다.

$$MV = PT \qquad\qquad\qquad\qquad\qquad\text{(식 16-11)}$$

$$M\overline{V} = P\overline{T} \qquad\qquad\qquad\qquad\qquad\text{(식 16-11)}'$$

여기에서 M은 통화량, V는 화폐의 유통속도, P는 물가 그리고 T는 거래량을 의미한다.

만일 (식 16-11)′과 같이 유통속도와 거래량이 일정하다면 통화량은 단지 물가수준만을 결정할 뿐이다. 즉, 고전학파의 화폐수량설에 따르면 화폐공급량이 증가하면 물가가 비례적으로 상승한다. 이것은 화폐의 수량이 물가수준을 결정한다는 화폐수량설의 기본적인 결론이다. 노동시장에서 수요와 공급은 실질임금에 따라 결정되는데 명목임금과 물가가 비례적으로 변동한다면 실질임금에는 아무런 변화가 없다.

고전학파의 이론체계는 실물변수와 명목변수를 결정하는 요인들이 이분화되어 있는데 이를 고전학파의 이분성(classical dichotomy)이라 부른다.

즉, 고전학파이론에서 실물변수(생산량, 고용량 등)는 근본적으로 실물요인(노동력, 기술, 자본 등)에 의존하고 또한 이자율은 저축과 투자를 직접적으로 연결시킨다. 한편 화폐는 단지 실물부분의 허상(veil)일 뿐이라고 규정한다. 즉, 화폐는 산출량의 명목가치를 결정해 줄뿐이고 화폐적 요인들은 실질산출량을 결정하는데 아무런 역할을 하지 못한다. 이러한 점은 케인즈경제학과 근본적인 차이점을 야기하는 원인이 된다.

3-2 케인즈학파

(1) 출현배경과 주요내용

앞에서 살펴본 바와 같이 고전학파이론에서는 세이의 법칙이 작용하므로 초과공급이 발생하지 않으며, 신축적인 임금의 변화로 인해 완전고용은 항상 달성될 수 있다고 한다.

그러나 1920년대 말 시작한 세계적인 대공황은 고전학파의 거시이론으로는 해결이 안 되는 경제현상이었다. 장기적인 대규모의 실업현상은 고전학파 이론의 골자이었던 시장의 자동조절 메커니즘을 무력하게 만들어버렸다. 즉, 대량 유휴노동력이 발생하였음에도 불구하고 실질임금은 하락하지 않았고 따라서 실업문제도 좀처럼 해결되는 기미가 없었다. 고전학파 경제학자들은 실질임금이 하락하지 못한 이유는 강력한 노동조합의 행동에 의해서였다고 주장했다.

그러나 케인즈는 1920년대 후반부터 고전학파이론과 현실과는 괴리가 있음을 직시하고, 대량실업사태를 해결하기 위해서는 실질임금의 하락보다는 결국 정부의 공공사업을 통해 고용기회를 창출해야 한다고 주장했다. 즉, 극심한 실업은 총수요가 부족하기 때문에 발생하는 현상이라고 보았다. 총수요의 부족은 재고를 증가시키고 그 결과 생산이 감소되고 실업이 증가된다. 실업의 증가는 소비수요와 투자수요를 위축시키어 결국 총수요를 더욱 감소시키는 악순환을 초래한다. 따라서 케인즈는 일반이론에서 이와 같은 실업을 줄이고 경기를 회복시키기 위해서는 공공사업을 통해 정부지출을 증대시키고 또한 조세감면과 같은 정부의 재량적 정책 즉, 재정정책이 반드시 필요하다고 강조했다. 이와 같이 고전학파의 이론을 부정하면서 경제불황의 새로운 타개책을 제시하면서 등장한 학파가 케인즈학파인데 케인즈를 비롯하여 그의 제자 및 추종자들로 이루어졌다.

케인즈는 장기적인 실업상태는 없을 것이라는 고전학파이론의 타당성을 부인하고, 자유방임의 경제체제에서는 불완전고용이 완전고용보다 일반적인 상태이며 고전학파이론의 완전고용은 오히려 특수한 상태라는 것을 이론적으로 규명하였다.

케인즈이론의 주요 내용은 국민소득과 고용은 어떻게 결정되고, 어떻게 증가할 수 있는가에 관한 고찰이다. 또한 케인즈는 고용 및 소득수준을 결정하는데 수요측면의 역할이 중요하다고 지적하였으며, 이는 공급측면에 의해서만 고용 및 소득수준이 결정된다고 하는 고전학파 거시경제이론을 부인하는 것이었다.

한편 케인즈의 화폐이론을 살펴보면 고전학파의 이론과는 매우 다르다는 것을 알 수 있다.

고전학파의 견해는 화폐부문이 거시경제의 실물변수인 고용, 소득, 소비, 투자 등에 아무런 영향도 미치지 못한다는 것이었다. 그러나 케인즈는 고전학파의 견해와는 다르게 화폐적 측면이 실물부문에 상당한 영향을 미친다는 견해를 이론적으로 밝혔다. 즉, 화폐의 공급과 수요는 총수요에 중요한 영향을 미친다고 생각하였는데 결국 총수요는 국민소득 및 고용의 크기를 결정하므로, 화폐는 실물부문에 중요한 영향을 미치는 요인이라는 것이다.

케인즈는 총수요가 국민소득의 결정과정에서 중요한 역할을 한다는 것을 지적하였다. 이러한 총수요이론은 총생산과 총고용이 총수요의 크기에 의존한다는 것을 골자로 한다. 그리고 총수요, 총고용, 총생산 등은 화폐부문과 밀접한 관계를 유지하기 때문에 케인즈의 총수요이론 및 고용이론은 화폐이론과 연결되어 있다.

(2) 타 학파와의 대립

케인즈학파는 1930년대의 경제대공황 이후 1960년대까지 주류를 이루어 왔다. 그러나 1970년대에 세계경제가 스태그플레이션(stagflation)이라는 새로운 문제에 직면하게 되자 고전학파이론을 모체로 한 통화주의학파, 합리적 기대학파, 공급측 경제학파 등이 차례로 등장하게 되었다. 이러한 이론들은 모두 기본적으로 고전학파이론의 골자인 자유방임주의를 내세우는 이론으로 정부의 간섭과 같은 재정정책에 대해서는 부정적인 입장을 취하였다. 이들 이론의 등장으로 케인즈학파의 이론이 다소 퇴색되기도 하였지만, 케인즈이론은 지금까지도 거시경제이론의 중심적인 위치에 있는 것은 누구도 부인하지 못할 것이다.

한 시대를 이끌어 가는 경제학파의 주류는 그 당시의 경제적 배경과 새로운 경제문제가 발생할 때마다 바뀌는 경향이 있었다. 가령 실업률이 낮았던 시기에는 고전학파적 경제이론이 거시경제이론의 주류가 되었던 반면에 고실업의 문제가 발생했던 시기에는 케인즈학파적인 경제이론이 거시경제이론을 주도하였다. 한편 인플레이션이 크게 문제화되자 고전학파를 모체로 한 통화주의학파 및 기타 학파들이 주도하기도 하였다. 그렇다고 해서 각 시대별로 주류를 이루었던 경제학파를 뚜렷하게 구분지울 수도 없는 것이 사실이다. 왜냐하면 설혹 어떤 경제학파의 주장이 그 당시 경제문제를 해결하는데 조금은 더 도움이 될 수 있다손 치더라도 100% 해결할 수는 없는 것이기 때문이다. 오늘날 비록 프리드만(M. Friedman)이 주도하는 통화주의학파 등과 같은 고전학파적 경제이론이 주류를 이루고 있지만, 케인즈학파의 경제이론은 사실상 절대적이라고 할 수 있다. 이러한 사실로 미루어 볼 때 결국 현대의 거시경제이론을 이끌어 가는 두 주류는 고전학파적 경제이론과 케인즈학파적 경제이론 임이 틀림없다.

【연│습│문│제】

1. 다음을 설명하시오.

    1) 거시경제학

    2) 거시경제학의 과제

    3) 국부와 국민소득

2. 고전학파의 국민소득결정이론에서 기본가정과 국민소득결정에 관하여 설명하시오.

3. 다음 표를 보고 물음에 답하시오.

    (단위: 만원, 만개)

연　도	품　목	가　격	수　량
2005 (기준년도)	냉장고	10,000	100
	쌀	1,500	500
2010 (비교년도)	냉장고	12,000	150
	쌀	2,000	600

    1) 라스파이레스 물가지수를 구하시오.

    2) 파아쉐 물가지수를 구하시오.

4. 2012년도 소비자물가지수는 141.7, 2011년도 소비자물가지수는 135.1 일 때 2012년도 인플레이션율은 얼마인가.

5. 경기변동의 4국면에 대하여 다음 용어를 설명하시오.

    1) 호황국면

    2) 후퇴국면

    3) 불황국면

    4) 회복국면

국민경제의 순환

거시경제학의 분석 대상인 국민경제를 구성하는 주체는 가계, 기업, 정부, 해외 등이 있는데 이들 간에는 재화와 용역의 교류 및 화폐의 교류가 이루어진다. 본 장에서는 이것들이 어떠한 경로를 통하여 순환되는가를 알아보기로 한다.

국민경제의 순환 과정은 매우 다양하다. 여기에서는 재화와 용역을 생산물과 생산 요소로 나누고 이들이 경제 주체들 간에 순환되면서 화폐의 순환을 동반하는 경로를 고찰하되 그 순서는 먼저 2부문 경제(단순 소득순환 모형)를 살펴본 후 보다 확장된 3부문 경제(확대 소득순환 모형)를 설명하고자 한다.

제1절 2부문 경제

국민경제 안에서 생산요소와 생산물이 경제 주체 간에 거래되면서 여러 가지 형태의 화폐소득을 발생시키는데 분석의 단순화를 위하여 몇 가지 가정을 하기로 하자. 첫째, 국민경제의 주체는 가계와 기업만 있다. 둘째, 가계는 모든 생산요소를 소유하고 따라서 요소소득은 모두 가계에 귀속된다. 셋째, 기업은 그들이 생산한 모든 생산물을 판매하여 재고는 없고 기업이 소유한 자본재는 감가상각이 없다고 가정한다. 이때의 국민경제의 순환 과정은 〈그림 17-1〉에서 보듯이 가계와 기업은 생산물시장과 요소시장으로 연결된다.

예를 들어서 가계는 요소시장에 생산요인인 노동과 자본을 공급하고 그 대가로 요소소득인 임금과 이자를 받는다. 한편 가계는 벌어들인 요소소득을 생산물시장에서 재화와 용역 구입에 지출한다.

　기업은 요소시장에서 생산요소를 구입한 후 그 대가를 요소비용으로 지불하며 기업이 생산한 최종생산물인 재화와 용역을 생산물시장에 판매하여 수입을 얻게 된다. 따라서 가계가 재화와 용역의 구입에 지출한 총액은 기업이 판매한 판매수입과 동일하게 된다. 그러나 현실적으로 가계는 그들의 요소수입을 전부 지출하지 않을 수 있다. 이는 저축이 있을 수 있다는 의미인데 결국 저축은 금융기관을 통하여 투자의 형태로 기업에 유입이 된다. 그러므로 가계가 요소시장을 통해서 얻는 소득과 생산물시장을 통한 지출액은 일치하지 않을 수 있으며, 지출금액에 저축금액을 합해야(기업의 입장에서는 수입금액에 투자비용을 합해야) 비로소 같아진다는 점을 유의해야 한다. 이를 식으로 쓰면 (식 17-1)과 같다.

$$Y = C + S \qquad\qquad\qquad\qquad \text{(식 17-1)}$$

Y는 소득, C는 재화와 용역구입을 위한 지출, S는 저축을 의미한다.

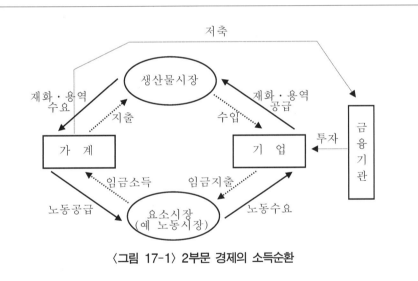

〈그림 17-1〉 2부문 경제의 소득순환

제2절 3부문 경제

　2부문 경제모형은 경제 전체의 소득순환을 설명하는데 현실적이지 못하다. 왜냐하면 가계나 기업과 마찬가지로 수입과 지출을 발생시키는 정부부문이 빠져있기 때문이다. 정부부문의 수입은 가계로부터 소득세 등 직접세의 형태로 조세수입과 기업으로부터는 간접세 또는 직접세의 형태로 조세수입이 있다. 한편 정부부문의 지출은 국방, 경찰, 사회복지, 사회간접자본 등이다.

가계는 소득 중에서 소비지출에 일정 금액을 지출한 후 나머지는 저축과 조세로 나누어 지출하게 된다. 이를 수식으로 표시하면 (식 17-2)와 같다.

$$Y = C + S + T \qquad\qquad\qquad \text{(식 17-2)}$$

여기에서 T는 조세를 의미한다.

우리는 이러한 3부문 경제모형을 확장하여 해외부문이 추가되는 경제 모형을 생각해 볼 수 있다. 〈그림 17-2〉에는 해외부문을 포함한 3부문 경제의 소득순환이 간단하게 나타내어져 있다. 만약 해외로부터의 수입이 있다면 이것은 국민소득 순환과정에서 소득이 빠져나가는 것이 되고, 해외로 수출이 있다면 국민소득 순환과정에서 소득이 들어오는 것이 된다. 따라서 해외부문이 추가된 경제모형에서는 국민소득은 (식 17-3)과 같이 표시될 수 있다.

$$Y = C + S + T + X - M \qquad\qquad\qquad \text{(식 17-3)}$$

여기에서 X와 M은 각각 수출과 수입을 의미한다.

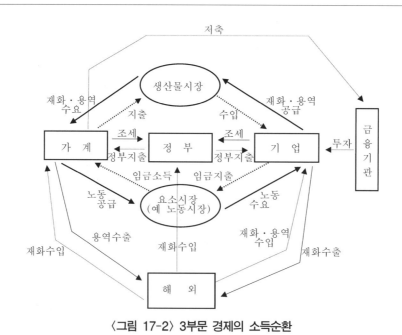

〈그림 17-2〉 3부문 경제의 소득순환

제3절 누출과 주입

가계가 그들이 벌어들인 요소소득의 전부를 소비지출하지 않고 저축을 한다면 이에 해당하는 크기만큼 소득순환과정에서 빠져나가는 것을 의미한다. 마찬가지로 기업도 판매수입 중 일부를 생산요소의 구매에 사용하지 않는다면 그만큼은 소득순환과정에서 빠져나가는 것이 될 것이다. 이와 같이 소득순환과정에서 소득의 흐름을 감축시키는 현상을 누출(leakage)이라고 부른다. 이러한 누출은 나중에는 어떻게 되든 간에 당장에는 소득순환을 감소시킨다. 누출의 크기는 소득의 크기에 영향을 받기는 하지만 소득의 크기를 결정하는 요인은 아니다.

반대로 이번에는 가계나 기업이 요소소득이나 판매수입으로 소비지출이나 생산요소의 구입에 사용하지 않고 다른 소득 또는 수입으로 대신한다면 그만큼의 화폐흐름이 소득순환과정에 들어오게 된다는 것을 의미하며 이는 소득순환을 크게 하는 것을 의미한다. 이와 같이 소득순환과정에 추가로 새로이 등장하여 소득흐름을 크게 하는 현상을 주입(injection)이라고 하며 주입의 크기는 소득순환흐름의 외부에서 독립적으로 결정되며 소득과의 관계는 크지 않다.

누출을 결정하는 요인은 저축(S), 조세(T) 그리고 수입(M)이다. 저축은 소득 중에서 지출되지 않고 은행에 예입된 금액이고 재화와 서비스에 대한 수요를 감소시켜 다음 단계의 생산요소 구입을 감소시키므로 누출의 요인이 된다.

조세는 정부가 가계와 기업으로부터 징수하는 것으로서 그만큼의 액수에 해당하는 생산물의 소비 또는 생산요소의 수요를 줄이게 되므로 누출의 요인이 된다. 수입(M)은 가계나 기업이 해외에서 생산된 재화와 용역을 구매하는 행위이므로 수입이 발생하면 그만큼 국내에서 생산된 생산물의 소비가 줄어들게 되므로 누출 요인이 된다.

또 주입을 결정하는 요인은 투자(I), 정부지출(G) 그리고 수출(X)이다. 투자는 기업의 생산과정에서 일어나는 추가 지출인데 투자 재원은 개인의 저축, 기업의 저축(사내유보이윤), 그리고 해외로부터의 저축 등이 있다. 투자는 이자율이나 장래에 대한 기대 또는 예상에 따라 결정된다. 투자지출의 크기는 소득의 영향을 받는 것이 아니라 그것이 소득을 결정한다는 의미에서 주입의 요인이 된다.

정부지출은 정부가 개인, 기업, 해외부문의 생산물을 구입하기 위하여 지출하는 금액이므로 소득과는 관계없이 독립적으로 크기가 결정된다. 그러므로 소득순환흐름의 크기를 증가시키게 된다. 수출(X)은 기업 또는 개인이 그들의 생산물이나 생산요소를 해외에 판매하는 행위이므로 그 대가만큼 국내소득흐름의 크기를 크게 한다.

이상을 정리하면 누출 요인으로는 저축, 조세, 그리고 수입이 있고 주입 요인으로는 투자, 정부지출, 그리고 수출이 있다. 이와 같은 누출의 합과 주입의 합은 같을 수도 있고 다를 수도 있다. 만약 같다면 국민소득 순환의 크기는 일정할 것이고 누출 요인이 주입 요인보다 크다면 국민소득 순환의 크기는 축소될 것이며 반대로 주입 요인이 누출 요인보다 크다면 국민소득 순환의 크기는 확대될 것이다.

지금까지의 논의를 정리하면 2부문 경제(단순 소득순환모형)에서는 저축과 투자가 같을 때 국민소득이 균형이 된다. 즉, 균형국민소득의 조건은 (식 17-4)와 같다.

$$S = I \qquad\qquad\qquad\qquad \text{(식 17-4)}$$

3부문경제(확대 소득순환 모형)에서 균형국민소득의 균형조건은 (식 17-5)와 같다.

$$S + T = I + G$$
$$S + T + M = I + G + X \text{ (해외부문 포함)} \qquad \text{(식 17-5)}$$

여기에서 좌변은 총누출, 우변은 총주입이 된다.

【연｜습｜문｜제】

1. 2부문 경제의 소득순환모형을 그림으로 설명하시오.

2. 3부문 경제의 소득순환모형을 그림으로 설명하시오.

3. 소득순환모형에서 누출과 주입이 국민경제의 순환흐름에서 어떠한 역할을 하는지 설명하시오.

4. 국민경제의 순환흐름에서 주입과 누출을 결정하는 요인을 설명하시오.

5. 국민소득 3면등가의 원칙을 설명하시오.

국민소득의 측정과 지표

제1절 국내총생산(GDP) 및 국민총생산(GNP)의 측정

1-1 정의

　한 나라의 국민경제가 일정기간에 생산한 최종생산물로서의 여러 가지 재화와 용역의 가치는 시장가격이 부여된 시장가치로 생각할 수 있을 것이다. 이는 앞에서 살펴보았듯이 국민소득은 생산측면, 분배측면, 지출측면의 세 부문으로 구분되지만 그 크기는 같다. 한 국가소득의 크기를 파악한 대표적인 지표가 국내총생산(GDP : gross domestic product)이다. 우리나라는 1994년까지 총생산의 총량지표로써 GNP 사용하였으나. 1995년부터 GDP로 바꾸었다. 이것은 GDP가 GNP보다 국내경기동향을 더 정확히 반영할 수 있기 때문이다.

　국내총생산(GDP)은 "일정기간 동안에 한 나라의 국경 안에서 생산된 모든 최종생산물의 시장가치"이다. 반면 국민총생산(GDP)은 "일정기간 동안에 자국민에 의해 생산된 모든 최종 생산물의 시장가치"이다.

　여기에서 위에서 정의한 내용에 대해서 좀 더 자세히 알아보기로 하자. 첫째, '일정기간'이라는 뜻은 우리의 측정대상이 일정기간내의 생산과 소득의 흐름이라는 것이다. 이 기간은 보통 1년이지만 때로는 6개월 혹은 3개월 단위로 측정된다.

　'한 나라 국경 안에서'라는 것은 국적과 관계없이 자국의 국경 내에서 생산 된 것이면 모두 GDP에 포함한다. 따라서 국내에 있는 외국인 및 외국인 소유의 생산요소에 의하여 생산된 것은 GDP에 포함된다. 반면에 해외에 있는 자국민 또는 자국민 소유의 생산요소에 의하여 생산된 것은 GDP에 포함되지 않는다. 그리고 '자국민에 의하여'라는 뜻은 국경과 관계없이 그 나라 국적의 국민 및 국민소유의 생산요소에 의하여 생산된 생산물의 가치만이 GNP에 포함된다는 것이다. 따라서 국내에 있는 외국인 및 외국인 소유의 생산요소에 의하여 생산된 것은 GNP에 포함되지 않는다. 반면에 해외에 있는 자국민 또는 자국민 소유의 생산요소에 의하여 생산된 것은 GNP에 포함된다. 즉, GDP는 국경을 중심으로 하고, GNP는 국적을 중심으로 하여 소득의 크기를 파악한다.

따라서 국내총생산과 국민총생산과는 다음과 같은 관계가 있다.

$$GNP = GDP + 해외수취요소소득 - 해외지불요소소득$$

$$GNP = GDP + 해외순수취요소소득 \qquad\qquad (식 \ 18\text{-}1)$$

그러므로 상술한 바와 같이 해외에 지불한 요소소득이 해외로부터 수취한 요소소득보다 큰 경우, 즉 해외순수취 요소소득이 음의 값일 때는 국민총생산이 국내총생산의 값보다 작게 된다. 완전한 폐쇄경제에서는 GNP와 GDP가 같다. 그러나 개방경제에서는 양자가 서로 다르다. 해외에 투자를 많이 한 나라, 예를 들어 외국에 광산이나 유전의 이권, 공업소유권을 많이 소유하고 있는 나라는 GNP가 GDP보다 크다. 반면에 외국인의 투자가 많은 나라에서는 GDP가 GNP보다 크다.

따라서 국제경제관계가 점차 개방경제로 되면서 GDP의 개념이 경제분석면에서나 경제정책구상에서 점차 중요해지고 있는 실정이다.

셋째, '최종생산물'이라고 한 것은 중간생산물은 포함하지 않고, 가계나 기업 등 최종사용자에 의하여 구매되어 재판매되지 않는 생산물만을 포함한다는 뜻이다. 예를 들어 자동차라는 최종생산물을 생산하기 위해서는 엔진과 타이어 등 각종 중간생산물이 필요한데 이들을 GDP에 포함시키면 이중계산을 초래하기 때문이다. 넷째, '생산물'이라고 한 것은 생산과 직접 관계가 없는 자산의 거래는 GDP에 포함되지 않는다는 의미이다. 예를 들어 주식거래와 같은 것은 단순한 부와 자산의 이전에 수반하는 자금의 흐름이지 생산활동에 수반되는 소득의 흐름은 아니기 때문이다. 마지막으로 '시장가치'라고 한 것은 최종생산물로서의 재화와 용역의 가치에 대한 척도로서 실제로 거래된 시장가격을 의미한다. 결국 GDP란 최종생산물의 시장가치의 합계이므로 다음과 같이 (식 18-2)로 나타낼 수 있다.

$$GDP = \sum_{i=1}^{n} P_i Q_i \qquad\qquad (식 \ 18\text{-}2)$$

예를 들면 어떤 국민경제가 한 해 동안 1,000원짜리 쌀 3단위, 5,000원짜리 자동차 2단위, 2,000원짜리 옷 4단위를 생산하였다면 위의 식을 이용해서 다음의 (식 18-1)′과 같이 GDP를 구할 수 있을 것이다.

$$GDP = \sum_{i=1}^{n} P_i Q_i = 1,000 \times 3 + 5,000 \times 2 + 2,000 \times 4 = 21,000원 \quad (\text{식 } 18\text{-}2)'$$

경제 전체의 국내(국민)총생산을 인구로 나누면 1인당 국내(국민)총생산(percapita GDP)이 산출된다. 우리가 보통 '국민소득'이라 할 때는 바로 이 수치를 의미하는 경우가 많다. GDP는 평균적인 국민 한 사람당의 소득을 의미하므로 GDP가 커질수록 구민의 평균적인 생활수준이 높아지는 경향이 있다고 할 수 있다. 즉, 소득수준이 높다고 반드시 생활수준이 높은 것은 아니다.

1-2 GDP와 관련된 개념들

다음에 다룰 몇 가지 개념들은 GDP정의의 각 부분의 내용을 수정하여 얻은 것들로서 중요한 내용들을 가지고 있다.

(1) 압숍션(absorption)

GNP는 국민총생산으로서 국민경제활동의 지표가 되지만 그 국민이 소비 및 투자를 하기 위하여 얼마만큼의 생산물을 사용하였는가는 나타내주지 않는다. 이러한 의미에서 압숍션(흡수: absorption)이란 일정기간에 자국민이 사용한 생산물의 총량(수입품 포함)을 의미하며 후진국의 경제발전문제를 고찰하는 데 유용한 개념이 될 수 있다.

개방경제하에서는 수출과 수입 같은 대외거래가 있기 때문에 GNP와 압숍션이 일치하는 경우는 사실상 없다.

따라서 다음과 같은 식이 성립한다.

$$A = GNP + M - X$$
$$A - Y = M - X \quad\quad\quad (\text{식 } 18\text{-}3)$$

위의 식에서 보면 압솝선(A)이 GNP보다 많다는 것은 수입(M)이 수출(X)보다 크다는 것을 의미하며 그 차액은 결국 외환보유량의 감소, 해외로부터의 차입, 무상원조 등이 발생한다는 것을 말한다.

(2) 부가가치

GDP에는 중간생산물이 제외된다고 하였는데 〈**그림 18-1**〉을 통하여 그 이유를 알아보는 한편 부가가치의 개념도 알아두기로 한다. 이를 위하여 밀을 이용하여 최종생산물인 과자를 생산하는 것을 가상적인 예로 하기로 한다.

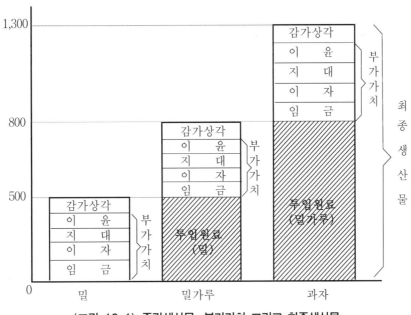

〈그림 18-1〉 중간생산물, 부가가치 그리고 최종생산물

밀농사를 짓는 어떤 농부가 밀 1단위를 생산해서 500원에 제분회사에 팔았다고 하자. 그렇다면 과연 500원이라는 가치 속에는 무엇이 포함되어 있을까? 이는 다음과 같이 세 부문이 포함되어 있을 것이다. 첫째, 임금, 이자, 지대와 같은 농부가 사용한 생산요소인 노동, 자본, 토지에 지불된 금액이 포함되어 있을 것이고, 둘째, 농기구 등과 같은 자본재에 대한 감가상각이 포함되었을 것이고, 셋째, 경영인으로서의 농부가 취해야 할 이윤이 포함되었을 것이다. 한

편 부가가치(value added)란 어떤 생산자가 생산과정에서 새로 부가한 가치를 말하는 것으로 생산액에서 원재료값과 감가상각을 공제한 액수이다. 따라서 위의 예에서는 밀의 씨앗값을 무시하면 총생산액 500원(국민경제에서는 GDP)에서 농기구 등에 대한 감가상각을 공제한 액수가 순생산(국민경제에서는 NDP: net domestic product) 또는 부가가치가 된다.

계속해서 제분회사는 밀을 밀가루 1단위로 만들어서 그것을 800원에 제과점에 팔았을 때 제분회사의 생산비는 크게 두 부문으로 구성된다. 첫째, 중간생산물인 밀에 대하여 지불한 500원이고, 둘째, 모든 생산요소의 비용과 감가상각 그리고 이윤의 합계인 300원이다.

마지막으로 제과점에서는 밀가루 1단위를 제분회사로부터 800원에 구입하여 그것으로 과자 1단위를 만들어 최종소비자에게 1,300원을 받고 팔았다고 하자. 위와 마찬가지로 이 때 1,300원은 중간재인 밀가루를 구입하기 위한 800원과 모든 생산요소의 비용과 감가상각 그리고 이윤의 합계 500원으로 구성되어 있다. 이 예에서 우리는 다음 사실을 발견할 수 있다. 과자를 만드는 과정에서 일어난 총거래액은 500원+800원+1,300원=2,600원이다. 그런데 최종생산물의 가격은 1,300원이어서 총거래액보다 작다. 양자의 차이는 다름 아닌 중간생산물의 가치이다. 그리고 최종생산물의 가격은 과자를 만드는 과정의 각 단계에서 지불된 부가가치의 총액과 각 단계에서의 감가상각액의 합계와 같다. 즉, 1,300=500원+300원+500원이 되는 것이다.

위와 같은 원칙은 국민경제 전체에도 해당된다. 즉, GDP는 국내경제의 모든 생산과정에서 창출되는 부가가치와 감가상각액의 합계와 같다. 이러한 GDP에서 감가상각액을 공제한 부분인 모든 부가가치의 합계를 국내순생산(net domestic product)이라고 한다.

(3) 명목 GDP와 실질 GDP

GDP=$P \cdot Q$라고 할 때, P는 물가지수, Q는 실질생산물을 나타내는데 기준년도와 비교년도의 P가 변화하는 문제가 있다. 따라서 기준년도와 비교년도 사이에서 실질적으로 GDP가 얼마나 변하였는가를 비교하기 위해서는 양년도 사이에 일어난 P의 변화를 제거할 필요가 있다.

예를 들어 기준년도의 GDP가 1,000이고 비교년도의 GDP가 1,250이라고 할 때 기준년도에 비해 비교년도의 물가수준이 10% 상승하였다면 명목 GDP(경상 GDP: 당해년도의 가격으로 당해년도의 최종생산물의 가치를 계상한 것)는 25%상승한 것이지만 실질 GDP(불변 GDP: 당해년도의 최종생산물의 가치를 특정기준년도의 가격으로 계상한 것)는 대략 25%에서 10%를 제한 15%정도로 증가한 것이 된다. 하지만 실제로 계산하면 13.63%가 된다.

위의 예에서 알 수 있듯이 만약 두 시점 사이에 GDP가 실질적으로 얼마만큼 변화하였는가를 알고자 한다면 두 시점의 명목 GDP를 비교하여서는 안 된다. 왜냐하면 명목 GDP는 $P \cdot Q$

의 변화를 나타내는 것이지 실질생산, 즉 Q의 변화를 나타내는 것이 아니기 때문이다. 따라서 두 시점 사이의 실질 GDP를 비교하기 위해서는 마땅히 비교년도의 명목 GDP를 물가지수로 나누어 기준년도의 화폐가치로 표시되는 GDP로 환산해야 한다. 이때 사용되는 물가지수를 GDP 디플레이터(GDP deflator)라고 한다. 이것을 수식으로 표시하면 다음과 같다.

비교년도의 명목 GDP를 Y_t로 표시하면, $Y_t = P_t \cdot Q_t$이고, 기준년도 가격으로 표시된 비교년도의 실질 GDP를 $Y_{t\,0}$로 표시하면 $Y_t^0 = P_0 \cdot Q_t$가 된다. 여기에서 P_t와 P_0는 각각 비교년도와 기준년도의 가격을 의미한다. 따라서 $\dfrac{Y_t}{Y_t^0} = \dfrac{P_t \cdot Q_t}{P_0 \cdot Q_t} = \dfrac{P_t}{P_0} = P$가 되는데 여기서 P는 GDP 디플레이터이다. 위의 식을 변경하면 $Y_t^0 = \dfrac{Y_t}{P}$가 된다. 실질 GDP Y_{t0}는 명목 GDP Y_t를 GDP 디플레이터 P로 나눈 값이다.

(4) 경제성장률

경제성장(economic growth)은 기간이 경과함에 따라 생산이 증가하는 현상, 즉 경제활동 규모가 커지는 것을 말한다. 경제활동의 변화를 측정하는 지표로 경제성장률이 있으며, 경제성장률은 다음과 같이 계산된다.

$$2012년의\ 경제성장률 = \frac{2012년의\ 실질\,GDP - 2011년의\ 실질\,GDP}{2011년의\ 실질\,GDP} \times 100$$

그러나 경제성장률은 인구증가율과 밀접한 관계가 있다. 만약 경제성장률보다 인구증가율이 높다면 국민 개인의 생활수준은 오히려 나빠지게 된다. 따라서 국민 개개인의 생활수준이 향상되었는지를 살펴보기 위해서는 경제성장률과 함께 인구증가율도 고려되어야 한다. 이것을 1인당(실질) 소득성장률이라 하며, 1인당(실질) 소득성장률은 대체로 경제성장률에서 인구증가율을 뺀 값과 같다. 따라서 경제성장이 가지는 진정한 의미는 실질 GDP의 성장률이 인구증가율보다 높아 1인당 실질소득이 증가하는 것을 의미한다.

제2절 국민소득의 3세 가지 측면

국민소득의 세 가지 측면이라 함은 국민소득이 기업에 의해서 창출되고, 이는 다시 요소소득(임금, 이자, 지대, 이윤 등)으로 가계에 분배되고, 그리고 이렇게 분배된 소득은 다시 가계에 의한 소비지출, 기업에 의한 투자지출 그리고 정부에 의한 정부지출의 합과 같다는 것을 의미한다.

기업이 생산하는 생산량으로 측정되는 생산국민소득은 최종생산물의 합계를 시장가치로 표현한 금액이다. 이러한 금액은 바로 기업이 생산 활동시 고용하게 되는 생산요소에 대한 대가로 지불하게 되는 금액과 같다. 즉, 노동자에게는 임금, 자본가에게는 이자, 지주에게는 지대 그리고 경영자에게는 이윤으로 지불되고 이들의 총합은 결국 기업이 생산한 재화와 용역의 시장가치의 합계와 같게 된다는 것이다. 한편 이렇게 각 생산요소에게 분배된 소득은 가계부문, 기업부문 그리고 정부부문이 지출한 지출의 합계와 같다.

이상과 같은 내용으로 볼 때 기업부문의 연간 총생산액이 얼마인가라는 것은 가계부문(노동자, 자본가, 지주, 경영자 등)의 연간 소득이 얼마인가 또는 가계부문, 기업부문 그리고 정부부문의 연간 지출의 합이 얼마인가라는 것과 동일한 내용이 된다는 것이다. 다시 말해서 생산 측면에서 측정한 국민소득은 분배 측면에서 측정한 국민소득과 같고 이것은 다시 지출 측면에서 측정한 국민소득과 같다. 그러나 실제로는 측정 방법의 상이로 말미암아 세 가지 방법의 결과는 약간씩 다를 수도 있다. 이것은 해당 자료를 수집하여 정리하는 과정에서 발생할 수 있는 통계적인 오차 때문이기도 하다.

이상을 정리하면 (식 18-6)과 같은데 이것을 우리는 3면등가의원칙이라고 한다.

$$생산국민소득 = 분배국민소득 = 지출국민소득 \qquad (식\ 18\text{-}4)$$

국민소득의 세 가지 면은 원칙적으로 일치하지만 누출과 주입이 있을 경우에는 부분적으로 일치하지 않을 수도 있다. 따라서 이 세 면을 등식으로 표현하기보다는 위와 같이 항등식으로 표현한다.

제3절 GDP 지표의 한계와 순경제적 후생

한 나라의 GDP의 크기 및 그 변동은 그 나라의 경제활동수준 또는 경제성장률을 측정하는데 좋은 지표가 되는 것은 물론 국민소득수준을 나타내는 지표로 사용된다. 또한 GDP는 불완전하긴 하지만 국민후생지표로도 사용된다. 왜냐하면 국민후생은 물질적 풍요와 밀접한 관련이 있으며 물질적 풍요는 GDP로 측정할 수 있기 때문이다. 그러나 여기에는 다음 항에서 설명한 것처럼 여러 가지 문제점이 나타날 수 있다.

2-1 GDP 지표의 한계

지금까지 우리는 국민소득수준을 나타내는 대표적인 개념으로써 GDP를 사용하여 왔다. 그러나 GDP는 복지수준에 대해서는 정확하게 나타내주지 못한다는 단점이 있다. 그 이유는 GDP는 원래 국민복지를 측정하기 위하여 고안된 것이 아닐 뿐만 아니라, 다른 여러 가지 이유에서도 그렇다. 본 항에서는 GDP가 갖고 있는 개념상의 문제점을 다음과 같이 제시하고자 한다.

(1) GDP는 시장을 통하여 거래된 것만 계상된다는 점이다.

예를 들어 가정주부의 가사를 위한 노동은 분명히 국민복지를 증가시키지만 GDP에 포함되지 아니한다. 또한 자가소비를 위하여 수확한 농축산물들(예: 채소, 가축)도 GDP에 포함되지 아니한다. 그 외에도 암시장 등과 같은 모든 지하경제(underground economy)를 이루는 경제활동의 생산물은 조직화된 시장을 거치지 않은 것들이어서 부가가치의 합계로서 GDP에 계상되지 아니한다. 그런데 저개발국가일수록 시장을 통하지 않은 거래의 비율이 높다는 점에서 선진국의 GDP와 일률적으로 비교할 때 해석상의 문제가 나타날 수 있다. 즉, 선진국의 GDP는 크게 잡힐 수 있고 저개발국의 GDP는 작게 잡힐 수 있기 때문에 선진국과 저개발국의 1인당 GDP를 수평적으로 비교하는 것은 다소 문제가 있다는 것이다.

(2) GDP는 여가에 대한 가치부여가 없다.

일반적으로 사람들은 부유해질수록 보다 많은 여가를 선호하게 된다. 왜냐하면 여가는 일반재화와 마찬가지로 소득이 높을수록 많이 소비되기 때문이다. 즉, 다른 재화와 대체된다는 것이다. 만약 두 국가의 1인당 GDP수준이 같을 경우 예를 들어 미국과 같은 선진국처럼 한 국가는 주 5일 근무제이고 다른 한 나라는 주 6일 근무제를 실시하고 있다면 어느 나라의 복지수준이 높을 것인가? 여기에 대한 답은 명백할 것이다. 여가는 분명히 국민의 복지를 증가시킨다. 그럼에도 불구하고 여가시간의 가치를 GDP에 포함시키지 않는 것은 GDP가 국민복지를 나타낸다고 하는 면에서 그 의미를 감소시키고 있는 것이다.

(3) GDP는 재해복구를 비롯한 모든 생산이 계상된다.

태풍, 지진, 전쟁과 같은 천재지변과 재해 등이 있을 경우에는 많은 시설물의 파괴로 인하여 국부나 국민소득이 감소하는 것은 분명하다. 그럼에도 불구하고 이를 복구하기 위하여 다시 건설하고 정리함으로써 증가된 GDP만 계산되었다. 그러나 이러한 GDP의 증가가 국민복지를 증가시켰다고 생각하는 사람은 한 사람도 없을 것이다. 또한 전쟁준비를 위한 무기공장의 건설, 전쟁무기의 생산 등은 GDP를 증가시킴에 틀림없으나 전쟁없는 평화보다 국민복지를 분명히 감소시킨다. 그러나 이러한 전쟁을 통한 국민복지 감소효과는 GDP에 반영되지 아니한다.

(4) GDP는 금융거래에 대한 가치는 포함하지 않는다.

주식 또는 채권과 같은 각종 증권의 거래는 GDP에 포함되지 않는다. 그러한 거래는 생산활동이라기 보다도 자산의 교환에 불과하기 때문이다. 정부의 이전지출과 국공채에 대한 이자지불도 그 수령자들에게 현재의 어떠한 생산에 대한 대가로써 지불하는 것이 아니기 때문에 GDP 계산에 포함되지 않는다.

(5) 사회적 비용은 GDP에서 차감되지 않는다.

경제가 발전하면서 생산활동이 활발해졌다. 그런데 모든 생산활동은 GDP를 증가시키지만 동시에 자연훼손과 공해로 인한 사회적 비용을 증가시키기도 한다. 산림면적의 감소, 폐수로 인한 수원지와 바다의 오염, 자동차의 매연, 쓰레기 등은 자연과 환경을 파괴함으로써 생활의 질과 만족을 감소시킨다. 이는 결과적으로 사회적 비용을 증가시키게 되는데도 불구하고 GDP에서 차감되지 아니한다.

2-2 순경제적 후생(net economic welfare: NEW)

한 나라 경제가 지향하는 바는 모든 국민이 높은 생활수준을 유지하고 생활의 질을 향상시켜 만족을 극대화하는 데 있다. 이와 같은 국민복지수준을 평가하기 위하여 우리는 1인당 GDP 수준으로써 나타내 보이려는 경향을 가져왔다.

그러나 경제성장이 반드시 생활의 질을 향상시킨다고 말할 수는 없다. 현실적으로 고도의 경제성장은 그 폐해를 돈으로 환산하기 어려운 자연훼손과 각종 공해를 필연적으로 가져온다. 이러한 점에서 급속한 경제성장이 곧 국민복지의 증대로만은 단정할 수 없다.

이와 같이 국민복지의 지표로써의 GDP가 갖는 한계성을 인식한 어떤 학자들은 국민경제의 후생을 가늠해 주는 대안적 지표로서 순경제적 후생(net economic welfare: NEW)이라는 용어와 개념을 다음과 같이 제시하였다.

$$NEW = GDP + 가계서비스 + 여가의 \ 가치 - 사회적 \ 비용$$

위와 같이 정의되는 NEW는 첫째, GDP에 가정주부의 활동으로 인한 서비스와 가계생산물의 가치를 포함한다. 둘째, GDP에 일반 재화와 대체관계에 있다고 볼 수 있는 여가의 가치를 포함한다. 셋째, 급속한 경제발전으로 인한 공업화와 함께 파생되는 자연훼손과 각종 공해 및 도시화에 따른 과밀 등의 비용을 GDP로부터 공제한다. 이렇게 될 때 진정한 의미에서의 국민 후생의 수준을 알아 볼 수 있게 된다.

이와 같은 NEW의 개념은 이론적으로 그 의의를 찾을 수는 있으나 어떻게 가격으로 수량화 하느냐에 관한 문제를 안고 있다. 따라서 이것도 역시 국민복지를 측정하는 개념으로써 문제를 안고 있는 것이 사실이다.

제4절 각종 국민생산과 소득지표

앞 절에서 알아보았듯이 GDP의 개념은 국민소득의 지표로서 반드시 적당한 것만은 아니고 그 한계가 있다.

국민소득의 개념은 〈표 18-1〉과 같이 여러 가지가 있는데 국민소득의 순환과정 중 어느 시점에서 측정하느냐에 따라 그 크기가 다양하게 나타나게 된다. 다음에는 GDP외에 여러 가지 국민소득에 관한 개념들을 생산된 국민소득이 각 경제주체에게 배분되는 과정을 통하여 알아 보기로 한다.

3-1 국내순생산(net domestic product: NDP)

GDP는 모든 최종재화와 용역의 시장가치를 포함한 것인데 그 속에는 기업이 소진된 생산설비를 대체하기 위하여 구입하는 생산설비 즉, 대체자본재도 포함된다. 따라서 그 증가분을 보다 더 정확히 추계하기 위하여 GDP에서 자본소진액(감가상각액)만큼 공제한 가치를 측정하는데 이것을 국내순생산(net domestic product: NDP)이라고 한다. 오래된 생산설비의 대체된 부분이 공제되었으므로 NDP가 GDP보다 엄밀한 국민소득개념이라고 볼 수 있다. GDP나 NDP나 일정기간 동안의 경제성장 또는 생산의 변화를 측정하는 좋은 방법이긴 하지만 실제적으로는 GDP가 많이 쓰인다. 그 이유는 감가상가액을 정확히 측정하기가 어렵기 때문이다. 또한 GDP와 NDP중 어느 개념을 사용할 것인가는 다루는 문제가 무엇인가에 의해서도 달라진다. 만약 고용과 관련된 문제라면 GDP의 개념을 사용하는 것이 보다 좋을 것이다. 왜냐하면 고용이란 결국 총생산과 밀접한 관계에 있으므로 굳이 감가상각이란 개념을 의식할 필요가 없기 때문이다.

$$NDP = GDP - 감가상각액$$

3-2 국민순생산(net national product: NNP)과 국민소득(national income: NI)

국민총생산(GNP)에서 자본소진액(감가상각액)을 공제한 가치가 국민순생산(net national product: NNP)이라한다. 한편, 국민소득(national income: NI)은 민간부문(가계 및 기업)의 생산요소에 분배되는 소득의 개념이다. 이론적으로 만약 정부부문이 없는 2부문경제라면 NNP가 요소비용에 의한 국민소득(임금, 이자, 지대, 이윤) 즉, NI와 동일할 것이다. 그러나 정부부문이 존재함으로 인하여 NI는 NNP와 차이가 있다. NI는 NNP에서 간접세(예: 물품세)를 공제하고 기업에 대한 보조금을 더한 것과 같다. 간접세는 생산을 통하여 얻어진 소득이 생산을 담당한 각 생산요소의 소유자들에게 분배되기 전에 정부부문으로 누출되는 부분이며, 정부의 기업에 대한 보조금은 생산된 국민소득이 각 생산요소의 소유자들에게 분배되는 과정에서 덧붙여지는 것이다.

$$NI = NNP - 간접세 + 보조금$$

3-3 개인소득(personal income: PI)

개인소득(personal income: PI)은 국민소득 가운데 개인(가계와 개인기업)에게 귀속되는 소득을 의미한다. 국민소득을 구성하는 요소소득 중에서 임금, 이자, 지대 등은 개인에게 귀속하나 이윤의 경우는 그 일부를 법인세나 사내유보이윤 등으로 정부와 기업내에 각각 귀속시켜야 하고 오로지 주식에 대한 배당금만 개인에게 분배된다. 따라서 PI는 NI에서 법인세와 사내유보이윤을 제외해야 한다. 한편 정부나 기업으로부터 개인에게 이전되는 이전지출(정부 보조금 또는 기업의 배당금)은 비록 개인이 생산과정에 참여하고 분배된 소득은 아니지만 개인에게는 소득이 되므로 PI에는 포함된다.

$$PI = NI - 법인세 - 사내유보이윤 + 이전지출(정부의 보조금 및 기업의 배당금)$$

3-4 가처분소득(disposable income: DI)

PI는 개인의 소득에 대하여 부과되는 세금을 고려하지 않았기 때문에 실제로 개인이 처분할 수 있는 액보다 많다. 따라서 개인이 사용가능한 가처분소득(disposable income: DI)은 PI에서 개인이 내는 직접세(개인소득세)를 공제한 부분으로 소비지출과 저축을 할 수 있다. DI는 개인의 후생수준을 알아볼 수 있는 보다 나은 방법이라 할 수 있다.

$$DI = PI - 개인소득세 = 민간소비지출 + 개인저축$$

〈표 18-1〉 각종 국민소득계정 요약

1. 국민총생산(gross national product: GNP)는 일정기간의 최종생산물의 시장가치의 합계
   $GNP = \sum P_i Q_i$, 여기서 P_i, Q_i는 각 재화의 가격과 수량을 의미함.

2. 국내총생산(gross domestic product: GDP)
   =국민총생산-해외순수취요소소득
   =국민총생산-해외수취요소소득+해외지불요소소득

3. 국내순생산(net domestic product: NDP)
   =GDP-감가상각액

4. 국민순생산(net national product: NNP)
   =GNP-감가상각액

5. 국민소득(national income: NI)
   =NNP-간접세+보조금

6. 개인소득(personal income: PI)
   =NI-법인세-사내유보이윤+이전지출(정부의 보조금 및 기업의 배당금)

7. 가처분소득(disposable income: DI)
   =PI-개인소득세(개인직접세)=개인소비+개인저축

【연│습│문│제】

1.   GDP와 GNP에 대하여 설명하시오

2.   GDP의 한계점에 대하여 설명하시오.

3.   다음 용어에 대하여 설명하시오.

　　1) 명목GDP와 실질GDP

　　2) 압솝션(absorption)

　　3) 부가가치

　　4) 경제성장률

4.   거시경제지표인 NDP, NI, PI, DI에 대하여 설명하시오.

5.   다음 물음에 답하시오.(2005년도를 기준년도로 함)

　　1) 2011년도 GDP가 17,000＄이고 2012년도 GDP가 20,000＄이다. 2012년도 물가상승이 기준년도에 비하여 10% 상승하였을 때 실질 GDP는 얼마나 상승하였는가?

　　2) 2012년도 명목GDP가 20,000＄이고 GDP 디플레이터는 125라고 하면 2011년도 실질GDP는 얼마인가?

6.   다음 표를 보고 물음에 답하시오.

(단위: 만원, 만개)

연　　도	품　목	가　격	수　량
2005 (기준년도)	냉장고	10,000	100
	쌀	1,500	500
2010 (비교년도)	냉장고	12,000	150
	쌀	2,000	600

　　1) 2005년의 실질GDP 및 명목GDP를 구하시오.

　　2) 2010년의 실질GDP 및 명목GDP를 구하고 GDP 디플레이터를 구하시오.

　　3) 2005년대비 2010년의 경제성장률을 구하시오.

작년 실질 GDP 1,103조…1인당은 2,207만 원

삼성전자 · 현대차 비중이 전체의 4분의 1

우리나라의 실질 국내총생산(GDP)이 지난해 처음으로 1,100조 원을 돌파했다. 28일 한국은행의 '2012년 연간 국내총생산 속보치'를 보면 가계, 기업, 정부 등 경제주체가 작년에 국내에서 생산한 재화와 서비스의 가치를 시장가격으로 평가해 합산하고서 물가변동 등을 고려해 산출한 실질 GDP는 1,103조 4,673억 원이다.

2011년 1,081조 5,939억 원보다 2% 늘었다. 우리나라는 2010년(1,043조 6,663억 원)에 실질GDP 1,000조 원 달성한 바 있다. 이를 통계청의 추계인구(5,000만 명)로 나누면 1인당 실질 GDP는 2,207만 원이다. 2011년에는 2,173만 원이었다.

그러나 한국은행은 당해연도의 총생산물을 당해연도의 가격(경상가격)으로 계산한 명목 GDP를 근거로 1인당 국민소득(GNI)을 산출한다. 작년 명목 GDP와 1인당 GNI는 3월 중 발표될 예정이다. 한은 관계자는 "실질 GDP는 2005년 불변가격을 기준으로 산출하므로 명목 GDP와는 차이가 좀 있다"고 말했다. 작년 3월에 발표된 명목

GDP는 1,237조 1,282억 원이다. 실질 GDP에서 보조금과 세금 등 순생산물세를 뺀 총부가가치(기초가격)는 993조 3,103억 원이다.

경제활동별로는 제조업이 315조 원으로 31.7%를 차지했다. 한국경제의 3분의 1가량을 책임진다는 의미가 있다. 도소매 및 음식숙박업(104조 원), 금융보험업(72조 원), 부동산 및 임대업(69조 원), 공공행정 및 국방(58조 원), 교육서비스업(44조 원) 등이 뒤를 이었다.

작년 실질 GDP 증가율이 2%의 부진한 흐름을 보인 것과 달리 삼성전자, 현대차 등 국내 글로벌 대기업은 눈부시게 성장했다.

국외 생산분과 현지 판매가 매출의 85%를 넘는 삼성전자의 작년 매출실적(201조 원)은 실질 GDP의 18%에 달한다. 2011년 비중 15%보다 3%포인트 증가했다. 작년 삼성전자와 현대차(84조 5,000억 원) 실적을 더하면 두 기업의 매출액은 실질 GDP의 26%까지 치솟는다.

출처: 『서울경제』, 2013. 1. 28.

서민경제 살려야 한국경제가 산다

국내 경제가 미국 금융 위기 등 잇단 해외 악재로 또다시 경기 침체의 불안감에 휩싸여 있다. 외환위기 이후 10년 동안 한국 경제는 한 번도 경기 활성화의 꽃을 제대로 피우지 못했다. 지속된 경기 부진으로 가장 큰 어려움을 겪는 경제 계층은 서민이다. 가계 소득 분포상 하위 40%에 해당하는 서민의 소득과 소비 상태가 고용 불안과 물가 상승으로 어느 계층보다 갈수록 힘들어지고 있다. 서민 가계는 대부분 중소기업 근로자, 영세 자영업자, 운수업 종사자로 구성된다. 이들은 제조업과 서비스업의 가장 낮은 단계에서 기초적인 생산과 소비를 담당하는 '실뿌리 계층'이다. 서민 가계 소득이 총소득에서 차지하는 비중은 10%대에 불과하다. 하지만 실뿌리가 마르면 나무 전체가 시들해지듯 서민 경제의 부실화는 전체 경제의 활력을 잃게 한다. 소비 둔화라는 경제 문제뿐만 아니라 사회 갈등이라는 정치 사회적 불안정도 심화시키는 까닭이다. 서민 경제가 취약해질수록 내수 기반이 허약해져서 외부 충격에 대한 내성도 그만큼 약해진다.

결국 대외 여건 악화가 국내 실물 경제로 전이되는 것을 최대한 막기 위해서는 서민 경제 활성화를 뒷전으로 밀어두어서는 안 된다. 무엇보다 서민의 소득을 올릴 수 있는 일자리를 늘려야 한다. 한국 경제는 경제협력개발기구(OECD) 내에서 '고용 없는 성장' 현상이 가장 심각하다. 성장률에 비해 고용률이 크게 낮다.

가계소득 늘려야 경제체질 튼튼

앞으로도 해외 의존도가 높은 자본과 기술집약적 대규모 장치 산업이나 의료와 법률 등 고도의 전문성이 필요한 지식 서비스업만 발전하면 경제성장률은 높아질지 모르나 서민 고용에는 별 보탬이 되지 않을 수 있다. 따라서 서민의 손재주와 정감이 요구되는 주물·금형과 같은 부품 소재 산업과 보육·간병과 같은 다양한 사회 서비스업을 더욱 적극적으로 육성해야 한다. 사실 서민 고용에 건설업만 한 것이 없다. 계획된 대형 사회간접자본(SOC) 사업을 가능한 한 앞당길 필요가 있다. 서민 금융 시스템을 강화하는 일도 시급하다. 서민 가계의 부채 증가율이 자산보다 훨씬 높고 전체 가계 평균보다도 속도가 빠르다. 그동안 중소기업 대출 역시 크게 늘어났다. 서민 부문이 가장 큰 부채 부담 속에 사는 셈이다. 국내외 금융 경색 현상이 깊어지면 서민 가계와 중소기업의 줄파산은 불을 보듯 뻔하다. 은행권의 서민 금융을 확대하고 소액금융제도와 같은 대안 금융을 활성화하여 이를 최소화해야 한다. 저소득 가계의 부채를 일시에 탕감하거나 유예해주는 특단의 대책도 서민 가계의 안정을 위해 염두에 두어야 할 방안이다.

서민 계층이 직면한 빈곤의 악화를 막고 서민 생활의 안정을 위해서는 삶의 질을 개선하는 일 역시 중요하다. 주거, 광열수도, 보건의료, 교양오락, 교통통신 등 5개 부문을 대상으로 삶의 질 지수를 측정해 본 결과 서민 생활의 질적 수준이 가장 나빠지는 것으로 나타났다. 이 중에서도 치매 등 각종 만성질환과 주거 불안정은 서민 가계의 고통을 더해주는 핵심 요인이다. 서민 질병을 전담하는 의료기관과 노인 요양시설을 확충하고 서민 주택 공급을 지속적으로 확대해야 할 연유가 여기에 있다.

서민영재 지원, 가난 대물림 막길

좀 더 근본적으로는 가난의 대물림을 막아야 한다. 서민의 교육 지출 증가율은 평균보다 크게 낮고 상위 소득 계층의 교육비에 대한 비율도 계속 하락하고 있다. 교육 지출의 양극화는 결국 교육 수준의 격차로 이어진다. 서민 자녀는 가난을 운명처럼 받아들여야 한다. 서민의 교육 경쟁력을 강화하기 위한 하나의 대안은 각급 학교에 서민 자녀의 적성과 특성을 고려한 '전문적 진학 상담 체제'를 확립하는 한편 서민 영재를 발굴하여 집중 지원하는 것이다.

이에 더해 자신의 경력과 능력을 지속적으로 개선해 나가는 '평생 학습 프로그램'을 주요 대학마다 개설하여 서민층의 취업 능력과 기회를 확충할 수 있는 여건을 조성해야 한다. 경제의 어원인 경세제민(經世濟民)의 뜻을 풀어보면 서민 경제를 살리는 일이 경제 운영의 기본임을 알 수 있다.

출처: 유병규 현대경제연구원 경제연구본부장, 『동아일보』, 2008. 9. 25.

제8편
균형국민소득 결정이론

케인즈의 단순모형과 균형국민소득

제1절 소비수요

케인즈의 거시경제이론에서 주요과제는 총수요의 조절(주로 총수요의 증가)에 관한 것이다. 제19장과 제20장에서는 총수요의 조절이 어떻게 균형국민소득을 결정하나를 설명한다. 제19장에서는 단순모형이론으로 총수요의 조절 또는 결정은 정부의 간섭이나 개입이 없이 오로지 민간부문(private sector)에 의해서만이 이루어지는 가정으로 되어있다. 즉, 총수요는 가계의 소비수요(consumption demand)와 기업의 투자수요(investment demand)의 합으로 이루어지는 것으로 가정하였고 이 두 가지의 합이 균형국민소득을 결정하는 것으로 이론을 전개하였다.

제20장은 제19장의 단순모형에 정부의 개입(정부지출)과 해외부문(수출＋수입)을 추가한 확장모형으로 어떻게 균형국민소득이 결정되나 보여준다.

앞에서도 설명한 바 있지만 경제학에서의 균형이란 더 이상 변화가 필요 없는 가장 좋은 상태인 때를 의미한다. 따라서 균형국민소득이란 경제에서 두 가지 악인 실업이나 인플레이션이 없는 상태의 국민소득을 의미한다.

우선 본 절에서는 충수요 중 민간부문의 하나인 소비수요의 결정이론에 관하여 논의하고 다음절에서 투자수요의 결정에 관하여 논의하기로 한다.

1-1 소비와 소비함수

거시경제이론에서의 소비란 미시경제이론에서 논하는 개별소비와는 달리 국민경제내부에서 전체 소비자가 일정한 가처분소득으로 최종생산물의 구입을 위해 지출한 총합적 개념에서의 총소비(total consumption)를 의미한다. 이러한 총소비는 경제활동 중에서 생산과 직결되는 중요한 행위로서 경기 및 소득의 증가에 밀접한 관계를 가지고 있다.

소비함수(consumption function)란 한 국민경제내에서 소비지출에 관한 다른 여건이 일정불변이라면 소비는 소득과 함수관계를 가진다는 것을 의미한다.

총가처분소득을 Y, 총소비를 C라고 한다면 소비함수는 다음 (식 19-1)과 같이 표시될 수 있다.

$$C = f(Y) \qquad \text{(식 19-1)}$$

(식 19-1)은 소비는 소득의 함수 즉, 소비는 소득에 의해 결정된다는 것을 말해 준다. 〈표 19-1〉은 소비함수의 이해를 위해서 가상적인 자료로 만들어 진 것이다.

〈표 19-1〉 소득, 소비, 저축의 상호 관계

소 득 (Y)	소 비 (C)	한계소비성향 ($MPC=\Delta C/\Delta Y$)	평균소비성향 ($APC=C/Y$)	저축 ($S=Y-C$)
0	50			-50
50	75	0.5	1.50	-25
100	100	0.5	1.00	0
150	125	0.5	0.83	25
200	150	0.5	0.75	50
250	175	0.5	0.70	75
300	200	0.5	0.67	100

또한 〈그림 19-1〉은 이를 그림으로 옮겨놓은 것 즉, 소비함수를 그래프로 표현한 것인데 소득이 증가할수록 소비도 증가하게 되므로 그래프의 모양은 우상향으로 되어있다.

〈그림 19-1〉의 (a)에서는 총소비(총수요)가 오로지 가계소비(소비수요=C)만으로 구성되었다고 가정할 때 어떻게 균형국민소득이 결정되는가를 보여주고 있다. 균형국민소득이란 수요와 공급이 일치할 때 즉, 소비와 생산(GNP)이 일치할 때의 소득을 의미한다. 만약 공급이 수요보다 적다면(GNP<C), 초과수요로 인한 물가상승이 발생될 것이고 이러한 현상이 지속

되면 인플레이션이 발생할 것이다. 따라서 생산도 물가도 균형에 도달하지 못할 것이다. 반대로 공급이 수요보다 많다면(GNP>C), 초과공급으로 인하여 가격이 하락될 것이고 생산요소의 고용이 덜되고 경기가 침체되고 실업이 발생할 것이다. 이 경우 역시 생산과 물가가 균형을 이루지 못할 것이다. 결국 가장 바람직한 상황은 공급과 수요가 같을 경우(GNP=C)인데 우리는 이러한 상황하에서의 국민소득을 균형국민소득이라고 한다.

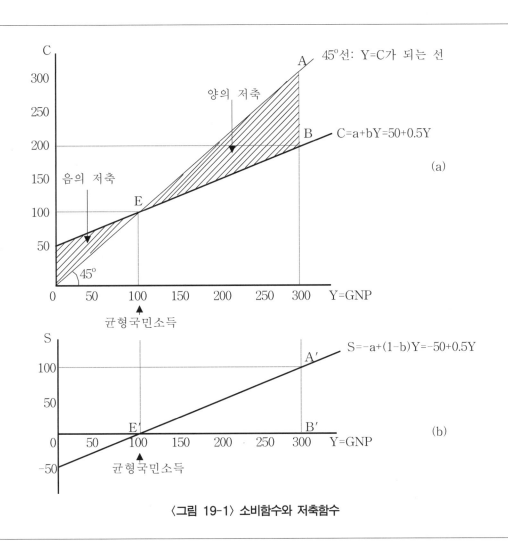

〈그림 19-1〉 소비함수와 저축함수

그래프에서 소비함수는 소득이 0일 때 소비는 50을 나타내고 소득이 300일 때 소비는 200을 나타내 주고 있다. 따라서 소비함수의 절편은 50으로써 소득이 0일 때에도 50의 기초소비가 필요함을 보여주고 있다. 한편 45°선은 생산(소득)과 소비가 같은 점을 연결한 선을 의미하기 때문에 소비함수와 45°선이 교차하는 곳에서 $Y=C$ 즉, 수요와 공급이 같은 점을 나타내며 이는 균형국민소득이 100으로 결정되고 있는 것을 보여주고 있다.

1-2 소비성향

소비성향은 크게 두 가지로 나눌 수 있는데 첫째는 평균소비성향으로서 소득 중 소비가 차지하는 비율을 보여주고, 둘째는 한계소비성향으로서 소득증가분에 대해서 소비증가분이 얼마인가를 그 비율로서 보여준다.

(1) 평균소비성향(average propensity to consume: APC)

평균소비성향은 가처분소득에 대한 당기의 총소비의 비율로서 (식 19-2)와 같다.

$$APC = \frac{C}{Y} \qquad\qquad (식 19-2)$$

〈**표 19-1**〉에서 알 수 있듯이 소득이 증가할수록 APC는 감소한다. 즉, 소비곡선을 따라 우측으로 이동해 갈수록 점차 감소해 간다는 사실이다. 또한 45°선과 소비곡선이 교차하기 전에서는 $APC>1$이고, 교차점에서는 $APC=1$, 그리고 그 이후부터는 $APC<1$이 되고 그 크기는 점차 감소하게 된다는 것을 알 수 있다. 이러한 사실로 미루어 볼 때 소득이 증가할수록 소비도 증가하나 소비의 증가가 소득의 증가를 따라오지 못한다는 것을 의미하며 따라서 소득이 증가할수록 저축의 증가가 가속될 수 있다는 사실을 보여주고 있다. 왜냐하면 결국 소득 중에서 소비하고 남은 부분은 저축으로 되기 때문이다.

(2) 한계소비성향(marginal propensity to consume: MPC)

한계소비성향은 당기의 소득증가분 중 당기의 소비증가분의 비율로서 (식 19-3)과 같다.

$$MPC = \frac{\Delta C}{\Delta Y} = b(소비함수의 기울기) \qquad\qquad (식 19-3)$$

위의 식에서 알 수 있듯이 MPC는 분명히 소비함수의 임의의 점에서의 기울기가 된다. 〈**표 19-1**〉에서 예를 들면 소득이 0에서 50으로 증가했고 소비가 50에서 75로 증가했다면, 소득의 증가분 50과 소비의 증가분 25와의 비율은 25/50＝0.5가 된다. 이러한 결과는 표에서 다른 줄의 예를 들어도 같게 된다. 왜냐하면 표에 주어진 가상적인 자료를 사용한 소비함수가 우상향의 직선의 형태를 취하기 때문이다.

현실적으로 한계소비성향의 측정은 매우 어렵기 때문에 일반적으로 평균소비성향으로써 한 나라 경제의 소비성향을 가늠한다.

(3) 소비함수의 특징

앞에서 알아본 평균소비성향과 한계소비성향으로부터 소비함수의 특징을 다음과 같이 예측할 수 있다.

첫째, 소득이 증가할수록 소비도 증가한다. 항상 $APC>0$, $MPC>0$인 것이 이를 입증한다.

둘째, 소득수준이 매우 낮은 경우에도 소비는 소득보다 클 것이며($APC>1$) 어느 단계에서는 같을 것이다($APC=1$). 그러나 소득이 어느 수준을 넘으면 소비는 소득보다 적어질 것이다($APC<1$).

셋째, 소득이 증가함에 따라 소비도 증가하지만 그 증가의 폭에 있어서는 소득이 소비보다 크다. 즉, $MPC<1$이 이를 입증한다.

넷째, 소득이 계속 증가할수록 현실적으로는 한계소비성향은 점차 작아진다는 것이다.

제2절   저 축

2-1 저축과 저축함수

총저축(S)은 가처분소득(Y)으로부터 총소비지출(C)을 공제한 잔여분을 말하며 (식 19-4)와 같다.

$$S = Y - C \text{ 또는 } Y = C + S \tag{식 19-4}$$

한편 소비는 가처분소득의 크기에 의하여 영향을 받게 되므로 저축 또한 소득의 함수가 된다. 따라서 저축을 함수로 표시하면 다음과 같다.

$$S = g(Y) \tag{식 19-5}$$

(식 19-5)는 국민경제 내부에서의 저축에 영향을 미치는 다른 여건이 일정불변이라면, 저축은 총가처분소득에 의해 결정된다는 것을 의미한다.

〈표 19-1〉에서 우리는 소득에서 소비를 제한 액수가 저축이라는 것을 알 수 있다. 이러한 내용을 〈그림 19-1〉의 (a)의 줄친 부분으로 표시하였다. 그림(b)에는 소득에 대응하는 저축의 양을 표시한 것으로 저축함수 S가 나타내어져 있다. 예를 들어 그림(a)에서 AB의 거리와 점 E는 그림(b)에서 각각 $A'B'$의 거리와 점 E'과 대응된다. 즉, 저축함수 S는 그림(a)에서의 45°선과 소비함수곡선 C와의 차이인데 소득이 증가함에 따라 증가하는 정의 함수이다. 45°선과 소비함수가 교차하는 점에서는 소득과 소비가 같음을 의미하므로 저축은 0이 된다. 교차점의 왼쪽 부분에서는 소비가 소득보다 크기 때문에 음의 저축을 나타내며 오른쪽 부분에서는 양의 저축을 나타낸다.

2-2 저축성향

저축성향도 소비함수에서의 소비성향과 마찬가지로 두 가지 개념이 있는데 평균저축성향과 한계저축성향이다. 〈표 19-2〉는 평균저축성향과 한계저축성향을 보여 주고 있다.

〈표 19-2〉 평균저축성향과 한계저축성향

소 득 (Y)	소 비 (C)	저 축 ($S=Y-C$)	평균저축성향 ($APS=S/Y$)	한계저축성향 ($MPS=\Delta S/\Delta Y$)
0	50	-50		
50	75	-25	-0.5	0.5
100	100	0	0	0.5
150	125	25	0.17	0.5
200	150	50	0.25	0.5
250	175	75	0.30	0.5
300	200	100	0.33	0.5

(1) 평균저축성향

평균저축성향(average propensity to save: APS)은 총소득 중 총저축의 비율을 의미한다. 이를 식으로 표시하면 (식 19-6)과 같다.

$$APS=\frac{S}{Y}$$

(식 19-6)

(2) 한계저축성향

한계저축성향(marginal propensity to save: *MPS*)은 소득의 증가분 중 저축된 부분을 말한다. 즉, 총소득의 증가분에 대한 총저축의 증가분을 의미하며 (식 19-7)과 같이 표현된다.

$$MPS = \frac{\Delta S}{\Delta Y} \qquad\qquad (식\ 19\text{-}7)$$

소득은 소비와 저축으로만 사용된다는 가정을 하고 있으므로 소득 중 저축된 비율 *APS*와 소비된 비율 *APC*의 합은 1과 같고(*APC*+*APS*=1 또는 1-*APC*=*APS*), 소득의 증가분 중 소비된 비율 *MPC*와 저축된 비율 *MPS*의 합은 1과 같다(*MPC*+*MPS*=1 또는 1-*MPC*= *MPS*).

*MPC*가 소비함수의 임의의 점에서의 기울기를 말해주듯이 *MPS*도 저축함수의 임의의 점에서의 기울기를 의미한다.

(식 19-4)에서 보듯이 소비와 저축의 합은 국민소득이 된다. 만약 소비함수를 명시적으로 (식 19-8)과 같다고 하자.

$$C = a + bY \qquad\qquad (식\ 19\text{-}8)$$

따라서 〈**표 19-1**〉 또는 〈**그림 19-1**〉에 의하면 소비함수는 (식 19-8)′과 같다.

$$C = 50 + 0.5\,Y \qquad\qquad (식\ 19\text{-}8)′$$

(식 19-8)에서 *a*는 소득수준과 관계없이 소비하는 기초소비를 의미하며 소비함수의 절편이 되고, *b*는 한계소비성향으로써 소비함수의 기울기를 나타낸다. 따라서 (식 19-8)′에 의하면 기초소비는 50이고 기울기는 0.5가 된다.

한편, 명시적인 저축함수는 (식 19-9)와 같다.

$$S = -a + (1-b)\,Y \qquad\qquad (식\ 19\text{-}9)$$

따라서 구체적인 자료를 대입하면 (식 19-9)′와 같다.

$$S = -50 + (1-0.5)Y$$
$$\quad = -50 + 0.5Y \qquad\qquad\qquad\qquad\qquad\qquad (식\ 19\text{-}9)′$$

(식 19-9)에서 − a의 의미는 소득이 0일지라도 기초소비는 존재하므로 결국 음의 저축을 의미하며 저축함수의 절편이 된다. 그리고 (1−b)는 한계저축성향이자 저축함수의 기울기를 나타낸다. 여기에서는 저축이 −50이므로 50을 빌려서 기초소비로 사용한 것이고 기울기는 0.5가 된다.

제3절 투자수요

3-1 투자와 투자함수

단순모형에 있어서 소비수요 외에 국민소득을 결정하는 또 하나의 주요한 변수는 투자수요(investment demand: I)이다. 본 절에서는 투자수요의 크기가 어떻게 결정되는가를 투자함수를 통하여 알아보기로 한다.

일반적으로 투자란 공장이나 주택의 건설 및 각종 생산을 위한 도구와 기계 등과 같은 자본재를 구매하거나 재고량(inventories)을 증가시키는 행위라고 할 수 있다. 이러한 투자는 두 가지로 구분할 수 있는데 첫째는 이자율과 투자의 한계효율에 의해서 결정되는 독립투자(autonomous investment)가 있고, 둘째는 국민소득의 변화에 의해 결정되는 유발투자(induced investment)로 구성된다.

또한 투자를 시간에 따라서 사전적(ex ante)투자와 사후적(ex post)투자로도 구분하기도 하는데 사전적 투자는 계획되거나 의도된 투자를 의미하며, 사후적 투자는 말 그대로 생산기말에 실현된 투자를 의미한다.

〈표 19-3〉은 소득, 소비, 독립투자, 유발투자 그리고 총투자를 보여주고 있다. 표에 의하면 독립투자는 소득수준과 관계없이 일정불변인 반면, 유발투자는 국민소득이 증가해 감에 따라 증가하고 있음을 보여주고 있다.

〈표 19-3〉소득, 소비, 투자

소 득 (Y)	소 비 (C)	독립투자 (I_0)	유발투자 (eY)	총 투 자 ($I=I_0+eY$)
0	50	50		50
50	75	50	5	55
100	100	50	10	60
150	125	50	15	65
200	150	50	20	70
250	175	50	25	75
300	200	50	30	80

한편 총투자는 (식 19-10)과 같이 독립투자와 유발투자의 합으로 되어있음을 보여준다.

$$I = I_0 + eY \qquad\qquad (식 19\text{-}10)$$

위의 식에서 I_0와 eY는 각각 독립투자와 유발투자를 나타낸다. 식의 모양으로 볼 때 결국 I_0는 총투자함수의 절편을 의미하고 e는 기울기를 의미하는 모양이 된다. 이러한 관계들을 그래프로 나타내면 〈**그림 19-2**〉와 같다. 그림에 의하면 독립투자 I_0는 국민소득과 관계없이 언제나 50이다. 그러나 유발투자 eY는 국민소득이 증가함에 따라 증가하고 있음을 볼 수 있는데 그 기울기는 e가 된다. 총투자함수 I는 독립투자 I_0와 유발투자 eY의 합계로써 나타나 있다. 그러나 총투자함수의 기울기는 유발투자함수의 기울기인 e에 의해서만 영향을 받는다.

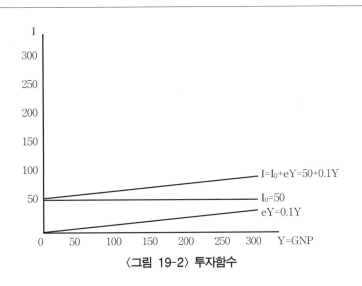

〈그림 19-2〉투자함수

3-2 한계투자성향

한계투자성향(marginal propensity to invest : MPI)은 국민소득의 증가분에 대한 유발투자의 증가분 또는 총투자의 증가분을 나타내는 것으로 (식 19-11)과 같이 표시된다.

$$MPI = \frac{총투자의\ 증가분}{총소득의\ 증가분} = \frac{\Delta I}{\Delta Y} = \frac{\Delta(I_0 + eY)}{\Delta Y} = \frac{e\Delta Y}{\Delta Y} = e \qquad (식\ 19\text{-}11)$$

따라서 한계투자성향은 총투자함수의 기울기인 e가 된다. 위의 식에서 독립투자 I_0는 국민소득과 관계없이 일정불변이기 때문에 총투자의 증가분 ΔI는 유발투자 eY의 증가분에 의해서 만이 결정된다는 것을 알아야 한다. 따라서 유발투자란 소득 Y의 증가분 중 $e100$퍼센트만큼 투자를 증가시키는 것을 의미한다. 〈**표 19-3**〉에서는 $e = 0.1$(즉 $0.1 \times 100 = 10\%$)로 계산되기 때문에 예를 들어 소득이 100만큼 증가하면 유발투자는 10만큼 증가함을 의미한다.

그러므로 (식 19-10)을 다음과 같이 명시적으로 표현할 수 있다.

$$I = 50 + 0.1Y \qquad\qquad\qquad (식\ 19\text{-}10)'$$

이와 같은 투자수요(I)는 소비수요(C)와 더불어 민간부문의 총수요(aggregate demand : AD)를 구성한다. 따라서 단순모형에서의 총수요를 (식 19-12)와 같이 나타낼 수 있다.

이와 같은 투자수요(I)는 소비수요(C)와 더불어 민간부문의 총수요(aggregate demand : AD)를 구성한다. 따라서 단순모형에서의 총수요를 (식 19-12)와 같이 나타낼 수 있다.

$$
\begin{aligned}
AD &= C + I \qquad\qquad\qquad (식\ 19\text{-}12) \\
&= (a + bY) + (I_0 + eY) \\
\therefore\ AD &= (50 + 0.5Y) + (50 + 0.1Y) \\
&= 100 + 0.6Y
\end{aligned}
$$

제4절 균형국민소득의 결정

제1절에서는 총수요(AD)는 오로지 소비수요(C)만으로 되어 있어서 균형국민소득은 수요와 공급이 일치할 때 즉, GNP=C일 때의 소득을 의미했다. 이제 총수요(AD)는 (식 4-12)와 같이 소비수요(C)와 투자수요(I)의 합으로 이루어졌기 때문에 국민소득의 결정도 같은 논리로 GNP=$C+I$일 때 결정된다.

투자수요란 자본재의 증가와 재고량의 증가를 의미하기 때문에 총수요는 총생산과 반드시 일치되지는 않는다 할지라도 무방한 것이다. 다만 GNP$\langle C+I$ 이면 기업이 재고량을 풀어 총생산을 초과하는 총수요에 충당할 것이기 때문에 재고량은 감소하게 되고 이는 새로운 생산으로 연결될 것이다. 그러나 지속적인 높은 수준의 수요는 물가수준을 상승시키고 인플레이션 현상을 야기할 것이다. 그러므로 총수요가 당기의 생산량을 초과하는 한 생산도 물가도 균형에 도달할 수 없는 것이다.

한편 GNP$\rangle C+I$ 이면 재고량이 증가되어 반대의 현상이 나타날 것이다. 즉, 재고량이 쌓이면 생산도 감소할 것이며 물가도 하락할 것이다. 이러한 현상이 지속되면 경기가 침체되어 실업이 증가할 것이다. 이 경우 역시 생산도 물가도 균형을 이룰 수 없게 된다.

따라서 균형국민소득은 GNP= $C+I$ 가 되어서 재고량이 고갈되지 않거나 쌓이지 않아 가격을 인상시키거나 하락시킬 필요가 없는 수준의 국민소득을 의미한다. 이 상태는 기업이 의도된 수준에서 재고량을 보유하기 때문에 생산량이나 가격의 변화를 원하지 않는 상태인 것이다.

이와 같이 균형국민소득은 총수요가 총생산과 같을 때 결정되는데 이렇게 해서 구하는 방법을 총수요 접근법이라고 한다. 또 다른 방법으로 누출과 주입이 같을 때의 소득이 균형국민소득이 된다는 누출-주입 접근법이 있는데 다음에는 이들에 대해서 각각 소개하기로 한다.

4-1 총수요 접근법

제1절에서는 논리의 전개를 위해서 편의상 총수요를 C로 한정하였고 제3절에서는 정부의 간섭이 없는 단순모형으로 $C+I$를 총수요로 가정하였다. 정부지출의 개념이 포함된 확대모형이나 수출과 수입의 개념이 포함된 개방모형에서는 총수요의 개념이 다르게 됨을 유의해야 한다.

지금까지는 정부의 간섭이 없는 단순모형이므로 (식 19-12)를 이용하여 다음과 같이 총수요를 구할 수 있을 것이다.

$$AD = C + I = (a + bY) + (I_0 + eY)$$
$$\therefore \quad AD = (50 + 0.5Y) + (50 + 0.1Y) = 100 + 0.6Y \qquad \text{(식 19-12)}'$$

총수요 접근법이란 균형국민소득을 결정할 때 GNP(Y와 같음)와 AD가 같을 때의 소득으로 결정하는 것을 의미한다. 따라서 다음과 같은 식에 의해서 구할 수 있다.

$$Y = AD \qquad \quad 즉, \quad Y = C + I$$
$$Y = 100 + 0.6Y \quad \text{(식 19-12)}' 을 \ 대입한 \ 것$$
$$0.4Y = 100$$
$$\therefore \quad Y = 250$$

이러한 결과는 〈표 19-4〉와 〈그림 19-3〉을 통해서도 알 수 있다. 〈표 19-4〉에 의하면 Y가 증가함에 따라 AD는 100부터 점차 증가하여 280에 이른다. 그런데 Y가 250일 때 AD도 250이어서 국민소득과 총수요가 일치되는 것을 볼 수 있다. 한편 〈그림 19-3〉에서의 AD는 〈그림 19-1〉의 소비함수(C)와 〈그림 19-2〉의 투자함수(I)의 합에 의하여 그려졌는데 여기에서 균형국민소득은 총수요함수 ($AD = C + I$)와 45^o선이 교차하는 점에서 나타나며 이 때도 역시 250이 된다. 물론 앞에서도 언급하였지만 45^o선은 여기에서도 총수요와 총생산(국민소득)이 일치하는 선을 의미한다.

〈표 19-4〉 균형국민소득의 결정

국민소득 Y	소비 C	저축 $S = Y - C$	투자 $I = I_0 + eY$	독립투자 I_0	유발투자 eY	총수요 $AD = C + I$
0	50	-50	50	50	0	100
50	75	-25	55	50	5	130
100	100	0	60	50	10	160
150	125	25	65	50	15	190
200	150	50	70	50	20	220
250	175	75	75	50	25	250
300	200	100	80	50	30	280

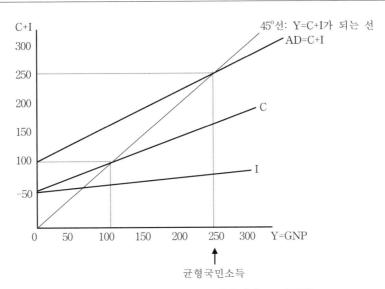

〈그림 19-3〉 균형국민소득 결정(총수요 접근법)

4-2 누출-주입 접근법

앞에서는 총수요와 총산출이 같을 때 균형국민소득이 어떻게 결정되는가를 알아보았다. 그런데 균형국민소득수준의 결정과정을 보여주는 또 하나의 방법은 주입과 누출을 일치시키는 방법이다. 여기에서는 정부와 해외부문이 제외되었으므로 누출은 저축(S)이고 주입은 투자수요(I)가 될 것이다.

총소득 중 소비수요로 사용되고 나머지는 저축이 된다. 따라서 국민소득의 처분방정식은 제2장 제1절에서와 같이 $Y = C + S$가 된다. 한편 균형조건은 $Y = C + I$이기 때문에 우리는 다음과 같은 방정식을 얻을 수 있다.

$$C + S = C + I \qquad\qquad (식\ 19\text{-}13)$$

(식 19-13)의 양변에서 공통된 C를 빼버리면 아래와 같이 제17장 제3절의 (식 7-4)와 같은 식이 될 것이다.

$$S = I$$

위의 식에 의하면 저축과 투자가 일치될 때 균형국민소득이 결정된다는 것을 의미한다. 〈표 19-4〉로 다시 돌아가서, 저축과 투자가 75로써 일치될 때 균형국민소득은 250이라는 사실을 보여 주고 있다. 이제 이러한 사실을 그림으로 설명해 보자.

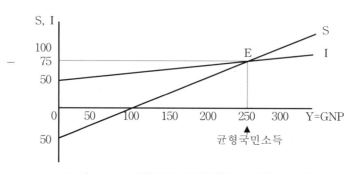

〈그림 19-4〉 균형국민소득 결정(누출-주입 접근법)

〈그림 19-4〉에 의하면 저축곡선과 투자곡선이 점 E에서 교차되고 있다. 교차점 E에서 저축과 투자는 75로써 일치되고 있으며 이때의 균형국민소득은 250이 된다. 이렇게 결정된 균형국민소득 250은 앞에서 총수요접근법에 의하여 결정된 것과 정확히 일치된다.

이와 같이 균형국민소득의 결정은 총수요와 총공급이 일치되는 조건에서도 이루어지지만, 저축과 투자가 일치되는 조건하에서도 이루어진다.

4-3 총수요의 변화와 균형국민소득의 변화

단순모형에 있어서 총수요는 소비수요 C와 투자수요 I의 합계라는 것은 이미 잘 익혀둔 사실이다. 본 절에서는 총수요 중 소비수요와 투자수요를 변화시키는 요인들에 관하여 논의하고 이것들이 총수요함수를 어떻게 변화시키는가에 관하여 논의하기로 하겠다.

(1) 소비수요의 변화와 총수요의 변화

지금까지 우리가 전제한 소비함수는 (식 19-8)과 같이 기초소비 a와 국민소득의 증가에 따라 변화하는 국민소득의 함수로써의 소비 bY의 합으로 다음과 같이 표현되었다.

$$C = a + bY$$

국민소득의 크기에 따라 소비가 결정된다는 사실은 전장에서 한계소비성향을 통하여 자세히 설명한 바 있다. 우리가 기억해 두어야 할 사실은 소비는 소득과 정의 함수관계 하에 있다는 사실이다.

이제 국민소득과 관계없는 기초소비는 무엇에 의하여 영향을 받으며 그것의 변화가 국민소득의 변화에 어떠한 영향을 미치는가에 관하여 분석해보기로 하자.

소비함수는 국민소득의 변화에 따라 변화하는 소비량과 국민소득과의 관계를 설명한다. 그렇기 때문에 소비량은 소비함수를 따라 변화한다. 그러나 기초소비는 국민소득의 변화에 의하여 영향을 받지 않은 채 총수요함수를 이동시켜 균형국민소득을 변화시킨다.

기초소비 a의 변화에 영향을 미치는 요인들은 어떤 것들이 있는가.

첫째, 소비자들의 경제예측에 기인한다. 가령, 소비자들이 돌연히 미래의 상황에 대하여 비관적으로 예측함과 동시에 현재의 직장으로부터 실직을 두려워 할 때, 그들은 오늘의 소비를 감소시키게 된다. 이 때 소비함수는 아래로 이동하게 되고 결과적으로 총수요함수를 하향 이동시킨다. 이는 균형국민소득을 감소시키는 결과를 가져온다.

〈**그림 19-5**〉에서 총수요함수는 $AD = C + I$로써 굵은 선이다. 그러나 이제 소비자들이 미래에 대한 불안한 전망으로 인하여 그들의 소비를 감소시킬 때, 투자수요는 변화시키지 않은 채 소비함수를 하향으로 이동시킨다. 따라서 총수요함수는 $AD = C + I$로부터 $AD_1 = C_1 + I$로 하향 이동된다. 그 결과 균형은 점 E로부터 E_1으로 이동되고 균형국민소득은 Y_e로부터 Y_1으로 감소하게 된다.

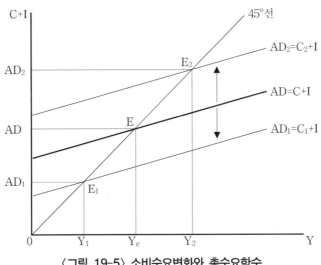

〈**그림 19-5**〉 소비수요변화와 총수요함수

둘째, 재화와 용역에 대한 구매가능성 예측이 오늘의 소비를 좌우한다.

가령 앞으로 어떤 재화의 품귀현상이 일어날 것이라고 생각하면, 오늘 사재기를 통하여 많은 양을 구매할 것이다. 반대의 경우는 오늘의 소비를 감소시킬 것이다. 오늘의 소비를 증가시킬 경우에는 소비함수를 상향 이동시켜 총수요함수를 상향으로 이동시키게 된다. 결과적으로 균형국민소득은 증가하게 될 것이다. 〈그림 19-5〉에서 총수요함수는 $AD_2 = C_2 + I$가 될 것이며 균형점은 E로부터 E_2로 이동될 것이다. 따라서 균형국민소득은 Y_e로부터 Y_2로 증가할 것이다.

셋째, 신용획득의 가능성 유무이다. 만일 신용카드에 의한 구매가 가능하다거나 외상거래가 가능하다면 내구재에 대한 구매가 증가할 것이며 이로써 총수요함수를 상향으로 이동시켜 균형국민소득을 증가시킬 것이다.

넷째, 이자율의 크기가 소비지출의 크기를 결정할 것이다.

만일 이자율이 높으면, 저축을 많이 함으로써 오늘의 소비지출을 감소시킬 것이며 이자율이 낮으면 오늘의 소비를 증가시킬 것이다. 이자율이 낮으면 소비수요가 증가하여 총수요를 증가시킬 것이며, 결과적으로 균형국민소득을 증가시킬 것이다.

(2) 투자수요의 변화와 총수요의 변화

투자는 유발투자와 독립투자가 있는데 국민소득과 이자율의 함수이다. 물론 유발투자는 국민소득에 의해 결정되며 독립투자는 이자율에 의해 결정된다. 따라서 유발투자보다는 독립투자가 어떻게 국민소득수준을 변화시키는 가에 대해 분석해 보는 것이 적절하다.

독립투자는 이자율과 역관계를 가지며 변화한다. 이제 우리는 투자함수 자체의 이동, 즉 투자의 변화가 나타나는 이유에 관하여 논의하기로 하겠다.

투자를 결정하는 요인은 다음과 같다.

첫째, 기업인들의 미래에 대한 예측이다. 만일 투자가 자신들이 생산하는 재화와 용역에 대한 미래의 수요가 클 것으로 전망한다면 투자를 증가시킬 것이다. 이는 총수요함수를 상향 이동시켜 균형국민소득을 증가시킬 것이다. 〈그림 19-6〉에서 총수요가 $AD = C + I$로 주어질 때 균형국민소득은 점 E에서 결정되며 이때의 균형국민소득은 Y_e로 결정되었다. 이제 가령 기업인들의 낙관적인 수요예측에 의해 투자량을 증가시킨다면 투자수요곡선은 I에서 I_1으로 상향 이동되어 총수요함수를 원래의 것으로부터 $AD_1 = C + I_1$으로 이동시킬 것이다. 이 때 새로운 균형점은 E_1이며 균형국민소득은 Y_1으로 증가할 것이다. 물론 기업인들의 비관적 예측은 반대의 결과를 가져올 것이다.

둘째, 이자율의 크기이다. 이자율이 높으면 투자로부터 발생하는 미래소득의 현재가치는 작아질 것이며 이로써 투자의 한계효율은 낮아지게 될 것이다. 즉, 예상수익률을 하락시키고 투자를 감소시킬 것이다. 따라서 총수요함수를 AD_2로 하향 이동시켜 균형국민소득을 Y_2로 감소시킬 것이다. 반대로, 이자율이 낮으면 미래소득의 현재가치가 커져서 투자의 한계효율, 즉 예상수익률을 증가시키고 따라서 투자를 증가시키게 되어 국민소득을 증가시킬 것이다.

한편 투자가 변화되는 또 하나의 이론 중 가속도원리(acceleration principle)라는 것이 있는데 처음의 소득 증가는 소비재 수요를 증가시켜 계속적으로 관련기업체의 새로운 투자를 유발, 결국 증가된 소득보다 몇 배의 투자를 가능하게 하는 현상이다. 소득이 늘고 소비재의 수요가 증가하면, 종래의 설비로는 필요량을 생산할 수 없기 때문에 설비의 건설 내지 설비물의 매입이 필요한데, 이 설비를 생산하기 위한 새로운 투자가 계속 이루어져야 한다. 이처럼 처음의 소득증가는 순차적으로 투자에 파급되어 가는 것이다.

가속도의 원리는 특히 케인스 이래로 제5절에 소개되는 승수이론과 더불어 경기변동이나 경제성장을 밝히는 분석도구가 되어 있다.

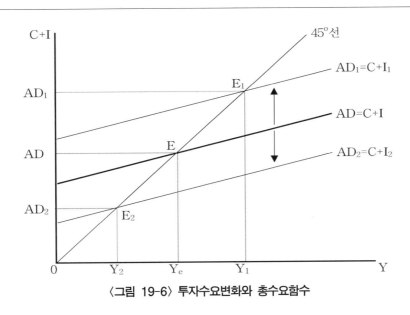

〈그림 19-6〉 투자수요변화와 총수요함수

제5절 승수이론

5-1 승수의 개념

전 절에서 소비수요의 변화와 투자수요의 변화가 균형국민소득을 변화시킨다는 사실을 그림으로 설명하였다. 그러면 이러한 수요의 변화가 균형국민소득을 얼마나 변화시킬 것인가? 일반적으로 기초소비, 독립투자, 그리고 다음 장에서 논의하겠지만 정부지출수요 등의 변화에 의한 기초수요의 작은 변화가 균형국민소득을 크게 변화시킨다는 사실이 승수이론의 기초원리이다.

따라서 승수(multiplier)란 총수요의 변화가 균형국민소득수준을 얼마만큼 변화시킬 것인가를 가늠하는 척도를 의미하는 것으로 균형국민소득의 변화분을 국민소득변화를 초래하는 총수요의 변화분으로 나누어준 값이라고 말할 수 있다. 이것을 수식으로 표시하면 (식 19-14)와 같다.

$$\text{승수} = \frac{\text{균형국민소득의 변화분}}{\text{총수요의 변화분}} \qquad\qquad \text{(식 19-14)}$$

예를 들어 독립투자(I_0))가 100에서 300으로 증가함에 따라 균형국민소득이 1,000으로부터 2,000으로 증가했다고 가정한다면 승수의 계산은 다음과 같다. 여기에서는 투자를 변화시켰기 때문에 특별히 투자승수라고 한다. 다음 장에서는 정부지출을 변화시켰을 때의 예가 나오는데 물론 이때는 정부지출승수라고 할 것이다.

$$\text{투자승수} = \frac{\text{균형국민소득의 변화분}}{\text{투자(독립투자)의 변화분}} = \frac{\Delta Y}{\Delta I} = \frac{1,000}{200} = 5 \qquad \text{(식 19-15)}$$

승수를 쉽게 이해하기 위해서 위의 예를 〈그림 19-7〉과 같이 그려서 설명 할 수 있다. 〈그림 19-7〉에 의하면 원래의 총수요함수는 $C + I$이었다. 이는 45°선과 점 E에서 교차하고 이때의 균형국민소득은 1,000이었다. 이제 기초수요의 구성요소인 독립투자가 100으로부터 300으로 증가하여 총수요곡선을 $C + I_1$로 상향 이동시켰다고 하자. 이 때 새로운 균형은 점 E_1에서 나타나고 균형국민소득은 2,000으로 증가한다. 이 경우 독립투자의 증가분 200(300-100)은 균형국민소득 1,000(2,000-1,000)을 증가시키는 승수효과를 낳게 된다. 그러므로 그림의 예에서 승수는 앞에서 계산한 바와 같이 5이다.

5-2 승수의 측정

앞에서 우리는 승수를 다음과 같이 정의하였다.

$$승수 = \frac{균형국민소득의 \ 변화분}{총수요의 \ 변화분}$$

위 식을 〈**그림 19-7**〉에서 기하학적으로 정리하면 (식 19-16)과 같이 표현된다.

$$승수 = \frac{ER}{E_1Q} = \frac{1}{\dfrac{E_1Q}{ER}} \qquad\qquad (식 \ 19\text{-}16)$$

그림에서 거리 E_1Q는 직각삼각형의 높이 E_1R로부터 삼각형 ERQ 높이 QR을 제한 값 $(E_1Q - QR)$이므로 위 공식은 다시 (식 19-17)과 같이 변형된다.

$$승수 = \frac{1}{\dfrac{E_1Q}{ER}} = \frac{1}{\dfrac{E_1R}{ER} - \dfrac{QR}{ER}} \qquad\qquad (식 \ 19\text{-}17)$$

분모의 왼쪽부분인 $\dfrac{E_1R}{ER}$ 은 직각삼각형 ERE_1의 기울기, 즉 $45°$선의 기울기이므로 1이 된다. 그러나 분모의 오른쪽부분 $\dfrac{QR}{ER}$ 은 그림에서 총수요함수의 기울기이다. 그러므로 승수는 다음과 같이 정리된다.

$$승수 = \frac{1}{\dfrac{E_1Q}{ER}} = \frac{1}{\dfrac{E_1R}{ER} - \dfrac{QR}{ER}} = \frac{1}{1 - 총수요함수의 \ 기울기} \qquad (식 \ 19\text{-}18)$$

만일 총수요함수에 유발투자가 없는 경우라면, 총수요함수의 기울기는 한계소비성향 MPC 일 것이다. 따라서 이때의 승수는 (식 19-19)와 같이 표현된다.

$$\text{승수} = \frac{1}{1 - MPC} \quad \text{또는} \quad \frac{1}{1-b} \qquad \text{(식 19-19)}$$

그러나 만일 유발투자가 eY로서 총수요함수에 포함되어 있다면 총수요함수의 기울기는 한계소비성향 b와 한계투자성향 e의 합인 한계지출성향= MP_E(marginal propensity to expenditure) 즉*(c =b +e)*가 될 것이다.

한계지출성향이란 균형국민소득의 증가분에 대한 총수요(지출)의 증가분의 비율로서 총수요함수의 기울기를 의미한다. 따라서 승수는 (식 19-20)과 같이 표현된다.

$$\text{승수} = \frac{1}{1 - \text{총수요함수의 기울기}\,(b+e)} = \frac{1}{1-(b+e)} = \frac{1}{1-c} \qquad \text{(식 19-20)}$$

그러므로 단순모형에서 총수요에 유발투자가 있는 경우와, 없는 경우의 승수를 다음과 같이 정리할 수 있다.

첫째, 유발투자가 없는 경우의 승수는 다음과 같다.

$$\text{승수} = \frac{1}{1 - \text{한계소비성향}} = \frac{1}{1 - MPC} = \frac{1}{1-b} \qquad \text{(식 19-21)}$$

위 승수는 기초소비수요의 증가와 독립투자의 증가 ΔI_0, 그리고 정부지출수요의 증가 ΔG에 다 같이 적용 가능하다.

둘째, 유발투자가 있는 경우의 승수는 (식 19-22)와 같다.

$$\begin{aligned}
\text{승수} &= \frac{1}{1 - \text{총수요함수의 기울기}} \\[6pt]
&= \frac{1}{1 - (\text{한계소비성향} + \text{한계투자성향})} \\[6pt]
&= \frac{1}{1 - (b+e)} \\[6pt]
&= \frac{1}{1-c} \qquad\qquad \text{단, } c = b + e \qquad \text{(식 19-22)}
\end{aligned}$$

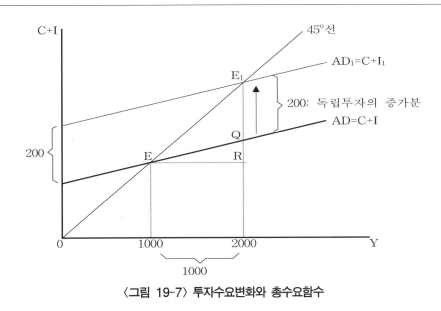

〈그림 19-7〉 투자수요변화와 총수요함수

5-3 승수효과의 예

승수효과에 대해서 가상적인 자료를 이용하여 예를 들어보기로 한다. 설명을 단순화하기 위해서 한계소비성향이 0.8이고 유발투자가 없기 때문에 한계투자성향 e는 0이라 하자. 현재 균형국민소득은 1000인데 만일 증가된 투자지출 ΔI가 200이면 그만큼 총수요($C+I$)가 증가되고 따라서 국민소득도 일단 200만큼 증가된다. 왜냐면 Y=C+I 이기 때문이다. 그리고 국민소득이 200만큼 증가되면 한계소비성향이 0.8이므로 200에서 소비의 증가분은 160이 될 것이다. 이렇게 증가된 새로운 소비는 또다시 총수요를 증가시키게 되고 다시 국민소득을 증가시켜서 128(160 × 0.8)만큼 소비가 증가된다. 이러한 반복된 과정은 (식 19-23)과 같은 식에 의해서 정리된다.

$$\Delta Y = 200 + 200(0.8) + 200(0.8)^2 + 200(0.8)^3 + \cdots + 200(0.8)^n \quad \text{(식 19-23)}$$

(식 19-23)을 다시 정리하면 총소득증가분은 (식 19-24)와 같다.

$$\Delta Y = 200 + 200(0.8) + 200(0.8)^2 + 200(0.8)^3 + \cdots + 200(0.8)^n$$
$$= 200[1 + 0.8 + (0.8)^2 + (0.8)^3 + \cdots + (0.8)^n]$$

$$= 200 \left(\frac{1}{1-0.8} \right)$$
$$= 200 \times 5$$
$$= 1000 \qquad\qquad\qquad\qquad \text{(식 19-24)}$$

즉, 200만큼의 투자증가는 국민소득을 1000만큼 증가시켜서 〈**그림 19-7**〉과 같이 새로운 균형국민소득이 2000이 되었다. 즉 승수는 5인 것이다.

이를 일반화하면 소득의 증가분 ΔY는 (식 19-25)와 같은 수식으로 일반화된다.

$$\Delta Y = \Delta A + \Delta A b + \Delta A b^2 + \Delta A b^3 + \cdots + \Delta A b^n$$
$$= \Delta A (1 + b + b^2 + b^3 + b^4 + \cdots + b^n)$$
$$= \Delta A \left(\frac{1}{1-b} \right) \qquad\quad \text{단, } n \to \infty \qquad \text{(식 19-25)}$$

즉, $\left(\dfrac{1}{1-b} \right)$가 승수이다. 그런데 b는 한계소비성향이므로 다음 식같이 쓸 수 있다.

$$\Delta Y = \Delta A \left(\frac{1}{1 - MPC} \right) \qquad\qquad\qquad \text{(식 19-26)}$$

여기에서 승수는 MPC가 크면 클수록 크다는 것을 알 수 있다.

제6절 절약의 역설

고전학파에 있어서 저축이란 경제성장에 있어서 중요한 수단이었다. 왜냐하면 저축이 생산적인 투자로 전환될 때에 자본축적도 되고 따라서 경제성장도 달성할 수 있기 때문이다. 그러나 케인즈학파에 의하면 저축이란 사회 전체적인 차원에서는 오히려 해악이 될 수도 있다고 주장했다. 즉 저축을 함으로써 개인은 유익할지 모르나 사회의 후생수준은 감소할 것이라는 것이다.

우선 투자함수가 독립투자인 경우 저축의 증가가 초래할 결과에 대하여 생각해 보자.

〈**그림 19-8**〉은 2부문 경제에서 독립투자함수 I_0와 저축함수 S_0가 만나는 E_0에서 초기의 균

형국민소득 Y_0가 달성되었음을 보여주고 있다. 만약 저축성향이 증가되어 동일한 국민소득에서 저축이 전보다 $\triangle S$만큼 증가되었을 때, 이것은 국민소득순환의 과정에서 누출의 증가를 의미한다. 누출의 증가는 의도되지 않은 재고의 증가를 야기하고 재고의 증가는 다음 기의 생산을 감소시킬 것이고 결국 국민소득의 감소를 초래하여 새로운 균형국민소득은 Y_1이 된다. 결국 E_0B만큼의 저축의 증가액도 국민소득의 감소와 함께 감소하여 전과 동일($E_0Y_0=E_1Y_1$)한 수준의 저축으로 환원된다.

다음으로 투자함수가 소득의 증가함수인 유발투자인 경우 저축의 증가가 국민소득에 어떠한 영향을 끼치는가를 알아보자.

〈그림 19-9〉는 투자함수가 유발투자이기 때문에 양의 기울기를 갖고 있음을 보여준다. 만약 사회구성원의 저축이 증가하여 저축함수가 모든 소득수준에서 S_1과 같이 상향이동을 하였다고 가정하자. 이러한 의도된 저축의 증가는 동일한 양만큼의 소비를 감소시키고, 따라서 총지출 ($C+I$)이 총생산(Y)보다 작게 되므로 재고가 누적되고 기업은 생산을 감소시킬 것이며 결국 소득의 저하를 가져올 것이다. 그리하여 새로운 균형소득은 S_1곡선과 I곡선이 만나는 E_1에서 Y_1으로 결정될 것이다. 그러나 Y_1에서는 총저축($0D_1$)이 Y_0에서의 총저축($0D_2$)보다도 감소되었다. 왜냐하면 저축의 증가로 인한 소비의 감소는 다음 기의 소득의 감소를 초래하고 이 감소된 소득이 유발투자를 더욱 더 감소시켰기 때문이다. 따라서 사회 구성원의 저축의 증가는 총지출의 감소를 초래하여 결국 균형국민소득은 감소되고 총저축액도 감소하게 된다.

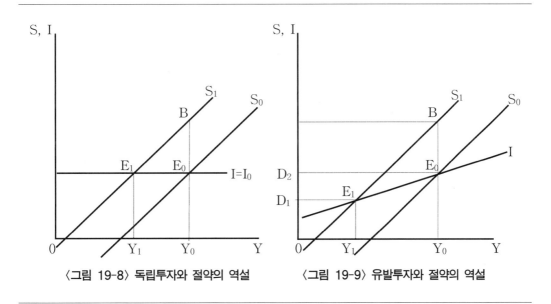

〈그림 19-8〉 독립투자와 절약의 역설   〈그림 19-9〉 유발투자와 절약의 역설

이 절약의 역설은 모든 경우에 항상 타당한 것은 아니다. 경제가 발전하여 더 이상의 투자기회를 찾기 어려운 초과공급 상태인 경제에서는 이 절약의 역설이라는 명제는 타당할지 모른다. 왜냐하면 저축으로 국민경제의 소득 순환흐름에서 누출된 부분이 다시 주입되지 아니하므로 말미암아 결국 소득도, 저축도 감소시킬 것이다. 이러한 경제체제하에서는 소비가 미덕이고 저축은 해악이 될 수 있다. 그러나 경제가 발전단계이고 초과수요가 상존한 경제에서는 이 명제가 타당하지 않을 수 있다. 왜냐하면 절약으로 인한 저축의 증가가 다시 투자로 환원되어 국민소득순환흐름에 다시 주입된다면, 투자의 증대로 인한 자본재의 증가로 결국 국부의 증가 및 경제성장으로 이어질 것이다. 따라서 이러한 후진국 경제에서는 소비는 악덕이고 절약(즉, 저축)이 미덕이 될 것이다.

【연|습|문|제】

1. 다음 용어를 설명하시오.

    1) 소비함수

    2) 한계소비성향과 한계저축성향

    3) 독립투자와 유발투자

    4) 투자승수

2. 다음을 보고 아래 물음에 답하시오.

    $Y = C + I, \quad C = 150 + 0.8Y, \quad I = 100$ 일 때

    1) MPC와 MPS를 구하시오.

    2) $Y = 200$일 때 총수요를 구하시오.

    3) 위의 식을 전부 이용하여 케인즈의 균형국민소득 결정을 그래프로 설명하시오.

3. 기초소비가 100, 한계소비성향이 0.6일 때 소비함수와 저축함수를 구하시오.

4. 소비함수 $C = a + bY$ 에서 기초소비 a 에 영향을 미치는 요인에 대하여 설명하시오.

5. 독립투자를 이용하여 절약의 역설을 그래프로 설명하시오.

경 제 학 의 기 본 원 리

제20장

확장모형과 균형국민소득

지금까지 우리는 균형국민소득 결정에 있어서 소비지출(C)과 투자지출(I)만 고려해 왔다. 여기에서 제22장의 재정과 재정정책을 참고하고 정부가 포함되었을 경우의 균형균민소득 결정을 살펴보고자 한다. 확장적 모형이라는 것은 위의 두 요소에다 정부지출(G)항목을 추가해야 한다는 의미이다. 무역이 없는 폐쇄경제 하에서는 정부지출항목만 추가되면 국민소득 결정이 이루어진다. 즉, $Y=C+I+G$이다. 한편 무역이 있는 개방경제라면 여기에다 수출(X)과 수입(M)을 추가한 식 즉, $Y=C+I+G+X-M$이 될 것이다.

정부지출(government expenditure)이란 치안, 국방, 일반 행정, 사회복지의 확충 등 다양한 역할을 수행하기 위해 정부가 구입하는 재화와 서비스에 대한 총지출을 의미한다.

우리가 관심을 갖고 있는 것은 '정부지출'이지 '재정지출'이 아니라는 점에 주의해야 한다. 재정지출은 그 대상이 무엇이든 정부가 행한 모든 지출을 포함하는 것으로, 쉽게 말해 정부가 쓴 돈 전체를 의미한다. 그 반면 정부지출은 어떤 한 해에 생산된 최종재와 서비스에 대해 지출한 것 만에 한정한다. 예를 들어 정부가 지급한 실업수당, 각종 보조금 같은 이전지출(transfer payment)이 재정지출에는 포함되지만 정부지출에는 포함되지 않는다.

또한 정부지출은 어떤 용도로 지출되었느냐에 따라 정부투자지출과 정부소비지출로 구분된다. 도로, 항만, 교량, 공공시설 등의 건설을 위해 지출한 부분은 정부투자지출로 간주되는 한편, 공무원의 급여나 비품 구입을 위해 지출된 것은 정부소비지출로 간주된다. 그러나 보통 '투자'라고 할 때는 민간부문의 기업이 행한 투자만을 뜻하고 정부에 의한 투자는 포함시키지 않는 것이 일반적이다.

제1절 정부지출과 균형국민소득 결정

〈**그림 20-1**〉은 총수요곡선이 2개 있는데 하나는 $AD_1 = C + I$이고 다른 하나는 여기에다 G를 포함한 것으로 $AD_2 = C + I + G$이다. 즉, 정부지출항목이 추가됨으로써 균형국민소득이 Y_1에서 Y_2로 증가하였음을 보여주고 있다. 여기에서는 구체적인 수치를 사용하지 않아서 얼마의 정부지출이 얼마나 균형국민소득을 증가시켰는지는 모르지만 전장 「5-3 승수효과의 예」에서와 같은 개념으로 균형국민소득이 증가한다.

즉, 승수의 개념은 전술한 바와 같이 다음과 같다.

$$승수 = \frac{균형국민소득의 \ 변화분}{총수요의 \ 변화분}$$

위의 식에서 총수요의 변화분이 바로 G의 변화분(ΔG)을 의미한다. 한편 승수의 공식은 전술한 바와 같이 다음과 같다.

$$투자지출승수(\frac{\Delta Y}{\Delta I}) = \frac{1}{1 - MPC}$$

그래서 투자지출승수나 정부지출승수의 공식은 다음과 같이 같게 표현할 수 있다.

$$투자지출승수 = 정부지출승수(\frac{\Delta Y}{\Delta G}) = \frac{1}{1 - MPC}$$

만약 유발투자가 있으면 정부지출승수는 투자승수와 마찬가지로 $\frac{1}{1 - (b + e)} = \frac{1}{1 - c}$ 가 된다.

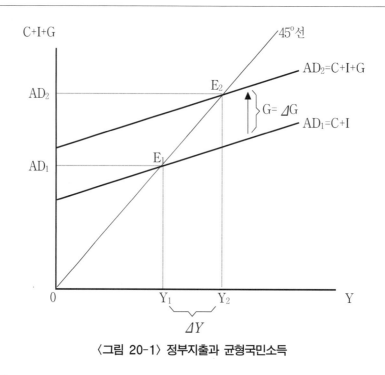

〈그림 20-1〉 정부지출과 균형국민소득

제2절 조세와 균형국민소득

국민소득 결정에 많이 영향을 미치는 조세의 종류는 크게 직접세, 간접세, 지방세 등이 있는데 직접세에는 개인소득세와 법인세가 있고 간접세에는 부가가치세, 특별소비세, 주세 등이 있다. 지방세의 대표적인 것은 재산세가 있다.

조세정책의 효과는 그 대상에 따라 크게 두 가지로 구분된다. 그 대상이 개인이냐 법인이냐에 따라 총수요의 변화와 총공급의 변화를 가져오고 이에 따라서 균형국민소득의 결정도 영향을 받게 된다. 만약 개인소득세를 감소시키면 소비가 증가해서 총수요가 증가할 것이고 결국 총수요함수를 상향 이동시킬 것이다. 한편 법인에게 부과되는 법인세나 부가가치세를 감소시키면 공급측 경제학(Supply-side economics)의 이론대로 총공급이 증가해서 균형국민소득 결정에 중요한 역할을 할 것이다.

여기에서는 개인소득세가 소비에 미치는 영향에 대해서 중점적으로 다루고자 한다. 그런데 개인소득세는 정액세(lump-sump tax)와 비례세(proportional tax)라는 두 가지 측면에서 분석해 보아야 할 것이다.

2-1 정액세의 경우

정액세란 소득수준에 관계없이 일정액을 개별 소득자에게 부과하는 방식을 취하는 것이다. 이러한 정액세를 만약 정부가 감소시키면 소비가 증가할 것이고 총수요함수는 상향 이동할 것이다. 물론 반대의 경우도 자연스럽게 상상이 될 것이다.

〈그림 20-2〉의 경우는 정액세가 감소되었을 경우를 그래프로 나타낸 것이다. 원래 총수요가 AD_0인데 정액세를 감소시키어서 AD_1로 상향 이동되었음을 보여준다. 따라서 균형국민소득도 Y_0에서 Y_1로 증가했음을 보여준다. 여기에서 총수요함수의 이동은 평행이동이다.

2-2 비례세의 경우

비례세란 소득에 대해서 일정비율을 부과하는 방식의 조세를 의미하므로 소득이 크면 조세액도 커지고 소득이 작으면 조세액이 작아진다. 따라서 정부가 세율을 증감시킴에 따라서 총수요곡선이 하향 또는 상향 이동되는데 이때의 이동은 정액세의 경우와 같이 평행이동이 아니라는 것을 염두에 두어야 한다. 만약 세율을 감소시킨 경우를 생각해 보자. 세율의 감소는 결국 고소득층에게 보다 많은 감세효과를 주고 이는 고소득층으로 하여금 보다 많은 소비를 유발시키어 총수요곡선의 기울기가 원래보다 가파르게 되면서 상향 이동을 하게 만든다. 세율을 증가시킨 경우는 정확히 반대의 현상이 나타나게 한다는 것을 독자들은 상상할 수 있을 것이다.

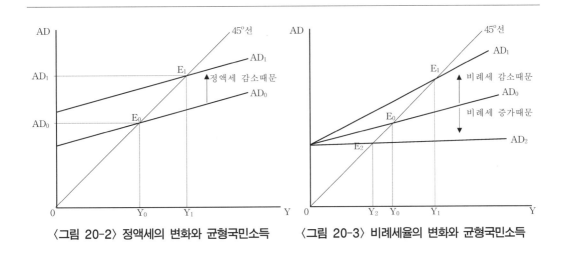

〈그림 20-2〉 정액세의 변화와 균형국민소득   〈그림 20-3〉 비례세율의 변화와 균형국민소득

〈그림 20-3〉에서 AD_1은 세율을 하락시킨 경우를 보여주고 AD_2는 세율을 증가시킨 경우를 보여주고 있다. 물론 AD_0, AD_1, AD_2는 모두 평행이 아니다.

2-3 이전지출과 균형국민소득

이전지출(transfer payment)은 정부가 지급한 실업수당과 각종 보조금 같은 것으로 재정지출에는 포함되지만 정부지출에는 포함되지 않는다. 이와 같은 이전지출은 부(-)의 조세(negative tax)로서 국민경제순환과정에 주입이 되기 때문에 가처분소득에 플러스가 된다. 즉, 100원의 이전지출은 100원의 조세감면효과와 같으므로 〈그림 20-2〉에서와 같은 설명으로 이해가 될 줄 믿는다.

제3절   조세승수

조세징수액이 증가면 국민소득이 감소하게 되는데, 추가의 조세징수 증가가 가져오는 국민소득의 감소폭을 조세승수라고 한다. 이러한 조세승수는 정액세와 비례세 두 가지로 구분해서 생각해 볼 필요가 있다.

3-1 정액세의 경우

만약 조세가 정액세라면 총소비는 소득에서 일정한 세액을 제한 가처분소득(Y-T)의 함수로 다음과 같이 표시된다.

$$C = a + b(Y - T) \tag{식 20-1}$$

여기에서 만약 Y가 ΔY만큼 증가하면 C와 T도 각각 ΔC와 ΔT만큼 증가할 것이므로 (식 20-1)을 다시 쓰면 다음과 같다.

$$C + \Delta C = a + b(Y + \Delta Y - T - \Delta T) \tag{식 20-2}$$

(식 20-2)의 양변에서 증가분만 표시하려면 양변에서 각각 $a + b(Y - T)$를 빼면 되는데 다음과 같게 된다.

$$\Delta C = b(\Delta Y - \Delta T) \qquad\qquad\qquad (식 20\text{-}3)$$

그런데 균형국민소득조건은 $Y = C + I + G$ 이고 균형국민소득의 변화분 $\Delta Y = \Delta C + \Delta I + \Delta G$가 된다. 만약 투자와 정부지출이 고려되지 않으면 $\Delta Y = \Delta C$이므로 (식 20-4)와 같이 쓸 수 있다.

$$\Delta Y = b(\Delta Y - \Delta T) \qquad\qquad\qquad (식 20\text{-}4)$$

따라서 (식 20-4)에서 (식 20-5)같은 조세승수의 공식을 유도할 수 있다.

$$조세승수 = \frac{\Delta Y}{\Delta T} = \frac{-b}{1 - b} \qquad\qquad\qquad (식 20\text{-}5)$$

즉, 조세의 증가는 $\dfrac{b}{1 - b}$ 배수만큼 균형국민소득을 감소시킨다는 것을 의미한다. 한편 조세승수의 절대값은 $\dfrac{b}{1 - b}$ 이기 때문에 앞에서 본 정부지출승수나 투자승수보다 더 작다. 그렇기 때문에 예를 들어 정부가 조세를 징수하면 일단 균형국민소득이 감소하나 결국 징수한 조세를 정부지출로 사용하게 되면 정부지출승수에 의해서 균형국민소득은 조세징수 이전의 수준보다 더 크게 증가할 것이다.

이러한 내용을 **〈그림 20-4〉**에서 설명해보기로 한다. 조세징수로 인하여 총수요함수가 AD_1으로 하향 이동하여 균형국민소득이 Y_1으로 감소했다. 이러한 감소는 위에서 설명한 조세승수에 의한 것이다. 한편 징수한 조세를 정부지출로 사용함에 따라 총수요함수가 AD_2로 상향 이동하는데 이때는 정부지출승수에 의해서 균형국민소득이 Y_2로 크게 상승한다.

이러한 이론적인 설명 외에도 상식적인 설명이 가능하다. 정부의 조세징수는 결국 징수이전보다 높은 소득수준을 만들려는데 그 목적이 있는 것이다. 그렇지 않으면 뭔가 잘못된 정부가 아닌가?

만약 유발투자가 존재하면 조세승수는 (식 20-6)과 같이 변형된다.

$$\frac{\Delta Y}{\Delta T} = \frac{-b}{1 - b - e} \qquad\qquad\qquad (식 20\text{-}6)$$

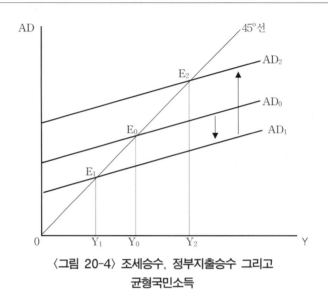

〈그림 20-4〉 조세승수, 정부지출승수 그리고
균형국민소득

3-2 비례세의 경우

조세가 비례세로 부과된다면 총소비함수의 식이 $C = a + b(Y - T)$에서 (식 20-7)처럼 바뀌어야 할 것이다. 왜냐하면 소득의 일정비율($T = tY$)이 조세이기 때문이다.

$$C = a + b(Y - tY)$$
$$= a + b(1 - t)Y$$ (식 20-7)

그런데 균형국민소득조건은 $Y = C + I + G$ 이고 균형국민소득의 변화분 $\Delta Y = \Delta C + \Delta I + \Delta G$가 된다. 만약 투자가 고려되지 않으면 $\Delta Y = \Delta C + \Delta G$이므로 (식 20-8)과 같이 쓸 수 있다.

$$\Delta Y = b(1 - t)\Delta Y + \Delta G$$ (식 20-8)
$$\Delta Y = b\Delta Y - bt\Delta Y + \Delta G$$
$$\Delta Y - b\Delta Y + bt\Delta Y = G\Delta$$
$$\Delta Y(1 - b + bt) = \Delta G$$
$$\Delta Y = \frac{1}{1 - b + bt}\Delta G$$

$$\frac{\Delta Y}{\Delta G} = \frac{1}{1-b+bt}$$

여기에서 우리는 다음과 같은 사실을 알 수 있다.

국민소득 증가분 $\Delta Y = \dfrac{1}{1-b+bt}\Delta G$로서 정부지출이 ΔG만큼 증가하면 균형국민소득

은 $\dfrac{1}{1-b+bt}\Delta G$만큼 증가한다는 것이다. 한편 비례세하에서의 정부지출승수

$\dfrac{\Delta Y}{\Delta G} = \dfrac{1}{1-b+bt}$ 이 되고 비례세율(t)이 크면 클수록 승수가 작아진다는 것을 알 수 있다.

3-3 정액세와 비례세의 혼합인 경우

이 경우 조세함수는 $T = T_0 + tY$가 된다. 이 식을 (식 20-1)에 대입하여 같은 논리로 정리하면 (식 20-9)같은 조세승수를 얻을 수 있다.

$$\frac{\Delta Y}{\Delta T} = \frac{-b}{1-b+bt} \qquad\qquad (\text{식 20-9})$$

3-4 균형예산승수(multiplier of balanced budget)

균형예산이란 조세를 정액세로 일정액만큼 징수하고, 그것을 당기에 전액 정부지출로 지출하는 경우를 의미한다. 즉, $\Delta G = \Delta T$일 때를 의미하는데 이 경우 국민소득은 정부지출의 크기(ΔG)만큼 증가한다. 이를 균형예산승수의 정리라고 부른다. 이 경우 균형예산승수는 1이된다.

즉, 균형예산승수는 정부지출승수와 조세승수를 합한 것이므로 (식 20-10)같이 된다.

$$\text{균형예산승수} = \frac{1}{1-b} + \frac{-b}{1-b} = \frac{1-b}{1-b} = 1 \qquad\qquad (\text{식 20-10})$$

따라서 일정액의 조세를 징수하고 이를 당기에 전액 지출하는 균형예산의 집행은 조세액만큼 또는 정부지출액만큼의 국민소득을 증가시킨다.

제4절 인플레이션갭과 디플레이션갭

생산시설이나 노동력이 거의 완전히 이용되는 완전고용소득수준(Y_F)에서는 더 이상 유효수요를 증가시켜도 그에 따라 산출량이 증대되지 않고 물가만 상승시키게 된다. 이 완전고용소득수준을 초과한 유효수요를 인플레이션갭(inflation gap)이라고 한다. 반대로 유효수요가 부족할 때에는 부족분을 디플레이션갭(deflation gap)이라고 한다.

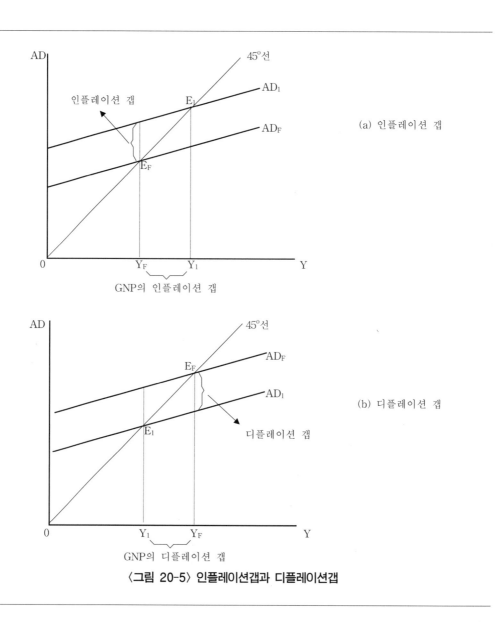

〈그림 20-5〉 인플레이션갭과 디플레이션갭

〈**그림 20-5**〉의 (a)에서 경제는 이미 E_F에서 완전고용소득수준(Y_F)하에 균형을 이뤘는데, 유효수요의 증가로 총수요곡선이 AD_1로 상향 이동하였고 이로 인하여 인플레이션갭 현상이 나타난 것을 알 수 있다. 또한 완전고용국민소득(AD_1)과 실제국민소득(Y_1)의 차이를 GNP의 인플레이션갭이라고 한다. 이러한 인플레이션갭이 물가상승을 압박하는데 이것을 수요견인형 인플레이션(demand-pull inflation)이라고 한다.

한편 〈**그림 20-5**〉의 (b)에서 경제는 이미 E_F에서 완전고용소득수준(Y_F)하에 균형을 이뤘는데, 유효수요의 부족으로 총수요곡선이 AD_1로 하향 이동하였고 이로 인하여 디플레이션갭 현상이 나타난 것을 알 수 있다. 마찬가지로 GNP의 디플레이션갭을 볼 수 있다. 이 때 디플레이션갭이 실업과 같은 경기침체현상을 야기한다.

【연|습|문|제】

1. 정부지출과 이전지출의 용어를 설명하시오.

2. 케인즈의 균형국민소득 결정모형에서 정부지출의 증가시 균형국민소득 결정을 그래프로 설명하시오.

3. $AD=100+0.6Y+I+G$ 에서 다음을 답하시오.($I=80$, $G=120$)

   1) I가 80에서 100으로 증가한 $\Delta I=20$일 때 투자지출승수($\frac{\Delta Y}{\Delta I}$)는 얼마인가?

   2) G가 120에서 160으로 증가한 $\Delta G=40$일 때 정부지출승수($\frac{\Delta Y}{\Delta G}$)는 얼마인가?

4. 한계소비성향이 0.6, 기초소비 100, 독립투자 150, 정부지출 200, 정액세 50일 때

   1) 균형국민소득은?

   2) 균형국민소득의 그래프는?

5. 인플레이션갭과 디플레이션갭에 대하여 그래프로 설명하시오.

소득과 소비함수론

우리는 제19장의 국민소득결정이론에서 이미 케인즈 이론으로서의 소비와 소비함수에 대해서 알아보았다. 하지만 소비에 대한 이론은 케인즈 이론 외에 몇 가지가 더 있어서 제21장에서는 케인즈 이론은 물론 나머지 이론에 대해서도 비교적 자세히 알아보기로 한다. 왜냐면 소비란 국민소득을 결정짓는 매우 중요한 변수이기 때문에 단순히 케인즈 이론만으로는 전체 소비이론을 대변한다는 것은 무리라고 생각되기 때문이다.

제1절 케인즈의 절대소득가설

소비함수(consumption function)란 한 국민경제 내에서 소비지출에 관한 다른 여건이 일정불변이라면 소비는 소득과 함수관계를 가진다는 것을 의미한다. 즉, 소비함수란 소비에 영향을 주는 여러 요인과 소비 사이에 존재하는 관계를 나타내는 함수를 의미한다.

소비가 가처분소득의 절대적 크기에 영향을 받는다고 본다는 뜻에서 케인즈의 소비이론을 절대소득가설(absolute income hypothesis)이라고 부르기도 한다. 케인즈의 소비이론, 즉 절대소득가설은 현재 얻고 있는 가처분소득의 절대적 수준이 소비의 결정에 핵심적인 역할을 한다는 내용이다. 이러한 케인즈의 이론은 너무나 단순한 나머지 현실의 소비행위를 충분히 설명해 주지 못하는 것으로 알려졌다.

총가처분소득을 Y, 총소비를 C라고 한다면 소비함수는 다음 (식 21-1)과 같이 표시될 수 있다.

$$C = f(Y) \tag{식 21-1}$$

(식 21-1)은 소비는 소득의 함수 즉, 소비는 소득에 의해 결정된다는 것을 말해 준다. 이러한 소비함수의 특징은 이미 제4장에서 다룬바와 같이 몇 가지가 있다.

첫째, 소득이 증가할수록 소비도 증가한다. 항상 $APC>0$, $MPC>0$인 것이 이를 입증한다.

둘째, 소득수준이 매우 낮은 경우에도 소비는 소득보다 클 것이며($APC>1$) 어느 단계에서는 같을 것이다($APC=1$). 그러나 소득이 어느 수준을 넘으면 소비는 소득보다 적어질 것이다($APC<1$).

셋째, 소득이 증가함에 따라 소비도 증가하지만 그 증가의 폭에 있어서는 소득이 소비보다 크다. 즉, $MPC<1$이 이를 입증한다.

넷째, 소득이 계속 증가할수록 한계소비성향은 점차 작아진다는 것이다.

제2절 듀젠베리의 상대소득가설

상대소득가설(relative income hypothesis)은 미국의 경제학자 듀젠베리(J. Duesenbery)에 의해 주장된 소비이론이다. 그는 소비에 영향을 주는 요인으로서 당기의 소득은 물론 타인의 소득과 본인의 과거 소득을 중요시하였다. 소비와 타인의 소득과의 관계는 소비행동의 상호 의존성에 의해 설명될 수 있다. 소비자는 항상 자기가 속해있는 계층의 사람들과 비교하면서 생활하기 때문에 타인의 소비형태와 소득수준에 의해 영향을 받게 된다. 이와 같은 소비행동의 상호의존관계를 전시효과(demonstration effect)라고 부른다. 한편 소비와 과거소득의 관계는 소비행동의 비가역성으로 설명한다. 즉, 소득이 증가함에 따라 일단 높아진 소비수준은 소득이 감소해도 다시 종전의 수준으로 감소하지 않는다는 것이다. 현재의 소비는 비가역성의 작용에 의해 과거의 최고 소비수준에 의해 영향을 받게 되는데, 듀젠베리는 이러한 현상을 톱니효과(ratchet effect)라고 불렀다.

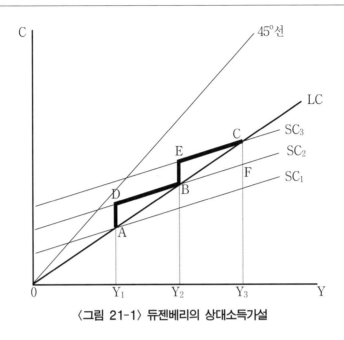

〈그림 21-1〉 듀젠베리의 상대소득가설

〈그림 21-1〉에서 우리는 두 가지 현상을 볼 수 있다.

첫째, 단기소비함수가 장기소비함수보다 기울기가 완만한 현상인데 이는 전시효과를 설명해준다. LC와 SC는 각각 장기 및 단기소비함수를 나타낸다. LC는 장기적으로 국민소득이 Y_1, Y_2, Y_3로 상승함에 따라 사람들의 소비수준도 A, B, C로 상승함을 보여주고 있다. 하지만 소득이 일시적으로 감소할 때는 단기소비함수 SC를 따라 이동할 것이다. SC가 LC보다 완만한 기울기를 가진 이유는 체면유지(전시효과) 때문이다. 즉, 단기적인 소득의 하락(예: $Y_2{\rightarrow}Y_1$)이 소득이 Y_2인 주의사람 체면 때문에 급격한 소비의 하락($B{\rightarrow}A$)을 야기하지 않고 완만한 하락($B{\rightarrow}D$)을 유도한다는 것이다. 물론 단기적인 소득의 상승(예: $Y_2{\rightarrow}Y_3$)도 마찬가지다. 즉, 소비수준을 C까지 높이지 않고 F까지만 높이더라도 주의 사람들의 소득수준이 Y_2이기 때문에 체면이 유지가 된다는 것이다. 따라서 SC가 LC보다 완만하다.

둘째, 톱니효과 현상을 설명할 수 있다. 만약 소득수준이 Y_3에서 Y_2로 감소한다면 사람들의 소비수준은 단기적으로 E수준으로 하락할 것이다. 이는 과거 높은 소득수준하의 소비습관이 단기적으로 유지되기 때문이다. 그러나 장기적으로는 E와 같은 높은 수준의 소비를 계속 유지하기 어려우므로 결국 장기적으로 B와 같은 소비수준으로 하락할 것이다. 소득수준이 Y_2에서 Y_1으로 하락할 때도 마찬가지의 경우가 성립되므로 소비수준의 하락경로를 살펴보면 $C{\rightarrow}E{\rightarrow}B{\rightarrow}D{\rightarrow}A$가 되므로 톱니모양을 하고 있기 때문에 이를 톱니효과라고 한다.

제3절 프리드만의 항상소득가설

항상소득가설(permanent income hypothesis)은 (식 21-2)같이 실질소득(Y)을 정기수입인 항상소득(permanent income, YP)과 임시소득(transitory income, YT)으로 나누고 소비도 항상소비와 임시소비로 나눌 경우 실질소득 가운데 항상소득의 비율이 높을수록 소비성향이 높고 임시소득의 비율이 높을수록 저축성향이 높아진다는 이론으로 프리드만(M. Friedman)이 제창한 가설이다.

$$Y = Y_P + Y_T \qquad\qquad\qquad (식\ 21\text{-}2)$$

항상소득이란 임금과 같이 장기적인 수입이 확실시되는 소득을 의미하며, 임시소득이란 보너스나 특별수당과 같은 양($+$)의 소득도 있으나 예기치 못한 사고 등에 의한 지출로 마이너스의 소득도 발생해서 임시소득은 결국 $+$, $-$, 0의 모든 경우가 있을 수 있다. 따라서 프리드만은 가계의 소비는 항상소득에 의해서 결정되는 것으로 봐야 한다고 주장한다. 이것을 식으로 쓰면 (식 21-3)과 같다.

$$C = bY_P, \text{ 단 } b = MPC \qquad\qquad\qquad (식\ 21\text{-}3)$$

(식 21-2)를 $Y_P = Y - Y_T$로 변형하여 (식 21-3)에 대입하면 $C = b(Y - Y_T)$가 되고 양변을 Y로 나누어주면 (식 21-4)와 같이 된다.

$$\frac{C}{Y} = b\left(1 - \frac{Y_T}{Y}\right) = APC \qquad\qquad\qquad (식\ 21\text{-}4)$$

위의 식에서 실제소득에서 임시소득이 차지하는 비율($\frac{Y_T}{Y}$)이 크면 클수록 평균소비성향(APC)이 작아진다는 것을 알 수 있다. 즉, 임시소득이 클수록 저축이 증가함을 보여주고 있다. 또한 (식 21-4)에서 장기적으로 APC와 MPC는 동일하다는 것을 알 수 있다. 왜냐하면 장기적으로 임시소득은 0이 되기 때문이다.

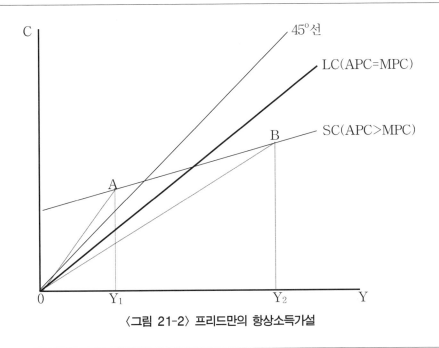

〈그림 21-2〉 프리드만의 항상소득가설

〈**그림 21-2**〉는 이러한 항상소득가설을 토대로 장기 및 단기 소비곡선을 보여주고 있다. LC 는 장기소비곡선을 의미하는데 원점을 통과하므로 장기적으로 $APC=MPC$라는 것을 알 수 있다. 한편 SC는 단기소비곡선으로 완만한 기울기를 가지고 있는데 그 이유는 다음과 같이 설명될 수 있다. Y_2는 Y_1에 비해서 호황기의 높은 소득이므로 보너스와 같은 임시소득이 많아서 $\dfrac{Y_T}{Y}$ 이 비율이 높을 것이다. 따라서 (식 21-4)로 생각해 볼 때 $APC(\dfrac{BY_2}{OY_2})$가 작게 될 것이고 반대로 Y_1의 소득시기는 $\dfrac{Y_T}{Y}$ 의 비율이 낮아서 $APC(\dfrac{AY_1}{OY_1})$가 크게 될 것이다. 이는 SC 가 LC보다 완만한 것을 의미한다. 물론 SC하에서는 그래프에서 보듯이 $APC>MPC$이다. MPC는 소비함수 자체의 기울기이기 때문이다.

제4절 모딜리아니와 안도의 평생소득가설

라이프사이클가설(life-cycle hypothesis)이라고도 하는데 모딜리아니(F. Modigliani)와 안도(A. Ando)에 의해 주장된 이론으로 사람들이 인생의 어느 시점에 처해 있느냐에 따라 소비행위가 다르다는 것이다. 〈그림 21-3〉에서 보듯이 청년기와 노년기에는 소비가 소득보다 많아서 음의 저축형태를 하고 있고, 중년기에는 반대로 양의 저축을 하고 있다. 그림에서 소비곡선은 사람이 성장함에 따라 일정하게 증가하는 것으로 나타났고 소득곡선은 중년기를 정점으로 하향하는 추세를 보여주고 있다.

한편 〈그림 21-4〉의 *SC*와 *LC*는 단기 및 장기소비함수를 보여 주고 있다. 장년기일수록 고소득층이므로 소득에 비해 소비의 비율이 낮아서 *APC*가 낮고, 청년기나 노년기일수록 저소득층이므로 소득에 비해 소비의 비율이 높아서 *APC*가 클 것이다. 이러한 관계를 그래프로 그리면 절편이 있고 완만한 기울기의 *SC*가 될 것이다. 여기에서 기울기는 근로소득에 대한 *MPC*를 나타낸다. 또한 원점을 지나지 않으므로 *SC*는 언제나 *APC*>*MPC*인 상태이다.

*LC*는 다음과 같이 설명된다. 만약 평생을 통하여 얻을 수 있는 근로소득과 자산소득이 많다고 예상하면 소비도 많이 하고 그렇지 못하면 소비도 줄어들 것이다. 또한 평생을 통하여 자산소득은 증가할 것임으로 *SC*는 점점 위로 이동할 것이다. 이러한 내용으로 볼 때 *SC*로부터 *LC*를 유도할 수 있다. 즉, 점 *A*는 평생소득이 비교적 낮은 젊은 시기에서의 소비를 의미하고 점 *B*와 *C*로 갈수록 자산소득이 많아지는 연령에 있으므로 평생소득이 높아져서 단기소비함수도 위에 있고 소비수준도 높아진다. 결국 이러한 점 *A*, *B*, *C*를 이으면 장기소비함수 *LC*가 된다.

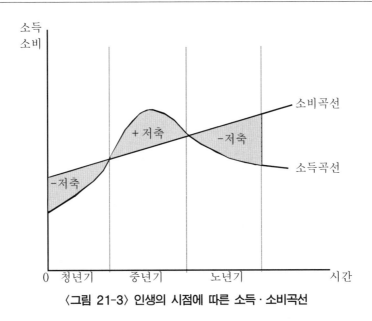

〈그림 21-3〉 인생의 시점에 따른 소득·소비곡선

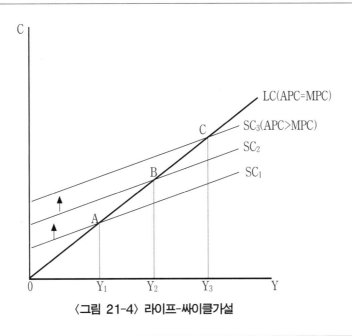

〈그림 21-4〉 라이프-싸이클가설

【연|습|문|제】

1. 다음 용어를 설명하시오.

   1) 전시효과

   2) 톱니효과

2. 절대소득가설에 대하여 설명하시오.

3. 상대소득가설에 대하여 설명하시오.

4. 항상소득가설에 대하여 설명하시오.

5. 평생소득가설(라이프-사이클 가설)에 대하여 설명하시오.

6. 본인 또는 본인 가정의 경우 어느 가설에 속하는지 살펴보시오.

북한 1인당 국민총소득 1074달러…남한 19분의 1

북한의 2010년 1인당 국민총소득(GNI)은 1074달러로 남한(2만 759달러)의 19분의 1 수준인 것으로 조사됐다. 18분의 1이던 2009년(북 932·남 1만 7193달러) 보다 격차가 더 벌어졌다. 북한 경제가 2년 연속 마이너스 성장을 한 데 따른 것이다. 통계청은 이 같은 내용의 '북한의 주요통계지표'를 17일 발표했다.

● 2010년 남북한 비교　　　　자료: 통계청

	남한	북한	남북 격차(배)
인구(명)	4941만	2419만	2.0
경제성장률(%)	6.2	-0.5	
1인당 소득(달러)	2만759	1074	19.3
무역총액(달러)	8916억	42억	212.3
수출(달러)	4664억	15억	310.9
수입(달러)	4252억	27억	157.5
발전 전력량(kwh)	4739억	237억	20
쌀 생산(t)	491만6000	191만	2.6
자동차 생산(대)	427만2000	4000	1068
도로 총 길이(km)	10만5565	2만5950	4.1

발표에 따르면 북한의 2010년 국내총생산(GDP)은 24조 5970억 원으로 전년보다 0.5% 감소했다. 2009년의 GDP 증가율도 -0.9%였다. 남한의 GDP는 1042조 1110억 원으로 북한보다 42배 많았다. 경제 규모 차이만큼 연간 원유 도입량의 남(8억 7000만 배럴)·북(385만 배럴) 격차도 226배가 났다. 남한의 발전 전력량은 북한보다 20배 많았다.

북한 경제 쇠퇴의 원인으로 꼽히는 폐쇄적 경제체제는 숫자로 드러났다. 북한 무역총액은 42억 달러. 남한은 8916억 달러로 북한과 212배의 격차를 보였다. 북한의 수출은 15억, 수입은 27억 달러다. 수출액은 남한의 311분의 1, 수입액은 158분의 1 수준에 불과했다. 또 남한은 중국(21.1%)·일본(10.3%)·미국(10.1%) 등 여러 나라와 교역했지만, 북한은 중국에 대한 무역 의존도가 56.9%에 달할 정도로 편중이 심했다. 특히 남북 관계가 나빠지면서 북한의 남한에 대한 2010년 교역 비중은 전년보다 2.6%포인트 떨어진 31.4%로 나타난 반면, 중국에 대한 의존도는 4.3%포인트 올라갔다.

북한에서 농림어업 비중은 전체 산업의 20.8%로 아직 집중도가 높은 것으로 나타났다. 남한은 2.6%다. 경지 면적은 남한(174만ha)이 북한(191만ha) 보다 작지만 농가 인구 1인당 식량작물 생산량은 2008년 기준 남한(1.7t)이 북한(0.5t)의 3배를 넘는다.

기대수명은 남한에서 남자 77.2세, 여자는 84.1세. 이에 비해 북한은 남자 64.9세, 여자 71.7세였다. 남한 사람이 12년을 더 산다는 얘기다.

출처: 최선욱 기자, 『중앙일보』, 2012. 1. 18.

절약이 미덕만은 아니다

부자가 되려면 돈을 쓰지 말아야 한다. 악착같이 번 돈을 수 있다. 이런 점에서 저축은 개인에게 언제나 미덕이 된다.

그러나 이러한 개인적 미덕이 반드시 사회적 미덕(social virtue)과 일치하는 것은 아니다. 국제통화기금(IMF) 관리체제 이후 사회 전반으로 소비자제 운동이 확산되고 있는 시점에서 경제학자들이 말하는 이른바 '저축의 역설'(paradox of saving)은 되새겨 볼만한 화두다.

우리의 현실이 과연 절약만이 경제위기를 극복하는 묘약인 지 생각해 봐야 할 상황으로 치닫고 있기 때문이다. 자동차 전자부문 등 산업 전반의 내수가 예년에 비해 30~50%나 위축되자 하도급 업체는 연쇄부도 위기에 처해 있다. 기업의 부도는 금융기관에 부실채권을 안겨주는 동시에 실업자를 양산하게 된다. 실업자가 늘어나면 내수는 더욱 위축되는 악순환이 발생한다.

시장에는 이같은 악순환의 조짐이 보인 지 이미 오래다. 백화점 쇼핑센터 등 유통업체들은 예년의 20~40%를 밑도는 매출에 발 만 동동 구르고 있으며 상당수의 지방 백화점이 부도가 났다.

재래시장 은 더욱 심각하다. 매기가 부진하자 문을 닫는 점포가 늘어나고 매물이 쏟아지고 있다. 상권 중심부에 있는 상가에도 빈 점포가 생겨나면서 공동화 조짐까지 보이고 있다. 소비자제 운동이 근검·절약 단계를 지나 내핍으로 번지면서 운동의 당위성이나 실익은 빛이 바래고 오히려 사회 곳곳을 멍들게 하고 있다. 한국의 시장은 유효수요의 부족이 실업과 경기침체를 가속화 한다는 경제학자 케인즈(Keynes)의 이론을 온 몸으로 입증하고 있는 셈이다.

경기를 되살리려면 수출도 좋지만 무엇보다 내수가 뒷받침돼야 한다. 무차별적으로 소비를 줄이기보다는 자신의 소득수준을 감안해 '합리적으로 소비'하는 소비문화 정착이 시급하다. 적당한 소비가 애국의 길이 며 사회적 미덕이 된다는 인식이 필요한 것이다. 소비자들은 소비억제가 지금과 같은 경제 상황에서 자신만을 위한 이기심이 될 수 있다는 시각을 가지고 한 번쯤은 자신의 소비생활을 되돌 아 봤으면 싶다.

출처: 유봉석 기자, 『매일경제』, "기자24시" 1998. 3. 19.

복지지출, 정부총지출 증가율의 1.5배

"국제기준 적용 올해 복지지출 비중 35.2%"

　정부 총지출에 비해 복지지출이 빠르게 증가하면서 재정운용의 경직성과 사회적 비용 확대를 초래할 수 있다는 지적이 제기됐다.

　국회 예산정책처는 15일 이러한 내용의 '복지재정 운용실태와 정책과제' 보고서를 발간했다. 보고서에 따르면 2005년 이래 연평균 복지지출 증가율은 13.1%로 정부 총지출 증가율(8.7%)의 1.5배 수준이었다. 또 올해 복지지출 비중도 27.7%(81조원)로 역대 최고치를 기록, 복지지출이 국가 재정지출 증가를 주도하는 것으로 나타났다.

　복지지출의 빠른 증가는 2000년 국민기초생활보장법 도입 이래 기초노령연금 및 장애인연금 도입, 보육료 차등지원, 무상보육 확대 등 각종 의무적 급여가 법제화됐다는 구조적 요인에 기인하는 것으로 분석됐다. 실제로 보건복지부 예산 중 의무지출은 2006년 9조 원에서 올해 17조 2천억 원으로 1.9배 증가한 반면 같은 기간 정부 총지출은 1.3배 늘어 복지분야 의무지출이 빠르게 증가한 것으로 나타났다.

　예산정책처는 "의무지출 증가는 경기침체 등 대내외 여건변화, 저출산·고령사회 복지수요에 대한 대응력을 떨어트리고 재정운용의 경직성을 초래하게 된다"며 복지예산 편성방식 변경, 입법과정에서 재정건전성 점검 등을 정책과제로 제시했다. 이와 함께 예산정책처는 유엔 국제분류기준에 따라 복지지출 비중을 재추정한 결과, 올해 복지지출은 115조원으로 정부 총지출의 35.2%를 차지했다고 밝혔다. 이는 정부 통계치(27.7%)보다 7.5% 포인트 높은 것이다.

출처: 정윤섭 기자, 『연합뉴스』, 2010. 9. 15.

제9편
재정과 화폐금융이론

| 제22장 |

재정과 재정정책

제1절 재정의 의의

앞에서 가계부문과 기업부문만이 존재하는 경제에 있어서의 국민소득결정이론을 살펴보았다. 현실에서는 정부부문이 존재하며 이에 정부부문이 정부지출과 조세수입을 통하여 균형국민소득수준의 결정에 어떠한 영향을 미치는 가를 살펴보는 것은 필요하다. 이를 이해하기 위해서는 먼저 재정의 개념과 재정정책의 수단이 되는 정부지출과 조세수입의 내용 및 그 특징에 관하여 살펴보는 것이 필요하다.

정부는 매년 세금, 각종 벌과금 및 수수료 등으로 마련한 돈으로 일반 행정을 비롯하여 국방, 사회개발, 경제개발 등 나라를 유지발전시는데 소요되는 비용을 지출한다. 이러한 나라의 살림살이를 재정이라 한다. 즉, 다양한 기능을 수행하기 위하여 정부는 필요한 돈을 마련하고 여러 가지 지출하게 되는데 이러한 정부의 세입과 세출과 관련된 모든 경제활동을 재정이라 한다.

이러한 정부의 경제활동은 국민들이 내는 세금으로 이루어지고 이렇게 거두어진 세금을 어떻게 쓰느냐에 따라 국민경제에 미치는 영향이 크기에 이를 함부로 증가시키거나 감소시키기가 곤란하다. 이에 대부분 나라에서는 정부가 1년 단위의 회계연도에 필요로 하는 자금규모와 조달방법을 미리 정하여 국회의 승인을 받고 또 기간이 지난 다음에는 결산하여 이를 국회에 보고토록 하는 등 엄격한 통제와 감독을 하고 있다.

회계연도가 개시되기 전에 정상적인 절차에 따라 편성된 예산을 본예산이라 한다. 예산의 편성은 한해에 한번으로 그쳐야 하나 회계연도가 진행되는 도중에 국내외 경제변화 또는 천재지변 등의 예상치 못한 사태 등의 발생으로 예산을 변경할 필요가 있을 경우에는 추가 또는 경정하는 예산을 편성할 수 있다. 이를 추가경정예산이라 한다. 본예산이 회계연도 개시전까지 국회에서 의결되지 못한 때 특정경비에 한하여 전년도 예산에 준하여 지출하는 예산을 준예산이라 한다. 이러한 예산을 집행한 결과를 결산이라 하며 감사원의 감사를 받고 그 결산을 국회에 보고해야 하는 등 엄격한 통제와 감독을 받도록 하고 있다.

제2절 세입과 세출

나라살림을 꾸려나기기 위해서는 많은 자금을 필요로 하는데 정부가 재정을 위하여 마련하는 모든 수입을 세입이라하며, 이는 조세수입, 세외수입, 자본수입 그리고 원조수입으로 구분된다.

조세수입은 국민으로부터 세금으로 징수한 것이다. 이를 세입원천별로 보면 소득 및 이익세, 사회보장기여금, 재산세, 재화 및 서비스세, 관세 등으로 분류된다. 소득세 및 이익세는 개인의 소득 또는 법인의 이윤에 부과되는 세금을 말한다. 재산세는 토지세, 상속세 또는 증세세와 같이 재산을 보유 및 이전하는 것에 부과되는 세금을 말한다. 재화 및 서비스세는 부가가치세, 특별소비세와 같이 재화와 서비스의 매매 및 소비에 대하여 부과하는 세금이다. 관세는 수입품에 부과하는 세금이다. 우리나라의 경우 재화 및 서비스세가 조세수입중 가장 큰 비중을 차지하며 다음으로 소득세 및 이익세, 관세, 재산세의 순으로 나타난다.

세외수입으로는 수수료, 입장료, 벌과금 등이 있으며, 조세수입과 세외수입을 합하여 경상수입이라 한다. 자본수입은 정부소유의 토지나 건물 등을 팔았을 때 얻는 수입을 말하고 원조수입은 외국이나 국제기구의 원조로 얻어지는 수입을 말한다.

세입중 조세수입이 가장 큰 비중을 차지하고 있으며, 중앙정부의 경우 총세입의 약 80%를 조세수입으로 충당하고 있다.

정부가 그 역할을 수행하기 위해 행하는 모든 지출을 세출이라 한다. 세출은 경제적 성격에 따라 경상지출, 자본지술, 순대출로 구분된다. 경상지출은 재화 및 서비스구입, 이자지급 그리고 보조금 및 경상이전으로 구분된다. 재화 및 서비스구입은 공무원에 대한 봉급 등의 지급과 사무용품구입, 임료료, 광열비 등으로 지출되는 경비를 말한다. 이자지급은 정부가 국내에서 차입한 채무에 대한 이자지급액과 차관 등 해외채무에 대한 이자지급액을 말한다. 보조금 및 경상이전은 정부가 금융기관, 비금융공기업 등의 기관에 재정상의 원조를 목적으로 무상으로 교부하는 급부금이나 지방정부, 학교, 병원 등의 비영리기관 및 실업자 등에 대하여 무상으로 지급하는 경비를 말한다. 자본지출은 정부가 토지, 건물, 자본재 등을 취득하기 위한 지출을 의미한다. 순대출은 정부가 각종기관에 빌려준 융자금에서 회수금을 뺀 것이다.

세출을 기능적 성격에 따라 분류하면 일반행정비, 국방비, 교육비, 사회개발비, 경제개발비 등으로 구분된다. 일반행정비는 입법, 사법 및 행정과 관련된 각종 관청을 설치 및 운영하고 공무원을 고용하여 행정업무를 처리하는 등 정부의 기본적인 활동과 관련하여 지출되는 경비이다. 국방비는 국군을 유지하고 방위산업을 육성하는 등의 활동에 지출되는 경비이며, 교육비는 교육행정에 소요되는 경비를 말한다. 사회개발비는 사회보장 및 복지, 주택 및 지역사회 개발 등에 지출되는 경비이다. 경제개발비는 경제발전에 필요한 산업을 지원 육성하기 위해 지출되는 각종 경비를 말한다.

이상에서 살펴본 세입과 세출의 차이를 재정수지라 한다. 세입이 세출보다 커서 재정수지가 양(+)으로 나타나면 재정흑자라 하며, 반대로 세출이 세입보다 커서 재정수지가 음(-)으로 나타나면 재정적자라 한다. 세입과 세출이 같게 나타나면 재정균형 또는 균형재정이라 한다.

제3절 조세와 세율

조세란 일반적으로 국가가 수입을 조달할 목적으로 특정한 개별적인 보상없이 사경제로부터 강제적으로 징수하는 화폐 또는 재화를 의미한다. 현실에서 사용되고 있는 조세들은 그 특성에 따라 여러 가지로 분류되고 있으며, 몇몇 중요한 분류방법들을 살펴보면 다음과 같다.

첫째, 조세를 징수하는 주체에 따라 국세와 지방세로 구분할 수 있다. 국제슨 중앙정부가 징수하는 조세이고 지방세는 지방정부가 징수하는 조세이다.

둘째, 과세대상 또는 과세표준에 따라 인세와 물세로 구분할 수 있다. 인세는 납세자의 개인적 지불능력에 따라 부과하는 조세로서, 소득세가 예가 될 수 있다. 물세는 납세자의 개인적 특성과 관계없이 행위 또는 물적 대상에 대해 부과하는 조세로서, 부가가치세, 판매세 등이 있다.

셋째, 세금을 직접내는 납세자와 세금의 실질적인 부담자인 담세자가 일치하는가의 여부에 따라 직접세와 간접세로 구분할 수 있다. 직접세는 과세주체가 직접 부담하는 조세로 납세자와 그 실질적인 세부담자가 같은 조세를 말하며, 소득세, 법인세, 상속세 등이 여기에 속한다. 간접세는 과세주체가 그 조세를 직접 부담하는 것이 아니라 다른 경제주체에게 부담을 전가하는 조세로 주세 등 재화 및 서비스세가 등이 여기에 속한다. 직접세는 세금의 전가가 어려우며 누진세로 부과할 수 있어 납세능력이 높은 사람에게는 많이 부과하고 납세능력이 업슨 사람에게는 감면해주는 방법 등을 통해 과세의 형평을 기할 수 있어 소득재분배기능을 발휘할 수 있다. 간접세는 소비자에게 조세의 전가가 쉽고 세율도 일률적이어서 저소득층의 조세부담이 상대적으로 커지고 과세의 형평을 고려하기 어려운 특성을 갖고 있다.

한편, 조세는 세율을 기준으로 정액세, 비례세, 누진세, 역진세 등으로 분류할 수 있다. 정액세는 소득이나 자산의 크기와 관계없이 일정한 금액을 부담하는 세금으로 주민세가 여기에 속한다. 비례세는 일정한 세율이 적용되는 세금이며, 누진세는 소득이나 자산이 커짐에 따라 누진적으로 커지는 세금이다. 대부분의 소득세와 자산세는 누진세로 되어 있다. 역진세는 반대로 과세대상의 가격이나 수량이 클수록 낮은 세율이 적용되는 세금으로 현실적으로는 존재하지 않는다.

제4절 재정정책과 균형재정

정부는 자원의 효율적인 배분을 위하여 적절한 조정을 해하여야 하며, 이에 따라 발생한 비용을 누가 부담할 것인가를 결정하여야 하고, 그에 적합한 조세 및 지출정책을 시행하여야 한다. 또한 정부는 공평한 소득분배를 위하여 적절한 조치를 실시하여야 할 것이며, 물가를 안정시키고 높은 고용수준과 적당한 경제성장을 지속할 수 있는 정책수단이 무엇인가를 책정하여야 한다.

거시경제학에서는 재정중에서 정부지출과 조세수입을 변경시켜 국민경제의 안정적 성장과 복지증대를 도모하는데 관심을 갖고 있으며, 이를 수행하는 것이 재정정책이다. 여기서 국민경제의 안정적 성장과 복지증대는 물가안정, 완전고용, 국제수지균형, 경제성장, 경제복지 증대 등을 이루고자 하는 것이며, 이는 재정쟁책의 최종목표가 된다. 재정정책은 정부의 경제정책중 가장 기본적인 부분을 차지한다.

재정정책의 수단은 정부지출과 조세수입이된다. 즉, 경기가 과열되었을 경우는 정부지출(세출)을 줄이고 조세수입(세입)을 더 많이 거두어들어 재정흑자를 냄으로써 경기를 진정시킬 수 있다, 반면, 경기가 침체상태에 있을 경우에는 정부지출을 늘리고 조세수입을 적게 하여 재정적자를 냄으로서 경기회복을 도모할 수 있다. 이로 인해 가계의 소비와 기업의 투지를 촉진시키게 되는데 이를 안정화정책으로서의 재정정책이라 한다.

한편, 정부는 필요한 만큼의 돈을 국민들로부터 거두어 쓰기 때문에 세입과 세출은 원칙적으로 일치해야 한다. 그러나 정부활동은 그 규모가 매우 크기 때문에 세입과 세출을 일치시키는 데에는 많은 어려움 있다. 또한, 앞에서 언급하였듯이 정부는 재정적자와 재정흑자를 통하여 경기를 조절하기도 한다. 따라며 정부의 세입과 세출은 오히려 일치하지 않는 경우가 일반적이라 할 수 있다.

그러나 바람직한 정부의 재정운영은 재정균형을 이루는 것이다. 그 이유를 살펴보면, 재정적자가 발생할 경우 정부는 부족한 자금을 중앙은행, 시중은행 또는 외국에서 빌려오거나 국채를 발행하여 적자를 매워야 한다. 여기서 중앙은행에서 자금을 빌려올 경우 중앙은행은 그만큼의 돈을 더 발행해야 하기에 돈이 시중으로 많이 풀려 결국 인플레이션 현상이 일어나게 된다. 만일 외국에서 돈을 빌려올 경우나 국채를 발행할 경우 나중에 원금과 이자상환의 부담이 커지게 되어 재정의 어려움은 더욱 가중될 수 있을 것이다. 재정흑자가 발생하는 경우는 세출보다 세입이 더 많은 경우로서 이는 정부가 지출한 자금보다 더 많은 돈을 징수하였다는 것을 의미한다. 이는 가계와 기업의 세금부담을 커지게 하여 소비와 투자를 위한 지출을 줄이는 것으로 나타날 수 있다.

　따라서 정부는 가능하면 세입과 세출이 일치하도록 균형재정을 이루어 나가는 것이 바람직할 것이다.

【연|습|문|제】

1. 재정과 예산의 개념을 설명하시오.

2. 우리나라의 세입과 세출구조를 조사하여 그 특성을 설명하시오.

3. 조세 및 세율의 종류에 대하여 설명하시오.

4. 균형재정의 중요성에 대하여 설명하시오.

5. 경기가 호황인 경우와 경기가 불황인 경우의 재정정책방법에 대하여 설명하시오.

화폐와 금융기관

지금까지는 화폐나 통화의 개념이 포함되지 않은 실물로서의 수요와 공급에 의한 균형국민소득결정이론이나 그밖에 실물경제개념 등에 대해서 알아보았다.

하지만 현실적으로 경제의 흐름에서는 화폐 또는 통화라는 매개수단이 반드시 필요한데, 이는 생산된 모든 재화나 용역은 반드시 시장을 통하여 거래되기 때문이다. 따라서 모든 거래는 실물의 가치와 동일한 통화량을 필요로 하게 되고, 이로 인하여 경제의 균형은 실물시장과 금융시장의 균형이 동시에 이루어져야 한다는 것을 의미한다.

따라서 본 장에서는 화폐의 개념과 금융 및 금융기관의 개념에 대해서 살펴보기로 한다.

제1절 화폐의 개념과 기능

화폐를 간단히 말하면 우리가 일상에서 사용하고 있는 돈을 의미한다. 화폐를 경제학적으로 정의하면 우리의 일상생활에서 여러 가지 재화를 거래하고 채권, 채무를 청산하는 일반적인 지불방법의 수단을 말한다. 화폐란 이처럼 재화의 거래과정에서 일반적인 지불수단 또는 매개수단으로 사용되는 것이다.

화폐의 주요한 기능으로는 다음과 같은 것들이 있다.

첫째, 화폐는 교환수단(medium of exchange)이다. 화폐가 없다면 물물교환(bater)으로 필요한 것을 서로 찾을 수밖에 없어서 지금과 같은 경제행위는 불가능하리라 상상된다. 물물교환경제에서는 n개의 상품이 있을 때 $n(n-1)/2$의 상대가격을 고려해야하나 화폐가 사용되면 n개의 가격만 고려하면 된다.

둘째, 화폐는 가치저장수단(store of value)이다. 화폐가 없었던 시기에는 가치나 부를 축적하거나 저장할 때 예를 들어 곡식이나 그밖에 사회적으로 귀중하다고 여겨지는 어떤 물건을 모아났을 것이다. 물론 여러 가지로 불편한 점을 상상할 수 있을 것이다.

셋째, 화폐는 가치의 척도(measure of value)이다. 화폐가 없다면 예를 들어 쌀 한 가마의 가치를 다른 물건과 비교해서 가치를 측정해야 했을 것이다. 즉, 기준이 되는 가치 측정 도구가 없다는 것은 시장행위에 있어서 상당한 불편이 따를 것이다.

한편 화폐의 주요한 특징으로는 휴대성(portable), 가분성(divisible), 내구성(durable), 인지성(recognizable), 동질성(homogeneity) 등이 있다. 만약 이 중 하나의 특징이라도 없다면 화폐로서 그 기능을 다하기가 어려울 것이다. 예컨대 인지성이란 보편적인 거래수단을 위해서 사회의 모든 구성원에게 인지되어야 한다는 것인데 같은 종류의 화폐가 어떤 지역에서는 인지된 상태고 다른 지역에서는 그렇지 못하다면 지역간의 경제행위에 제약을 받을 것이다. 또한 동질성이 없다면 그레샴의 법칙(Gresham's law) 즉, '악화(bad money)는 양화(good money)를 구축한다'라는 법칙이 발생할 것이다.

제2절 화폐의 변천과정

화폐의 종류는 시대와 사회에 따라 다양하게 사용되고 변천되어 왔다. 화폐의 변천과정을 순서대로 간략히 살펴보면 다음과 같다.

첫째, 물품화폐(commodity money)가 있는데 이는 물물교환의 불편을 없애기 위하여 화폐로 쓰기로 한 물품을 말한다. 소금, 곡물, 가축 등 여러 가지 물품들을 사용하였으며 가장 일찍 발달한 화폐 형태이다. 이는 운반, 저장, 분할, 동질성 등 측면에서 사용하는데 많은 불편이 발생하였다.

둘째, 내구성과 동질성이 강하고 분할 및 휴대가 비교적 편리한 금, 은과 같은 귀금속이 화폐로 사용되었는데 이를 금속화폐(metallic money)라한다. 금속화폐는 중량에 따라 가치가 결정되므로 일정한 크기의 주조화폐(mint)가 등장됐다. 여기에는 위에서 언급했듯이 그레샴의 법칙이 발생할 수 있다.

셋째, 지폐인데 금속화폐(예: 금화)는 주조비용이 크고 휴대성이 떨어져서 정부는 대신 금화를 매입하여 보관하고 태환(兌換: 바꿈)을 보장하는 지폐를 발행하다가 후에 정부의 공신력으로 불태환지폐(신용화폐: fiduciary money, legal tender, fiat money)를 발행하였다. 이러한 화폐는 명목가치는 있지만 실제로는 가치가 거의 없기 때문에 명목화폐(token money)라고도 한다. 정부의 입장에서 지폐의 이점은 경제정책운용과 조세운용을 보다 효율적으로 할 수 있다는 것이다. 즉, 인플레이션, 실업 및 민간금융부문 등을 조절하는데 편리성을 갖게 되었다.

넷째, 예금화폐(check money)는 화폐의 불편한 점(예: 고액의 휴대성, 도난 등)을 개선한 것이다. 은행예금을 기초로 하여 수표(check)위에 금액을 자유로이 쓰고 이서하는 형식의 화폐로 통용범위가 다소 제한되는 것이 단점이다.

마지막으로 전자화폐는 컴퓨터와 통신의 발달로 결제대금을 은행계좌에서 직접 이체하는 전자자금이체제도(예: 지로제도, 급여이체, 각종 공과금 이체와 같은 자동결제, 현금자동인출기, 텔레뱅킹제도)가 있으나 다소 안전하지 못한 것이 흠이다.

제3절 금융제도와 금융기관

금융(finance)이란 자금이 수요되고 공급되는 일체의 행위 즉, 여유자금을 대여해 주고 싶은 경제주체로부터 자금이 부족하여 차입을 원하는 경제주체로의 자금의 융통을 말한다. 이러한 금융이 이루어지는 곳을 금융시장이라고 하는데 각종 금융상품(예: 채권, 주식, 예금 등)이 발행되고 거래되면서 금융을 원활하게 하고 경제전체의 효율을 제고시키는 역할을 하는 곳이다.

금융시장(money market)이 없으면 마치 화폐가 없는 물물교환경제에서 발생하는 비효율성이 발생할 것이다. 즉, 쌍방이 원하는 거래조건(예: 자금의 크기, 만기, 이자율 등)들을 서로 만족하는 상대방을 찾는데 시간과 노력이 상당히 필요할 것이다.

한편 금융기관(financial institution)이란 화폐의 수요자와 공급자 사이에서 자금의 수급을 중개하는 역할을 하고 있는 기관이다. 금융기관은 통화창출기능의 보유여부에 따라 크게 통화금융 기관과 비통화금융기관으로 분류되며 이는 다시 다음과 같이 세분된다.

첫째, 통화금융기관에는 ① 한국은행: 중앙은행으로서 유일한 발권은행 ② 일반은행: 시중은행, 지방은행, 외국은행 국내지점 ③ 특수은행: 기업은행, 농・축・수협의 신용사업부문 등이 있다.

둘째, 비통화금융기관으로는 ① 개발기관: 한국산업은행, 한국수출입은행, 한국장기신용은행 ② 저축기관: 상호신용금고, 신용협동조합, 상호금융, 체신예금, 신탁계정 ③ 생명보험회사: 생명보험회사, 체신보험 ④ 투자회사: 한국증권금융, 종합금융회사, 투자금융회사, 투자신탁회사 등이 있다.

주요 금융기관의 기능에 대해서 간단히 알아보기로 한다.

3-1 중앙은행(central bank)

첫째, 중앙은행은 한 나라의 법정통화인 화폐(은행권)를 발행하는 독점권을 가진 기관이다.

둘째, 각종 정부자금을 인출하고 예치하기 때문에 국고(國庫: 나라의 수입·지출을 관리하는 기관)로서의 기능을 한다.

셋째, 각종 은행의 자금에 대한 수요와 공급기능을 하기 때문에 은행의 은행역할을 한다.

넷째, 중앙은행은 통화량을 조절하는 기능을 가지고 있는데 그 방법은 다음과 같이 몇 가지가 있다. ① 공개시장조작(open market operation)에 의한 본원통화의 조절이다. 예금은행으로부터 국채매입(공개시장매입-open market purchase)을 하면 본원통화가 증가한다. 반면 예금은행에 국채매각(open market sale)을 하면 본원통화가 감소한다. ② 대출에 의한 본원통화의 조절이다. 중앙은행이 예금은행에 대출할 때의 이자율(재할인율: discount rate)을 낮추면 예금은행의 대출이 늘어나고 그에 따라 본원통화도 증가한다. ③ 법정지급준비율에 의한 통화승수의 조절이다. 법정지급준비율(required reserve rate)을 낮추면 통화승수[10]가 커지고 그에 따라 통화량도 증가한다. 우리나라 현재 3%정도이다.

3-2 상업은행(commercial bank)

예금은행이라고도 하며 일반 개인이나 기업고객들을 상대로 예금을 받고 대출을 해줘 이익을 얻는 시중은행을 말한다. 해외에서는 씨티, 체이스맨허턴, 홍콩상하이은행 등을 꼽을 수 있고 우리나라에서는 신한은행, 하나은행, 우리은행, 외환은행, 국민은행 등을 비롯한 전체 일반은행이 상업 은행의 업무를 수행하고 있다.

3-3 특수은행(specialized banks)

상업금융기관인 일반은행이 재원, 채산성, 전문성 등의 제약으로 말미암아 자금을 공급하기 어려운 국민경제의 특수부문에 대하여 필요한 자금을 원활히 공급해줌으로써 일반은행의 기능을 보완하고 이를 통하여 국민경제의 균형적 발전을 도모하기 위하여 정부의 전액 또는 일부 출자로 설립된 은행이다.

10) 제22장 2절 통화의 공급이론에서 자세히 다룰 내용.

우리나라의 특수은행으로서는 주요 산업에 대한 중·장기설비금융을 담당하는 한국산업은행, 중장기수출입신용을 담당하는 한국수출입은행, 중소기업금융과 서민금융을 담당하는 기업은행, 농수산금융을 담당하는 농업협동조합과 축산업협동조합 및 수산업협동조합의 신용사업부문 등을 들 수 있다.

3-4 비은행금융기관(non-bank financial institution)

전통적인 상업은행의 범주에 속하지 않는 금융기관을 총칭하는 말이다. 우리나라의 경우에는 단자회사[11], 종합금융회사[12], 상호신용금고[13], 보험회사, 신탁회사, 우체국 등이 이에 해당한다.

제4절 금융기관에 대한 규제 및 감독

4-1 규제

(1) 가격규제

이자율규제를 의미한다. 원칙적으로는 자금의 수요와 공급에 의해서 이자율이 결정이 되어야 사회적 후생손실을 막고 효율성을 제고시킬 수 있다. 하지만 제한된 자금을 우선 지원부문에 공급하기 위해서는 저리로 규제해야만 했다.

---

11) 단기금융시장에서 자금의 대차 또는 중개를 주요업무로 하는 회사를 말한다. 국내 단자회사는 단기금융업법에 의해서 설립되었으며 그 목적은 사금융을 제도금융으로 유도하여 양성화하고 단기금융시장을 조직화하여 금융근대화를 촉진하는 것이었다. 단자회사는 6 개월 미만의 어음 및 채무증서발행, 어음할인, 매매인수, 보증과 CMA (어음관리구좌)업무 등을 취급하고 있다. 그러나 정부는 단자회사가 설립목적에 따라 그 소임을 어느 정도 수행하였다고 보고 또한 금융권에서 차지하는 비중도 너무 비대해졌다고 판단하여 단자회사를 은행, 증권회사 또는 종합금융회사로 업종전환을 유도하였다.

12) 18세기 영국에서 대상들의 무역어음 인수업으로부터 시작된 금융기관을 말한다. 초기에는 오랜 전통과 경험을 기반으로 한 개인 은행적 성격이 강해 규모는 작았으나 고도의 기동성과 전문성을 보유하고 국내금융업무보다는 국제금융 및 주선업무에 특성을 지니고 있었다. 우리나라에서는 외자도입을 원활히 하고 기업의 다양한 금융수요를 충족시킨다는 목적으로 1976년에 한국종합금융이 설립됨으로써 처음 도입되었다. 우리나라 종합금융회사는 외자조달 및 고도의 금융기법 전수라는 측면에서 단자사로부터 전환된 종금사를 제외하고는 모두 외국회사와 합작형태로 설립된 특징을 가지고 있다. 현재 예금, 보험업무를 제외한 단기금융, 증권투자신탁, 사채주선, 리스, 중장기대출, 외환조달 및 주선 등 거의 모든 금융업을 영위하고 있다.

13) 가계의 여유자금 흡수와 서민, 영세상공인에 대한 금융편의를 제공할 목적으로 1972 년 상호신용금고법에 의해 설립된 금융기관을 말한다. 상호신용금고는 사금융형태인 계를 제도화한 것으로 설립 초기에는 계와 부금업무가 취급업무의 주류를 이루었으나 최근에는 은행의 정기예금과 유사한 정기부금 예수금이 수신의 가장 큰 비중을 차지하고 있다. 현재 상호신용금고의 수신금리는 모두 자유화되어 있다.

한편 통화조절의 수단으로도 금리를 규제할 수밖에 없었다. 현재는 규제로 인한 부작용과 대외개방에 따라 1997년 *IMF*의 지원을 받으면서 자유화하였다.

(2) 진입 및 퇴출규제

지나친 경쟁을 피하기 위해서 금융기관의 신설이나 지점의 증설에 대하여 규제를 한다. 지나친 경쟁은 건전성을 해치기 때문이다. 현재는 진입규제가 대폭 완화되어 신설이나 인수 및 합병 등이 비교적 자유로운 상태이다. 퇴출시에도 예금자의 보호를 위해서 당국이 개입한다.

(3) 건전성규제

금융기관은 주로 타인의 자본으로 운용되기 때문에 건전한 재무관리를 위해 규제를 한다. 예컨대 자기자본비율, 편중여신, 불건전 자산운용 등이 규제대상이다.

자기자본비율(ratio of net worth to total capital)이란 자기자본과 총자본과의 관계를 나타내는 비율로 자기자본을 총자본(자기자본+타인자본)으로 나눈 것이다. 이 비율은 기업의 자본구성을 표시하는 것으로 이 비율이 높을수록 기업의 자본구성 또는 재무 건전성이 양호함을 나타낸다.

BIS(Bank for International Settlements: 국제결제은행)[14]비율은 자기자본을 대출이나 보증 등을 포함한 위험자산으로 나누고 여기에 100을 곱한 지수다. 자기자본은 납입자본금, 이익 잉여금 등 자기자본 외에 재평가적립금, 후순위채권(Subordinated bonds)[15] 발행대금 등 보완자본까지 합해서 산출된다. 1997년 IMF지원 후 BIS비율이 8%를 넘는 금융기관은 생존할 만한 가치가 있는 금융기관이고 넘지 못하는 금융기관은 살아남기 어려운 금융기관으로 판단하였다.

$$BIS비율 = \frac{자기자본}{대출 + 보증} = \frac{납입자본금 + 이익잉여금 + 재평가적립금 + 후순위채권발행액}{대출 + 보증}$$

그러나 2007년 시작해서 세계적인 경제위기를 초래한 미국의 서브프라임 모기지론

---

14) BIS(Bank for International Settlements: 국제결제은행)란 1930년 5월 스위스의 바젤에 설립된 주요 국가의 공동 출자에 의한 국제은행이다. 당초에는 제1차 세계대전 후 독일의 배상문제를 원활히 처리하는 것을 주목적으로 발족했다. 제2차 세계대전 후는 유럽에서의 결제대리기관으로서 EPU(유럽지불동맹)나 EMA(유럽통화제도)의 실무를 담당, ECSC(유럽석탄철강공동체)의 재무보관자역할도 겸하고 있다. 월1회 월례회를 개최하고 경기, 경제, 금융문제 등을 토의한다. BIS 비율이란 위에서 설명한 국제결제은행이 규정한 자기자본비율로 이 통계치는 은행, 종합금융, 신용금고 등 일반 금융기관의 건전성을 판단하는 기준이 되고 있다.

15) 은행이 도산했을 경우 변제순위에서 다른 채권에 밀리는 채권으로 대신 금리는 다른 채권에 비해 조금 높다는 장점이 있다.

(sub-prime mortgage loan) 사태16) 후 금융기관의 건전성기준을 더욱 강화하는 방편으로 신 BIS17)기준이 택해지기도 하였다.

(4) 소유와 지배구조에 대한 규제

금융기관은 공공성의 성격을 갖고 있기 때문에 소유자의 경영통제력을 제한하여 과다한 사적인 이익으로부터 예금자보호, 통화정책의 유효성증대, 금융상품의 안정적인 유통 등을 꾀하여야 한다. 현재는 1997년 외환위기 이후 외국인의 금융기관 소유 및 지배를 허용하는 과정에서 규제가 많이 완화되었다.

(5) 업무영역에 대한 규제

분업주의 원칙하에 제한된 겸업을 허용하였으나 겸업주의를 지향하고 있다. 현재 은행, 증권, 보험의 분업이 점차 겸업주의로 가는 추세에 있다.

4-2 금융기관에 대한 감독

두 종류의 감독기관이 있다. 첫째로 법적 감독기관인데 검사와 제재시 법적 강제권이 있다. 따라서 효력은 직접적이고 신속하다고 볼 수 있다. 금융감독위원회, 금융감독원 등이 이에 속한다. 둘째는 자율적 감독기관인데 이는 동업자들의 상호감시기능 강화와 감독의 전문성 및 융통성이 장점이다. 대체로 선진국은 자율적 감독기관의 감독기능이 크다.

---

16) 서브프라임 모기지론은 신용조건이 가장 낮은 사람들을 상대로 집 시세의 거의 100% 수준으로 대출을 해주는 대신 금리가 높은 미국의 대출 프로그램이다. 수익률이 높기 때문에 헤지펀드나 세계의 여러 금융업체들이 막대한 금액을 투자했는데, 미국의 집값이 하락하면서 서브프라임 모기지 대출자들이 대출금을 상환하지 못하게 되었고, 결국 2007년 4월에 미국 2위의 서브프라임 모기지 회사가 부도 처리되었다. 이에 따라, 여기에 투자했던 미국을 비롯한 세계의 헤지펀드, 은행, 보험사 등이 연쇄적으로 붕괴하면서 결국 세계적인 심각한 경제위기로까지 확산된 사태.
17) 국제결제은행(BIS)이 정한 새로운 기준의 은행 자기자본비율. 기존에는 부도위험에 상관없이 100%의 위험가중치를 적용했으나 신BIS비율은 대출금의 위험 정도에 따라 가중치를 달리해 적용한다. 고객의 미래 신용 위험까지 반영돼 은행의 BIS비율을 떨어뜨리는 결과를 가져온다. 기존의 BIS비율은 8%였으나 신bis비율이 오히려 까다롭고 10퍼센트이상 요구하는 추세이다.

【연|습|문|제】

1. 화폐의 주요 기능과 화폐의 변천과정에 대하여 설명하시오.

2. 다음의 용어에 대하여 간단히 설명하시오

    1) 화폐

    2) 통화

    3) 금융

    4) 통화금융기관

    5) 비통화금융기관

3. 중앙은행의 기능에 대해 설명하시오.

4. 금융기관에 대한 규제방법에 대하여 설명하시오.

5. 금융기관에 대한 감독기관에 대하여 설명하시오.

제24장

통화의 공급과 수요

제1절 통화의 정의

화폐는 일상의 거래과정에서 일반적인 지불수단으로 받아들여지는 것이다. 이에 화폐는 현금만을 의미하는 것이 아니라 지불수단으로 받아들여지기만 하면 어떤 형태의 것이든 화폐라고 할 수 있다. 이렇게 경제활동에서 유통되는 화폐를 통화라 한다. 즉, 유통되고 있는 지불수단 및 구매수단으로써의 금융자산을 의미하는 것이 통화이다. 통화는 화폐(돈)를 포함한 각종 유가증권인 수표, 주식, 회사채, 국공채 등과 각종예금을 의미한다.

또한 학문적 정의로는 유동성(liquidity)을 달리하는 금융자산을 모아 총통화량을 산출하여 주요경제변수와의 상관관계가 크고 안정적인 것을 일컫는데 일반적으로 M_1, M_2; M_3 등이 있다. 여기에서 유동성이란 금융자산이 그 가치의 변동 없이 즉시 화폐(현금)로 전환시킬 수 있는 가능성 정도를 의미한다.

우리나라의 경우 M_1, M_2, M_3 등을 다음과 같이 정의하는데 이들의 정의는 시대에 따른 금융자산의 종류와 변화에 따라 바뀔 수 있다.

좁은 의미의 통화: $M_1 = C(현금) + DD(요구불예금)$

$\quad$ C: currency
$\quad$ DD: demand deposit[18]

넓은 의미의 통화: $M_2 = M_1 + TD +$ 국내거주자 외환예금

---

18) 예금자가 언제든지 찾아 쓸 수 있는 예금을 통틀어 이르는 말. 당좌 예금, 보통 예금 따위가 있다.

TD: 저축성예금(time deposit)

총통화: $M_3 = M_2 +$ 비통화금융기관예금 $+$ 금융채 $+ CD + RP$

CD: 양도성 예금증서(certificate of deposit)[19]
RP: 환매조건부채권(repurchase agreement)[20]

화폐나 수표는 그 자체가 현금이기 때문에 100%의 유동성을 가지고 있는 반면 수익성은 전혀 없다. 하지만 주식이나 각종 채권 등은 수익성은 있는 반면 유동성은 적다. 그런데 케인즈에 의하면 각 경제주체는 자기의 금융자산을 화폐형태로서 보유하기를 좋아한다는 것이다. 이를 유동성선호설(theory of liquidity preference)이라 한다. 따라서 유동성이 큰 금융자산을 소유할수록 이자를 포기해야한다는 것인데 이와 같이 유동성과 이자율의 관계를 그래프로 나타낸 것이 유동성곡선이며 〈**그림 24-1**〉처럼 모양을 하고 있다. 즉, 유동성과 이자율 또는 수익성과는 반비례관계를 갖는다는 것이다.

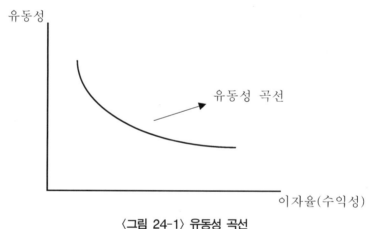

〈그림 24-1〉 유동성 곡선

---

19) 제3자에게 양도가 가능한 정기예금증서를 말한다. 기간은 30일 이상으로 1년이 넘는 것도 있으나 대개는 90일에서 180일이다. 양도성예금의 경우 중도에 해지가 불가능하며 만기일에 양도성예금증서를 은행에 제시하면 누구나 예금인출이 가능하다. 양도성예금증서의 경우 무기명이기에 간혹 돈세탁등으로 악용되는 경우도 있다.

20) 발행기관이 미리 약속한 조건(만기 금리 등)에 따라 되사기로 하고 판매하는 채권으로 채권을 보유한 금융기관이 채권 만기일전에 단기간 자금을 조달할 필요가 있을 때 이 채권을 환매채 형식으로 판다.

제2절 통화의 공급

2-1 기본개념 및 모형

통화의 공급량 즉, 통화(M)는 (식 24-1)과 같이 민간보유현금(C)과 금융기관의 예금(D)으로 구성된다. 여기에서 통화 M은 D가 무엇으로 구성되었느냐에 따라서 1절에서 정의한 M_1, M_2, M_3로 될 수 있다.

$$M = C + D \qquad\qquad (식\ 24\text{-}1)$$

$\qquad\qquad$ M: 통화
$\qquad\qquad$ C: 민간보유현금
$\qquad\qquad$ D: 금융기관의 예금

한편 중앙은행의 화폐발행(H: 본원통화 또는 고성능통화)은 (식 24-2)처럼 민간보유현금(C)과 예금은행의 지급준비금(R)으로 구성된다.

$$H = C + R \qquad\qquad (식\ 24\text{-}2)$$

M을 구하기 위해서 $\dfrac{(식\ 24-2)}{(식\ 24-1)}$ 를 하면 다음과 같다.

$$\frac{H}{M} = \frac{C+R}{M} = \frac{C}{M} + \frac{R}{M} \qquad\qquad (식\ 24\text{-}3)$$

$$\frac{R}{M} = \frac{R}{D} \cdot \frac{D}{M} = \frac{R}{D}\left(1 - \frac{C}{M}\right) \quad \because \frac{D}{M} + \frac{C}{M} = 1 \qquad\qquad (식\ 24\text{-}4)$$

(식 24-3)에 (식 24-4)를 대입하면 (식 24-5)가 된다.

$$\frac{H}{M} = \frac{C}{M} + \frac{R}{D}\left(1 - \frac{C}{M}\right) \qquad\qquad (식\ 24\text{-}5)$$

(식 24-5)에서 M을 구하면 다음과 같은 식이 된다.

$$M = \frac{H}{\dfrac{C}{M} + \dfrac{R}{D}\left(1 - \dfrac{C}{M}\right)} = mH \qquad\qquad\text{(식 24-6)}$$

여기에서 m을 통화승수라고 한다.

따라서 (식 24-6)을 간단하게 함수로 표현하면 $M = f(m, H);\ m = g\left(\dfrac{C}{M}, \dfrac{R}{D}\right)$. 즉, M은

H, $\dfrac{C}{M}$, $\dfrac{R}{D}$의 3요인에 의해서 결정된다는 것을 일 수 있다.

사실상 예금은행은 법정지급준비금 외에 초과준비금(R^*)을 보유하고 있는데 이것의 증가는 R의 증가와 같은 효과를 갖게 된다. 따라서 통화량에 미치는 요인들은 4가지라고 볼 수 있다.

이들 3요인들이 통화량(M)에 미치는 영향을 알아보기 위해서 각각에 대해 편미분을 하면 다음과 같다.

$$\frac{\partial M}{\partial H} = \frac{1}{\dfrac{C}{M} + \dfrac{R}{D}\left(1 - \dfrac{C}{M}\right)} > 0 \qquad\qquad\text{(식 24-7)}$$

(식 24-7)의 의미는 본원통화(H)의 증가는 통화의 공급(M)에 플러스(＋)의 효과를 준다는 의미이다.

$$\frac{\partial M}{\partial \left(\dfrac{C}{M}\right)} = \frac{-H\left(1 - \dfrac{R}{D}\right)}{\left[\dfrac{C}{M} + \dfrac{R}{D}\left(1 - \dfrac{C}{M}\right)\right]^2} < 0 \qquad\qquad\text{(식 24-8)}$$

(식 24-8)의 의미는 민간의 현금보유비율($\dfrac{C}{M}$)의 증가는 통화의 공급(M)에 마이너스(-)의 효과를 준다는 의미이다.

$$\frac{\partial M}{\partial \left(\dfrac{R}{D}\right)} = \frac{-H\left(1 - \dfrac{C}{M}\right)}{\left[\dfrac{C}{M} + \dfrac{R}{D}\left(1 - \dfrac{C}{M}\right)\right]^2} < 0 \qquad\qquad\text{(식 24-9)}$$

(식 24-9)의 의미는 지급준비율($\frac{R}{D}$)의 증가는 통화의 공급(M)에 마이너스(-)의 효과를 준다는 의미이다.

따라서 통화공급을 함수로 표시하면 $M = f(H, \frac{C}{M}, \frac{R}{D})$으로 표현되는데 M은 중앙은행의 화폐발행(H: 본원통화 또는 고성능통화)뿐만 아니라 지급준비율($\frac{R}{D}$) 및 민간의 현금보유비율($\frac{C}{M}$)에 결정되는 통화승수(m: money multiplier)에 의존한다.

2-2 본원통화의 공급

본원통화의 공급이란 위에서 설명했듯이 중앙은행의 화폐발행을 의미하는데 다음과 같이 크게 세 부문을 통하여 이루어진다.

첫째, 정부부문을 통한 본원통화의 공급이다. 중앙은행이 정부에 대하여 대출해주는 경우가 있고 정부가 중앙은행에 예치한 정부예금을 인출할 경우가 있다. 인출할 경우는 예컨대 정부지출의 경우이다. 왜냐면 정부의 모든 국고금의 수요와 공급은 중앙은행의 예금계정을 통하기 때문이다

둘째, 예금은행부문을 통한 본원통화의 공급이다. 중앙은행이 예금은행에 대출(재할인)해줄 경우가 있고 예금은행이 보유한 국공채를 매입하는 경우가 있다.

셋째, 해외부문을 통한 본원통화의 공급이다. 종합수지(경상수지+자본수지)의 개선으로 외화가 국내에 많이 유입될 때 그것을 중앙은행이 원화로 매입할 경우이다.

2-3 통화승수(m)의 변화

(1) 예금창출과정

민간부문의 현금보유비율($\frac{C}{M}$)이 0이고 지급준비율($\frac{R}{D}$)이 10%인 가상적인 경우를 예를 들어보기로 한다. 정부가 중앙은행으로부터 1000억 원을 대출 받아 공사대금으로 기업이나 개인에게 지불하면 기업이나 개인은 이를 모두 예금한다고 가정하자.

〈표 24-1〉 예금창출과정

은행 A의 대차대조표		(단위: 억 원)	
차 변		대 변	
대출	900	예금	1000
지급준비금	100		
합	1000		1000

은행 B의 대차대조표		(단위: 억 원)	
차 변		대 변	
대출	810	예금	900
지급준비금	90		
합	900		900

계속해서 〈표 24-1〉과 같은 방법으로 은행 C, 은행 D, … 등의 대차대조표가 나올 것이다. 결국 다음의 〈표 24-2〉와 같이 요약이 될 것이다.

〈표 24-2〉에서 증가한 통화량은 증가한 예금과 같은데 이것을 정리하면 다음과 같다.

$$\Delta M = \Delta D = 1000 + 1000(0.9) + 1000(0.9)^2 + \cdots + 1000(0.9)^\infty$$
$$= 1000(1 + 0.9 + 0.9^2 + 0.9^3 + \cdots + 0.9^\infty)$$
$$= 1000(\frac{1}{1-0.9}) = 1000 \times 10 = 10000 \qquad \text{(식 24-10)}$$

〈표 24-2〉 예금창출과정 요약

은 행	예금액	대출액	지급준비금
A	1000	900	100
B	900	810	90
C	810	729	81
·	·	·	·
·	·	·	·
·	·	·	·
합	10000	9000	1000

(식 24-10)의 내용으로 볼 때 정부가 처음 지출한 1000억 원의 10배인 1조 원(10000억 원)의 통화량이 증가했는데 이는 통화승수(m)가 10이라는 의미다.

(식 24-6)을 사용해도 같은 결과를 가져온다.

$$M = \frac{H}{\frac{C}{M} + \frac{R}{D}(1 - \frac{C}{M})} = mH \text{에서} \quad \frac{C}{M} = 0 \text{이므로} \quad M = \frac{1}{\frac{R}{D}} \cdot H \text{가 된다.}$$

따라서 $\Delta M = \dfrac{1}{\dfrac{R}{D}} \cdot \Delta H = \dfrac{1}{0.1} \times 1000 = 10000$이 된다.

만약 민간의 현금보유비율이나 지급준비율이 바뀌면 통화승수도 바뀌게 된다. 여기에서 $\dfrac{C}{M} = 0$일 때 통화승수=10인 것을 알 수 있다.

이러한 통화승수가 통화공급에 있어서 본원통화(H)의 몇 배를 증가시키기 때문에 H를 고성능통화라고도 한다.

(2) 통화승수(m)의 결정요인

통화승수의 식을 다시 한번 쓰면 $m = \dfrac{1}{\dfrac{C}{M} + \dfrac{R}{D}\left(1 - \dfrac{C}{M}\right)}$ 인데 결국 민간의 현금보유비율 $\left(\dfrac{C}{M}\right)$과 지급준비율 $\left(\dfrac{R}{D}\right)$ 두 변수에 의해서 결정된다.

민간의 현금보유비율을 늘일수록 예금이 감소하고 그에 따른 대출도 줄어든다. 따라서 감소함수이다. 위의 식에서도 민간의 현금보유비율($\dfrac{C}{M}$)을 증가시키면 분모가 커지므로 승수(m)는 작아진다. 한편 초과지급준비금은 법정지급준비금(R)과 같은 성격이기 때문에 이를 높이면 R의 증가 시와 마찬가지로 통화승수를 작게 한다. 즉, 초과지급준비율을 높일수록 대출과 그에 따른 파생적 예금이 줄어든다는 의미이다. 따라서 감소함수이다. 위의 식에서도 R이 커지면 승수(m)는 작아진다는 것을 알 수 있다.

제3절 통화의 수요

3-1 고전적 화폐수량설

(1) 거래수량설

피셔(Fisher)의 교환방정식이라고도 하는데 왜 사람들이 화폐를 지출하는가 하는 문제를 규명하는데 초점을 두고 있다. 시장 전체로 볼 때 (식 24-11)같은 식이 성립 할 것이다.

재화와 용역에 대한 총화폐지출은＝재화와 용역의 판매로부터 받은 총화폐수입

(식 24-11)

그런데 또한 (식 24-11)에서 좌변은 (식 24-12)처럼 표현될 수 있다.

좌변＝화폐공급×화폐의 평균회전율(화폐의 거래유통속도)　　　　(식 24-12)

또한 (식 24-11)에서 우변은 (식 24-13)처럼 표현될 수 있다.

우변＝거래의 평균가격×거래횟수　　　　　　　　　　　　　　(식 24-13)

이상을 간단한 식으로 표현하면 다음과 같은 (식 24-14)가 성립되는데 이를 피셔의 교환방정식이라고 한다.

$$MV = PT$$
(식 24-14)

M: 화폐공급(통화량)
V: 화폐의 거래유통속도
P: 거래의 평균가격(일반물가수준)
T: 거래횟수(거래량)

여기에서 어쩌면 PT는 GNP개념으로 해석될 수 있다. 이렇게 되면 $V = \dfrac{PT}{M}$ 로서 V는 일정 기간에 화폐 1단위가 주어진 소득(생산)을 위해 사용된 횟수를 의미한다고 볼 수 있다. V는 거래제도(예: 임금, 이자, 세금 등)와 지출습관 등에 따라 변하는데 거래제도와 지출습관은 단기간에는 거의 불변이므로 $V = \overline{V}$이다. 즉, V는 안정적이다.

또한 고전학파의 견해에 따라 생산은 항상 완전고용 상태에서 이루어지고 따라서 생산 및 거래량도 단기적으로 일정하다고 주장했다. 즉, $T = \overline{T}$인 것이다. 따라서 (식 24-14)를 다시 쓰면 (식 24-15)처럼 된다.

$$M\overline{V} = P\overline{T}$$
(식 24-15)

M의 변화는 P의 변화로 나타나게 되는데 이를 화폐의 중립성이라고 한다. 따라서 원래 이

이론은 통화량과 거래액 사이의 관계를 설명해주는 이론이었으나, 화폐공급이 중앙은행으로부터 외생적으로 주어지고 화폐공급과 화폐수요가 같게 되는 균형상태에서는 $M = M_d$가 되므로 $M_d = \dfrac{PT}{V}$ 로 표현된다. 이는 화폐수요는 거래액 또는 물가수준에 비례한다는 것을 보여준다.

여기에서는 화폐수요가 이자율과 어떤 관계가 있다는 것은 보여주지 않고 있다.

(2) 현금잔고수량설

마샬(Alfred Marshall)과 피구(A. C. Pigou)의 이론으로서 화폐는 거래의 용이성이나 확실성은 있으나 수익은 없고 채권 및 기타 금융자산은 이자와 같은 수익성이 있으므로 사람은 富(소득에 비례한다고 가정)의 일정부분을 화폐로 보유한다는 것이다. 즉, 소득의 일정부분을 현금으로 보유한다는 것이다. 이를 식으로 쓰면 (식 24-16)과 같은데 케임브리지학파에 의해 주장되었다 해서 케임브리지 방정식(Cambridge equation)이라고도 한다.

$$M_d = kPY \qquad\qquad\qquad \text{(식 24-16)}$$

> M_d: 화폐에 대한 수요(현금잔고)
> P: 물가수준
> Y: 실질소득
> k: 명목소득(PY)중에서 화폐로 보유하려는 비율(Marshallian k)

위의 식에서 만약 완전고용수준을 유지한다면 화폐수요(Md)는 명목소득(PY) 또는 실질소득(Y)이 변화가 없으므로 물가(P)에 비례하게 된다.

만약 $k = \dfrac{1}{V}$ 이라고 가정하면 케임브리지 방정식은 (식 24-17)과 같이 표현된다. 즉, 피셔의 교환방정식 $MV = PT$와 비슷한 모양이 된다.

$$MV = PY \qquad\qquad\qquad \text{(식 24-17)}$$

V는 일정 기간에 화폐 1단위가 주어진 소득(생산)을 위해 사용된 횟수를 의미한다.

거래수량설과 현금잔고수량설 두 이론의 차이를 〈**표 24-3**〉와 같이 요약해볼 수 있다.

〈표 24-3〉거래수량설과 현금잔고수량설의 차이

거래수량설	현금잔고수량설
거시적 접근으로 현재의 통화량과 거래규모간의 관계를 알아볼 수 있다	미시적 접근으로 화폐 및 기타자산의 선택관계를 알 수 있다.
화폐의 교환매개기능만 강조한다.	화폐의 가치저장기능도 함께 강조한다.
이자율과 화폐수요간에는 관계가 없음을 보여준다.	다른 금융자산의 수익률(이자율)이 변할 때 화폐의 보유비율이 변할 수 있으므로 이자율과 화폐수요는 영향이 있음을 간접적으로 보여준다.

3-2 케인즈의 화폐수요이론

일반적으로 사람들은 주식, 채권, 부동산, 예금 등 여러 형태의 자산을 섞어서 보유하는 경향이 있다. 즉, 자산선택(portfolio choice)의 문제에 직면해 있다. 화폐에 대한 수요는 기본적으로 이 자산선택의 문제라는 틀 안에서 발생하는 현상인 것이다.

사람들이 구태여 아무 수익도 없는 화폐를 보유하려는 이유는 무엇인가? 여기에는 세 가지 동기가 있는데 거래적 동기(transaction motive)에 의한 화폐수요, 예비적 동기(precautionary motive)에 의한 화폐수요, 투기적 동기(speculative motive)에 의한 화폐수요이다.

(1) 거래적 동기

개인과 기업의 일상생활에서의 상거래나 업무를 원활하게 수행하기 위해서 화폐를 보유하는 것으로 소득의 크기에 비례한다. 이것을 식으로 쓰면 다음과 같다.

$$M_t^d = f(Y), \quad \frac{dM_t^d}{dY} > 0 \qquad \text{(식 24-18)}$$

즉, $M_t^d = kY$인데 $Y =$ 명목소득, $k =$ 일정비율, $0 < k < 1$이다.

(2) 예비적 동기

미래의 예상치 못한 필요에 대비하기 위해 화폐를 보유하는 것으로 일정액으로 한다.

$$M\,_p^d = 상수 \qquad\qquad\qquad (식\ 24\text{-}19)$$

이상의 두 동기의 합(거래적 동기＋예비적 동기)을 활동성 현금수요(demand for active balance)라고 하며 (식 24-20)처럼 쓸 수 있다.

$$M\,_a^d = M\,_t^d + M\,_p^d = M\,_p^d + kY \approx k(Y) \qquad\qquad (식\ 24\text{-}20)$$

위의 식을 단일 수요곡선으로 표시하면 〈**그림 24-2**〉와 같다.

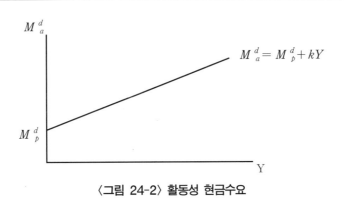

〈그림 24-2〉 활동성 현금수요

(3) 투기적 동기

사람들은 주식이나 채권 같은 유가증권의 매매차익을 얻기 위해서 화폐를 보유한다. 그런데 그와 같은 행동은 주로 이자율의 크기에 의해 결정된다는 것으로 케인즈의 화폐수요이론에서 핵심이 된다. 이것을 식으로 쓰면 (식 24-21)과 같이 되는데 이자율과 부(-)의 함수로 표시된다.

$$M\,_s^d = h(r), \qquad \frac{d\,M\,_s^d}{dr} < 0 \qquad\qquad (식\ 24\text{-}21)$$

이상의 세 가지 동기의 화폐수요를 합하면 총화폐수요가 되는데 (식 24-22)와 같이 된다. 여기에서 화폐의 수요를 실질개념으로 바꾸면 (식 24-22)′가 된다.

$$M^d = M^d_p + M^d_t + M^d_s = M^d_p + kY + h(r)$$ (식 24-22)

$$\frac{M^d}{P} = f(Y, r) \approx k(Y) + h(r)$$ (식 24-22)′

따라서 화폐의 수요를 간략하게 함수화하면 (식 24-23)과 같이 되는데 소득과는 정(+)의 함수고 이자율과는 부(-)의 함수이라는 것을 알 수 있다.

$$\frac{M^d}{P} = f(\underset{+}{Y}, \ \underset{-}{r})$$ (식 24-23)

3-3 프리드만(Friedman)의 신화폐수량설

프리드만은 화폐를 일종의 상품으로 취급하였다. 예를 들어 사과의 수요는 수요자의 사과에 대한 효용(utility)과 소득 그리고 기회비용 등에 의해서 결정될 것이다. 이러한 내용을 식으로 쓰면 다음과 같다.

$$A^d = f(U, \ Y, \ OC)$$ (식 24-24)

A^d: 사과의 수요
U: 효용(utility)
Y: 소득
OC: 기회비용(opportunity cost)

화폐의 수요도 사과와 마찬가지로 생각하면 다음과 같이 함수화 할 수 있다.

$$M^d = f(U, \ Y, \ CHM)$$ (식 24-25)

여기에서 U는 첫째로 예기치 못한 비상사태에 대한 준비 또는 계속적인 지출을 위한 매체의 역할로 개인적인 효용을 의미하고, 둘째로 기업의 효용을 의미하는데 기업은 운영자금 보유로 이윤발생기회를 놓치지 않을 수 있기 때문이다.

　　한편 화폐를 사치재로 보았기 때문에 소득에 대하여 화폐수요가 탄력성이 크다. 즉, 소득탄력성이 크다.

　　마지막으로 *CHM*(cost of holding money)은 화폐보유의 기회비용을 의미하는 것으로 첫째로 화폐를 보유하면 채권 또는 주식으로부터의 수익성이 없음을 의미하고, 둘째로 인플레이션으로 인한 화폐의 구매력상실을 의미하는데 높은 물가상승하에서는 화폐보유를 줄이게 된다.

　　이상을 종합할 때 Friedman의 화폐수요를 실질화폐수요로 나타낼 때 (식 24-26)과 같다. 변수 아래에 쓰인 부호는 각각 정(+) 또는 부(-)의 관계를 표기한 것이다.

$$\frac{M^d}{P} = f(\underset{-}{r_b}, \ \underset{-}{r_e}, \ \underset{-}{\dot{P}}, \ \underset{+}{\frac{HW}{NHW}}, \ \underset{+}{y}, \ \underset{?}{\mu}) \tag{식 24-26}$$

r_b: 채권수익률
r_e: 주식수익률
$\dot{P}$: 시간의 흐름에 대한 물가수준의 변화율
HW: 인적자산(human wealth)
NHW: 비인적자산(non-human wealth)
$y = \frac{Y}{P}$: 실질소득(항상소득 개념)
μ: 자산소유자의 기호와 선호

위의 식을 간단하게 정리하면 (식 24-27)과 같이 쓸 수 있다.

$$\frac{M^d}{P} = f(r, \ y_p, \ \dot{P}) \tag{식 24-27}$$

r : $r_b, \ r_e$.
y_p: 항상소득 $= y + \dfrac{HW}{NHW}$

　　여기에서 항상소득(permanent Income)이란 소득 가운데 월급과 같이 고정적인 소득을 항상소득이라고 하고, 해마다 소득금액이 다른 소득을 변동소득이라고 한다.

　　단기일 때는 물가수준의 변화율 ($\dot{P}$)은 무시해도 되고 μ와 P는 안정적이다. 따라서 $\dfrac{M^d}{P} = f(r, y_p)$로 간략화 할 수 있다. 이는 케인즈의 화폐수요함수와 동일한 모양이나 내용으로 들어가면 케인즈의 화폐수요함수와 다른 점이 있다.

첫째, 이자율이나 다른 자산의 수익률이 오를 경우 예금이자율도 상승하여(은행이 대출자금을 확보하기 위하여 예금금리를 올리기 때문) 화폐보유의 기회비용은 일정하게 유지되기 때문에 이자율변동이 화폐수요에 크게 영향을 미치지 못하게 된다. 따라서 화폐수요가 이자율에 대해서 안정적이다.

둘째, 경기변동으로 인한 단기적인 소득의 변화는 화폐수요에 큰 영향을 미치지 못한다. 따라서 항상소득이 아니고 일반소득의 영향을 받는 다른 화폐수요함수보다 안정적이다.

셋째, 따라서 화폐수요함수를 $\frac{M^d}{P} = f(y_b)$ 처럼 더 간략화 할 수 있다. 이와 같이 화폐의 수요가 안정적이라면 균형(화폐공급=화폐수요)에서 화폐의 유통속도도 안정적이고 따라서 예측이 가능할 것으로 보인다. 즉, $V = \frac{PY}{M} = \frac{Y}{f(Y_b)}$ 에서 $f(Y_b)$ 가 안정적이므로 V 도 안정적이다.

넷째, 호황일 때 V 가 크다. 왜냐면 호황일 때 일반소득이 많이 증가하고 이는 항상소득을 조금 상승시켜서 V 를 증가시킨다. 반면 경기불황일 때는 V 가 작다. 왜냐면 불황은 일반소득을 많이 감소시키고 항상소득을 약간 감소시켜서 V 가 작아진다. 즉, 이러한 이유는 이자율 변동을 통해서가 아니다.

제4절 이자율의 결정

4-1 유동성 선호이론

케인즈는 화폐의 수요는 (식 24-22)′과 같이 크게 소득의 함수와 이자율의 함수로 구성된다고 하였다.

$$\frac{M^d}{P} = f(Y, \ r) \approx k(Y) + h(r) \qquad \text{(식 24-22)′}$$

〈그림 24-3〉은 정부당국에 의해 주어진 화폐공급곡선과 케인즈의 유동성선호설에 입각한 화폐수요곡선을 나타내는데 이들이 만나는 점에서 균형이자율이 결정되는 것을 보여주고 있다. 여기에서 화폐공급곡선이 수직인 것으로 가정한 것은 화폐공급이 외생적으로 주어졌다는 것을 의미하며 화폐수요곡선이 우하향 한다는 것은 이자율과 투기적 동기의 화폐수요는 반비

례한다는 것을 보여주고 있다. 또한 소득이 커질수록 거래적 동기의 화폐수요가 많아지므로 화폐수요곡선은 Y축으로부터 멀어질 것이다. 만약 화폐공급이 외생적으로 증가하면 이자율이 낮아지고 이는 투자와 소득수준에 영향을 미치게 되므로 화폐시장과 재화시장이 상호 밀접하게 연관되었다는 것을 보여주고 있다. 어쨌든 화폐공급곡선과 화폐수요곡선이 그림과 같이 이동하게 되면 균형이자율이 변한다는 것을 알 수 있다.

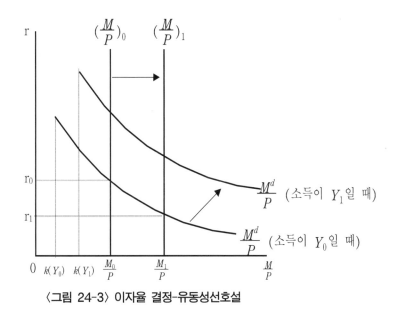

〈그림 24-3〉 이자율 결정-유동성선호설

4-2 대부자금설

대부자금설(loanable funds theory)은 고전학파의 이자율 결정이론으로 이자율을 대부자금의 가격으로 보아 다른 상품가격의 결정과 같이 대부자금의 총수요와 총공급에 의하여 결정된다고 본다. 대부자금의 수요측면으로는 기업의 투자수요와 민간의 소비수요가 있다. 대부자금의 공급측면으로는 저축이 있다.

대부자금의 수요를 구성하는 투자수요나 소비수요는 모두 이자율의 감소함수이다. 따라서 대부자금에 대한 수요곡선은 〈**그림 24-4**〉의 I 처럼 우하향한다. 한편 대부자금의 공급 즉, 민간저축은 이자율의 증가함수이다. 따라서 대부자금의 공급곡선은 〈**그림 24-4**〉의 S처럼 우상향한다. 균형이자율은 이 두 곡선이 만나는 점에서 re로 결정된다.

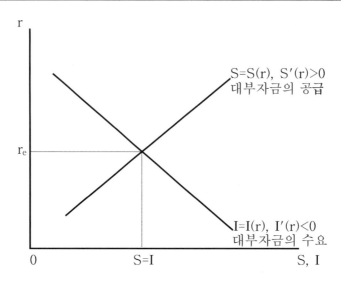

〈그림 24-4〉 이자율 결정-대부자금설

【연│습│문│제】

1. 통화지표인 M_1, M_2, M_3에 대하여 설명하시오.

2. 본원통화의 공급경로를 설명하시오.

3. 케인즈의 화폐수요이론에서 거래적동기·예비적동기·투기적동기에 대하여 설명하시오.

4. 프리드만의 신화폐수량설에 대하여 설명하시오.

5. 케인즈의 유동성선호설에 의한 이자율결정을 그래프로 설명하시오.

정부는 산타클로스가 아니다

경제가 어려울 때면 정부에 경기 부양책을 요구하는 목소리가 높아진다. 정치인들은 일자리 창출을 위해 대규모 정부 사업을 벌이자고 요구하고, 산업계는 일자리 보호를 위한 정부의 지원을 호소한다.

적극적 재정 지출이 불황 타개에 효과적이라는 근거로 경제학자들은 정부지출승수란 개념을 자주 사용한다. 정부 지출 대비 국민총소득의 증가를 일컫는 개념이다. 예를 들어 정부가 1억 원을 추가로 지출한 결과 국민총소득이 2억 원 증가하면 정부지출승수는 2가 된다. 정부지출승수가 1보다 클 수 있는 이유는, 정부가 사업을 벌이면 여기에 고용되는 노동자들이 소득을 올려 소비를 늘리게 되고, 이것이 다시 다른 가계의 소득이 되는 과정이 반복되면서 돈이 여러 차례 돌아 정부가 애초 집행한 액수보다 국민총소득이 더 증가하기 때문이다.

많은 경제학 교과서가 정부지출승수가 1보다 큰 것이 당연한 듯 기술하고 있다. 하지만 꼭 그런 것은 아니다. 정부 지출 증가가 불황 타개에 별 도움이 되지 않는 경우가 적지 않다. 작년 가을 미국 카네기멜론 대학에서는 금융위기 타개를 위한 재정 정책 연구 학술대회가 열렸다. 국제통화기금(IMF)의 한 경제학자는 자신이 계산한 각국의 정부지출승수를 제시하며, "여러 나라가 동시에 지출을 늘리면 그 효과를 더욱 극대화할 수 있다"고 주장했다.

그러자 이런 질문이 나왔다. "당신 주장대로 일본의 정부지출승수가 1보다 훨씬 크다면, 일본

정부가 그간 막대한 규모의 정부 지출을 집행했음에도 불구하고 왜 장기 불황에서 벗어나지 못했는가? 거꾸로 일본 정부가 불황 타개를 위한 추가 정부 지출을 전혀 하지 않았다고 가정하자. 그렇다면 그동안 이들 공사에 지출한 금액에 정부지출승수를 곱한 후 현재 일본의 GDP에서 빼야 한다. 이 계산대로라면 일본은 지금 한국보다 못사는 나라가 돼야 한다. 과연 그럴까?" 일본 정부가 그 돈을 쓰지 않았다면 오늘날 일본 GDP가 정말로 반 토막이 돼버렸을까? 정부 지출을 늘린다고 GDP가 늘 쉽게 증가하는 것은 아닌 것이다.

비록 정부 지출의 증가로 인해 통계상의 GDP가 늘어난다 하더라도 후생 측면에서는 여전히 같은 돈을 내가 직접 쓰는 것만 못하다. 예를 들어 내가 지금 당장 20만 원이 생긴다면 아이들 학원비로 쓰고 싶은데, 정부는 불황 타개를 위해 동네 큰길 보도블록을 교체한다. 좋은 일이긴 하지만 여전히 내가 사고픈 물건을 사는 것만큼 기쁘지는 않다.

정부 지출을 통한 경기 부양의 성공사례로 회자되는 미국 테네시강 유역 토목공사(일명 뉴딜 정책)에 관해서도 경제학자들의 최근 평가는 인색한 편이다. 우선 토목공사를 통한 일자리 창출이 저임금 미숙련 노동에 집중돼 그다지 양질의 일자리를 제공하지 못했다. 그 규모 또한 미국 경제에 비해 크지 않아 대공황 극복에 결정적 공헌을 했다고 보기에 다소 무리가 있다. 이를 본떠 당시 시행된 지방 정부의 각종 공사 역시 경제적 타당성보다는 정치적 고려에 의해 결정됐다

는 비판이 꾸준히 제기돼왔다.

감세(減稅)를 통한 재정 정책도 총수요를 진작시키는 데 그다지 큰 효과를 보지 못한다. 최근 사례를 보자. 미국의 경우, 2001년과 2008년 두 차례에 걸쳐 경기 부양을 위해 세금을 환급해줬다. 부시 대통령이 TV에 나와 지금 세금 환급금이 우송되었으니 집집마다 우편함을 열어보고 쇼핑하러 가라고 했다. 마치 선심이라도 쓰는 것처럼 들린다. 이 세금 환급금이 실제로 어떻게 지출되었는지에 대해 최근 연구 결과가 나왔다. 약 50%의 가계가 저축을 했고, 25%가 빚 갚은 데 썼고, 25%의 가계만이 소비에 사용했다고 한다. 많은 가계가 정부의 의도와는 달리 소비를 늘리지 않았던 것이다.

가계나 기업에 돈을 돌려주는 감세정책은 경제 주체들이 원하는 곳에 돈을 쓸 수 있다는 측면에서 정부가 직접 지출하는 것보다 자원 배분의 효율성을 높인다는 장점이 있다. 하지만 정부 지출 규모의 축소가 동반되지 않은 일시적인 감세로는 소비의 증대를 기대하기 어렵다.

이렇게 일시적인 감세정책이 소비 증가로 바로 이어지지 않는 현상을 리카도의 '항등성 정리(Ricardian Equivalence)'라고 부른다. 이라크와 아프가니스탄에서 전쟁이 계속되고 각종 재정지출이 줄어들 기미가 보이지 않는 상황에서, 오늘 세금을 내린다 해도 경제주체들은 정부가 재정적자를 보전하기 위해 어차피 세금을 다시 인상할 것으로 예상해 소비를 늘리는 것이 아니라 저축을 하는 것이다. 정부가 무능한 것이 아니라 미래에 늘어날 세금 부담을 민간 부문이 인식하고 있을 따름이다.

정부는 산타클로스가 아니다. 사업의 혜택은 큰 소리로 이야기하지만 그 비용을 자세히 설명해주는 정치인은 드물다. 정부 지출 증가로 발생한 재정적자는 언젠가는 세금을 더 걷거나 새로 돈을 찍어 충당해야 한다. 화폐 발행은 인플레이션의 위험을 증가시키고, 재정 적자를 이월시키는 것은 결국 다음 세대의 돈을 빌려 지금 소비하는 것과 다름없다. 당장 GDP를 올리기 위해 집행하는 사업들이 우리 자녀들에게 더 큰 세금을 부담시킬 가치가 있는지 생각해 봐야 할 것이다.

출처: 장용성 연세대 언더우드 특훈교수(美 로체스터대 교수), 『조선일보』, "Weekly BIZ-'칼럼 inside'" 2010. 8. 14.

금융 바로세우기

대주주비리와 금감원 낙하산 감사의 유착, 분식회계 및 부실대출로 수십조 원이 넘는 대형금융사고를 저지른 저축은행 사태에 대한 진단과 대책이 오리무중이다. 이런 가운데 노후자금과 생활자금의 대부분을 날린 서민들의 피눈물을 닦아 줄 의무가 있는 국회는 증인채택의 샅바싸움으로 책임을 방기하고 있다. 오늘날 우리 사회의 가장 큰 문제인 경제양극화를 가져온 IMF 외환위기나 수년전 세계를 위기로 몰고 간 미국의 서브프라임모기지 사태도 따지고 보면 금융이 저지른 대형 사고다.

선한 영향력과는 거리 먼 금융

금융이 무엇이기에 서민들을 이토록 괴롭힌단 말인가. 원래 금융은 생산활동을 하는 사람(차주)에게 여유자금이 있는 사람(대주)이 돈을 빌려줌으로써 생산가능영역을 최대한 확대해 소비자와 생산자 모두가 더 큰 효용을 얻게 하고, 차주가 대주에게는 그 대가로 이자를 지급해 모두가 원원하는 매우 큰 순기능을 하는 제도이다.

그렇게 돈이 돌아 국민경제 전체에 피를 통해 온몸에 영양분이 골고루 전파되듯이, 자원배분이 효율적으로 되게 하는 것이 바로 금융인데, 동맥경화증처럼 혈관이 막히거나 당뇨병처럼 피가 온몸 모세혈관에 퍼지지 않거나 패혈증처럼 피속에 세균이 침투하면 치명적이듯이, 금융이 탐욕이나 비리로 고장이 나면 국민경제가 절단이 나는 것이다. 2008년 글로벌 금융위기를 겪은 선진국들은 금융을 바로 세우기 위해 금융감독시스템을 총체적으로 개혁할 뿐 아니라 금융소비자청을 신설해 소비자보호에 새 지평을 열고 있다. 나아가 월가는 반성을 통해 금융의 본 기능을 살리기 위해 세상을 변화시키기 위한 새로운 미션인 임팩트금융에 눈을 돌리고 있다.

임팩트금융이란 재무적 수익을 넘어 사회혁신에 선한 영향력을 주는 것을 목표로 하는 금융을 말하는데, 이는 지구상에 존재하는 모든 경제사회문제들은 선한 사회적 미션을 갖고 접근하는 기업가들의 아이디어와 이를 뒷받침하는 금융의 역할로 충분히 해결할 수 있다는 철학으로 무장한 착한 금융이다.

하지만 임팩트금융이 자선에만 초점을 맞추는 기부금융은 아니고, 장기적으로 문제 국가(저개발국)나 사회가 스스로 문제를 해결할 능력을 갖추도록 촉매제 역할을 하는 것이기 때문에, 시장친화적이고 금융의 본연의 기능에 충실한 것으로서 원금보전은 물론 재무적 수익을 넘어 비금전적 사회적 수익을 동시에 달성하는 것이다.

때문에 월가의 대표적 투자은행인 J. P. 모건의 글로벌 리서치 책임자인 오도노휴는 임팩트금융이 그 목표와 대상으로 인해 충분히 새로운 투자대상으로서 각광을 받을 수 있다고 강조한다. 임팩트금융의 성공사례는 무수히 많다. 미국의 CDFI(지역개발금융기관)나 영국의 녹색금융 같은 선진국 모델 등은 수많은 사례들이다. 월가의 투자은행과 록펠러재단 등 비영리기구들은 앞으로 임팩트금융이 세상을 변화시키는 투자대상으로 인식돼 수십조 달러가 몰리면서 엄

청난 각광을 받을 것이라고 예측하고 있다.

그런데 우리는 어떠한가. 금융의 4대 천왕이라고 불리는 자금력 막강한 금융지주사를 비롯해서 증권사, 보험사, 카드사, 저축은행, 심지어 대부업까지 과연 이들이 한국사회의 문제를 해결하기 위해 어떤 선한 영향력을 미치고 있는가? 오히려 이들로 인해 정경유착과 지배구조의 비민주화, 가계부채의 급증, 신용불량자 양산, 도덕적 해이와 비리의 창궐, 예금자 파산, 국민 혈세 낭비 등의 문제가 더 생긴 것은 아닌지 되돌아보아야 한다.

그들만의 한심한 리그 벗어나야

이제 우리도 금융산업이 자기 배만 두드리는 그들만의 리그를 버리고, 국민 속으로 뛰어들어 우리 사회의 무수한 문제들을 해결하기 위해 부정적 이미지를 버리고 환골탈태하는 임팩트금융의 정신을 경영에 접목시켜야 한다. 이를 위해 청와대부터 금융에 대한 새로운 철학을 정립하고 금융을 바로세우는 정책에 매진해야 한다.

출처: 권영준 교수(경희대 경영학과), 『한국일보』, "아침을 열며", 2011. 7. 24)

제10편
총수요 · 총공급이론 및 안정화정책

제25장 총수요 및 총공급 이론

제26장 거시경제의 일반균형과 경제정책의 효과

제27장 인플레이션과 실업

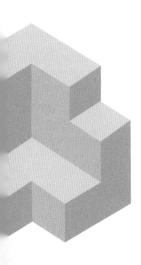

총수요 및 총공급 이론

본 장에서는 고전학파와 케인즈학파의 접근방법에 기초한 거시경제의 기본모형, 즉 총공급 곡선과 총수요곡선을 유도하기로 한다. 결국 두 학파의 차이점을 이해하여 이를 바탕으로 제 26장에서 다룰 경제정책의 효과를 알아보기 위한 것이다.

제1절 총공급곡선의 도출

총공급곡선의 도출을 위하여 두 가지 개념이 이용되는데 생산함수와 노동시장의 균형이다. 즉, 노동시장에서 결정된 노동량이 생산함수에서 총생산 또는 총공급을 결정한다는 것이다.

1-1 생산함수

생산함수(production function)란 생산되는 생산물(products)과 그 생산물을 생산하는 데 소요되는 생산요소(production factors)의 관계를 말한다. 거시경제학에서는 국민경제 가 생산한 총생산을 국민소득 또는 GNP라고 하며 이러한 내용은 이미 제18장에서 다룬 바가 있다. 또한 생산함수와 그에 대한 그래프도 이미 제7장에서 간단하게 다룬 바가 있지만 여기 에서 한 번 더 설명해보기로 한다.

노동(L)을 제외한 다른 생산요소는 단기적으로 고정되었다고 가정하면 생산함수를 아래와 같이 쓸 수 있을 것이며, 생산요소를 노동과 자본으로 보편화 내지 단순화하면 (식 25-1)처럼 표현될 것이다.

$$Y^S = F(L, \ \overline{K}, \ \overline{l}, \ \overline{T})$$

$$Y^S = F(L, \ \overline{K}) \hspace{4cm} \text{(식 25-1)}$$

여기서 K는 자본, l은 토지, T는 기술을 의미하고 위에 붙인 바(bar)는 고정됨을 의미한다. 따라서 총생산은 단기적으로 오로지 노동에 의해 결정된다는 것을 의미한다. 이를 그래프로 나타내면 〈**그림 25-1**〉과 같은데 노동시장에서 균형노동량이 L_E로 결정되면 총생산(GNP)은 Y_E로 결정된다는 것이다.

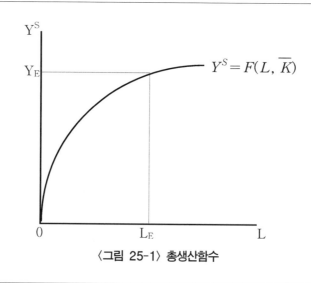

〈그림 25-1〉 총생산함수

1-2 **노동시장**

(1) 노동의 수요

노동의 수요는 기업에 의해서 이루어지는데 고전학파와 케인즈학파 모두 노동의 수요는 현실물가를 기초로 한 실질임금 ($\frac{W}{P}$)의 함수라고 하였다. 즉, 기업은 고용량을 결정할 때 현실물가를 정확히 인지하여 그를 반영한 실질임금수준을 고려한다는 것이다. 이를 식으로 쓰면 (식 25-2)와 같으며, 노동의 수요는 실질임금에 반비례함을 보여준다.

$$L^D = L^D\left(\frac{W}{P}\right), \quad L^{D'} < 0 \qquad \text{(식 25-2)}$$

이를 그래프로 나타내면 〈**그림 25-2**〉와 같다. (a)는 Y축에 명목임금을 표시한 것이고 (b)는 Y축에 실질임금을 표시한 것이다. 이렇게 구분한 이유는 물가와 명목임금이 변할 때 노동량이 어떻게 변하는지를 알아보기 위한 것이다. (a)에서 명목임금이 W_0에서 W_1으로 떨어지면 노동의 수요는 L^D_0선상의 점 A에서 B로 이동하게 되어 결국 L_0에서 L_1으로 증가한다. 한편 임금은 W_0로 변화가 없을 때 물가(P)만 상승할 경우 노동의 수요는 점 A에서 C로 이동하여 결국 L_0가 L_2로 증가함을 보여준다. 이는 물가가 상승함에 따라 실질임금이 하락해서 고용을 더 한다는 것을 의미한다. 즉, 물가가 상승하면 수요곡선이 L^D_0에서 L^D_1으로 이동함을 나타낸다.

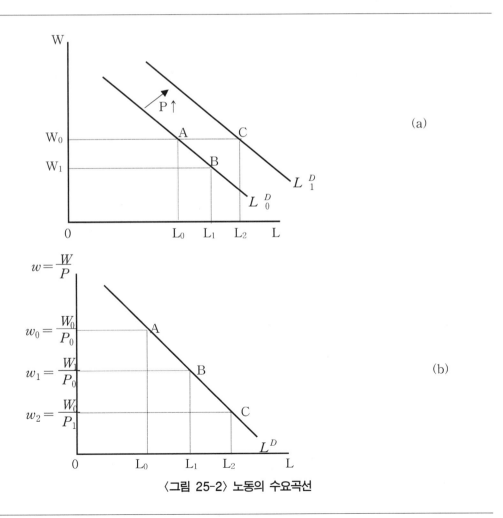

〈**그림 25-2**〉 노동의 수요곡선

한편 (b)에서는 물가는 변화 없고 명목임금만 W_0에서 W_1으로 하락하면 실질임금이 w_0에서 w_1으로 하락하여 노동의 수요가 점 A에서 B로 이동하여 결국 L_0가 L_1으로 증가함을 보여주고 또한 명목임금은 W_0로 변화가 없을 때 물가만 P_0에서 P_1으로 상승하면 실질임금이 w_0에서 w_2로 하락하는 것을 보여준다. 그래서 노동의 수요는 점 A에서 C로 이동하게 되고 결국 L_0가 L_2로 증가함을 보여주고 있다.

(2) 노동의 공급

노동의 공급은 가계(노동자)에 의해서 이루어지는데 고전학파와 케인즈학파 간에 이견이 있다. 고전학파에 의하면 노동의 공급도 노동의 수요와 같이 실질임금 $(\frac{W}{P})$의 함수라 한다. 즉, 노동자는 현실물가를 기초로 해서 그의 의사결정을 한다고 주장했다. 반면에 케인즈학파에 의하면 노동자는 현실물가를 기초로 해서 의사결정을 하는 것이 아니라 그가 예상하고 있는 예상물가(PE)를 기초로 한 실질임금 $(\frac{W}{P^E})$에 의해서 의사결정을 한다는 것이다. 그런데 노동자의 예측은 기업가에 비해 상대적으로 부정확하다. 왜냐면 기업가는 노동자에 비해 보다 많고 확실한 정보를 쉽게 얻을 수 있기 때문이다. 극단적인 예로 노동자는 전혀 변화(물가의 변화)를 예상치 못할 수도 있다는 것이다.

(식 25-3)과 (식 25-4)는 각각 고전학파와 케인즈학파의 노동의 공급함수이다.

$$L^S = L^S\left(\frac{W}{P}\right), \quad L^{S'} > 0 \qquad\qquad \text{(식 25-3)}$$

$$L^S = L^S\left(\frac{W}{P^E}\right), \quad L^{S'} > 0 \qquad\qquad \text{(식 25-4)}$$

여기에서는 〈**그림 25-3**〉을 통하여 케인즈학파가 주장하는 노동의 공급곡선에 대해서만 알아보기로 한다. 왜냐하면 근본적으로 우상향하는 그래프의 모양은 동일하기 때문이다. (a)에서 점 A가 B로 이동해서 노동량이 L_0에서 L_1으로 증가하는 이유는 동일한 명목임금하에서 예상물가(P_E)가 하락하면 예상실질임금이 상승하여 노동의 공급곡선이 우측으로 이동하기 때문이다. 노동의 공급곡선이 L_F에서 수직인 이유는 노동공급의 한계성 때문이다. 한편 (b)에서는 동일한 명목임금 W_0하에서 예상물가가 P_0에서 P_1으로 하락하면 실질임금이 상승하여 노동의 공급이 L_0에서 L_1으로 증가함을 보여주고 있다.

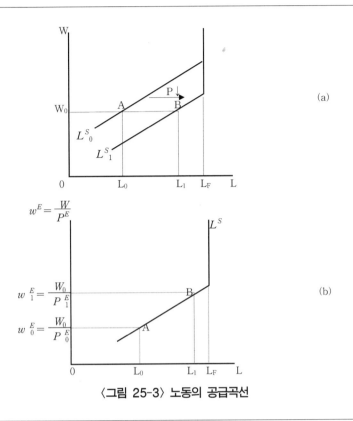

〈그림 25-3〉 노동의 공급곡선

(3) 노동시장의 균형

노동시장의 균형이란 노동의 공급과 노동의 수요가 일치함을 의미하는 것으로 우선 케인즈 학파가 주장하는 모형은 (식 25-5)와 같다.

$$L^D = L^S \text{ 또는 } L^D\!\left(\frac{W}{P}\right) = L^S\!\left(\frac{W}{P^E}\right) \text{ 또는 } L^D(w) = L^S(w^e) \qquad \text{(식 25-5)}$$

(식 25-5)에서 보듯이 균형노동량과 임금의 변화는 물가(P)나 예상물가(P_E)에 의해서 결정됨을 알 수 있다.

한편 고전학파가 생각하는 노동시장의 균형은 (식 25-5)′와 같이 예상물가를 고려하지 않은 형태이다.

$$L^D = L^S \text{ 또는 } L^D\!\left(\frac{W}{P}\right) = L^S\!\left(\frac{W}{P}\right) \text{ 또는 } L^D(w) = L^S(w) \qquad \text{(식 25-5)′}$$

〈**그림 25-4**〉에서는 노동의 수요곡선과 노동의 공급곡선이 교차하는 곳에서 균형노동량과 균형임금이 결정된다는 것을 알 수 있다. 이렇게 결정된 노동량은 결국 단기적으로 다른 생산요소의 변화가 없다는 가정하에 총공급을 결정하게 된다.

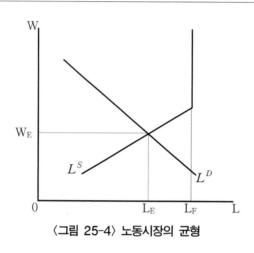

〈그림 25-4〉 노동시장의 균형

1-3 총공급곡선 도출

단기적으로 총공급량은 노동에 의해서 결정되고 균형노동량은 노동시장에서 결정된다는 것을 알았다. 그런데 고전학파의 이론대로라면 노동시장에서의 균형노동량은 물가만 반영되어 정해진 것이고, 반면에 케인즈학파의 주장대로라면 균형노동량은 물가와 예상물가가 모두 관련되어있다는 것이다.

따라서 총공급곡선도 두 학파의 주장에 따라 다르게 나타나는데 고전학파는 총공급곡선이 물가와 균형노동량에 의해, 그리고 케인즈학파는 총공급곡선이 물가와 예상물가 그리고 균형노동량에 의해 정해진다는 것이다.

(1) 고전학파의 총공급곡선

〈**그림 25-5**〉는 고전학파의 주장에 의한 총공급곡선의 도출을 설명한 그림이다. (a)는 노동시장의 균형을 보여주는 것으로 물가가 상승할 때 노동의 수요와 노동의 공급이 어떻게 움직여서 새로운 균형을 갖게 되는가를 보여준다. 고전학파에 의하면 노동자나 기업은 모두 노동공급량이나 노동수요량을 결정할 때 예상물가(P_E)가 아닌 현실물가(P)를 고려하는 것으로 하

였다. 즉, 노동자나 기업은 모두 정확히 물가를 예측해서 행동한다는 것이다. 따라서 물가가 상승하면 실질임금이 하락하기 때문에 노동의 공급곡선이 좌측으로 이동하고, 반면 노동의 수요곡선은 우측으로 이동하는데 이들의 이동폭이 같아서 결국 균형노동은 L_0로 변화가 없고 명목임금만 W_1으로 상승한다. (b)는 생산함수를 보여주는데 (a)에서 결정된 노동량이 변화가 없는 것으로 나타났기 때문에 노동의 함수인 총공급 또는 총생산(GNP)도 Y_0로 변화가 없다. (c)를 통한 (d)를 볼 때, 결국 물가가 P_0에서 P_1으로 상승해도 총공급은 Y_0로 변화가 없기 때문에 총공급곡선은 수직일 수밖에 없다.

따라서 고전학파의 주장대로 통화정책은 물가에만 영향을 주고 물가의 변동은 실물경제에 아무런 영향을 미치지 못한다는 것이다.

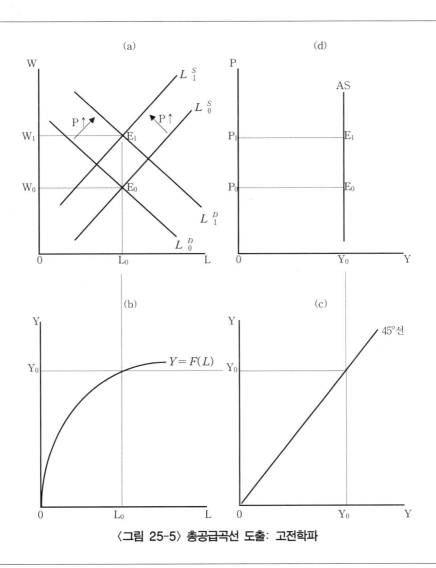

〈그림 25-5〉 총공급곡선 도출: 고전학파

(2) 케인즈학파의 총공급곡선

〈**그림 25-6**〉은 케인즈학파의 주장에 의한 총공급곡선의 도출을 설명한 그림이다. (a)는 노동시장의 균형을 보여주는 것으로 물가가 상승할 때 노동의 수요와 노동의 공급이 어떻게 움직여서 새로운 균형을 갖게 되는가를 보여준다. 케인즈학파에 의하면 노동자의 물가에 대한 예상은 화폐환상(money illusion)[21]으로 인해 완전하지 못한 반면, 기업의 물가예상은 현실적이다. 따라서 노동의 공급은 예상물가(P_E)에 의해 결정되고 노동의 수요는 현실물가(P)에 의해 결정된다는 것이다. 즉, 물가가 상승하면 노동자의 예상실질임금 ($\frac{W}{P^E}$)이 하락하기 때문에 노동의 공급곡선이 좌측으로 이동하고, 반면 노동의 수요곡선은 우측으로 이동하는데 이들의 이동폭이 다르다. 즉, 노동의 공급곡선은 좌측으로 약간만 이동하고 노동의 수요곡선은 우측으로 많이 이동한다는 것이다. 왜냐하면 노동자는 물가의 상승을 정확하게 예측 못하는 화폐환상을 가지고 있기 때문이다. 결국 균형노동은 L_0에서 L_1으로 증가하고 명목임금도 W_1으로 상승한다. (b)는 생산함수를 보여주는데 (a)에서 결정된 노동량의 증가가 노동의 함수인 총공급 또는 총생산(GNP)도 Y_0에서 Y_1으로 증가시켰다. (c)를 통한 (d)를 볼 때, 결국 물가가 P_0에서 P_1으로 상승하면 총공급은 Y_0에서 Y_1으로 상승하기 때문에 총공급곡선은 우상향인 모양을 띠고 있다.

---

21) 임금이나 소득의 실질가치는 변화가 없는데도 명목단위가 오르면 임금이나 소득이 올랐다고 받아들이는 것을 말한다. 예컨대 노동자가 물가 상승과 동일한 비율로 임금이 상승했는데도 임금이 올랐다고 생각하면 그는 화폐환상에 빠져 있는 셈이다. 따라서 노동자들은 임금이 비싸졌다고 생각한 만큼 노동공급을 늘리게 되고 이에 따라 생산이 증대함으로써 물가와 생산 사이의 관계를 나타내는 총공급곡선은 우상향의 모양을 갖게 된다. 이것은 케인즈학파의 주장이다. 물론 고전파 학자들은 노동공급자들이 물가가 오르는 것에 대해서 정확하게 파악하고 있기 때문에 이 같은 화폐환상이란 존재하지 않는다고 주장한다.

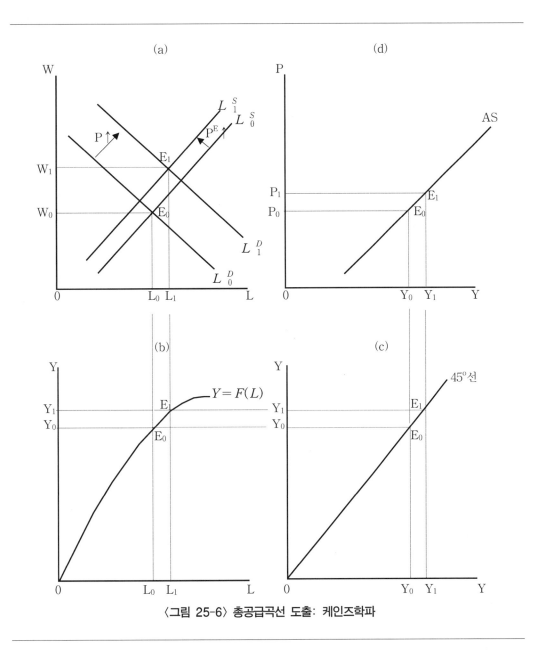

〈그림 25-6〉 총공급곡선 도출: 케인즈학파

제2절 총수요곡선의 도출

　제1절에서 총생산함수 및 노동시장의 균형 등을 이용하여 고전학파와 케인즈학파가 주장하는 이론을 토대로 총공급곡선을 각각 도출했다. 이제 본 절에서는 거시경제의 균형을 알아보

기 위하여 나머지 총수요곡선도 도출해보기로 한다. 이렇게 도출된 총공급곡선 및 총수요곡선을 이용하여 제26장에서는 경제정책의 효과를 알아보기로 한다.

2-1 생산물시장의 균형

(1) *IS*곡선의 도출

*IS*곡선이란 생산물시장의 균형을 이루게 하는 모든 이자율(r)과 국민소득의 조합을 연결한 곡선이다. 생산물시장에서의 균형이란 총생산량(총공급량)이 총수요량과 일치하는 것을 의미한다. 그런데 상품에 대한 총수요(총지출)는 이미 알고 있는바와 같이 폐쇄경제를 가정할 때 소비지출(C), 투자지출(I) 그리고 정부지출(G)로 구성되어있다. 이를 다시 식으로 쓰면 (식 25-6)과 같다.

$$Y^D = C + I + G \qquad \text{(식 25-6)}$$

위의 식에서 각 구성요소에 대해서 알아보자. 우선 C는 가처분소득(Y-T)의 함수로 소득에서 조세(T)를 뺀 것에 대한 함수이다. 따라서 소비지출은 (식 25-7)처럼 된다.

$$C = C(Y - T) \qquad \text{(식 25-7)}$$

투자지출은 이미 언급한바와 같이 이자율(r)의 함수이며 이자율에 대해서 반대방향으로 움직이는데 (식 25-8)과 같다.

$$I = I(r), \quad \frac{dI}{dr} < 0 \qquad \text{(식 25-8)}$$

거시경제학에서 정부지출은 외생적으로 주어지는 외생변수(exogenous variable)로 취급되기 때문에 일정한 값 G_0로 가정한다. 따라서 (식 25-9)와 같다.

$$G = G_0 \qquad \text{(식 25-9)}$$

이상을 종합해 볼 때 상품에 대한 총수요는 (식 25-10)처럼 다시 쓸 수 있다.

$$Y^D = C(Y - T) + I(r) + G_0 \qquad\qquad \text{(식 25-10)}$$

균형국민소득결정은 상품의 총수요와 총공급이 일치할 때인데 이를 다시 그래프로 그려보면 〈**그림 25-7**〉과 같다. 〈**그림 25-7**〉에서는 이자율이 r_0일 때의 총수요곡선으로서 균형점 E_0에서 균형국민소득은 Y_0로 결정되었다. 이자율 r_0가 결정되어서 투자지출이 I_0로 결정되었고 정부지출 또한 외생적으로 G_0로 결정되었기 때문에 총수요함수는 소비지출(C)에 의해서 결정된다. 그런데 C는 Y의 정(+)의 함수이므로 총수요곡선 YD는 당연히 그림과 같이 우상향하는 모양을 가지게 된다.

그러면 여기에서 이자율을 변화시키면 국민소득과 총수요함수는 어떻게 바뀔까? 만약 이자율이 하락하면 투자가 증가하고 투자의 증가는 국민소득을 증가시킨다. 증가된 국민소득은 다시 가처분소득을 증가시켜 소비를 증가시키고 이는 다시 국민소득을 증가시킨다. 결국 이자율이 변함에 따라 총수요가 변하게 되고 그 결과 총수요곡선도 이동하게된다. 이와 같은 총수요의 이동은 균형국민소득을 변하게 하는데, 이런 현상을 이자율(r)과 국민소득(Y)을 축으로 해서 그래프로 나타낸 것이 IS곡선이다.

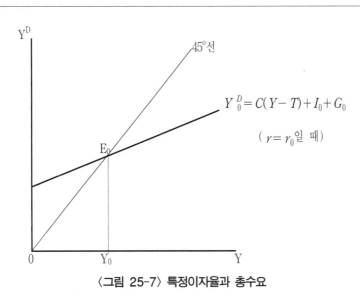

〈**그림 25-7**〉 특정이자율과 총수요

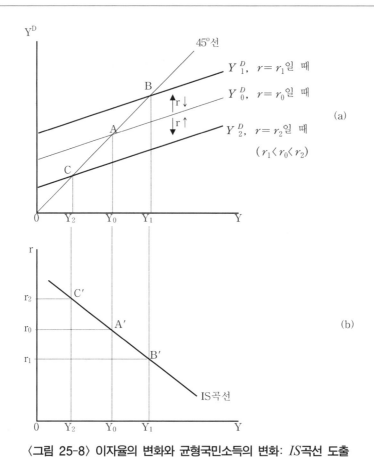

〈그림 25-8〉 이자율의 변화와 균형국민소득의 변화: *IS*곡선 도출

〈그림 25-8〉의 (a)는 이자율을 변화시켰을 때 총수요함수의 이동과 균형국민소득의 변화를 나타낸 것이며 (b)는 (a)를 토대로 *IS*곡선을 도출한 것이다. 우선 (a)에서 이자율이 r_0에서 r_1으로 하락하였을 경우 총수요를 증가시킨다. 따라서 총수요함수는 Y_0^D에서 Y_1^D으로 상향 이동하게 된다. 그 결과 균형국민소득은 Y_0에서 Y_1으로 증가한다. 반면에 이자율이 상승하면 반대의 결과를 초래해서 균형국민소득은 Y_0에서 Y_2로 감소하게 된다. 이러한 이자율과 균형국민소득과의 관계를 (b)에 그래프로 나타내게 되면 *IS*곡선이 되는데, 이자율이 r_2일 때 균형국민소득은 Y_2, r_0일 때는 Y_0, 그리고 r_1일 때는 Y_1을 표시한 점들의 연결선이다. 즉, (a)의 점 *A*, *B*, *C*는 (b)의 점 *A'*, *B'*, *C'*과 대응하는 점들이다.

(2) *IS*곡선의 기울기

*IS*곡선의 도출과정을 다시 한 번 생각해보자. 이자율이 투자에 영향을 미치면 투자는 균형국민소득에 영향을 미치고 균형국민소득은 가처분소득에 영향을 미치고 가처분 소득은 소비에 영향을 미치고 소비는 다시 균형국민소득에 영향을 미치게 된다는 것이다. 결국 이자율과 균형국민소득간의 관계는 부(-)의 관계가 되어서 우하향하는 모양을 갖게 된다는 것이다. 따라서 이자율과 투자의 관계가 얼마나 민감하냐에 따라 *IS*곡선의 기울기가 가장 영향을 많이 받을 것이다.

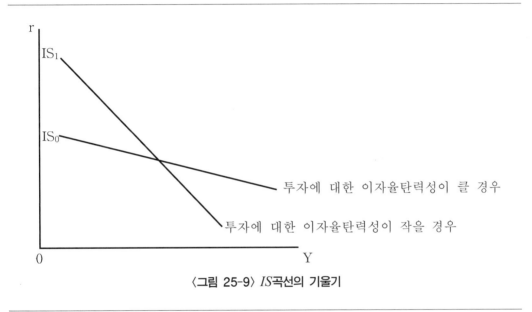

〈그림 25-9〉 *IS*곡선의 기울기

〈**그림 25-9**〉는 *IS*곡선의 기울기에 대한 두 경우를 그린 것이다. 예를 들어 이자율과 투자의 관계가 아주 민감하면 약간의 이자율의 하락은 투자를 크게 증가시킬 것이고 이는 다시 균형국민소득을 크게 증가시킬 것이다. 이러한 관계를 그래프로 그리면 기울기가 완만한 *IS*곡선이 될 것이다. 물론 이자율과 투자의 관계가 별로 민감하지 않으면 이자율이 큰 폭으로 변해도 균형국민소득은 약간만 변할 것이므로 *IS*곡선의 기울기는 가파르게 될 것이다. 따라서 투자가 이자율에 탄력적일수록 *IS*곡선의 기울기는 〈**그림 25-9**〉에서 IS_0처럼 완만한 모양이 될 것이다.

한편 (식 25-10) 즉, $Y^D = C(Y - T) + I(r) + G_0$를 보면 이자율과 투자와의 관계 외에도 한계소비성향의 크기와 한계조세율의 크기도 *IS*곡선의 기울기를 결정한다. 이자율은 결국 가처분소득에 영향을 주고 가처분소득은 소비에 영향을 주게 되므로 결국 한계소비성향의 크기에 따라 국민소득의 변화도 달라진다. 즉, 한계소비성향이 클수록 국민소득의 증가가 크게 되어 *IS*곡선의 기울기는 완만해진다.

하지만 한계소비성향은 비교적 안정적인 값을 가지고 있고 한계조세율은 정부에 의해 외생적으로 정해지므로 *IS*곡선의 기울기를 논의할 때 가장 중요시되는 것은 투자의 이자율탄력성이다.

(3) *IS*곡선의 이동

이자율이 일정하다고 가정하면 (식 25-10)에서 변할 수 있는 것은 외생적으로 주어지는 정부지출과 조세뿐이다. 왜냐하면 이자율이 일정하면 투자 및 투자로 인해 변할 수 있는 국민소득과 소비가 일정하기 때문이다.

〈그림 25-10〉은 *IS*곡선의 이동을 설명한 것이다. 만약 정부지출을 증가시키면 총수요가 증가하기 때문에 (a)에서 총수요곡선이 위로 이동할 것이며 그 결과 균형국민소득은 Y_1으로 증가할 것이다. 조세감면의 경우도 같은 결과를 가져올 것이다. 왜냐면 조세의 감면은 소비를 증가시키기 때문이다. 그러나 이자율은 변함이 없으므로 (b)에서 *IS*곡선이 이자율 r_0상에서 우측으로 IS_1처럼 이동한 것으로 나타나게 된다.

만약 이자율이 변한다면 이로 인해 변할 수 있는 모든 것에 의해 *IS*곡선은 이동할 것이다. *IS*곡선의 기울기나 이동에 대해서 연구하는 목적은 제26장에서 다루게 될 경제정책의 효과에 대해서 알아보기 위한 것이므로 여기에서 다룬 것은 정부지출과 조세의 변화이다.

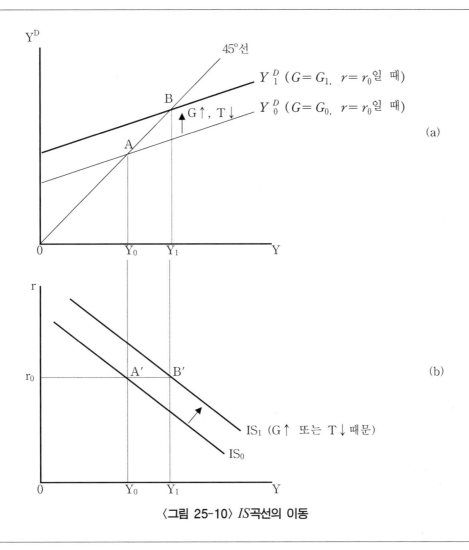

〈그림 25-10〉 *IS*곡선의 이동

2-2 화폐시장의 균형

(1) *LM*곡선의 도출

*LM*곡선이란 화폐시장의 균형을 이루게 하는 모든 이자율(r)과 국민소득의 조합을 연결한 곡선이다. 화폐시장에서의 균형이란 화폐수요와 화폐공급이 일치하는 것을 의미하는 것으로 (식 25-11)과 같다.

$$M^D = M^S \qquad\qquad\qquad\qquad\text{(식 25-11)}$$

그런데 케인즈에 의하면 화폐수요는 (식 24-22)'처럼 소득과 이자에 대한 함수로 표시된다. 즉, $\frac{M^d}{P} = k(Y) + h(r)$ 이다. 한편 화폐의 공급은 중앙은행에서 외생적으로 주어지기 때문에 $M^S = M_0$가 된다. 따라서 화폐시장의 균형을 실질(real)개념으로 다시 식으로 쓰면 (식 25-12)와 같다.

$$\frac{M^d}{P} = \frac{M_0}{P} \quad \text{또는} \quad k(Y) + h(r) = \frac{M_0}{P} \qquad \text{(식 25-12)}$$

위의 식을 그래프로 나타내면 〈**그림 25-11**〉의 (a)와 같은데 여기에서 (b)와 같은 *LM*곡선을 도출할 수 있다. (a)에서 국민소득이 Y_0에서 Y_1으로 증가하면 화폐수요 $k(Y)$가 증가해서 화폐수요곡선이 우측으로 이동하고 균형점은 *A*에서 *B*로 된다. 따라서 이자율은 r_0에서 r_1으로 상승한다. 이와 같이 국민소득과 이자율의 변화를 (b)에서처럼 한 좌표상에 그리면 *LM*곡선이 된다.

(2) *LM*곡선의 기울기

*LM*곡선의 기울기를 결정하는 요인은 투기적 동기의 화폐수요가 이자율변화에 얼마나 민감하게 반응하느냐에 달려있다. 〈**그림 25-12**〉의 (a)는 이자율에 대한 화폐수요의 탄력도가 각각 다른 화폐수요곡선을 나타낸다. 또한 동일한 소득의 증가로 거래적 화폐수요가 동일한 크기로 증가해서 우측으로 이동한 것을 나타낸다. 점 *A*는 원래의 균형점으로서 이자율이 r_0로 결정된 것을 의미하고, 점 *B*는 이자율에 대한 화폐수요의 탄력성이 큰 경우 소득의 증가로 인한 화폐수요의 증가로 화폐수요곡선 $(\frac{M^d}{P})_0$가 이동했을 때 새로운 균형점을 의미하는데 이자율은 r_1으로 결정된 경우이다. 이 두 점 *A*와 *B*에 대응하는 이자율과 국민소득의 조합점 *A'*와 *B'*를 연결한 선이 (b)에서 기울기가 완만한 *LM*곡선 LM_0이다. 한편 점 *C*는 이자율에 대한 화폐수요의 탄력성이 작은 경우 화폐수요곡선 $(\frac{M^d}{P})_1$의 이동으로 발생한 균형점을 의미하는데 이자율은 r_1보다 높은 r_2로 결정된 경우이다. 이 두 점 *A*와 *C*에 대응하는 이자율과 국민소득의 조합점 *A'*와 *C'*를 연결한 선이 (b)에서 기울기가 가파른 *LM*곡선 LM_1이다.

결론적으로 화폐수요가 이자율에 대해서 탄력적일수록 *LM*곡선의 기울기는 완만해지고, 화폐수요가 이자율에 대해서 비탄력적일수록 *LM*곡선의 기울기는 가파르게 된다.

(a) (b)

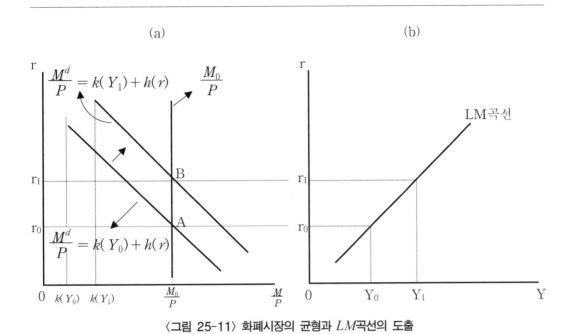

〈그림 25-11〉 화폐시장의 균형과 *LM*곡선의 도출

(a) (b)

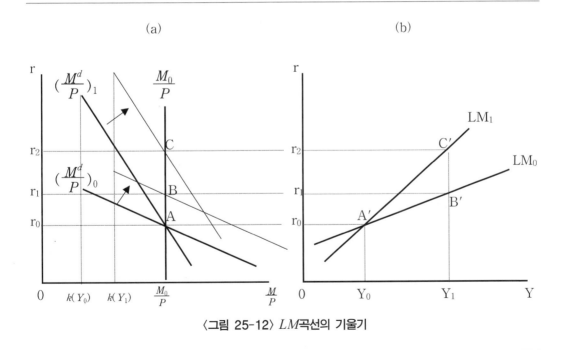

〈그림 25-12〉 *LM*곡선의 기울기

(3) *LM*곡선의 이동

〈그림 25-13〉은 통화공급이 증가하거나 물가가 감소해서 실질통화량 ($\frac{M}{P}$)이 증가한 경우에 *LM*곡선이 우측으로 이동한다는 것을 보여주고 있다. (a)에서 실질통화량의 증가는 이자율을 r_1으로 하락하게 만든다. 그러나 국민소득은 전과 같이 Y_0로 변함이 없다. 이러한 현상을 (b)에 나타내면 *LM*곡선이 이동한 모양이 된다. 즉, 새로운 이자율 r_1과 국민소득 Y_0의 조합인 B'를 통과하는 새로운 *LM*곡선이 도출된다.

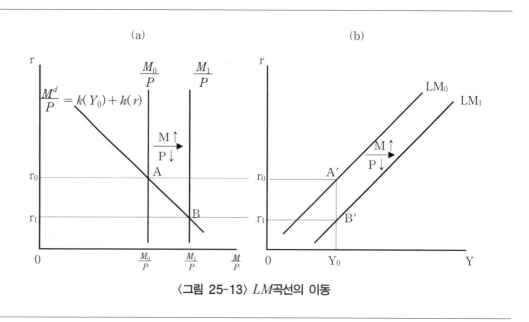

〈그림 25-13〉 *LM*곡선의 이동

2-3 생산물시장과 화폐시장의 동시균형

우리는 위에서 *IS*곡선과 *LM*곡선을 각각 도출해봤다. *IS*곡선은 생산물시장의 균형을 의미하고 *LM*곡선은 화폐시장의 균형을 의미한다는 것도 알아봤다. 이제는 생산물시장과 화폐시장을 동시에 균형 시켜주는 이자율과 국민소득을 어떻게 알 수 있는 가를 생각해봐야 한다. 〈그림 25-14〉의 (a)는 두 시장의 동시균형을 보여주는 것으로 *IS*곡선과 *LM*곡선이 만나는 점 E_0에서 균형이자율 r_0 균형국민소득 Y_0가 결정되는 것을 보여주고 있다. 즉, 이자율이 r_0일 때와 국민소득이 Y_0일 때 두 시장이 동시에 균형을 이룬다는 것이다.

2-4 총수요곡선

(1) 총수요곡선의 도출

제1절에서 우리는 물가와 총공급과는 어떠한 관계에 있나 알아보기 위해서 총공급곡선을 도출해보았다. 고전학파의 가정을 이용해서 도출해본 결과 총공급곡선의 모양은 수직적이었고 반면 케인즈학파의 가정을 이용한 결과 우상향하는 모양이었다.

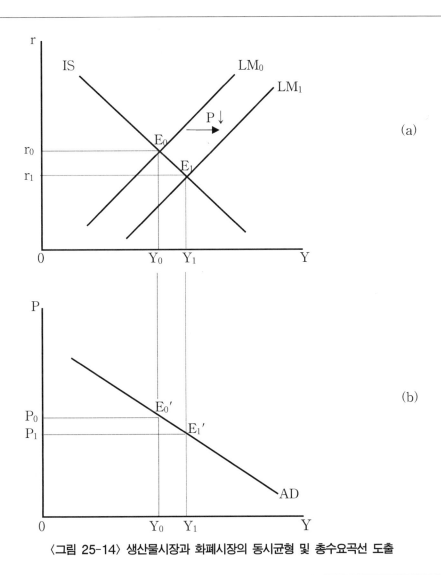

〈그림 25-14〉 생산물시장과 화폐시장의 동시균형 및 총수요곡선 도출

이제 〈**그림 25-14**〉에 지금까지 도출한 *IS*곡선과 *LM*곡선을 이용해서 물가와 총수요와는 어떠한 관계에 있나 알 수 있는 총수요곡선을 도출해보기로 한다. 여기에서 도출할 총수요곡선과 이미 도출한 총공급곡선을 이용하면 균형물가와 균형국민소득을 알 수 있을 것이다.

이미 설명한 바와 같이 물가의 하락(P0에서 P1으로)은 실질통화량 $(\frac{M}{P})$을 증가시켜서 〈**그림 25-14**〉의 (a)에서처럼 *LM*곡선을 우로 이동시키고 새로운 균형점 E_1을 만든다. (b)에서는 물가가 P_0일 때는 총수요가 Y_0이고 물가가 P_1으로 하락하였을 때는 총수요가 Y_1이라는 총수요곡선 *AD*를 볼 수 있다.

(2) 총수요곡선의 기울기

총수요곡선의 기울기는 *IS*곡선과 *LM*곡선의 기울기에 의해 결정된다. 〈**그림 25-15**〉는 *IS*곡선과 *LM*곡선의 기울기가 각각 다른 경우 동일한 크기의 물가가 하락할 때 총수요곡선의 기울기가 어떻게 다른가를 보여주고 있다. (a)는 *IS*곡선의 기울기는 완만한 반면 *LM*곡선의 기울기는 가파르다. 물가가 P_0에서 P_1으로 하락하면 실질통화량 $(\frac{M}{P})$이 증가되어 *LM*곡선이 우측으로 이동하고 그 결과 *Y*는 증가하는데 이러한 경우 *Y*의 증가폭은 그림에서와 같이 크다. (b)는 물가의 변화에 대응한 총수요(Y)의 변화를 보여주는데 물가가 P_0일 때는 총수요가 Y_0이고 물가가 P_1일 때는 총수요가 Y_1이라는 것을 보여주는 것으로 이러한 균형점 E_0과 E_1을 이으면 기울기가 완만한 총수요곡선 *AD*가 도출된다.

반면에 (c)는 *IS*곡선의 기울기는 가파른 반면 *LM*곡선의 기울기는 완만하다. 물가가 (a)에서처럼 같은 크기로 하락하면 실질통화량 $(\frac{M}{P})$이 증가되어 *LM*곡선도 (a)에서처럼 같은 크기로 우측으로 이동하고 그 결과 *Y*는 증가하는데 이러한 경우 *Y*의 증가폭은 (a)에서보다는 작다. (d)는 (b)처럼 물가의 변화에 대응한 총수요의 변화를 보여주는데 물가가 P_0일 때는 총수요가 Y_0이고 물가가 P_1일 때는 총수요가 Y_1이라는 것을 보여주는 것으로 이러한 균형점 E_0과 E_1을 이으면 기울기가 (b)에서보다 가파른 총수요곡선 *AD*가 도출된다.

결국 총수요곡선의 기울기는 *IS*곡선과 *LM*곡선의 기울기에 의해서 결정되므로 *IS*곡선과 *LM*곡선의 기울기를 결정해주는 여러 요인들, 예컨대 투자의 이자율 탄력성이라든가 또는 투기적 동기의 화폐수요가 이자율변화에 얼마나 민감하게 반응하는가 등에 의해서 결정된다는 것이다.

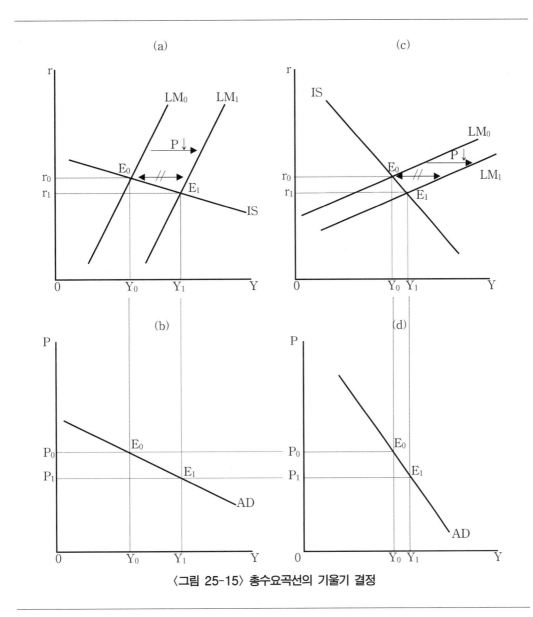

〈그림 25-15〉 총수요곡선의 기울기 결정

(3) 총수요곡선의 이동

총수요곡선은 여러 가지 원인에 의해 이동할 수 있다.

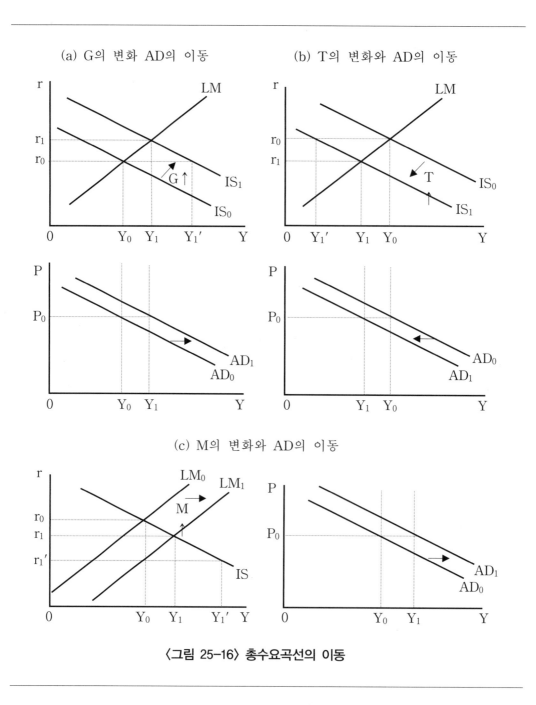

(a) G의 변화 AD의 이동

(b) T의 변화와 AD의 이동

(c) M의 변화와 AD의 이동

〈그림 25-16〉 총수요곡선의 이동

첫째, 정부지출의 변화이다. 〈**그림 25-16**〉의 (a)는 정부지출이 증가했을 경우 총수요곡선이 우측으로 이동한 현상을 보여준다. 정부지출의 증가는 IS곡선을 우측으로 이동시키고 일단 국민소득을 Y_1'까지 증가시킨다. 이러한 소득의 증가는 거래적 동기의 화폐수요를 증가시키는

데 통화량은 일정하기 때문에 투기적 동기의 화폐수요가 감소해야한다. 이러한 투기적 동기의 화폐수요가 감소하기 위해서는 이자율이 r_0에서 r_1으로 상승해야 하는데 이러한 이자율의 상승은 결국 투자를 감소시키는 \(crowding out effect)를 초래해서 국민소득은 Y_1'보다 작은 Y_1으로 감소하게 된다. 결과적으로 정부지출의 증가는 주어진 물가 P_0하에서 총수요를 Y_0에서 Y_1으로 증가시키어 총수요곡선을 AD_1으로 이동시킨다.

둘째, 조세(정액세의 경우)의 변화이다. 〈**그림 25-16**〉의 (b)는 조세가 증가했을 경우 총수요곡선이 좌측으로 이동한 현상을 보여준다. 조세의 증가는 IS곡선을 좌측으로 이동시키고 일단 국민소득을 Y_1'까지 감소시킨다. 이러한 소득의 감소는 거래적 동기의 화폐수요를 감소시키는데 통화량은 일정하기 때문에 투기적 동기의 화폐수요가 증가해야한다. 이러한 투기적 동기의 화폐수요가 증가하기 위해서는 이자율이 r_0에서 r_1으로 하락해야 하는데 이러한 이자율의 하락은 결국 투자를 증가시키어 국민소득은 Y_1'보다 큰 Y_1이 된다. 결과적으로 조세의 증가는 주어진 물가 P_0하에서 총수요를 Y_0에서 Y_1으로 하락시키어 총수요곡선을 AD_1과 같이 좌측으로 이동시킨다.

셋째, 통화량의 변화이다. 〈**그림 25-16**〉의 (c)는 통화량이 증가했을 경우 총수요곡선이 우측으로 이동한 현상을 보여준다. 통화량의 증가는 LM곡선을 우측으로 이동시키고 일단 이자율을 r_0에서 r_1'까지 감소시킨다. 이러한 이자율의 감소는 투자를 증가시키어 국민소득을 Y_1'까지 증가시키고 그 결과 화폐의 초과수요를 발생시킨다. 이러한 화폐의 초과수요는 이자율이 r_1'에서 r_1으로 상승하게 하고 따라서 투자도 감소시키는 구축효과를 발생하게 한다. 따라서 국민소득도 Y_1'에서 Y_1으로 감소하게 된다. 결과적으로 통화량의 증가는 주어진 물가 P_0하에서 총수요를 Y_0에서 Y_1으로 증가시키어 총수요곡선을 AD_1과 같이 우측으로 이동시킨다.

물론 IS곡선과 LM곡선의 기울기에 따라 위의 세 경우에 있어서 총수요곡선의 이동폭도 달라질 수 있다.

【연|습|문|제】

1. 고전학파의 총공급곡선 도출을 그래프로 설명하시오.

2. 케인즈학파의 총공급곡선 도출을 그래프로 설명하시오.

3. 통화공급의 증가와 물가의 감소를 통한 LM곡선의 이동을 설명하시오.

4. 총수요곡선의 도출을 그래프로 설명하시오.

5. 총수요곡선의 이동요인에 대하여 설명하시오.

거시경제의 일반균형과 경제정책의 효과

우리는 제25장에서 총공급곡선과 총수요곡선을 도출하는 거시경제의 기본모형에 대해서 알아보았다. 이를 토대로 본장에서는 거시경제의 일반균형(general equilibrium)[22]에 대해서 알아보고 경제문제가 발생했을 때 또는 경제목표가 정해졌을 여러 경제정책이 있는데 각 경제정책의 효과에 대해서 논하기로 한다.

제1절 일반균형의 완결성

거시경제의 이론 체계는 4개 시장으로 구성되어 있으며, 4개시장의 균형이 동시에 달성될 때 거시경제는 일반균형에 이르게 된다. 왈라스법칙[23]에 따라 3개 시장이 동시균형에 이르면 거시경제의 일반균형이 달성된다. 따라서 상품, 화폐 및 노동시장의 동시 균형이 달성되면 나머지 기타시장도 균형이 달성되어 거시경제의 일반균형이 달성되는데 다음과 같은 방법으로 이를 논의해 왔다.

첫째, 노동시장의 균형과 생산함수에 대한 가정으로부터 상품에 대한 공급, 즉 총공급곡선이 도출된다.

---

22) 일반균형은 여러 여건(생산의 기술적조건, 기호, 재화 및 생산요소의 부존량 등)이 주어져 있으며, 완전경쟁과 효용 및 이윤극대화원리가 작용한다는 가정하에서 가격을 포함한 모든 경제량이 전면적인 균형상태에 있게 되는 것을 말한다. 일반균형이론은 무수한 경제주체가 존재하는 원자적 완전경쟁경제에서 경제주체들간의 상호의존관계가 시장행동을 통해서 어떻게 일반균형상태로 나타나게 되는가를 규명하는 이론이라 할 수 있다.

23) 화폐를 교환의 매개수단으로 하는 시장에 있어서는 재화를 사는 일은 화폐를 공급하는 것이며, 재화를 파는 일은 화폐를 수요하는 것이다. 따라서 화폐 이외의 재화의 총수요가 총공급을 초과하면 이는 화폐의 총공급이 총수요를 초과함을 의미한다. 만약 화폐를 제외한 재화에 대해 수 요와 공급이 일치하면 당시의 화폐의 수급도 일치한다. 요컨대 모든 재화의 수요와 모든 재화의 공급은 균형점에 있어서는 당연히 일치한다는 사실이 바로 왈라스 법칙이다.

둘째, 화폐시장의 균형을 전제로 한 상품에 대한 수요, 즉 총수요곡선은 IS곡선과 LM곡선의 교점에 의하여 도출된다.

셋째, 상품, 화폐 및 노동시장의 동시균형, 즉 거시경제의 일반균형은 총공급곡선과 총수요곡선의 교점에 의해서 달성되는 것으로 귀결된다. 총공급곡선과 총수요곡선의 교점은 거시경제의 일반균형이 달성되는 상태를 나타내므로 〈**그림 26-1**〉에서 국민소득은 Y_0이고 물가는 P_0가 되며 나아가 여타의 주요한 거시경제변량의 값도 모두 결정된다.

총공급곡선과 총수요곡선의 교점에서 결정되는 균형국민소득과 균형물가는 각각 화폐시장 및 노동시장의 균형을 전제로 하고 있으므로, 이를 통하여 여타 거시경제변량의 균형치가 구하여짐은 당연한 귀결이다. IS곡선과 LM곡선의 교점에서 이루어지는 총수요의 크기는 그림 상의 Y_0와 동일한 값이며 이때의 이자율 r_0는 균형이자율이 된다. 노동시장에서는 $Y=F(L)$의 관계에 의하여 Y_0에 대응하는 균형노동량 L_0가 결정되며, 이에 따라 실질임금 ($w_0 = W_0/P_0$)도 결정되며, 명목임금 W_0도 결정된다. 즉, 본장의 기본모형은 우리의 주된 관심이 되고 있는 거시경제변량인 내생변수 전부가 동시에 결정되도록 짜여진 이론체계를 구성하고 있으므로 경제체제의 완결성을 지니게 된다. 이상의 논의를 수식을 통하여 정리하면 다음과 같다.

① 생산함수: $Y = F(L)$

② 노동수요 및 공급함수: $L^D = L^D\left(\dfrac{W}{P}\right)$, $L^S = L^S\left(\dfrac{W}{P^e}\right)$

③ 노동시장의 균형: $L^D\left(\dfrac{W}{P}\right) = L^S\left(\dfrac{W}{P^e}\right)$ 단, $P^e=$예상물가

④ 상품시장의 균형(IS곡선): $Y = C[Y-T(Y)] + I(r) + G_0$

⑤ 화폐시장의 균형(LM곡선): $\dfrac{M_0}{P} = k(Y) + h(r)$

이상과 같은 거시경제의 수식체계는 5개의 방정식으로 표현되며 5개의 변수(Y, P, r, L, W)를 갖는 연립방정식체계이다. 따라서 해(solution)의 존재에 대한 필요조건을 만족하고 있다.

경제체계를 형성하고 있는 모든 시장이 상호 연관되어 있어서 어느 한 시장의 변화가 여타의 모든 시장에 영향을 미치게 될 때 경제체계의 비가분성이 성립한다고 말한다. 어느 한 특정 시장에 관련된 경제변량이 그 시장만으로는 결정되지 못하고 여타 시장과의 관련하에서만 결정되는 경우이다. 이렇게 경제체제의 비가분성이 성립이 되는 이유는 노동공급자가 생각하는

예상물가(Pe)와 노동의 수요자가 생각하는 물가(P)가 서로 다르기 때문이다. 이러한 차이점은 노동 공급자의 화폐환상 때문이라는 것을 이미 지적한 바가 있다. 이로 인하여 총공급곡선이 우상향의 모양을 갖고 있기 때문이다. 예를 들어, 통화량의 변화에 따른 화폐시장의 변화는 이자율(r)의 변화를 야기 시키고, 이는 투자의 변화를 발생시켜 총수요의 변화를 가져온다. 총수요의 변화는 다시 물가(P)와 국민소득(Y)의 변화를 야기하게 되므로 노동시장에서의 임금(W)과 고용량(N)의 변화를 가져오게 된다. 그러므로 모든 시장은 상호 연결되어 있으며 특정시장의 변화는 모든 경제변량에 영향을 준다는 것을 알 수 있다.

만약 노동의 공급자가 물가예측을 완전하게 해서 노동의 수요자가 생각하는 물가와 같다면 즉, $P=Pe$이라면 결국 총곡급곡선은 수직이 되어서 거시체계의 가분성이 나타나게 된다. 예를 들면 어느 거시경제변수 하나가 변하여도 국민소득은 아무런 변화가 없다는 것으로 경제변수 간에 관계가 없는 분리성을 갖는다는 것이다.

제2절 경제정책의 효과

거시체계의 일반균형이 총공급곡선과 총수요곡선의 문제로 귀결되므로 결국 양 곡선에 영향을 미치는 모든 요인의 변화는 일반균형의 변화를 가져오게 된다. 여기에서 우리의 주된 관심대상이 되는 것은 정부의 행위, 즉 경제정책에 의하여 거시경제의 균형이 어떻게 영향을 받게 되는가 하는 문제이다.

경제정책이란 정의에 따라 매우 광범위한 성격을 지닐 수 있지만 크게 정부지출 및 조세의 변화와 통화량의 조절이 총수요측면에 미치는 총수요관리정책의 효과분석을 의미한다. 경제정책의 구체적인 효과는 물가예상과 관련된 총공급곡선의 기울기, 투자의 이자율탄력성과 관련된 IS곡선의 기울기 및 화폐수요의 이자율탄력성과 관련된 LM곡선의 기울기에 따라 상이하게 된다. 그러나 여기서는 학파에 따른 극단적인 그래프의 모양은 배제하여 우상향하는 총공급곡선, 우하향하는 IS곡선 및 우상향하는 LM곡선을 상정하며, 각 곡선의 기울기의 크기에 따른 문제는 고려하지 않기로 한다.

2-1 정부지출의 변화

국채발행에 의한 정부지출(G)의 변화효과를 예로 들어 살펴보자. 따라서 조세와 통화량은 변화하지 않는다.

국민경제가 〈그림 26-1〉에서와 같이 일반균형상태인 E_0에 있을 때 정부지출이 G_0에서 G_1으로 증가하면 기존의 이자율 r_0와 물가 P_0에서 총수요가 직접적으로 증가하므로 그림 (a)에서 IS_0가 IS_1으로 우측 이동하여 총수요는 일단 Y_0에서 Y_1''으로 증가한다. 국민소득(총수요)의 증가에 따른 화폐시장의 초과수요로 이자율 상승하고 이는 투자감소로 이어져 총수요증가분의 감소가 야기된다. 따라서 화폐시장의 균형을 만족하는 수요측균형은 IS_1과 LM_0가 교차하는 E_1'에서 달성되어 이자율은 r_0에서 r_1'으로 상승하고 총수요증가는 Y_0Y_1'으로 조정된다. 이때 이자율상승($r_0 \rightarrow r_1'$)으로 투자가 감소함으로써 발생하는 총수요의 감소분인 $Y_1'Y_1''$을 제1차 구축효과라고 한다. 기존의 물가수준 P_0에서 총수요가 Y_0Y_1'만큼 증가하므로 그림 (b)에서 총수요곡선이 AD_0에서 AD_1으로 우측 이동하여 상품시장에서 초과수요가 나타나 물가가 상승한다. 물가상승으로 총공급과 총수요는 조정되기 시작한다.

공급측면에서는 물가상승으로 노동시장의 실질임금 (W/P)이 기존의 명목임금 W0를 기준으로 볼 때 하락하므로 그림(d)에서 노동 수요곡선은 우측이동하고 은 좌측 이동한다. 노동자의 물가예상이 완전하지 못한 것으로 가정되고 있으므로 노동수요곡선의 이동폭이 의 이동폭보다 크게 되어 고용과 총공급이 증가한다. 수요측면에서는 물가상승으로 화폐시장의 실질화폐잔고가 감소하여 초과수요가 야기되므로 그림 (a)에서 LM_0가 좌측이동하면서 총수요증가분은 감소한다.

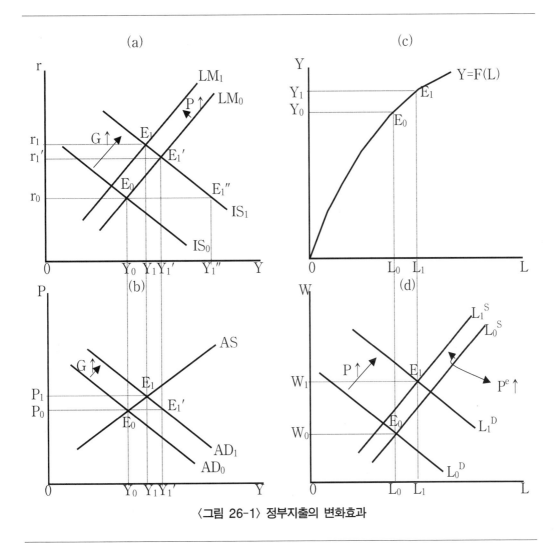

〈그림 26-1〉 정부지출의 변화효과

이와 같은 조정과정은 AS곡선과 AD_1곡선이 교차하여 총공급과 총수요가 일치하는 E_1에서 최종적인 균형이 달성되어 물가가 P_0에서 P_1으로 상승하고, 국민소득이 Y_0에서 Y_1으로 증가할 때까지 계속된다. 최종적인 노동시장의 균형은 L_1^D와 L_1^S의 교점인 E_1에서 달성되어 명목임금은 W_1으로 상승하고, 고용량은 L_1으로 증가하며, 그림(c)의 생산함수에 따라 총공급도 고용량 L_1에 대응하는 Y_1으로 증가한다. 최종적인 수요측균형은 IS_1곡선과 LM_1의 교점인 E_1에서 달성되어 이자율이 r_1'에서 r_1으로 다시 상승하고 투자가 감소하여 총수요는 Y_1'에서 Y_1으로 조정된다. 이때 물가상승에 따른 2차적인 이자율상승$(r_1' {\to} r_1)$에 의하여 투자가 감소함으로써 발생하는 총수요의 감소분 Y_1Y_1'을 제2차 구축효과라고 한다.

이상의 논의를 요약하면 정부지출의 증가는 총수요를 증가시켜 국민소득(Y)과 소비(C) 및 고용(L)의 증가를 가져오며, 조세(T)가 국민소득의 함수인 경우에는 조세의 증가도 야기한다. 한편 물가(P)의 상승과 함께 이자율(r)의 상승에 의한 민간투자(I)의 감소를 유발한다. 다른 한편으로, 명목임금(W)의 상승도 야기하지만 물가상승폭의 크기에 따라 실질임금 (W/P)이 하락할 수도 있다.

2-2 조세의 변화

국민경제가 〈그림 26-2〉에서와 같이 일반균형상태 E_0에 있을 때 정액세가 T_0에서 T_1으로 증가한다고 하자. 조세의 증가는 기존의 이자율 r_0와 물가수준 P_0에서 가처분소득을 감소시켜 소비감소를 야기하므로 그림 (a)에서 IS_0가 IS_1으로 좌측 이동하여 총수요는 일단 Y_0에서 Y_1''으로 감소한다. 국민소득(총수요)의 감소에 따른 화폐시장의 초과공급으로 이자율은 하락하고 이로 인하여 투자가 증가하여 총수요감소분의 크기가 작아진다. 화폐시장의 균형을 만족하는 수요측 균형은 IS_1과 LM_0가 교차하는 E_1'에서 달성되어 이자율은 r_0에서 r_1'으로 감소하고 총수요감소는 $Y_0 Y_1'$으로 조정된다. 기존의 물가수준 P_0에서 총수요가 $Y_0 Y_1'$만큼 감소하므로 그림 (b)에서 총수요곡선이 AD_0에서 AD_1으로 좌측 이동하여 상품시장에 초과공급이 나타나 물가가 하락한다. 물가하락으로 총공급과 총수요 조정되기 시작한다.

공급측면에서는 물가하락으로 노동시장의 실질임금(W/P)이 기존의 명목임금 W_0를 기준으로 볼 때 상승하므로 그림 (d)에서 노동수요곡선은 좌측 이동하고 은 우측 이동한다. 노동자의 물가예상이 완전하지 못한 것으로 가정되고 있으므로 노동수요곡선의 이동폭이 의 이동폭보다 크게 되어 고용과 총공급이 감소한다. 수요측면에서는 물가하락으로 화폐시장의 실질화폐잔고가 증가하여 초과공급이 야기되므로 그림(a)에서 LM_0가 우측 이동하여 총수요의 감소는 다소 상쇄된다.

이와 같은 조정과정은 AS곡선과 AD_1곡선이 교차하여 총공급과 총수요가 일치하는 E_1에서 최종적인 균형이 달성되어 물가가 P_0에서 P_1으로 하락하고, 국민소득이 Y_0에서 Y_1으로 감소할 때까지 계속된다. 최종적인 노동시장의 균형은 L_1^D와 L_1^S의 교점인 $E1$에서 달성되어 명목임금 W_1으로 하락하고 고용량은 L_1으로 감소하며, 그림(c)의 생산함수에 따라 총공급도 고용량 L_1에 대응하는 Y_1으로 감소한다. 최종적인 수요측 균형은 IS_1곡선과 LM_1의 교점인 E_1에서 달성되어 이자율이 r_1'에서 r_1으로 다시 하락하고 투자가 증가하여 총수요는 Y_1'에서 Y_1으로 조정된다.

이상의 논의를 요약하면 조세의 증가는 총수요를 감소시켜 국민소득(Y)과 소비(C) 및 고용(L)의 감소를 가져온다. 한편, 물가(P)의 하락과 함께 이자율(r)의 하락에 의한 민간투자(I)

의 증가를 유발한다. 다른 한편으로, 명목임금(W)의 하락폭이 물가의 하락폭보다 작게 될 수 있어서 실질임금(W/P)은 상승할 수도 있다.

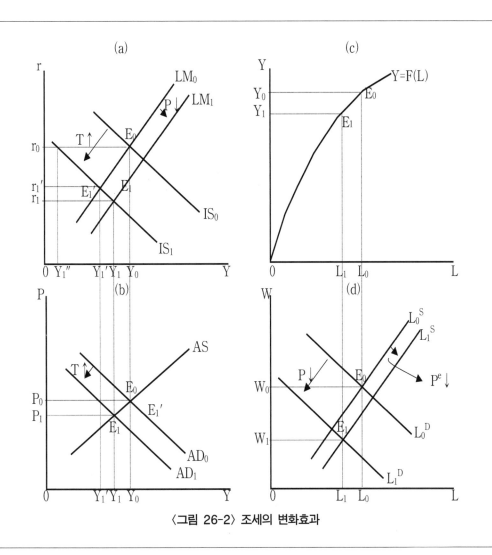

〈그림 26-2〉 조세의 변화효과

2-3 통화량의 변화

국민경제가 〈**그림 26-3**〉에서와 같이 일반균형상태 E_0에 있을 때 통화량이 M_0에서 M_1으로 증가한다고 하자. 통화량의 증가는 기존의 국민소득 Y_0와 물가수준 P_0에서 화폐시장의 초과공급을 야기하여 이자율이 하락하므로 그림(a)에서 LM_0가 LM_1'으로 우측 이동한다. 이로 인하여 이자율이 r_0에서 r_1'으로 하락하고 투자가 증가하여 총수요가 일단 Y_0에서 Y_1''으로 증가한다. 국민소득의 증가에 따른 화폐시장의 초과수요로 이자율이 상승하고 이는 투자감소로 이어져 결국 총수요증가분의 감소가 발생된다. 화폐시장의 균형을 만족하는 수요측균형은 IS와 LM_1'이 교차하는 E_1'에서 달성되어 이자율은 r_1'으로, 총수요증가는 Y_0Y_1'으로 일단 조정된다. 기존의 물가수준 P_0에서 총수요가 Y_0Y_1'만큼 증가하므로 그림(b)에서 총수요곡선이 AD_0에서 AD_1으로 우측 이동하여 상품시장에 초과수요가 나타나 물가가 상승한다. 물가상승으로 총공급과 총수요는 조정되기 시작한다.

공급측면에서 물가상승으로 노동시장의 실질임금(W/P)이 기존의 명목임금 W_0를 기준으로 볼 때 하락하므로 그림(d)에서 노동수요곡선은 우측이동하고 은 좌측 이동한다. 노동자의 물가예상이 완전하지 못한 것으로 가정되고 있으므로 노동수요곡선의 이동폭이 의 이동폭보다 크게 되어 고용과 총공급이 증가한다. 수요측면에서는 물가상승으로 화폐시장의 실질화폐잔고가 감소하여 초과수요가 야기되므로 그림 (a)에서 LM_1'곡선이 좌측이동하면서 총수요증가분은 감소한다.

이와 같은 조정과정은 AS곡선과 AD_1곡선이 교차하여 총공급과 총수요가 일치하는 E_1에서 최종적인 균형이 달성되어 물가가 P_0에서 P_1으로 상승하고, 국민소득이 Y_0에서 Y_1으로 증가할 때까지 계속된다. 최종적인 노동시장의 균형은 L_1^D와 L_1^S의 교점인 E_1에서 달성되어 명목임금 W_1으로 상승하고 고용량은 L_1으로 증가하며, 그림(c)의 생산함수에 따라 총공급도 고용량 L_1에 대응하는 Y_1으로 증가한다. 최종적인 수요측 균형은 IS곡선과 LM_1의 교점인 E_1에서 달성되어 이자율이 r_1'에서 r_1으로 다시 상승하고 투자가 감소하여 총수요는 Y_1'에서 Y_1으로 조정된다.

이상의 논의를 요약하면 통화량의 증가는 총수요를 증가시켜 국민소득(Y)과 소비(C) 및 고용(L)의 증가를 가져오며, 조세(T)가 국민소득의 함수인 경우에는 조세의 증가도 야기한다. 한편 물가(P)의 상승을 야기하는 반면에 이자율(r)의 하락에 의한 민간투자(I)의 증가를 유발한다. 다른 한편으로, 명목임금(W)은 상승하지만 만약 물가상승에 미치지 못한다면 실질임금(W/P)은 하락할 수도 있다.

이제까지 경제정책에 관한 논의에서 알 수 있듯이 경제가 불황에 처해 있을 때 정부지출의 증가나 조세의 감소와 같은 재정정책과 통화량증가와 같은 금융정책은 일반적으로 총수요를 증가시켜 국민소득을 증가시키고 고용을 증가시켜 실업을 감소시키는 역할을 하는 반면 물가를 상승시키는 결함을 지니고 있다.

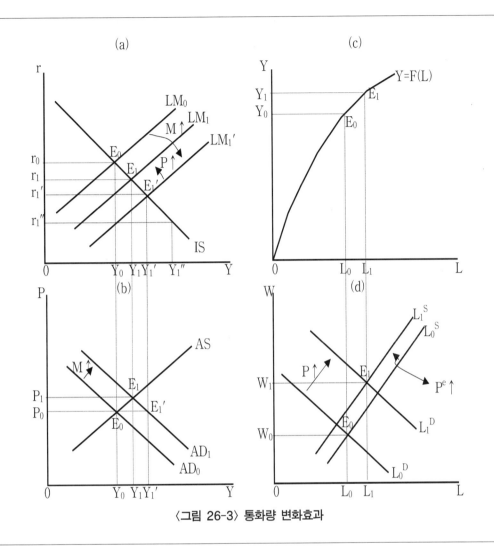

〈그림 26-3〉 통화량 변화효과

제3절   IS-LM모형에서 통화주의 대 케인즈학파

총수요를 변화시키는 재정정책과 통화정책의 유효성은 *IS*곡선과 *LM*곡선의 기울기에 의해서 결정이 된다. 그런데 *IS*곡선의 기울기는 투자가 이자율에 얼마나 민감하게 반응하나에 따라 결정되고, *LM*곡선의 기울기는 화폐수요가 이자율에 얼마나 민감하게 반응하나에 따라 결정된다.

통화주의자들은 화폐수요의 이자율 탄력성은 낮은 것으로 평가하고 있다. 따라서 *LM*곡선의 기울기는 상대적으로 가파르게 나타난다. 또한 투자의 이자율탄력성이 높다고 해서 *IS*곡선의 기울기는 상대적으로 완만한 것으로 가정한다. 반면에 케인즈학파는 화폐수요의 이자율 탄력성이 크므로 LM곡선은 상대적으로 완만한 기울기를 가지며, 투자의 이자율 탄력성은 작으므로 IS곡선은 상대적으로 가파른 기울기를 가지는 것으로 가정하고 있다. 이러한 관계를 토대로 케인즈학파와 통화주의의 IS-LM모형을 나타낸 것이 〈**그림 26-4**〉이다.

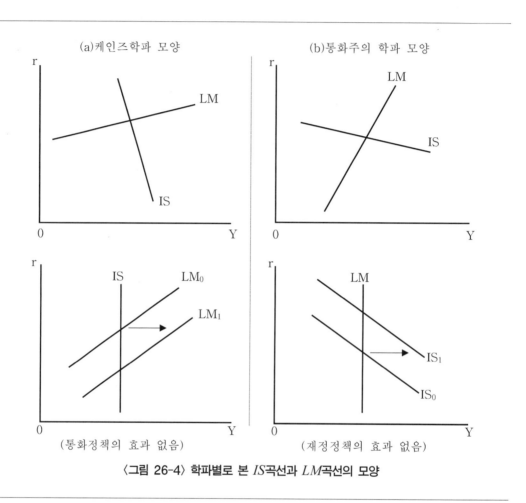

〈그림 26-4〉 학파별로 본 *IS*곡선과 *LM*곡선의 모양

그림 (a)는 케인즈학파의 경우로 IS곡선이 수직적이므로 통화정책을 사용해도 별 효과가 없음을 보여주고, 반면 그림 (b)에서 통화주의 경우를 보여주는데 LM곡선이 수직적이므로 재정정책의 경우 별 효과가 없음을 보여준다.

비록 IS-LM모형이 통화주의와 케인즈학파의 차이점을 비교하는 하나의 방편이 될 수는 있으나 이것이 양 학파의 이론과 견해를 전체적으로 설명하기에는 충분하지 못하다는 점을 유의할 필요가 있다. 예컨대 IS 및 LM곡선의 기울기의 특징만으로는 화폐가 실물경제에 영향을 미치는 모든 경로를 파악하는 데 충분한 정보를 제공하지 못한다. 지금까지의 분석에서 보면 케인즈학파의 경우 총수요 증대를 위해서는 거의 절대적으로 재정정책만을 신봉하고 있는 듯이 보이지만, 실제로는 통화정책의 중요성에 대해서도 커다란 관심을 기울여 왔다는 것이 지적된 바 있다. 마찬가지로 통화주의의 경우에도 비록 통화정책의 효과가 크게 나타나는 것으로 되어 있으나, 재량적 통화정책을 무조건 옹호하는 것이 아님을 알아야 한다.

【연|습|문|제】

1. 다음의 용어를 설명하시오.

   1) 거시경제 이론의 체계

   2) 경제정책

2. 거시체계의 일반균형에서 정부지출의 증가에 따른 새로운 균형상태를 $IS-LM$ 곡선과 $AD-AS$ 곡선으로 설명하시오. (가정: 조세와 통화량은 변하지 않는다)

3. 조세의 증가에 따른 균형상태를 $IS-LM$ 곡선과 $AD-AS$ 곡선으로 설명하시오.

4. 통화당국이 통화량을 증가시킴에 따른 균형상태를 $IS-LM$ 곡선과 $AD-AS$ 곡선으로 설명하시오.

5. $IS-LM$ 모형에서 통화주의자와 케인즈학파의 차이점을 그래프로 설명하시오.

인플레이션과 실업

제1절 인플레이션의 유형과 대응책

인플레이션이란 '일반적 물가수준의 지속적인 상승현상'이라고 정의하지만 어느 정도의 상승을 인플레이션이라고 하는가에 대한 기준은 없다. 인플레이션이 기준년도에 비해서 얼마나 되었나를 알기 위해서는 (식 27-1)을 사용한다.

$$인플레이션율 = \frac{P_t - P_{t-1}}{P_{t-1}} \times 100 \qquad\qquad (식 27\text{-}1)$$

여기에서 P_t는 t년도(비교년도)의 물가지수이고 P_{t-1}은 t-1년도(기준년도)의 물가지수이다. 몇 년 전과 비교하기 위해서는 물론 P_{t-1}대신 P_{t-i}도 사용할 수 있다.

인플레이션은 인플레이션율의 크기에 따라 여러 가지로 명명이 되는데 한 자리수의 물가지수 상승을 완만한 인플레이션(moderate inflation), 두 자리 이상의 빠른 물가상승을 주행성 인플레이션 (galloping inflation), 그리고 물가가 매우 빠르게 급등하는 과정으로 전쟁중이거나 사회·정치 정세가 혼미하고 경제가 과열될 때 발생하는 초인플레이션 (hyper inflation) 등이 있다.

이러한 인플레이션은 그 원인에 따라 구분하면 수요측 원인, 공급측 원인, 그리고 구조적 원인 등으로 나눌 수 있다.

1-1 유형

(1) 수요견인 인플레이션(demand-pull inflation)

수요측 요인은 확대통화정책 및 확대재정정책과 수요충격의 결과로 총수요가 증가하면서 물가가 오르는 인플레이션이다.

첫째, 고전학파와 통화주의자들이 주장하는 확대통화정책이 인플레이션의 원인이라는 견해에 대해서 알아보기로 한다. 이들은 '너무 많은 화폐가 너무 적은 재화를 쫓는다(too much money chasing too few goods)' 했고 결국 이 때문에 물가가 상승한다는 것이라고 하였다. 따라서 통화량의 적절한 조절이 인플레이션을 해결할 수 있다고 주장한다. 〈**그림 27-1**〉의 (a)에서 총공급곡선 AS가 고전학파의 가정대로 Yf에서 수직인데 만약 통화량을 증가시키면 총수요곡선 AD_0가 AD_1으로 상향 이동하여 물가가 P_0에서 P_1으로 상승한다는 것이다. 물론 총공급곡선이 수직이 아니더라도 AD의 상향 이동은 물가를 상승하게 할 것이다.

또한 교환방정식 $MV=PY$에서 통화량의 증가에 정확하게 비례적이라고 볼 수 없지만 기본적으로 인플레이션은 화폐적인 현상이라고 주장한다. 이식을 $P=\dfrac{MV}{Y}$ 으로 바꾸고 양변에 log를 취하고 시간에 대해서 미분하면 (식 27-2)처럼 변형할 수 있는데 여기에서 우리는 통화증가율이 크면 물가상승률도 커진다는 것을 알 수 있다.

$$\dot{P}=\dot{M}+\dot{V}-\dot{Y} \qquad\qquad\qquad (식\ 27\text{-}2)$$

P : 인플레이션율
M : 통화증가율
V : 통화유통속도 증가율
Y : 실질경제성장률

그러나 통화유통속가 일정하다고 가정할 때 통화증가율과 경제성장률이 같으면 물가상승률은 0이 될 수 있다는 것을 보여주기도 한다. 하지만 장기에는 국민소득의 증가효과는 사라지고 모두 인플레이션율로 나타난다. 프리드만(M. Friedman)에 의하면 비용인상 인플레이션은 어디까지나 단기적인 현상일 뿐, 통화공급의 증가가 일어나지 않는 한 인플레이션은 지속되지 않는다고 한다. 결국 고전학파나 통화주의학파는 안정적인 통화공급이 인플레이션을 방지하는 방법이라고 보았다. 프리드만의 k%준칙은 경제성장률만큼 통화증가율을 고정시키면 물가상승률은 0이 될 수 있다는 것이다. 이는 아직까지도 거시경제학에서 표준이론으로 상용

되고 있다.

둘째, 정부지출의 확대 또는 조세감면은 〈**그림 27-1**〉의 (b)에서와 같이 총수요곡선이 AD_0에서 AD_1처럼 우측으로 이동하게 하고 물가는 P_0에서 P_1으로, 소득은 Y_0에서 Y_1으로 바뀐다. 이것은 총수요의 증가가 우상향하는 AS를 따라 물가수준을 끌어올리기 때문이다. 여기에서 물가수준의 상승폭은 AD가 얼마나 이동했나와 AS의 기울기가 얼마나 가파른가 결정한다. 만약 경제가 완전고용수준에 가깝다면 AS의 기울기는 가파르기 때문에 물가의 상승은 크게 될 것이고 경제성장은 미미한 수준이 될 것이다. 그러나 AS가 완만한 기울기를 가지고 있다면 AD의 우측 이동은 경제성장을 크게 할뿐만 아니라 물가수준의 상승폭은 미미하게 할 것이다.

따라서 인플레이션 정책을 실행할 때 현재 경제가 어떠한 상황에 있나 잘 파악하는 것이 중요하다. 예컨대 경제가 완전고용에 가까운 상태에 있다면 AD_1이 AD_0로 돌아가게 하는 긴축적 총수요관리정책은 의미가 있다고 본다. 왜냐하면 균형국민소득의 감소가 미미하게 되기 때문이다. 하지만 경제가 실업상태에 있다면 이러한 긴축적 총수요관리정책은 인플레이션을 해결하기보다는 오히려 큰 폭의 균형국민소득 감소를 야기할 수 있기 때문이다. 어쨌든 적어도 단기적으로는 인플레이션과 실업의 상반관계(trade-off)가 성립된다는 것을 알 수 있다.

셋째, 수요충격(demand shock)이란 소비지출 또는 투자가 갑자기 증가하거나 예기치 않은 금융정책과 재정정책의 변동으로 총수요가 예기치 않게 변동하는 것을 말한다. 예컨대 과소비풍조가 갑자기 번지거나, 기업가가 첨단산업에 자본을 대규모로 투자할 것을 전격 결정하는 경우이다. 또 통화당국이 미리 공표한 통화공급보다 더 증가시킬 경우도 마찬가지이다.

수요충격이 발생하면 총수요곡선이 갑자기 오른쪽으로 이동하여 수요견인 인플레이션이 일어난다. 이 인플레이션은 경제주체들이 사전에 예상하지 못했다는 점에서 예상치 못한 인플레이션(unanticipated inflation)이라 한다. 예를 들면 올해 물가가 5% 상승할 것으로 예상하였는데 실제로 8%가 상승했다면 그 차이인 3%가 예상치 못한 인플레이션이 된다.

정부가 재량정책으로 실시하는 확대금융정책이나 확대재정정책은 그 내용을 국민에게 미리 공표를 한다. 따라서 이러한 체계적인 안정화정책으로 인하여 발생하는 인플레이션은 경제주체들이 정확하게 예상한다. 경제주체들이 사전에 정확히 예상한 인플레이션을 기대 인플레이션 혹은 예상된 인플레이션(anticipated inflation)이라 한다.

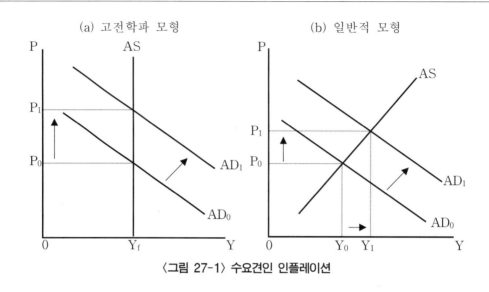

〈그림 27-1〉 수요견인 인플레이션

(2) 비용인상 인플레이션(cost-push inflation)

생산비용의 증가는 일정한 가격하에 총공급을 감소시키는 요인이 된다. 임금상승이나 원재료 및 중간재가격 등의 상승은 기업들의 이익을 감소시켜서 기존의 가격수준에서 공급량을 감소시킨다. 공급감소는 다른 사정의 변화가 없다면 물가를 상승시킨다. 즉, 요소비용 상승은 총공급곡선을 상향(또는 좌측)으로 이동시켜 인플레이션을 초래한다.

케인즈학파가 주목하는 비용인상요인은 임금인상인데 노동조합이 강력하여 노동생산성을 초과하는 임금인상을 허용하면 이것이 타 기업이나 타 산업에도 파급되어 전반적인 임금상승이 되고 그 결과 비용부담이 높아진 산업전체의 총공급이 감소하여 물가가 오르고 국민소득이 감소한다. 〈그림 27-2〉는 비용인상 인플레이션에 대해서 설명한다. AS의 이동은 결국 비용의 증가로 인한 것이고 그 결과 물가는 P_0에서 P_1으로 상승하고 균형국민소득은 Y_0에서 Y_1으로 하락한다. 만약 비용이 상승한 상황에서 기존의 물가 P_0하에서 공급을 계속 한다면 공급은 Y_1'까지 하락할 것이다. 이는 공급곡선의 좌측이동을 의미한다.

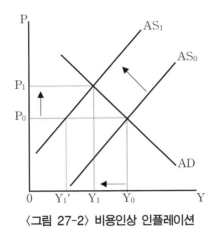

〈그림 27-2〉 비용인상 인플레이션

(3) 구조적 인플레이션(structural inflation)

경제전체의 수요가 초과되지 않은 때에라도 특정산업의 산출물에 대한 수요가 초과하고 있기 때문에 일어나는 가격상승을 말한다. 즉, 특정경제 부문에 수요압력이 가하여졌기 때문에 그 부문의 가격과 임금이 상승하고 다른 경제제부문의 가격과 임금으로 파급되는 것을 의미한다. 아울러 물가와 임금이 오를 때는 신축적이고 떨어질 때는 하방경직적이어서 발생하는 지속적 물가상승과정을 구조적 인플레이션이라고 한다. 예를 들어 우리나라에서 반도체산업의 임금과 가격상승이 다른 산업으로 전파되어 전반적인 인플레이션현상을 야기한 경우이다.

1-2 대응책

위에서 설명한 인플레이션의 세 가지 유형은 현실적으로 어느 한 가지만으로 일어나는 경우보다 세 가지가 모두 혼합되거나 두 가지가 혼합되어 발생하는 혼합형 인플레이션(mixed inflation)이 대부분이다. 따라서 이와 같은 인플레이션을 잡기 위해서는 재정정책과 금융정책을 적당히 혼합해서 총수요곡선과 총공급곡선을 이동시켜야 한다.

(1) 총수요 · 총공급관리 정책

인플레이션의 억제를 위해서는 총수요가 감소하거나 총공급이 증가해야한다. 총수요가 감소하기 위해서는 긴축통화 및 긴축재정정책이 필요하고 총공급이 증대되기 위해서는 적절한 조세정책 등이 제시되고 있다.

첫째, 총수요를 감소시키기 위한 정책을 알아보자.

긴축통화정책은 중앙은행이 통화공급을 축소시키는 것으로 시중은행의 대출이 감소한다. 이에 따라 가계와 기업의 차입이 감소하고 차입에 의존하는 이들의 수요가 줄어들게 되므로 총수요는 감소한다.

이에 반해 긴축재정정책은 재정지출축소나 세율 인상을 통해 총수요 중 정부지출부문과 민간소비부문 등을 감소시켜 인플레이션을 억제하는 방법이다. 이러한 재정정책은 포괄적 효과를 가진다. 따라서 긴축통화정책이 효과적이라 하더라도 인플레이션 진정을 위해서는 통화 및 재정정책을 함께 사용하는 것이 더 효과적이다. 이와 같은 통화 및 재정정책을 통한 총수요관리정책은 인플레이션을 진정시킬 수는 있으나 소득과 고용감소를 수반한다.

둘째, 총공급을 증가시켜서 인플레이션을 해결할 수 있는 방법에 대해서 알아보자.

투자나 저축에 대한 조세감면, 노동생산성 향상을 위한 각종 직업훈련, 연구개발지원 등의 정책을 사용함으로써 총공급을 확대하는 것인데 이러한 정책수단을 장기적으로 공급능력을 확대시키는 제도라 할 수 있으며 소득과 고용감소를 수반하지 않는 장점이 있다.

(2) 소득정책

소득정책(income policy)이란 정책당국이 총수요관리를 통해서보다는 임금과 물가수준의 직접적 규제를 통해 임금과 소득에 영향을 주려고 하는 정책으로서 일종의 임금 · 물가통제(wage and price control)정책이다. 정책당국이 일정수준의 임금 · 물가통제선을 정해 놓고 그 이상의 상승을 규제하면 초과수요가 발생하고 공식적인 물가는 상승하지 못한 채 억제되므로 품질이 떨어지거나 암시장이 성행하여 실제물가는 오히려 더 상승하는 결과를 가져오는 소위 억압형 인플레이션(repressed inflation)이 나타난다.

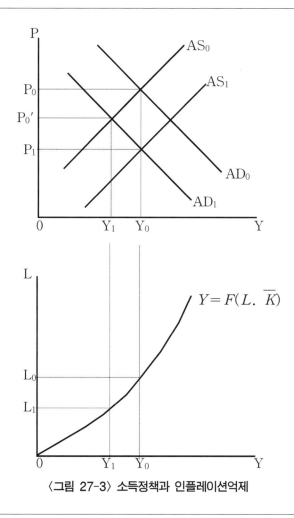

〈그림 27-3〉 소득정책과 인플레이션억제

〈**그림 27-3**〉에서 긴축통화·재정정책을 사용하면 AD곡선이 좌측으로 이동하여 물가는 P_0에서 P_0'으로 하락하고 소득은 Y_0에서 Y_1로 감소한다. 고용수준은 일시적으로 L_0에서 L_1으로 떨어진다. 임금·물가통제를 통해 인플레이션이 진정될 것이라는 기대는 AS곡선을 우측으로 이동시키고 물가는 P_1로 더 하락하고 공급(소득)은 증가된다.

(3) 물가연동제도

물가의 변동에 따라 화폐의 구매력 또는 실질소득을 전과 같게 하기 위해서 가격, 임금, 이자율 등을 자동 조정하는 것을 물가연동제도(price indexing)라 한다. 즉, 금전계약에 있어그 지급시의 실질가치가 물가상승에 의해 하락하는 것을 방지하기 위하여 그 가치를 일반물가수준을 대표하는 특정지표와 연동시키는 방식으로 인플레이션이 심한 브라질 등에서 전면적으로 실시한 바 있다. 그러나 물가연동제는 인플레이션을 제도화함으로써 인플레이션을 영구화시킨다는 반론도 제기되고 있다.

이러한 의미에서 물가연동제도는 인플레이션 억제정책이라기보다는 조정 내지는 적응정책이라 할 수 있다.

제2절 실업의 정의와 형태

실업(unemployment)은 노동력이 완전 고용되지 않은 상태로 크게 분류하면 자발적 실업(voluntary unemployment)과 비자발적 실업(involuntary unemployment)으로 구분할 수 있다.

자발적 실업이란 노동에 따르는 보수(효용)보다도 고통(불효용)이 크기 때문에 노동자 자신이 노동할 것을 자발적으로 바라지 않는 경우의 실업을 말한다. 즉, 일할 능력을 가지고 있으면서도 현재의 임금수준에서 일할 의사를 가지고 있지 않은 상태이다. 자발적 실업의 예로는 마찰적 실업(frictional unemployment)과 탐색적 실업(searching unemployment)이 있다. 마찰적 실업이란 직업을 바꾸는 과정에서 일시적으로 실업상태에 있는 것을 말한다. 탐색적 실업이란 보다 나은 일자리를 탐색하면서 당분간 실업상태에 있는 것을 말한다.

마찰적 실업과 탐색적 실업은 대부분 인위적으로 줄일 수가 없다. 사회에서 마찰적 실업과 탐색적 실업은 항상 존재하기 마련이다. 이러한 실업의 규모는 경제활동인구의 연령별·성별·직업별·인종별 분포와 경제의 변화속도 등에 의존한다. 개인적인 차원에서는 직업의 변경 및 탐색에 따르는 비용과 편익에 영향을 받을 것이다. 고전학파모형에서 말하는 완전고용은 실업이 전무한 것이 아니고 마찰적 실업, 탐색적 실업과 같은 자발적 실업의 존재를 인정하는 개념이었다. 자발적 실업은 사회적으로나 경제정책적으로 별로 문제가 되지 않는 실업이다. 정부가 구태여 어떤 대책을 세워야 한다면 고용기회에 관한 정보의 흐름을 원활하게 하고 탐색과정을 촉진·단축시키는 정책을 세움으로써 자발적 실업을 최소한의 규모로 줄이는 것 정도이다.

비자발적 실업이란 일할 능력도 있고 현재의 임금수준에서 일할 의사가 있음에도 불구하고 취업의 기회를 갖지 못하고 있는 상태를 말한다. 사회적·경제적으로 문제가 되는 것이 바로 이 비자발적 실업이다. 비자발적 실업의 대표적인 예로는 경기적 실업(cyclical unemployment)과 구조적 실업(structural unemployment)이 있다. 경기적 실업은 경기침체에 수

반하여 발생하는 실업이다. 총지출이나 총생산이 감소하면 실업이 증가하게 되며 이러한 실업 증가는 경기파동의 결과이다. 구조적 실업은 기술혁신으로 종래의 기술이 경쟁력을 상실하거나 어떤 산업이 장기적으로 사양화됨에 따라 그 산업부문에서 일자리를 잃는 것을 말한다. 예를 들면 석탄산업이 사양산업으로 전락함에 따라 광부들이 일자리를 잃게 되는 경우이다. 구조적 실업은 경기적 실업보다 오래 지속되는 속성을 가지고 있다. 경기적 실업은 경기가 회복되면 해소되지만, 구조적 실업은 산업구조의 재편과 새로운 인력훈련이 있어야 해결될 수 있기 때문이다.

제3절 필립스곡선

제1절에서 총수요와 총공급의 변화에 따라 물가 수준과 실질산출량이 변동하는 것을 살펴보았다. 그런데 실질산출량과 고용은 같은 방향으로 움직이므로 바꾸어 말하면 실질산출량과 실업은 반대 방향으로 움직인다고 볼 수 있다. 따라서 수요가 증가했을 경우를 가상해보면 물가수준과 실질산출량이 함께 증가해서 실업은 감소하는 것을 알 수 있다. 즉, 인플레이션과 실업률은 서로 반대 방향으로 움직일 것임을 짐작할 수 있다.

물가와 임금은 항상 같은 방향으로 움직인다는 전제하에 필립스(A. W. Phillips)의 이론은 흥미를 끌었다. 원래의 필립스곡선(Philips curve)은 실업률과 명목임금상승률 사이의 상반관계(trade-off)를 나타내는 곡선으로 필립스는 1862-1957년 영국의 통계를 이용하여 임금상승률이 높을수록 실업률이 낮아지고 임금상승률이 낮을수록 실업률이 높아진다는 것을 실증적으로 검증하였다. 그러나 최근에는 필립스곡선을 물가상승률과 실업률과의 관계로 나타내고 있다. 즉, 정부의 재정금융정책으로 경기가 호전되고 실업률이 낮아지면 물가상승률이 높아지고, 불경기가 되면 실업률이 높아지고 물가상승률이 낮아진다는 것이다. 이는 케인즈정책이 유효함을 나타내주는 것이었다. 그러나 1970년대 초반의 스태그플레이션으로 필립스곡선이 맞지 않는다는 견해가 등장하기도 했다.

3-1 필립스곡선의 도출

노동시장의 초과수요와 노동생산성의 증가율이 높을수록 임금상승률도 높아진다는 점을 감안할 때 (식 27-3)과 같은 명목임금 변화율식을 생각할 수 있다.

$$\dot{W} = g(L_d - L_s) + \dot{S}, \quad g' > 0 \qquad \text{(식 27-3)}$$

$\dot{W}$: 명목임금 변화율

$L_d - L_s$: 노동시장의 초과수요

$\dot{S}$: 노동생산성의 증가율

그런데 노동시장의 초과수요($L_d - L_s$)는 현실적으로 측정이 어려우므로 이것을 노동시장의 초과공급, 즉 $-(L_s - L_d)$로 바꾸어서 생각해보기로 한다. 만약 노동시장의 초과공급이 크면 실업률은 높고, 반대로 초과공급이 작으면 실업률이 낮을 것이다. 따라서 노동시장의 초과공급은 실업률의 증가함수이다. 그런데 실업률은 (식 27-4)와 같으므로 이를 이용하면 (식 27-3)은 (식 27-5)와 같게 된다.

$$u = \frac{L_s - L_d}{L_s} \qquad \text{(식 27-4)}$$

$$\dot{W} = h(u) + \dot{S}, \quad h' < 0 \qquad \text{(식 27-5)}$$

(식 27-5)의 관계를 그래프로 나타내면 **〈그림 27-4〉**의 (a)와 같이 임금상승률과 실업률과의 감소함수 관계로 된다. 이는 원래의 필립스곡선과 같이 명목임금률과 실업률의 상반관계를 나타내는 것으로 필립스곡선이 이론적으로 도출된 것이다. 그림에서 보면 실업률이 감소함에 따라 명목임금의 상승률은 점점 더 커지므로 그래프는 종축에 무한히 접근하게 된다. 반면에 실업률이 증가하면 명목임금상승률은 하락하겠지만 일정한 수준, 점선 이하로는 하락하지 않는다. 왜냐하면 최저임금제 등과 같은 제도적인 장치로 인하여 명목임금의 하락에 일정한 한계가 있기 때문이다.

이제 명목임금상승률을 물가상승률로 전환함으로써 인플레이션과 실업률의 관계를 구체화하기로 한다.

임금상승률과 물가상승률과의 관계는 노동시장의 수요조건을 통하여 살펴볼 수 있다. 기업은 이윤극대화 과정에서 노동에 대한 수요를 결정하는데, 명목임금이 노동의 한계생산물가치와 같게 될 때 이윤극대화의 1차 조건이 충족된다. 이를 식으로 쓰면 다음과 같다.

$$VMP_L = P \cdot MP_L$$
$$W = P \cdot MP_L \qquad \text{(식 27-6)}$$

(식 27-6)의 양변에 자연로그(ln)를 취하면 (식 27-7)이 된다.

$$\ln W = \ln P + \ln MP_L \qquad \text{(식 27-7)}$$

이를 다시 시간(t)으로 미분하면 (식 27-8)이 된다.

$$\frac{d \ln W}{d t} = \frac{d \ln P}{d t} + \frac{d \ln MP_L}{d t}$$

$$\dot{W} = \dot{P} + \dot{S} \qquad \text{(식 27-8)}$$

위의 식을 물가상승률의 식으로 바꾸면 $\dot{P} = \dot{W} - \dot{S}$가 되는데 이는 물가상승률은 명목임금 상승률에서 노동생산성의 증가율을 뺀 것과 같다는 의미이다. 예를 들면 명목임금상승률이 10%일 때 노동생산성의 증가율이 4%이면 물가상승률은 6%가 된다. 따라서 이러한 관계식을 (식 27-5)에 대입하면 다음과 같다.

$$\dot{P} = h(u), \quad h'(u) \langle 0 \qquad \text{(식 27-9)}$$

(식 27-9)가 립시(R. G. Lipsey)가 만든 물가 필립스곡선(price Phillips curve)으로서 원래의 임금 필립스곡선(a wage Phillips curve)과 구별된다. 이는 〈그림 27-4〉의 (b)와 같은데 종축의 절편, 즉 노동생산성의 증가율($\dot{S}$)만큼 이동된 것을 제외하고는 사실상 그 모양이 (a)와 같다. 여기서 $\dot{S}$=4%로 가정하였기 때문에 (b)를 보면 임금상승률이 4%일 때는 물가상승률이 0이 된다. 따라서 점A가 결국 원점이 되는 셈이다. 그리고 A의 오른쪽 부분에서도 임금상승률은 0보다 크지만 노동생산성의 증가율보다 작으므로 물가는 하락하게 된다.

이제 물가 필립스곡선이 성립함으로써 인플레이션과 실업률의 상반관계가 명확하게 되었다. 따라서 정책당국자는 (b)에서 A(높은 실업률과 낮은 인플레이션을 나타내는 점)를 택할 것인가, 아니면 B(낮은 실업률과 높은 인플레이션을 나타내는 점)를 택할 것인가를 결정해야 한다. 즉 실업과 인플레이션간에 있어서 어느 쪽에 정책의 무게를 두느냐에 따라 결정될 일이다.

그런데 이러한 선택이 의미를 갖기 위해서는 필립스곡선의 안정성(stability)이 선행되어야 한다. 즉, 필립스곡선은 항상 우하향의 기울기를 가지며 이동하지 않아야 한다는 것이다.

또한 필립스곡선은 노동시장의 조정이 실질임금이 아니라 명목임금에 의하여 이루어지고 있다는 전제에서 시작했기 때문에 어느 정도 화폐환상(money illusion)의 존재를 인정하고 있음을 알아야 한다. 따라서 노동시장이 예상물가상승률을 감안한 실질임금의 조정에 의하여 이루어지면 필립스곡선이 안정성을 잃게 되는데, 이것은 곡선의 이동으로 나타나게 되며 장·단기 필립스곡선을 구별할 수 있게 된다.

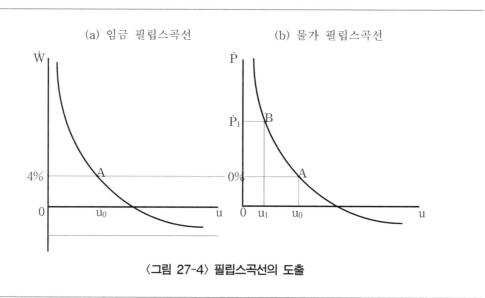

(a) 임금 필립스곡선　　　　(b) 물가 필립스곡선

〈그림 27-4〉 필립스곡선의 도출

3-2 예상 인플레이션과 필립스곡선

지금까지는 필립스곡선에 노동자들의 예상물가상승률을 반영하지 않았다. 그러나 실제로 노동자들은 임금계약을 체결할 때 앞으로 예상되는 물가상승률을 반영하여 실질임금이 종전과 같은 수준이 되도록 명목임금상승률을 요구할 것이다. 그런데 노동자들은 과거의 자료나 미래의 예측으로 물가상승률을 예상하는데 특히 미래의 예상에 의한 물가상승률이 명목임금상승률을 결정할 때 더 큰 비중을 차지하게 된다. 한편 기업의 임금 인상폭은 노동시장의 초과수요의 크기에도 의존할 것이다.

이렇게 예상물가상승률에 의해서 임금상승률이 결정되면 이것은 필립스곡선을 우측으로 이동시킨다. 그런데 주로 미래예측에 의한 물가상승률의 예상에 의해서 필립스곡선의 이동은 더 크게 영향을 받는 것으로 알려져 있다.

미래의 물가변동에 대한 예상은 여러 가지가 있지만 그 중의 하나는 과거의 물가상승률자료를 이용한다는 것이다. 이제 원래의 필립스곡선의 방정식(식 27-5)에다 예상물가상승률을 도입하면 (식 27-10)과 같게 된다.

$$\dot{W} = h(u) + a\,\dot{P}^e + \dot{S}$$ (식 27-10)

a : 예상물가상승률 조정계수

여기에서 만약 $a = 1$이면 예상물가상승률만큼 명목임금상승률에 반영되므로 예상실질임금은 불변이 된다. 한편 $0 < a < 1$이면 예상인플레이션이 명목임금상승률에 부분적으로만 반영되는 경우이다. 즉 사람들은 합리적이어서 인플레이션에 적응해 가려고 노력하지만, 약간의 화폐환상에 사로잡혀 있어서 인플레이션이 임금상승률에 완전히 반영되지 못하고 있다. $a = 0$이면 예상물가상승률을 전혀 반영하지 않는 경우가 된다. 따라서 a가 얼마나 되는가에 따라서 임금상승률이 정해진다. 필립스곡선은 a의 값에 따라서 그 명칭이 달라지는데 $a = 0$이면 단기 필립스곡선, $0 < a < 1$이면 중기 필립스곡선 $a = 1$이면 장기 필립스곡선이라고 한다. 그러므로 $a = 1$일 때 (식 27-10)에 의하면 실업률과 노동생산성의 증가율이 일정하더라도 예상물가상승률이 증가하면 임금상승률도 그만큼 상승하므로 필립스곡선은 상향 이동하게 된다는 것을 의미한다. 이제 (식 27-10)을 물가 필립스곡선으로 바꾸면, 즉 $\dot{P} = \dot{W} - \dot{S}$를 대입하면 다음과 같다.

$$\dot{P} = h(u) + a\,\dot{P}^e$$ (식 27-11)

3-3 자연실업률 가설

(식 27-11)도 마찬가지로 $a = 1$일 때 예상물가상승률이 높아지면 동일한 실업률하에서 필립스곡선이 그 만큼 상향 이동함을 나타낸다. 이제 실업률에 대한 가정을 한 가지 더 추가하기로 한다. 자연실업률(natural rate of unemployment, u_N)이라는 것이 있는데 실업률이 이 수준 이상으로 상승하거나 이하로 하락할 때 실질임금이 변동한다는 가정이다. 이와 같은 가정은 물가상승률이 현재의 실업률에 반응하기보다는 현재의 실업률과 자연실업률의 차이, 즉 $(u - u_N)$에 반응하는 것을 의미한다. 이제 $a = 1$과 자연실업률이 도입하면 (식 27-11)의 필립스곡선은 다음과 같이 된다.

$$\dot{P} = h(u - u_N) + \dot{P}^e \qquad\qquad\qquad (식\ 27\text{-}12)$$

(식 27-12)를 예상필립스곡선(expectation augmented Phillips curve)이라고 한다. 장기적으로 실제 인플레이션과 예상인플레이션이 같아지면, 즉 $\dot{P} = \dot{P}^e$이면 $u = u_N$으로서 실업률은 자연실업률에 고정된다. 이때 필립스곡선은 자연실업률 상에서 수직이 되며, 실업률과 인플레이션의 상반관계는 성립하지 않게 된다. 프리드만 (M. Friedman)은 이것을 장기에 성립하는 진정한 필립스곡선(real Phillips curve)이라고 불렀다. 이제 (식 27-12)에서 예상물가상승률에 따라 필립스곡선이 이동한 것을 〈**그림 27-5**〉를 통하여 살펴보기로 하자. 〈**그림 27-5**〉는 수직으로 나타나는 하나의 장기 필립스곡선과 우하향하는 많은 단기 필립스곡선으로 이루어졌다.

각각의 단기 필립스곡선은 예상물가상승률이 각각 0, 2, 4 및 6%인 경우를 보여주고 있다. 즉, $\dot{P}^e$가 0%로부터 6%까지의 값을 취하고 있다. 각 단기 필립스곡선의 위치는 $\dot{P}^e$, 즉 예상인플레이션의 값에 의존한다. $\dot{P}^e$가 크면 클수록 단기 필립스곡선은 상향으로 이동하게 된다. 그런데 예상 및 실제 인플레이션율이 같아지는 곳에서 각 단기 필립스곡선이 장기 필립스곡선과 교차함을 유의하기 바란다. 예컨대, 예상인플레이션율이 0에 해당하는 단기 필립스곡선 PC_0는 실제인플레이션율이 0인 점 A에서 장기 필립스곡선 LPC과 교차한다. 마찬가지로 예상인플레이션율이 4%에 해당하는 단기 필립스곡선 PC_4는 실제인플레이션율이 4%인 곳에서 장기 필립스곡선과 교차한다.

경제가 원래 A에 놓여 있고 그때 실업률은 6%이고 실제 및 예상인플레이션율이 0이라고 생각하자. 이제 정책당국이 6%의 실업률이 너무 높다고 판단하여 이것을 줄이기 위해서 확대금융정책을 채택한다고 가정하자. 그 결과로 총수요가 증가하고 따라서 총공급도 증가할 것이다. 총공급의 증가는 실업률을 3%로 낮추게 될 것이다. 한편 확대금융정책의 결과로 물가도 2%로 상승하여 경제는 단기적으로 A에서 B로 이동하였다. 그 결과 노동자는 장기적으로 인플레이션을 2%로 예상하게 되므로 실질임금은 하락하고 실업률은 다시 상승해서 경제는 B에서 C로 오게 되어 결국 실업률은 그대로 6%가 되고 인플레이션만 2%로 증가하게 된다. 정책당국은 다시 6%의 실업률이 높다고 생각하여 확대금융정책을 실시하면 같은 절차를 거쳐 결국 경제는 D에서 E로 이동하고 계속 같은 정책을 반복하면 F에서 G와 같은 경로를 거쳐 실업률은 6%로 변함이 없고 인플레이션만 일어나게 될 것이다. 그래서 장기필립스곡선은 결국 그림과 같이 수직선이 될 것이다. 이와 같은 수직적인 장기 필립스곡선은 장기적으로 인플레이션과 실업간에 상반관계가 성립되지 않음을 보여준다. 장기에 있어서는 경제가 자연실업률(natural rate of unemployment)하에서 완전고용수준에 정착된다. 이것을 자연실업률가설이라고 부른다. 이것은 경제가 자연실업률 상태에 도달해 있을 때 정책당국이 경제를 더 확장시키기 위한 어떤 정책을 써도 인플레이션만을 가속시키게 된다는 것을 의미한다. 따라서 이것을 인플레이션 가속화 가설(inflation acceleration hypothesis)이라고도 부른다.

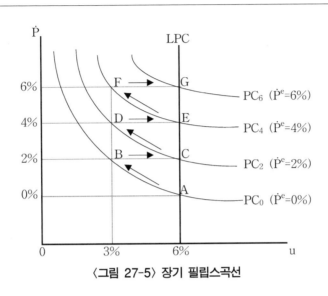

〈그림 27-5〉 장기 필립스곡선

제4절 물가의 예상

우리는 필립스곡선에 예상물가상승률을 도입하면서도 예상물가의 구체적인 방법에 대해서는 설명한 바가 없었다. 올바른 예상(물가예상)은 현실경제활동에 그만큼 도움이 될 것이며 잘못된 예상은 그로 인하여 부정적인 효과를 미치게 될 것이다. 따라서 우리는 미래를 예상하는데 있어서 그 예상이 어떻게 이루어지는가 하는 것에 대해서 알아볼 필요가 있다.

물가예상모델은 적응적 기대모형(adaptive expectation model)과 합리적 기대모형(rational expectation model)이라는 것이 있다.

4-1 적응적 기대모형

적응적 기대모형은 현재 및 과거의 정보만을 토대로 하여 예상하는 방식으로서 t시점에 있어서의 인플레이션율기대값 ($\dot{P}_t^e$)은 현재인플레이션율 ($\dot{P}_t$)과 그 전기(t-1)의 기대되었던 인플레이션율 ($\dot{P}_{t-1}^e$)의 가중평균값으로 (식 27-13)과 같이 표현된다.

$$\dot{P}_t^e = a\dot{P}_t + (1-a)\dot{P}_{t-1}^e \ , \quad 0 < a < 1, \quad a : 가중치 \qquad (식\ 27-13)$$

여기에서 $\dot{P}_t^e$는 다음 시점 (t+1)에 인플레이션율이 어떻게 될 것인가를 현재 (t)시점에서 예상하는 값이며 $\dot{P}_t$는 현재 진행되고 있는 실제인플레이션율이고, $\dot{P}_{t-1}^e$은 t기에 인플레이션이 어떻게 될 것이라고 지난기 (t-1)에 예측했던 예상물가상승률이다. 이 모델은 현재인플레이션율에 관한 정보를 이용하여 기대인플레이션율을 점차 현실화(updated)시켜 나가는 것을 보여준다. 만약 (식 27-13)을 다음 (식 27-14)와 같이 표시하고 보면 예상을 최신의 것으로 조정해 가는 관계가 명확해 진다.

$$\dot{P}_t^e - \dot{P}_{t-1}^e = a(\dot{P}_t - \dot{P}_{t-1}^e) \qquad (식\ 27-14)$$
조정 ←| |→오차

만약 경제주체가 금기의 실제인플레이션율을 너무 낮게 예측했다고 하면, 그들은 미래의 인플레이션율을 예측할 때에는 그 오차(error)만큼 상향 조정하게 될 것이다. $\dot{P}_t > \dot{P}_{t-1}^e$ 라면 그 오차만큼 다음기에 반영되어 $\dot{P}_t^e$를 높이게 될 것이다. 반대로 $\dot{P}_t < \dot{P}_{t-1}^e$ 로서 현재의 인플레이션이 예상했던 것보다 낮으면, $\dot{P}_t^e$는 $\dot{P}_{t-1}^e$에 비하여 낮게 조정될 것이다. 따라서 $\dot{P}_t^e - \dot{P}_{t-1}^e$은 기대의 조정(adjustment)이고 $\dot{P}_t - \dot{P}_{t-1}^e$은 현재인플레이션율에 대한 예측오차(forecast error)이다. 그렇기 때문에 적응적 기대모형을 시행착오의 과정(error correction process)이라고도 한다. 그리고 조정계수 a의 값이 1에 가까울수록 조정은 강하게 일어나며 0에 가까울수록 조정은 상대적으로 약하게 일어난다고 한다. a는 예상의 조정속도를 반영하는 것으로 생각될 수 있다.

위의 (식 27-13)에서 다음과 같은 내용을 유출할 수 있다.

$$\dot{P}^e_{t-1} = \alpha \dot{P}_{t-1} + (1-\alpha)\dot{P}^e_{t-2}$$

$$\dot{P}^e_{t-2} = \alpha \dot{P}_{t-2} + (1-\alpha)\dot{P}^e_{t-3}$$

$$\vdots$$

이와 같은 과정이 계속되기 때문에, 이들을 차례대로 (식 27-13)에 대입하면 다음과 같다

$$\dot{P}^e_t = \alpha \dot{P}_t + \alpha(1-\alpha)\dot{P}_{t-1} + \alpha(1-\alpha)^2\dot{P}_{t-2} + \cdots + \alpha(1-\alpha)^n \dot{P}_{t-n} \quad \text{(식 27-15)}$$

또는,

$$\dot{P}^e_t = \sum_{i=0}^{\infty} \alpha (1-\alpha)^i \dot{P}_{t-1} \quad \text{(식 27-15)}'$$

여기에서 $0 < \alpha < 1$이기 때문에 가중치의 합은 1이다. 즉, $\sum_{i=0}^{\infty} \alpha (1-\alpha)^i = 1$이다. 이것은 $\dot{P}^e$가 궁극적으로 안정적인 실제인플레이션율로 수렴함을 나타낸다. 즉, 장기적으로는 정확한 예측을 하게 된다는 것이다. (식 27-15)와 또는 (식 27-15)′은 기대인플레이션율이 현재 및 과거의 실제인플레이션율의 가중평균치임을 나타내고 있으며 이때 가중치는 과거로 갈수록 기하급수적으로 감소한다. 그리고 α의 값이 클수록 현재와 가까운 시점에 가중치가 높게 주어지게 된다.

적응적 기대를 (식 27-12)와 (식 27-14)를 토대로 해서 설명하면, 단기에 있어서는 기대형성이 완전하지 못하므로 $\dot{P} \neq \dot{P}^e$이다. 즉 실제인플레이션과 예상인플레이션의 차이가 생기므로 $(\dot{P} - \dot{P}^e)$는 예상되지 못한 인플레이션(unanticipated inflation)이 된다. 그러면 이 예상되지 못한 인플레이션은 오차수정과정을 통하여 점차 조정되는데, 이때 조정의 방향은 현재 실업률과 자연실업률의 차이, 즉 $(u - u_n)$과 반대방향으로 이루어지게 되므로 단기적으로 필립스곡선은 우하향하는 모양을 갖는다. 그러나 장기적으로는 예상이 정확하게 되어 $\dot{P} = \dot{P}^e$가 이루어지므로 현재의 실업률은 자연실업률과 같아지고 필립스곡선은 수직이 된다. 그리고 이러한 가설이 옳다면 경제는 자연실업률하에서 장기적 평균에 도달하게 되며, 그 균형은 안정성을 갖는다. 왜냐하면 〈그림 27-5〉에서와 같이 실업률이 자연실업률로부터 벗어나면 예상물가상승률의 조정을 통하여 다시 자연실업률로 복귀하려는 힘이 작용하기 때문이다.

4-2 합리적 기대가설(rational expectation hypothesis)

합리적 기대가설은 뮤스(J. Muth)에 의하여 처음 제기된 것으로서 '합리적 기대(rational expectations)'라는 용어도 그가 처음 사용한 것이다. 그 후 1970년대에 들어와서 루카스 (R. Lucas, Jr.), 사전트(T. Sargent), 월리스(N. Wallace), 바로(R. J. Barro) 등에 의 하여 거시경제학 분야에 응용되면서 크게 발전되었으며, 합리적 기대학파 혹은 새고전학파경 제학(New Classical Economics)이라는 이름으로 현대 거시경제학에서 주요한 위치에 자 리 잡게 되었다.

적응적 기대모형은 체계적 오류를 범하는 것을 허용하는 문제점이 있었다. 더욱이 이것은 실 제인플레이션율을 원래부터 과소추정(underestimation)하다가 그 오차를 점점 좁혀 가는 것으로 가정하고 있다. 그런데 이러한 과소추정은 물가상승률을 정확히 추정할 필요가 있는 사 람들에게 비용을 초래하게 된다. 그러므로 이러한 비용을 회피하기 위하여 가장 중요한 것은 체계적 오류를 범하지 않도록 하는 것이다. 물론 예측오차(forecasting error)는 발생할 수도 있지만, 그것은 체계적으로 범하는 것이 아니라 확률적으로 발생할 뿐이라야 한다. 이러한 체 계적 오류를 배제하는 방법으로 나타난 하나의 대안이 바로 합리적 기대모형이다. 합리적 기대 란, 어떤 경제주체가 취한 주관적 예상은, 가능한 정보집합(available information set)이 주어진 상태에서 예상하고자 하는 변수의 확률분포 평균이다. $t-1$기에서 예상하는 t기의 물 가상승률을 $\dot{P}_t^e$라고 하면 합리적 기대모형은 (식 27-16)과 같이 표현된다.

$$\dot{P}_t^e = E(\dot{P}_t / Z_{t-1}) \qquad\qquad \text{(식 27-16)}$$

여기에서 Z_{t-1}은 t-1기의 주어진 가능한 정보집합을 나타낸다. 따라서 $E(\dot{P}_t / Z_{t-1})$는 주 어진 정보하에서 물가상승률 $\dot{P}_t$에 대한 수학적 기대치(mathematical expectation)로서 곧 평균을 의미한다. 이때 가능한 정보집합에는 해당 변수에 대한 현재 및 과거의 정보 외에, 예측에 영향을 미칠 수 있는 다른 모든 정보가 포함된다.

(식 27-16)에서 좌변은 어떤 경제주체가 t기에서 취한 물가상승률에 대한 주관적 예상 (subjective expectation)을 나타내며 우변은 객관적 기대치(objective expectation)를 나타낸다. 즉, 주어진 정보하에서 물가상승률 $\dot{P}_t$의 조건부 확률분포(conditional proba- bility distribution)의 평균을 의미한다. 합리적 기대이론에서는 이렇게 정의된 예상물가상 승률이 실제 물가상승률의 불편추정량(unbiased predictor)이라고 본다. 다시 말해서 양자

간에는 차이가 발생할 수 있지만, 그것은 확률오차에 불과하다는 것으로서 다음과 같이 표현될 수 있다.

$$\dot{P}_t - \dot{P}_t^e = \varepsilon_t$$ (식 27-17)

합리적 기대이론에서는 경제주체들이 경제의 구조와 관련변수들의 확률분포를 잘 알고 있는 것으로 가정하고 있으며, 이것이 모두 정보집합에 포함되어 있다. 그러나 위에서와 같이 ε_t로 표현되는 확률오차도 존재하므로 개인이 가지고 있는 경제의 구조적 관계에 대한 정보가 불완전할 수 있음도 인정한다. 그리고 기대값이 불편추정량이라는 것은 예측값이 항상 정확하다는 뜻이 아니라, 예측이 과잉측정(overestimation)또는 과소측정 되는 것과 같은 체계적 오류가 발생하지 않는다는 것을 의미한다.

이러한 합리적 기대가설에 대해서 비판의 시각도 있는데 이에 대해서 살펴보기로 한다.

첫째, 모든 경제주체들이 가지고 있는 정보의 내용, 즉 정보의 양과 질이 동일한가 하는데 비판의 초점이 놓여 있다. 정책당국이 체계적으로 정책을 수행하고 있을 때 정책당국이 가지고 있는 정보와 민간부문의 정보간에 차이가 있으면, 정책당국이 추구하는 단기적 안정화정책은 효과를 거둘 수 있다는 것이다.

둘째, 합리적 기대모형에서는 사람들이 경제구조를 이해하는 데 비용이 들지 않는다고 가정하고 있을 뿐만 아니라, 변수들의 미래값을 예측하는 데 필요한 자료 및 정보수집에도 아무런 비용이 들지 않는다고 가정하고 있다. 그러나 이것은 사실과 다르다.

셋째, 비록 모든 경제주체들이 동일한 정보를 가지고 있다고 할지라도 개인들의 기대가 수학적(통계적) 기대값과 같은 합리적 기대를 가진다고 생각할 이유가 있겠는가 하는 문제이다. 어떤 사람들은 적응적 기대와 같은 방법으로 기대를 형성할 수 있기 때문이다.

넷째, 합리적 기대이론이 임금과 가격의 완전 신축성을 가정하고 있다는 점을 문제삼고 있다. 만약 임금 또는 가격이 경직적일 경우, 비록 기대(expectations)가 합리적으로 이루어지더라도, 경제정책은 단기적으로 산출량과 실업률에 영향을 미칠 수 있다. 특히 임금은 일정 고용계약 기간 중에는 약정된 수준에 묶여 있기 때문에 시장에서의 노동수급동향에 느리게 적응하는 것이다.

결론적으로 합리적 기대이론은 정보가 신속·정확하고 물가가 신축적으로 변화할 수 있는 경제에는 적합하지만, 정보가 정확하지 못하고 물가가 경직적인 경제에서는 그 타당성이 약해질 수 있다. 물론 합리적 기대이론은 기대형성을 확률이론에 기초를 두어 보다 합리적이고 현대적인 기대형성이론을 발전시켰으며, 종래의 이론들을 보완 또는 향상시키는 데 크게 공헌한 것은 사실이다.

【연│습│문│제】

1. 인플레이션을 유형별로 설명하시오.

2. 인플레이션을 억제시키기 위한 대응 정책에 대하여 설명하시오.

   1) 총수요·총공급관리정책

   2) 소득정책

   3) 물가연동제도

3. 실업의 정의와 형태에 대하여 설명하시오.

4. 필립스곡선이란 무엇이며, 임금 필립스곡선과 물가 필립스곡선의 도출을 그래프로 설명하시오.

5. 물가의 예상모델인 적응적 기대모형과 합리적 기대가설에 대하여 설명하시오.

수출을 총수요에 넣는 이유는

국민소득을 총수요로 볼 경우 해외수요인 수출도 감안해야

Q: 국민소득이 총공급과 총수요의 영향을 받는다고 하는데, 왜 그런가요. 총수요에 수출이 포함되는 이유는 무엇인지요. 국민총생산과 국내총생산의 개념도 알려주세요. 〈독자 지원진 님〉

A: 국민소득은 가계, 기업, 정부 등 경제주체가 일정 기간(보통 1년)에 새로이 생산한 가치를 합친 것을 말합니다. 이를 경제학자 케인스는 각 부문의 수요를 합친 총수요를 국민소득으로 보았습니다.

즉 국민소득(Y)=소비수요(C)+투자수요(I)+정부지출(G)+순수출(NX)이란 공식을 제시했습니다. 여기에서 순수출(Net Export)은 수출에서 수입을 뺀 금액으로 해외에서 생긴 수요에 해당합니다.

이 이론은 수요가 생기는 부문을 가계·기업·정부·해외로 나눠 각각의 수요를 합친 금액을 국민소득으로 파악합니다.

우리나라의 경우 총수요에서 개인 부문의 소비수요는 신용 불량자가 많아 꽁꽁 얼어붙어 있고, 기업들의 투자수요도 신통치 않은 상태입니다. 정부 지출은 세금을 거둬 쓰는 것이기 때문에 한정돼 있고요. 이런 어려움 속에 수출이 잘 되고 있어 그런대로 버팀목 역할을 하고 있는 셈이지요.

국민소득은 어떤 기준으로 측정하느냐에 따라 여러 지표로 나눌 수 있습니다. 국민총생산(GNP)은 생산 주체의 국적을 기준으로 삼습니다. 외국 기업이 한국에서 생산한 것은 포함되지 않습니다. 대신 외국에 나가 있는 한국 기업의 현지 생산은 포함시킵니다. 하지만 GNP는 경제가 개방되고 세계화되면서 그 나라 경제의 실상을 제대로 반영하지 못한다는 지적을 받았습니다. 요즘에는 대부분의 나라가 국내총생산(GDP)을 사용합니다. 이는 생산지가 기준입니다. 외국 기업이 한국에서 생산한 것도 포함합니다. 대신 한국 기업의 해외 생산은 제외되지요.

출처: 이종태 경제연구소 기자, 『중앙일보』, "틴틴 온라인 교실", 2004. 3. 15.

경제대국들의 돈 찍어내기 경쟁 무섭다

각국의 양적완화 경쟁이 점입가경이다. 양적완화(Quantitative Easing)라는 그럴듯한 말을 만들어냈으나 실상은 통화증발이다.

다음 달로 예정된 일본 총선에서 집권이 예상되는 자민당의 아베 신조 총재는 지난 19일 "일본은행의 윤전기를 돌려서라도 무제한으로 돈을 찍어내겠다"고 말했다. 침체에 빠진 일본경제를 살려내기 위해 2차 대전 전시자금 조달 때나 행하던 중앙은행의 국채 직접매입 조치를 부활시키겠다는 의미다. 일본은 이미 9~10월 21조엔(약 280조 원)을 풀었으나 이도 모자라 또 풀겠다는 것이다.

미국과 유럽은 9월 발표한 무제한 양적완화 계획을 시행하고 있다. 중국의 새 지도부 역시 양적완화 등 금융완화 정책을 펼 가능성이 높다. 내수진작으로 일자리를 만들어 민심의 불만을 다독여야 하기 때문이다.

경제대국들의 무제한 통화증발로 우선 우려되는 대목은 국제원자재 가격 상승 등 글로벌 인플레이션이다. 자원빈국인 우리나라에 국제유가 등 원자재 가격 상승은 경쟁국들에 비해 큰 부담이 된다. 다행히 아직까지는 국제원자재시장에 큰 요동이 없다. 무제한 통화증발을 할 정도로

선진국 경기가 나쁜데다 중국·브라질 등 신흥국마저 경기가 좋지 않아 수요가 위축돼 있기 때문이다. 그러나 투기자금이 몰릴 경우 얘기가 달라진다.

또 하나는 환율전쟁이다. 무제한 통화증발은 해당국 통화가치를 떨어뜨린다. 아베 총재의 발언으로 엔화가치가 크게 하락하고 있다. 달러나 유로가치도 떨어지고 있다. 반면 원화가치는 꾸준히 오르는 추세다. 이는 내수와 물가안정에는 도움이 된다. 문제는 수출경쟁력 하락이다. 우리나라와 글로벌시장에서 경쟁상대인 미국·유럽·일본 제품의 가격경쟁력이 상대적으로 높아지는 것이다.

급격한 원화가치 상승을 막아야 한다. 하지만 선진국처럼 통화증발 정책을 쓸 상황은 아직 아니라고 본다. 우리 상황이 일본처럼 디플레이션 리스크가 확실한 것도 아니고 금리정책 동원이 불가능한 제로금리 수준도 아니기 때문이다. 다만 금리를 낮추는 방안은 경기 흐름과 득실을 따져 조심스럽게 검토할 필요가 있다. 금리가 낮아지면 통화가치가 하락해 수출경쟁력을 높인다. 가계부채 부담도 낮출 수 있다.

출처: 『서울경제신문』 사설, 2012. 11. 21.

실업정책의 두 얼굴

정부 지출 늘면 일자리 무조건 증가?

"새해 국정운영에서 일자리만큼 중요한 것은 없습니다." 이는 이명박 대통령 신년연설의 한 구절이다. "우리가 아무것도 하지 않으면 실업률은 두 자릿수로 치솟을 것입니다. 경기부양법안이 조속히 처리되길 기대합니다." 이는 오바마 미국 대통령 주례연설의 한 부분이다. 이처럼 '일자리'와 '실업률'은 경제용어 중에서도 정치 지도자들이 가장 많이 언급하는 단어들이다. 특히 경제가 어려울 때 다른 경제이슈보다 실업문제가 전면에 등장한다. 그만큼 국민 개개인의 생활과 직결되는 사안이기 때문이다.

실업의 원인

실업의 원인에는 여러 가지가 있다. 노동 공급과 수요간 정보의 불완전, 노동력 이동의 한계 등으로 발생하는 마찰적 실업은 현실 세계에서 자연스럽게 발생하는 현상이다. 반면 지금처럼 경기위축에 따라 발생하는 경기적 실업은 일할 의사와 능력이 있어도 생산에 필요한 인력이 줄어들어 비자발적으로 일자리를 잃는 것이다. 한편 임금이 노동시장의 균형점보다 높은 수준에서 결정됨에 따라 노동공급이 노동수요를 초과하여 발생하는 실업은 대기실업이라고 한다.

정부지출에 대한 논쟁

경기적 실업에 대한 대표적인 대책은 정부지출 확대로 사회간접자본 건설 등을 추진하여 노동 수요를 창출하는 것이다. 1930년대 대공황 시기에 미국 루즈벨트 대통령이 추진했던 뉴딜정책에도 대규모 댐공사를 통한 일자리 만들기가 포함되어 있었다.

하지만 정부지출이 늘기만 하면 일자리도 자동적으로 늘어나는 것은 아니다. 정부가 재화나 서비스를 사용하면 그만큼 민간부문이 사용할 자원을 희생시키는 것인데 '주인 없는 돈'인 정부지출이 오히려 비효율적으로 쓰인다는 주장도 있다. 더구나 자본집약화되고 있는 산업구조를 감안하면 정부지출이 예전만큼 고용을 창출하지 못할 수도 있다. 뿐만 아니라 지출이 장기국채 발행을 통해 이루어진다면 그 부담이 미래세대로 전가된다는 점도 고려해야 한다.

최저임금제도의 두 얼굴

대기실업과 관련해서는 실업을 줄이기 위해 최저임금제도를 철폐해야 한다는 주장이 있어 논쟁이 치열하다. 최저임금제도는 근로자의 임금이 일정 수준 이하로 떨어지지 못하게 정부가 강제하는 것이다.

그런데 최저임금이 시장균형보다 높을 경우 노동공급은 증가하고 노동수요, 즉 일자리는 감소하므로 실업이 늘어날 수밖에 없다. 저소득층을 배려한 최저임금제도가 오히려 저임금계층의 취업을 방해하는 것이다. 따라서 임금은 시장에서 결정되도록 두되 대신 저소득층에게 보조금을 지급하는 것이 보다 효과적인 소득 재분배 수단이라는 주장이다.

인위적인 정부 개입은 오히려 역효과를 초래

한다는 측면에서 최저임금제도 철폐 논리는 상당히 타당성이 있어 보인다. 하지만 여기에도 중대한 오류가 있다. 왜냐하면 현실에 거의 존재하지 않는 완전경쟁시장을 가정하기 때문이다.

노동조합과 실업보험의 두 얼굴

일자리와 소득을 보호하기 위해 조직한 노동조합이 오히려 실업률을 높인다는 주장도 있다. 노동조합이 결성되면 시장원리보다 노동조합의 협상력에 따라 임금이 결정된다.

그런데 노조가 추구하는 이익은 조합원의 일자리와 소득이지 실업자의 이익은 아니다. 만약 노조가 임금을 시장균형 수준보다 훨씬 높은 수준으로 정하면 고용자는 추가적인 고용을 꺼리게 되어 결국 취업 대기자들의 취업 기회를 박탈하는 셈이 된다. 하지만 반대로 생각하면 노동조합이 없을 경우 고용자가 임금을 시장균형 수준에서 결정한다는 보장도 없다. 고용자는 보통 피고용인보다 우월한 지위를 가지므로 근로자에게 극히 불리한 고용조건을 강요할 수도 있다.

실직자를 보호하기 위한 실업보험도 마찬가지로 두 얼굴을 가지고 있다.

실업보험은 실직자에게 돈을 지급하여 생계를 유지토록 하지만 이에 안주하여 구직활동을 열심히 하지 않는 도덕적 해이를 초래할 수 있다. 그래서 보험급여를 낮춰야 실업률이 낮아진다는 주장도 있다. 그러나 한편으로 실업보험이 실직자가 자신에게 맞는 일자리를 잘 찾도록 돕는 역할을 한다는 점을 간과해서는 안 된다.

대부분의 정부 정책이 그렇듯이 실업정책도 원래 의도와 다른 역효과를 일으키거나 문제를 더 악화시킬 수 있다. 하지만 시장이 모든 것을 해결하도록 방치하는 것은 더욱 위험한 일이다. 그래서 실업정책을 입안할 때는 수많은 가능성과 효과를 되짚어 보면서 최선책을 모색하는 깊은 고민이 필요하다.

출처: 정민수(한국은행 전 부산본부 조사역), 『부산일보』, 2009. 1. 14.

제11편
국제경제이론

국제무역이론

제1절 순수국제무역이론

1-1 절대우위에 기초한 무역

스미스(A. Smith)에 의하면 무역이 발생하기 위해서는 양 국가가 서로 이익을 얻을 수 있어야 한다했다. 과연 상호이익을 얻을 수 있는 무역은 어떻게 발생할 수 있으며 이러한 무역으로부터 발생하는 이익의 원천은 무엇인가?

스미스는 두 나라의 무역은 절대우위(absolute advantage)에 기초한 것이라 했다. 절대우위에 기초한 무역이란 한 나라가 어떤 상품을 생산하는데 있어서 다른 나라보다 보다 효율적이고, 다른 상품을 생산하는 데는 상대 나라보다 비효율적이면 두 나라 모두 효율적인 상품을 특화하여 생산하여 여분의 것들을 서로 교환하면 두 나라 모두 편익을 얻을 수 있다는 것이다.

예를 들어서 캐나다는 밀의 재배에 있어서 니카라과에 비해 절대 우위에 있지만 바나나에 대해서는 절대 열위에 있다. 니카라과는 그 반대이다. 따라서 두 나라 모두 절대 우위에 있는 상품을 특화하여(즉, 국내 수요이상 생산) 서로 교환하면 교환전 보다 결국 두 상품이 보다 많이 생산되고 소비된다.

스미스는 무역을 하면 양국 모두 이익을 볼 수 있기 때문에 중상주의와 같이 정부의 강력한 통제(수입억제, 수출장려)가 불필요하다고 주장하였다. 즉, 자유방임정책을 주장하였다.

〈표 28-1〉처럼 절대우위를 수치적으로 예시해보기로 한다.

〈표 28-1〉 양국 생산성 비교

	한 국	중 국
텔레비전(대/1인당1시간)	6	1
신발(켤레/1인당1시간)	4	5

위의 표에서 상호 이익이 될 수 있는 교환범위는 신발 4켤레〈TV 6대〈신발 30켤레인데 이 것에 대해서 설명해보자. 편의상 텔레비전을 TV, 신발을 S라고 하자.

한국이 6TV와 6S를 교환할 때 2S 이익 또는 30분 시간 절약(시간이익)이 된다. 중국은 한국으로부터 받은 6TV는 중국에서 6시간 분량인데 이는 신발로 30S이며 6S를 주었기 때문 에 24S가 이익 또는 약 5시간 절약이다. 중국이 한국보다 이익을 더 얻는 다는 사실이 중요한 것이 아니라 두 나라 모두 이익을 얻는 다는 사실이 중요한 것이다.

사실상 절대우위이론만 가지고는 현재 세계의 무역 상태를 다 설명할 수 없다. 왜냐하면 두 상품 다 절대열위에 있음에도 불구하고 절대우위에 있는 나라와 무역을 하기 때문이다. 이는 다음에 설명되는 비교우위 이론이 말해 준다.

1-2 비교우위에 기초한 무역

리카도(Ricardo)의 이론으로 무역은 비교우위의 법칙(law of comparative advantage) 에 의해서 이루어진다는 것이다. 비교우위에 기초한 무역이란 한 나라가 두 상품 모두 생산에 있 어서 다른 나라보다 덜 효율적이라 하더라도 쌍방 이익을 볼 수 있는 무역이 가능하다는 것이다. 즉, 절대열위가 작은 상품(비교우위상품)을 특화하여 수출하고 절대열위가 큰 상품(비교열위상 품)을 수입하면 된다는 것이다. 〈**표 28-2**〉처럼 비교우위를 수치적으로 예시해보기로 한다.

〈표 28-2〉 양국 생산성 비교

	한 국	중 국
텔레비전(대/1인당1시간)	6	1
신발(켤레/1인당1시간)	4	2

텔레비전과 신발의 생산에 있어서 효율성 비교는 6:1과 2:1이므로 중국은 절대열위가 작 은 신발 생산을 특화하여 수출, 한국은 반대로 절대우위가 큰 텔레비전을 특화하여 수출하면 상호 이익이 되는 무역이 가능하다.

한국은 국내적으로 6TV의 생산을 포기하면 4S를 더 생산할 수 있다. 따라서 중국과의 교역에 있어서 6TV와 4S이하와의 교역은 않는다.

중국은 국내적으로 2S의 생산을 포기하면 1TV를 더 생산할 수 있다. 따라서 한국과의 교역에 있어서 2S와 1TV이하와의 교역은 않는다. 만약 6TV와 6S가 교환된다면 한국은 2S 또는 30분의 이익을 얻게 되며 중국은 한국으로부터 가져 온 6TV를 시간으로 계산하면 6시간이고 이는 12S의 신발을 생산할 수 있는 양이다. 그런데 6S를 한국에 주었기 때문에 6S만큼의 이익을 얻는다.

상호 이익이 되는 무역이 발생할 수 있는 범위는 4S〈6TV〈12S이다. 6TV와 4S이하는 한국 반대하고, 6TV와 12S이상은 중국이 반대한다. 교환비율이 6TV:4S에 가까워지면 중국 이익이 커지고, 교환비율이 6TV:12S에 가까워지면 한국이익이 커진다.

4S〈6TV〈12S에서 양국의 무역이익의 합은 8S이고, 만약 6TV와 8S를 교환하면 양국은 4S이익을 얻게 되어서 8C의 전체이익이 된다. 만약 6TV와 10S를 교환하면 한국은 6S 중국은 2S의 이익을 얻어서 전체는 역시 8S의 이익을 얻는다.

그런데 〈표 28-3〉과 같을 경우 비교우위의 법칙에 대한 예외가 있다. 즉, 두 상품에 대해서 한 국가가 다른 국가에 대한 절대열위가 같을 때 양국은 상호이익이 되는 무역을 할 수 없다.

〈표 28-3〉 양국 생산성 비교

	한 국	중 국
텔레비전(대/1인당1시간)	6	3
신발(켤레/1인당1시간)	4	2

1-3 비교우위와 기회비용

비교우위를 설명함에 있어서 리카도의 가정은 다음과 같다.

① 2국, 2재만 존재

② 자유무역(free trade)

③ 국내에서는 노동의 자유이동, 국제적으로는 노동 이동불가

④ 규모에 대해 일정한 생산비용(constant cost of production)

⑤ 수송비의 비존재

⑥ 기술의 불변

⑦ 노동가치설(the labor theory of value)

그런데 마지막 가정인 노동가치설에 모순이 있다는 것이다.

(1) 비교우위와 노동가치설

노동가치설이란 한 상품의 가격이나 가치는 전적으로 이 상품에 투입된 노동시간의 양에 의해 결정된다는 것인데 여기에 모순이 있다. 왜냐하면 노동만이 유일한 생산요소는 아니며 설비도 생산요소라는 것이다. 또한 노동은 동질적이지 않다. 현실적으로 교육된 노동과 비숙련 노동이 존재한다. 또한 모든 상품의 생산에 있어서 똑같이 고정된 비율로 이용되지 않는다.

그런데 비교우위를 설명할 때 상품의 가격을 단지 노동시간으로만 정하였다. 따라서 모순이다. 그렇다고 비교우위 이론전체를 기각 할 수는 없다. 왜냐하면 노동가치설 대신 기회비용이론을 대치시키면 되기 때문이다.

(2) 기회비용이론

하벌러(Heberler)는 노동가치설 대신 기회비용을 사용하여 비교우위 이론을 설명하였다. 기회비용이란 어떤 상품을 생산하는데 드는 비용은 자원을 이용하여 추가적으로 이 상품을 더 생산하기 위해 포기되는 다른 상품의 양과 같다. 예를 들면 한국에서 한 단위 텔레비전을 추가적으로 생산하기 위해 이용되는 자원으로 신발 2/3단위를 생산할 수 있다면 한 단위 텔레비전의 기회비용은 신발 2/3이다. 즉, 1TV=2/3S이다는 것이다. 중국에서 만약 1TV=2S이라면 중국에서의 텔레비전에 대한 기회비용이 높으므로 텔레비전의 생산에 있어서 한국이 비교우위이다.

(3) 불변비용하의 생산가능곡선

생산가능곡선(production possibility curve: PPC)이란 주어진 생산 기술 및 제자원하에서 두 가지 생산물을 생산할 수 있는 가능성을 표시하는 조합을 이어 놓은 궤적이다.

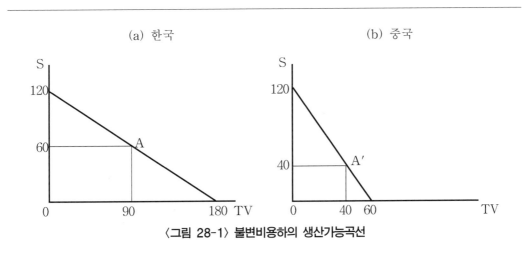

(a) 한국 (b) 중국

〈그림 28-1〉 불변비용하의 생산가능곡선

〈**그림 28-1**〉은 불변비용하의 생산가능곡선을 나타내고 있는데 우하향의 모양을 나타내고 있다. 우하향의 의미는 텔레비전을 더 생산하기 위해서는 신발의 생산을 포기해야 한다는 뜻이다.

불변기회비용이란 어떤 상품을 추가적으로 한 단위 더 생산하기 위해서 포기되어야 하는 다른 상품의 양이 일정함을 의미한다. 생산가능곡선이 직선이라는 의미는 기회비용이 일정불변이라는 것을 의미하며 다른 상품을 포기하는 양이 일정하다는 뜻으로 다음과 같은 조건일 때 성립한다. 첫째, 두 생산물을 생산함에 있어서 자원이나 생산요소가 상호 완전 대체적이고 두 상품의 생산에 고정비율로 이용될 때, 둘째, 모든 단위의 동일한 생산요소가 질이 완전히 같을 때 (예 노동)이다. 따라서 불변비용의 가정은 현실적이지 못하다. 현실적으로 비용체증이 옳다고 볼 수 있다.

제2절 현대의 국제무역이론

여기에서는 기회비용이 체증하는 현실적인 경우를 다루게 되는데 사회무차별곡선 (community indifference curve)의 개념을 도입해야한다.

기회비용의 체증이란 한 나라가 두 상품 중 한 상품을 추가적으로 한 단위씩 더 생산할 때 다른 상품의 생산의 포기량이 점점 많아진다는 것을 의미한다.

〈**그림 28-2**〉는 비용이 체증할 때의 생산가능곡선을 나타낸 것이다. A, A'이 B, B'으로 생산을 일정하게 증가시킴에 따라 제1국과 제2국은 각각 Y와 X의 생산을 점점 더 많이 포기해야한

다. 이는 B, B'이 A, A'으로 옮길 때도 마찬가지로 그 반대의 현상이 일어난다. 이러한 현상은 현실적으로 PPC가 원점으로 오목하기 때문이다.

기회비용이 체증하는 이유(원점이 오목한 이유)는 첫째, 자원이나 생산요소가 동질적이 아니기 때문이다. 예를 들면 쌀 생산에 쓰이는 노동(기술)과 인산재배에 쓰이는 노동(기술)은 다르기 때문이다. 둘째, 모든 상품의 생산에 동일한 고정비율 또는 집약도로 쓰이지 않기 때문이다. 이와 같은 이유로 X를 추가적으로 생산함에 따라 Y를 생산할 때 쓰이는 자원을 점점 더 많이 사용해야 한다. 결과적으로 점점 더 많은 Y생산을 포기해야 한다. 이때 포기되는 Y가 X에 대한 기회비용이므로 기회비용은 증가한다. 지금까지는 생산 또는 공급조건을 고려하였다.

한편 사회무차별곡선이란 개인무차별곡선과 성격상 같으나 한 집단(사회, 국가)에 동일한 만족을 줄 수 있는 두 상품의 여러 조합을 나타내는 궤적을 말하는 것으로 생산 가능곡선과 함께 무역이론을 전개하는데 필요한 개념이다.

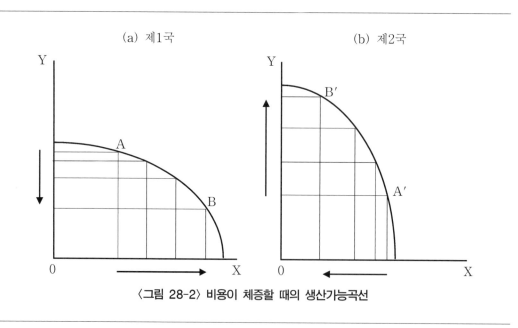

〈그림 28-2〉 비용이 체증할 때의 생산가능곡선

2-1 무역이 개시되기 전의 균형

그림 (28-3)에서 A와 A'은 각각 무역전의 생산·소비점(autarky point)이고 B와 B'은 특화생산점이다. $P_A = P_X/P_Y = 1/4$와 $P'_A = P_X/P_Y = 1/4$의 의미는 기회비용을 뜻하는데 제1국에서 기회비용이 작으므로 X에 비교우위가 있고 제2국에서는 Y에 비교우위가 있다는 뜻이다.

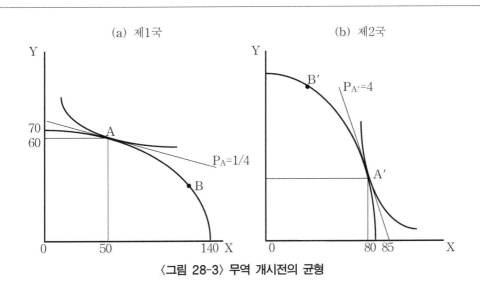

〈그림 28-3〉 무역 개시전의 균형

2-2 비용체증의 경우 무역의 발생원인과 무역으로부터의 이익

각 국이 비교우위 상품의 생산에 특화함에 따라 각 국에서의 기회비용은 증가하게 되고 결국 무역이 균형 되는 수준 즉 상대가격이 일치할 때까지 특화를 계속할 것이다. 〈그림 28-4〉는 제1국과 제2국이 무역을 함에 따라 생산점을 특화점인 B와 B'으로 이동시켜서 무역을 했을 때 양국의 이익을 나타낸 것이다.

양국은 $60X$와 $60Y$를 교환함으로서 각각 $20X$와 $20Y$씩 이익을 얻게 된다는 것을 보여준다. 새로운 소비점은 각각 E와 E'이다. 따라서 무역전의 소비점 A와 A'에 비해서 소비가 늘었다는 것을 보여주고 또한 사회무차별곡선이 무역전보다 위에 있으므로 후생이 증가하였음을 보여준다.

제1국이 수출하고자 하는 양($60X$)은 제2국이 수입하고자 하는 양($60X$)과 일치하고 반대로 제2국이 수출하고자 하는 양($60y$)는 제1국이 수입하고자 하는 양($60X$)과 일치할 때 균형가격 성립한다. 여기에서 $P_B = P_B' = 1$일 때 균형가격이 성립한다. 만약 $P_X / P_Y = 2$이면 제1국은 제2국에서 수입하려는 X의 양보다 많이 수출하려 할 것이므로 상대가격이 1로 차차 하락할 것이다.

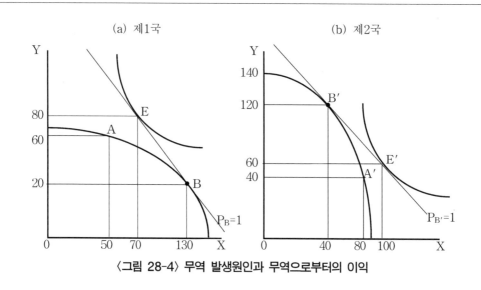

〈그림 28-4〉 무역 발생원인과 무역으로부터의 이익

2-3 헥셔-오린 정리와 레온티에프 역설

(1) 헥셔-오린 정리

어떤 이론을 정립하기 위해서는 현실세계의 복잡한 현상을 단순화하는 가정을 만들 필요가 있다. 따라서 다음과 같은 몇 가지 가정을 들었다.

① 두 나라, 두 상품, 두 생산요소
② 양국의 생산기술은 동일
③ 양국에서 X는 노동집약적 상품, Y는 자본집약적인 상품
④ 양국에서 두 상품의 생산에는 규모에 대한 보수불변이 존재
⑤ 불완전 특화
⑥ 양국의 기호동일
⑦ 양국의 상품시장과 요소시장을 완전경쟁 상태 (독과점이 없는 상태)
⑧ 국내에서 생산요소의 이동은 자유롭지만 국가 간에는 이동불가능
⑨ 무역장벽, 운송비등이 존재치 않는다.

리카도 모형에서 가정하는 것처럼 만일 노동이 유일한 생산요소라면 비교우위가 국가 사이에 노동생산성의 차이 때문만으로 발생할 수가 있다.

국제무역이 국가들의 부존자원 차이에 의하여 이루어진다는 것은 국제경제학에서 가장 영향력 있는 이론 가운데 하나이다. 스웨덴 경제학자인 헥셔와 오린에 의하여 발전된 이 이론은

헥셔-오린이론(Heckscher-Ohlin theorem)이라고 부른다.

H-O이론이란 한 국가는 자국에서 상대적으로 풍부하고 값싼 생산요소를 집약적으로 이용하여 생산하는 상품을 수출하게 된다는 것으로 그 타당성을 널리 인정받은 가설인데, 이 이론에 의하면 위에 나열한 모든 가정이 성립할 때 국제무역의 결과 동일한 생산요소에 대한 각 국에서의 보수는 상대적으로 그리고 절대적으로도 균등화된다는 것이다.

따라서 우리는 요소 집약도와 요소 풍부성에 대해서 개념을 파악할 필요가 있다.

우선 요소집약도란 다음과 같다. 예를 들면 Y의 생산에 K/L가 X의 생산에 K/L보다 높을 때 Y는 자본집약적이다(X는 노동집약적). 집약도를 측정할 때 중요한 것은 요소의 절대량이 아니라 노동과 자본의 비율(K/L)이다. 예를 들면 $1Y$의 생산에 필요한 것은 $2K$와 $2L$, $1X$ 생산에 필요한 것은 $3K$와 $12L$ 일 때 X의 생산에 K가 더 많이 필요하지만 X는 노동집약적이다.

요소의 풍부성이란 두 가지로 정의를 내릴 수 있다. 첫째, 물리적인 정의로서 제2국의 TK/TL의 비율이 제 1국의 그것보다 크다면 제 2국은 자본이 풍부한 국가이다. 둘째, 요소가격에 의한 정의인데 제2국의 PK/PL의 비율이 제 1국의 그것보다 낮다면 제 2국은 자본 풍부국이다.

결국 헥셔-오린 정리란 한 국가는 상대적으로 풍부하고 값싼 요소를 집약적으로 사용하여 생산하는 상품을 수출하고 상대적으로 희소하고 가격이 비싼 요소를 집약적으로 사용하여 생산하는 상품을 수입한다는 것이다. H-O정리는 생산요소의 상대적 풍부성(요소부존)의 차이를 비교우위와 국제무역의 근본 원인 또는 결정인자라고 설명하였다.

이들에 의하면 국제무역이 이루어지면 요소가격이 절대적으로나 상대적으로 균등화된다 하였다. 그런데 요소가격 균등화 정리를 엄격하게 증명한 사람은 사무엘슨이다. 따라서 요소가격균등화 정리를 H-O-S정리라고도 한다.

요소가격 균등화 정리란 국제무역이 개시되면 동질적 생산요소에 대한 보수는 국가 간에 상대적으로나 절대적으로나 균등화된다. 즉 국가 간의 w와 r은 같게 되고 w/r도 같게 된다는 것이다.

예를 들면 제 1국은 노동이 상대적으로 풍부하여 w가 낮고 r이 높다(w/r가 낮음). 교역 후 X(노동집약적 상품)의 생산이 증가하고 반대로 Y생산은 하락한다. 그 결과 L수요 증가하고 K수요 감소해서 w가 상승하고 r이 하락한다. 즉, w/r가 상승한다. 따라서 양국 간 w의 차이와 r의 차이가 좁혀지며 또한 양국의 w/r도 비슷해진다. 요소의 상대가격($P_L/P_K = w/r$)의 차이가 상품의 상대가격의 차이를 야기하고 이것은 무역을 발생시키므로 무역은 요소의 상대가격이 같을 때까지 계속된다.

(2) 레온티에프 역설

레온티에프(W. Leontief)는 최초로 헥셔-오린의 정리를 1953년과 1956년에 두차례에 걸쳐서 경험적으로 검증하였다. 레온티에프는 미국은 자본풍부국이므로 자본집약재 수출하고, 노동집약재 수입할 것이라고 예상하였다. 그러나 그의 검증은 반대의 결과를 가져왔다.

그는 검증을 위해서 수출품과 수입대체재의 노동과 자본의 투입량을 계산했다. 수입품 대신 수입대체재를 이용한 이유는 외국의 생산자료가 없었기 때문이다. 또한 미국의 수입대체재가 수입재보다 자본 집약도가 높다 하더라도 헥셔-오린 모델이 타당성을 지닌다면 미국의 수출재보다 자본 집약도가 낮을 것으로 추측하였기 때문이다.

검증결과 미국의 수입대체재는 미국의 수출재보다 자본집약도가 30%정도 높아서 미국은 자본집약적인 상품을 수입하고 상대적으로 노동집약적인 상품을 수출하는 것으로 나타났는데 이것이 레온티프 역설(paradox)이다. 따라서 헥셔-오린 모델은 부정해야한 오히려 검증결과를 이론적으로 설명하기 위해 노력하였다. 즉, 1947년 당시 미국의 노동생산성은 타국에 비해 3배정도 컸기 때문에 자본풍부국이라기보다는 노동풍부국이라 해명하였으나 적당한 해명이 아닌 것을 알고 철회했다. 그 이유는 미국의 자본의 생산성도 타국에 비해 높았기 때문이다.

레온티에프는 역설에 대해서 다음과 같이 해명하였다.

1947년의 자료는 대전직후의 자료이기 때문에 미국의 무역패턴을 대표하지 못한다. 이러한 해명에 대한 비판의 답으로 1951년 자료를 이용하였으나 실패하였다. 그러나 완화시켰다. 즉, 미국의 수출재는 수입대체제보다 노동집약도가 6%정도 큰 것으로 그쳤다.

그의 검증에는 다음과 같은 오류가 있었다.

첫째, 천연자원과 같은 생산요소를 고려하지 않고 노동과 자본만 고려하였다. 미국은 많은 천연자원을 수입하는 국가이다. 그런데 천연자원을 이용하는 산업은 자본을 많이 필요로 하는 산업이며 미국의 수입경쟁산업의 자본 집약도가 크다는 사실을 설명해 줄 수 있다.

둘째, 미국이 가장 심한 관세보호의 혜택을 주는 산업은 노동집약적 산업이다. 이 관세정책은 수입대체재의 국내생산을 촉진시키고 노동집약도를 감소시킨다. 따라서 레온티에프의 역설이 나오게 된 원인이다.

셋째, 가장 중대한 오류는 인적자본(human capital)을 완전히 무시한 것이다. 미국의 인적자본은 타국에 비해 크므로 실물자본에 이것을 더하면 미국의 수출재는 수입대체재에 비하여 자본집약적으로 된다. 실제로 R&D를 하기 위한 인적자본은 단순노동의 인적자본 보다 훨씬 크다.

2-4 기타무역이론

(1) 산업내 무역

국제무역의 대부분은 차별화 된 제품이 교환되는 산업 내 무역(intra-industry)으로 되어 있다. 이와 같이 선진국간에 산업내 무역이 이루어지는 이유는 각 국의 생산자들이 다수의 기호에만 맞추어 제품을 생산하기 때문이다. 따라서 소수의 만족을 위해서는 차별화 된 제품을 수입한다.

헥셔-오린 모델에서는 산업내의 국제무역에서의 이익은 확실히 고려되지 않았다. 국가 간 산업별 경쟁으로 단위당 생산비용이 낮아지고 소비자의 선택 범위가 확대된다.

1979년 Krugman, Lancaster, Helpman 등의 산업 내 무역모델은 몇 가지 흥미 거리를 갖고 있다.

첫째, H-O 모델은 요소부존이 서로 상이한데 무역의 근거를 두고 있으나 산업내 무역은 서로 비슷한 규모의 요소비율을 갖고 있는 경제간에 가장 크게 일어난다.

둘째, 제품차별과 규모의 경제는 상호 밀접하게 관련되어 있다. 즉, 국가 간 경쟁으로 인해 단위당 생산비용이 낮아지고 이익을 얻기 위하여 제품의 종류를 소수로 제한하는 데만 힘쓴다. 따라서 규모의 경제와 관련되어 있기 때문에 H-O 모델로는 설명될 수 없다.

셋째, 규모의 경제 하에서 생산된 차별화 된 제품만을 가지고는 무역이 개시된 상품의 상대 가격이 더 이상 무역패턴을 정확하게 예측해 주지 못한다는 것이다.

넷째, H-O모델은 무역으로 인해 일국의 희소요소에 대한 수익은 감소한다. 그러나 규모의 경제에 근거를 둔 산업내 무역은 모든 생산요소에 대해 이득이 가능하다(어느 산업에 국한되게 특화를 하지 않기 때문).

(2) 기술진보에 기초를 둔 무역(무역양상의 국가간의 이동)

H-O모델은 정태적인 반면 기술 갭 모델과 제품사이클 모델은 동태적이다. 기술은 L, K 및 천연자원 외의 무역에 주요한 영향을 미치는 요소다. 1966년 버논(Vernon)에 의해 기술 갭 모델이 일반화되고 확장되었다. 버논의 모델에 의하면 신제품을 처음 도입하여 생산할 때는 고도의 숙련된 노동이 필요하나 후에는 대중화되어 감에 따라 대량생산기술과 미숙련 노동에 의하여 생산될 수 있다. 따라서 비교우위는 선진국에서 노동이 저렴한 덜 발전된 국가로 이동하게 된다.

기술진보를 중시하는 무역형태에 관한 연구 중 또 다른 하나의 흥미로운 이론이 바로 포스

너의 모방시차이론이다. 포스너에 따르면 한 기업이나 국가가 새로운 제품을 개발하게 되면 우선 자국의 시장에서 그 제품의 시장성을 시험하게 된다. 이 결과 소비자의 호응도가 양호하다는 것이 밝혀지면 그 기업이나 국가는 새롭게 개발된 제품의 생산을 증대시키며 수출을 시도하게 된다. 신제품을 개발한 기업이나 국가는 초기단계에서는 그 제품에 대한 비교우위를 갖게 되고 그 비교우위는 타국이나 타 기업이 기술을 모방할 때까지는 계속 이어진다. 타국에서 그 기술을 모방하게 되면 그 신제품을 생산하기에 적합한 국가에로 비교우위는 이전된다는 것이다.

제3절 **무역정책**

무역을 제한하는 데 사용하는 정책을 무역장벽이라고 부르며 이 가운데 가장 일반적인 형태는 관세이다. 관세는 국경을 통과하는 재화에 대하여 부과하는 조세이다. 역사적으로 관세는 무역을 제한하는 데 가장 일반적으로 사용된 정책수단이었지만, 최근에 다른 형태의 무역제한이 늘어났다. GATT 주관 아래서 진행된 협상의 결과로서 세계 각국의 평균관세율이 점차 감소하고 있다. 무역통제는 관세와 보조금 등과 같이 직접적으로 가격에 영향을 미치는 방법과 수입할당(import quoter)과 같은 직접적으로 수량에 영향을 미치는 무역통제의 두 가지로 구분할 수가 있다.

3-1 관세의 경제적 효과

관세는 무역정책 중 가장 단순한 형태로서 국경선을 통과하는 재화에 대하여 부과하는 세금이다. 관세라면 보통 수입세를 의미하는데 수입세를 과세기준에 따라 분류하면 종가세(ad valorem tax)와 종량세(specific tax)로 구분된다. 종가세는 수입상품가격의 일정비율을 과세단위로 하고 종량세는 수입상품의 양을 과세 단위로 한다. 여기에서는 수입종가세만 다루기로 한다. 또한 세계시장에서 차지하는 경제적인 규모가 적은 소규모국가인 가격순응자(price taker)를 가정하며 〈**그림 28-5**〉처럼 부분균형분석방법을 사용한다.

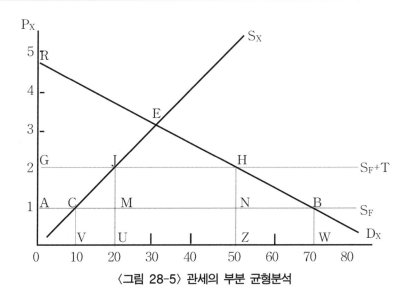

〈그림 28-5〉 관세의 부분 균형분석

그림에서 S_F는 해외공급곡선을 S_F+T는 관세가 포함된 해외 공급곡선을 각각 의미한다. 이는 소규모국가의 수요나 공급이 변해도 세계시장에서의 가격은 일정한 것을 보여주는 것으로 마치 완전경쟁하의 공급곡선과 비슷하다.

이제 T만큼의 관세를 부과했을 때 여러 가지 효과를 알아보기로 한다. BN은 $-20X$로서 소비가 줄어든 소비효과이고, CM은 $+10X$로서 생산이 증가한 생산효과를 의미한다. $CM+BN$은 $-30X$로서 관세로 인하여 줄어드는 수입량을 말하는 무역효과이고, $MJHN$은 \$30로서 관세수입인데 수입효과이다. $AGJC$는 \$15로서 생산자잉여증가분을 뜻한다.

$CJM+HBN$은 \$15로서 사중손실(deadweight loss)을 의미하는데 이 중 CJM은 Y재생산이 효율적임에도 불구하고 X재생산에 즉, 비효율적인 생산에 전환되므로 발생하는 손실을 의미하며, HBN은 관세로 인하여 X재의 가격이 올라갔기 때문에 소비패턴이 인위적으로 왜곡되었으므로 생기는 손실을 의미한다. 전 소비자 잉여는 ARB이고 관세 후 소비자 잉여는 GRH이다. 이는 관세로 인해 소비자 잉여가 줄었음을 의미한다. 줄어든 소비자 잉여는 결국 생산자 잉여에 사중적 손실과 관세수입을 합한 양이다.

3-2 비관세장벽

비관세장벽(non-tariff trade barriers: NTB)은 자유무역을 위한 국제무역기구의 간섭으로 관세에 의한 수입억제효과를 크게 기대할 수 없을 경우 수입을 제한하기 위한 관세 이외의 모든 수단을 총칭한 것이다. 비관세장벽의 종류에는 크게 수입할당제한, 수입과징금, 수입담보금, 수출입링크제, 구상무역 등이 있다. 비관세장벽은 70년대 이후 대두하기 시작한 신보호무역주의를 특징짓는 가장 중요한 수단으로 사용되고 있다.

　비관세장벽은 형태와 성격이 복잡하고 운용에서도 자의적인 요소가 강하나 일반적으로 무역을 제한하는 것을 목적으로 하는 비관세장벽과 다른 목적을 달성하기 위한 장벽이 있다. 전자는 수입할당제한, 수입과징금 등 직접적으로 무역제한효과를 갖는 것으로 그 성질상 규제대상이 차별적이며 최근에는 GATT상 근거가 모호한 수출자율규제(voluntary export restriction: VER)협정, 시장질서유지협정 등 회생규제조치가 크게 성행하고 있다. 여기서 VER이란 수입하는 나라의 정부가 수출하는 나라의 기업에게 압력을 가해 자율적으로 수출물량을 줄이도록 유도하는 정책으로 국제기관의 간섭을 피할 수 있는 수단으로서 종종 사용된다. 그리고 후자의 간접적인 무역제한효과를 갖는 비관세장벽으로는 통관절차, 각종 검사기준, 내국세제도, 정부조달 등을 들 수 있으며 규제대상이 무차별하다.

제4절　자유무역을 위한 국제기구

　국가간에 무역 없이 자본주의 체제하에서 국가의 부를 증대시킨다는 것은 어쩌면 불가능할지도 모른다. 역사적으로 자본주의가 생성 발전하면서 무역정책에 영향을 주는 사상 및 제 수단에는 다양한 변화가 생겨났다. 특히 산업혁명이후 공산품 생산이 활발해지면서 정부는 산업자본가들의 국내산업보호를 위해 수입제한을 하여야 하므로 이 시기에는 보호무역주의가 정책의 수단이 되었다. 그러나 다음단계로는 그 경제의 산업부문이 발달하게 되면 재화의 공급능력이 국내수요를 능가하게 되므로 국내시장으로부터 외국시장으로의 진출을 도모하게 된다. 자국산업의 타국시장으로의 진출을 도모하기 위하여 자국의 무역제한의 폐지가 불가피해지고 자유무역주의로 서서히 무역정책수단이 변모해 간다. 이처럼 무역제한의 방법은 그 경제의 발달 정도에 따라 달라지게　될 것이다. 그래서 1970년대에 들어와서는 많은 국가들 사이에 무역제한의 완화협정이 일어나기 시작했다. 그 중 가장 성공적으로 계속되어진 것이 GATT와 그 후속으로 만들어진 WTO, 그리고 후진개발도상국들이 중심이 된 무역기구인 UNCTAD 등이 있다.

4-1 GATT와 다자간협상

GATT(General Agreement on Tariffs and Trade)는 관세 및 무역에 관한 일반협정의 약칭으로 관세, 수출입규제 등의 무역장벽을 다각적인 교섭을 통해 제거해 보려는 목적으로 1947년에 발족하였다. 2차 대전 이후 세계 통화질서의 기초가 된 IMF 체제와 함께 자유무역의 토대가 되었으며 그 동안 8차례에 걸쳐 관세인하 협상이 이루어졌다. 이러한 협상은 무역 상대국들의 관세양허에 상응한 관세인하조치를 단행하고 최혜국조항(MFN)을 적용한다는 원칙하에 이루어졌다. 1994년 4월 제 8 차 다자간 협상인 우루과이라운드(UR)의 타결을 계기로 1995년 1월부터는 가트체제가 종료되고, 현재는 세계무역기구(WTO)가 세계무역질서의 중심이 되고 있다.

GATT는 세 가지의 중요한 원칙을 가지고 있는데 무차별원칙, 비관세장벽철폐원칙, 그리고 호혜주의가 그것들이다. 즉, 가맹국의 하나가 관세인하조치를 위할 경우 가맹국 정부에게 무차별적으로 동일한 조치를 취해야 한다는 것이다. 또한 관세 및 무역에 관한 일반협정에서는 비관세장벽도 인정하지 않고 가맹국 중의 한 국가가 관세를 인하하면 상대국들도 인하조치를 취하도록 규정하고 있다. 그러나 GATT에 관세동맹을 인정하는 예외조항이 있기 때문에 구주공동시장 등이 이루어졌다는 점과, 둘째로는 GATT가 선진국을 중심으로 이루어진 관세장벽철폐협정이므로 그들의 이익만을 위주로 하는 것이 문제점으로 남아있다.

GATT가 설립된 이후에 지금까지 GATT의 주관하에서 8차에 걸쳐 가맹국들 상호간에 관세인하와 기타 무역제한수단의 완화에 대한 협상이 계속되고 있다. 그 중 가장 중요한 것은 8차 협상인 우루과이 라운드이다.

1980년에 들어와 미국의 경사수지적자는 미국을 비롯한 선진국 내 상품교역에 대한 보호무역주의를 심화시키게 되었다. 따라서 새로운 다자간협상 추진논의는 1982년 11월 제네바에서 열린 각료회의를 계기로 거쳐 1986년 9월 남미 우루과이에서의 각료선언에 의해 제8차 GATT 다자간 무역협정인 우루과이라운드가 공식 출범하게 되었다.

UR협상은 GATT에서의 다자간 무역협상 가운데 가장 포괄적이고 복잡한 협상으로 상품교역에 관한 14개 의제와 서비스 교역 등 15개의 협상의제를 채택하고 있다. 특히 관세와 비관세 장벽의 완화뿐만 아니라 농산물, 섬유류, 열대상품, 천연자원에 대한 교역자유화를 협상하고 있다. 또한 새로운 분야로서 지적 소유권 보호와 무역을 왜곡하는 투자조치문제 등을 협의하고 있다.

4-2 **UNCTAD**

UNCTAD(UN Conference on Trade and Development)는 후진개발도상국들이 중심이 된 무역기구로 1964년 12월 UN총회의 상설기관으로 발족되었다. 선·후진국간의 무역불균형 시정과 남북문제 해결을 위해 1964년 UN의 결의에 따라 설치된 기구이다.

1962년에는 남북문제를 해결하고 저개발국의 무역수지를 개선하기 위하여 UN에서 선진국의 동의를 얻어 UN무역개발회의를 개최하기로 결의하였다.

제1차 UNCTAD 회의에 앞서서 발표된 프레비시 보고서에서 후진국의 공업화를 위하여서는 새로운 비교우위산업을 발전시킬 수 있도록 일반 특혜관세제도를 도입할 것을 주장하여 추진 진행되었다. 일반특혜관세제도는 GATT의 무차별원칙과 호혜성에 대한 예외조항이다. 이 제도는 1968년 제2차 UNCTAD 총회에서 채택되었는데 18개 선진국에 의해 10년 간 실시되도록 되었다.

1974년 UN 총회에서 신국제경제질서로서 천연자원의 항구주권, 외국투자 및 다국적기업의 규제, 개발도상국 상품에 대한 시장확보의 보장, 국제상품협정 체결, 특혜관세공여의 확대가 주장되었다.

제4차 UNCTAD 회의에서 신국제경제질서의 확립에 필요한 1차상품의 종합계획추진과 누적채무의 일과처리가 제안되었다. 저개발국 수출의 대부분들은 1차상품이 차지하고 있으며 수출수입을 증대시키기 위하여 국제상품협정을 체결하였다.

【연|습|문|제】

1. 아담 스미스의 절대우위론을 설명하시오.

2. 리카도의 비교우위에 의한 무역을 설명하시오.

3. 비용체증의 생산가능곡선을 가질 경우 무역의 발생원인과 무역으로부터의 이익을 그래프로 설명하시오.

4. 헥셔-오린 정리에 대하여 설명하시오.

5. 관세의 경제적효과에 대하여 그래프로 설명하시오.

국제수지와 외환시장

제1절 국제수지

한 나라의 국제수지(Balance of Payments: BOP)란 일정기간 한나라의 거주자와 비거주자 사이에 발생한 상품·서비스, 자본 등의 모든 경제적 거래에 따른 수입과 지급의 차이를 말하며 이를 체계적으로 분류 정리한 것이 국제수지표이다.

국제수지표는 거주자와 비거주자간에 이루어진 모든 경제적 대외 거래를 복식부기의 원리에 의해 작성토록 되어 있다. 그런데 복식부기원리란 모든 거래는 반드시 두개의 흐름(flow)으로 성립되며 한 흐름은 유상이든 무상이든 다른 흐름과 일치한다는 원리에 근거하여 모든 거래를 동시 동액의 기준으로 차변과 대변에 기록하는 것이다. 따라서 이런 복식부기원리에 입각하여 작성되는 국제수지표는 항상 양변이 균형되기 마련이다.

그러나 두 개의 흐름을 포착하는데 있어 자료의 출처가 다른 데서 오는 통계상의 불일치를 면할 수 없으며 이러한 불일치를 사후적으로 조정할 조정항목이 필요하게 되는 바, 이 사후조정 항목 즉, 「오차 및 누락계정」을 포함할 때 양변의 합계는 항상 균형을 이루게 된다.

이와 같은 국제수지의 구성항목을 정리하면 〈표 29-1〉과 같은데 각 항목별로 알아보기로 한다.

〈표 29-1〉 국제수지의 구성

	차변(debit)	대변(credit)
경상계정	① 상품의 수입 ② 서비스의 수입: 이자, 임금, 운임, 보험료, 배당금 등의 지급 ③ 이전지출: 해외에 송금, 원조, 증여	① 상품의 수출 ② 서비스의 수출: 이자, 임금, 운임, 보험료, 배당금 등의 수입 ③ 이전수입: 해외로부터 송금, 원조, 증여
자본계정	④ 장기자본 유출 ⑤ 단기자본 유출	④ 장기자본 유입 ⑤ 단기자본 유입
금융계정	⑥ 해외순자산의 증가: 해외부채 감소	⑥ 해외순자산의 감소: 해외부채 증가

①의 상품의 수출과 수입의 차를 무역수지라 하며 교역국간의 비교우위, 소득 등에 의하여 영향을 받는다. 만약 수출이 수입을 초과하면 무역수지의 흑자라 하며, 그 반대이면 무역수지 적자라 한다. ②는 서비스계정을 나타내는데, 자본 및 노동 등과 같은 생산요소를 외국에 차입하고 이자 및 임금을 지급하거나 운송, 보험서비스 등을 제공받고 그 대가를 지급하는 것을 무역외지출이라 한다. 한편 외국에 생산요소를 대여해 주거나 서비스를 제공해주고 그 대가를 지급 받을 때는 무역외수입이라 한다. 따라서 서비스계정에서 수입과 지출의 차를 무역외수지라 한다. ③은 이전수지를 나타내는 것으로서 무상증여, 무상원조, 교포의 송금 등과 같은 국제적 기부행위가 기록된다. 즉 대가를 수반하지 않는 상품, 서비스, 자본 등의 수취와 지급이 포함된다.

이상의 무역수지, 무역외수지, 이전수지를 합하여 경상수지라 한다. 즉, 이상의 거래는 국민소득의 경상적 순환에 영향을 미치는 실물적 거래를 포괄한 것이므로, 경상수지는 실물부문에서 파악한 국제수지의 개념이라고 할 수 있다. 그러므로 경상수지가 적자이면 그 나라 국민들은 생산한 것보다 소비한 금액이 크다는 것을 뜻하며, 그로 인하여 해외로부터의 차입이 발생하게 된다. 반면 경상수지가 흑자이면 소비보다 생산이 많으므로, 그 잉여분을 해외에 대여 혹은 투자한 것이 된다. 따라서 경상수지의 불균형은 국제대차관계를 수반하게 된다.

④와 ⑤는 국제 간 자본거래를 나타낸다. 만약 금융자산을 해외에 매출하고 그 대금으로 국제통화를 받으면 자본의 유입이 발생하며, 반대로 해외의 금융자산을 매입하면 자본이 유출이 발생한다. 이러한 자본거래의 순계를 자본수지라 부른다. 만약 금융자산의 약정기간이 1년 미만이면 단기자본거래라 하며, 1년 이상이면 장기자본거래라 한다. 단, 주식거래와 같이 최초에 약정기간이 정해지지 않는 자본거래는 장기자본거래로 분류하는 경향이 크다. 자본수지는 금융부문에서 파악한 국제수지의 개념이다.

경상수지와 장기자본수지를 합한 것을 기초수지라 부르며, 이것은 장기에 걸친 국민경제의 대외결제능력을 나타낸다. 그리고 기초수지와 단기자본수지를 합한 것을 종합수지라 하며, 한 나라 경제의 총체적 유동성의 변동을 나타낸다. 종합수지의 불균형은 ⑥의 금융계정과 대비되 는 것으로서, 종합수지가 흑자이면 중앙은행(외국환은행을 포함)의 대외준비자산(금, 달러, SDR, IMF 신용 등)이 증가하게 되고, 반대이면 대외부채의 증가 혹은 해외순자산이 감소하 게 된다. 그러므로 종합수지는 해외부문으로부터의 통화증발여부를 측정하는 기준이 된다. 그 러므로 최종적으로 종합수지와 금융계정을 합하면 대차균형을 이루게 된다.

이상에서 국제수지의 구성요인에 대해서 알아봤는데 지금부터는 국제수지의 결정요인에 대 해서 알아보기로 한다.

국제수지의 구성요인은 외환의 수요 및 공급요인과 서로 일치한다. 그러므로 국제수지에 영 향을 미치는 변수는 곧 외환의 수요 및 공급에 영향을 미치는 변수들이며, 그 중에서 주요한 변수들로는 상대가격, 소득, 통화량, 이자율 등이 있다.

첫째, 상대가격에 대해서 알아보자. 예를 들면, 자국의 가격이 상대적으로 하락하면 수출이 늘어나고 무역수지가 개선된다. 물론 반대의 경우에는 자국의 수입수요가 증가함으로써 무역 수지는 악화된다.

둘째, 일반적으로 소득의 증가는 소비를 증가시키고 소비재의 수입을 유발하게 된다. 그러 므로 소득의 증가는 한계수입성향의 크기에 따라 무역수지에 영향을 미치게 된다.

셋째, 통화량의 변동은 화폐시장의 조정을 통하여 국제수지에 영향을 미친다. 만약 화폐수 요가 화폐공급보다 많아서 화폐시장에 초과수요가 발생하면, 화폐시장의 균형을 회복하기 위 해서는 부족한 통화량이 해외로부터 공급되어야 한다. 이러한 자본의 유입은 자본수지를 개선 시키고 해외순자산을 증가시킨다.

넷째, 국내이자율이 해외이자율보다 높으면 자산선택적 투자에 의하여 해외자본이 국내에 유입되므로 자본수지는 개선된다.

제2절 외환시장

2-1 환율의 의의

외환시장이란 외환에 대한 수요와 공급이 만나서 외환의 가격인 환율이 결정되는 곳을 말한 다. 환율(exchange rate)이란 한 나라와 타국의 통화가치의 비율, 즉 양국통화의 교환비율 을 말하며 일 국 통화의 대외가치를 나타낸다. 환율의 표시방법으로는 자국통화 1단위에 대한 외국통화로 나타내는 자국통화기준표시방법과 외국통화 1단위에 대한 자국통화로 표시하는 외국통화기준표시방법이 있다.

외환시장은 형태에 따라 현물환(spot exchange)시장과 선물환(forward exchange)시장으로 대별된다. 현물환 거래는 계약당일 외환의 결제가 이루어지는 것을 말하며, 선물환거래는 계약 후 일정한 기간(30, 60, 90일 등)이 지난 다음 외환의 결제가 이루어지는 형태를 말한다. 그밖에도 현물환과 선물환이 결합된 거래형태인 스왑거래(swap exchange)도 이루어진다. 예를 들면 먼저 현물환 거래로 외환을 매도한 다음, 선물환으로 그 외환을 미래의 특정일, 예컨대 60일 후에 다시 매입하기로 계약을 체결하는 경우 스왑거래에 해당된다. 그러므로 각각의 외환시장에서 결정되는 환율을 현물환율, 선물환율 및 스왑레이트(swap rate)라고 부른다.

자국의 환율이 상승하면 자국화폐가 평가절하 되었다고 하며, 환율이 하락하면 자국화폐가 평가절상 되었다고 한다. 그러면 환율의 일반화된 표시방법과 평가절하 및 평가절상의 원인을 구매력평가설을 기준으로 간단히 살펴보기로 하자. 구매력평가설에 의하면 두 나라간의 환율은 두 나라의 화폐의 구매력의 비율로 표시된다고 한다. 그런데 화폐의 구매력은 물가지수의 역수이므로 결국 환율은 두 나라간의 상대적 물가에 의하여 결정된다는 것이다. 먼저 자국의 물가를 P, 외국의 물가를 P^*, 환율을 e라고 하면 다음의 관계가 성립한다.

$$e = \frac{\text{외국화폐의 구매력}}{\text{자국화폐의 구매력}} = \frac{(1/P*)}{(1/P)} = \frac{P}{P*} \qquad \text{(식 29-1)}$$

(식 29-1)에 의하면 환율은 양국의 물가에 따라 비례적으로 변동한다. 먼저 자국의 물가가 10% 상승하면 환율이 10% 상승함으로써 자국통화는 10% 평가절하 된다. 반대로 외국의 물가가 그만큼 상승하면 자국통화는 10% 평가절상 된다. 이와 같이 구매력평가설은 환율의 표시방법을 간단히 하고 환율과 물가와의 관계를 밝혀주는 데 중요한 역할을 한다. 그러므로 이 이론을 확장하면 물가에 영향을 미치는 통화량, 소득, 이자율 등이 모두 환율에 영향을 주는 것을 알 수 있다.

2-2 환율의 결정

환율은 한마디로 '외환'이란 상품의 가격을 의미한다. 따라서 일반 상품처럼 시장에서의 수요와 공급에 의해서 결정된다. 외환의 수요를 결정하는 요인들로는 경상수지상의 지출요인인 수입, 무역외지출과 자본수지상의 자본유출 등이 있고, 외환의 공급을 결정하는 요인으로는 수출, 무역외수입 등 경상수지상의 수입요인들과 자본수지상의 자본의 유입이 포함된다.

〈그림 29-1〉을 보면 외환의 수요곡선(D)은 일반적인 상품의 수요곡선과 마찬가지로 우하향의 모양을 갖고 있으며 이는 환율이 하락하면 외환수요가 증가하고 환율이 상승하면 외환수요는 감소함을 의미한다. 마찬가지로 외환의 공급곡선(S)은 우상향의 모양을 가지므로 환율이 상승하면 외환의 공급은 증가하게 되고 환율이 하락하면 외환의 공급은 감소하게 된다는 것을 보여준다. 또한 외환의 수요가 증가하면 외환의 수요곡선이 D'처럼 우측으로 이동하고 외환의 수요가 감소하면 좌측으로 이동한다. 마찬가지로 외환의 공급이 증가하면 외환의 공급곡선이 S'처럼 우측으로 이동하고 외환의 공급이 감소하면 좌측으로 이동한다. 또한 초과수요가 발생하면 환율이 상승하고 초과 공급이 되면 환율은 하락한다. 이 모든 것이 재화의 시장에서 이루어지는 것과 동일하다. 균형환율은 e^*에서 결정되는데 균형환율이 성립되었을 때 국제수지가 균형을 이루게 된다. 만약 균형환율보다 환율이 높거나 낮으면 국제수지가 불균형이 되고 이는 외환의 수요와 공급에 영향을 주어 다시 균형환율로 돌아오게 한다.

외환시장에서 균형환율이 결정되는 메카니즘은 초과수요의 조정에 따르고 있다. 즉, 초과수요가 0보다 클 때 환율이 상승함으로써 초과수요를 줄이게 되고, 초과수요가 0이 되면 균형환율이 결정된다.

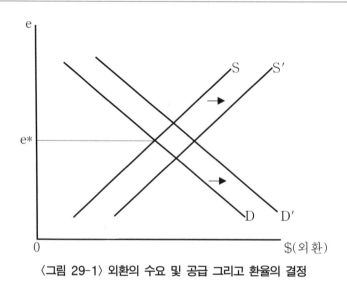

〈그림 29-1〉 외환의 수요 및 공급 그리고 환율의 결정

2-3 우리나라의 환율제도

우리나라의 환율제도는 경제여건에 따라 여러 번 변천해 왔다. 1945년 8월-1964년 5월 고정환율제도, 1964년 5월-1980년 2월 단일변동환율제도, 1980년 2월-1990년 2월 복수통화바스켓제도, 1990년 3월 2일-1997년 12월 15일 시장평균환율제도, 1997년 12월 16일-현재 시장평균환율제도에서 환율변화의 제한 폭이 없는 자유변동환율제도를 각각 실시해 왔다.

각각의 환율제도에 대해서 알아보기로 한다.

첫째, 고정환율제도(Fixed Exchange Rate System)란 환율변동을 전혀 인정하지 않거나 그 변동폭을 극히 제한하는 환율제도를 말한다. 가장 전통적인 고정환율제도는 19세기 말-20세기 초의 금본위제인데 동제도하에서 각국은 자국통화의 가치를 금에 고정시키고 금태환성을 보장함으로써 모든 통화에 대한 환율을 안정적으로 유지할 수 있었다. 제2차 대전 이후 1973년까지 유지되었던 브레튼우즈체제도 고정 환율제도의 한 형태로서 이 제도하에서는 미 달러화만이 금에 대해 가치가 고정되었고 금태환성이 보장되었다. 그리고 기타 국가는 미 달러화에 자국통화의 가치를 고정시켜서 운용하였다. 고정환율제도는 환율이 안정적으로 유지됨에 따라 경제활동의 안정성이 보장되어 대외거래를 촉진시키는 장점이 있으나 환율 변동에 의한 국제수지의 조정이 불가능함에 따라 대외부문의 충격이 물가불안 등 국내경제를 불안정하게 하는 단점도 있다.

둘째, 단일변동환율제도란 자국화폐의 대외가치를 단일통화에 연동시키는 방식이다. 이 경우 기준통화(peg 통화)의 가치변동에 따라 자국 통화의 기타국 통화에 대한 환율이 수동적으로 변하게 되어 환율이 경제여건을 적절히 반영하지 못하는 단점이 있다.

셋째, 복수통화바스켓제도(Multiple Currency Basket Peg System)란 단일변동환율제도의 단점을 보완하기 위해서 자국과 교역비중이 큰 복수국가의 통화를 선택하여 통화군(바스켓)을 구성하고 동 바스켓을 구성하는 통화들의 가치가 변동할 경우 각각 교역가중치에 따라 자국통화의 환율에 이를 반영하는 환율제도이다. 이를 식으로 쓰면 (식 29-2)와 같다.

$$대미달러환율 = \beta \cdot SDR통화바스켓 + (1-\beta) \cdot 독자통화바스켓 + \alpha \quad (식\ 29\text{-}2)$$

이 경우 β는 SDR환율의 가중치이며 α는 실제 반영치 이다. 이러한 공식에 의한 환율결정이 본래의 의도에 합치하려면 가중치의 선택이 적절해야 하고, 실제 반영치의 자의적 요소가 개입되지 않아야 한다. 그러나 1986년 이후부터 소의 3저현상에 의거한 우리나라의 무역수지혹자가 시현되었음에도 불구하고 원화의 대미달러환율은 별로 평가절상되지 않게 되자 이 방식의 유효성에 대하여 의문이 제기되게 되었다.

넷째, 시장평균환율제도(Market Average Exchange Rate System)란 기본적으로 환율이 외환시장에서의 수요와 공급에 의해 결정 되도록 하되, 급격한 환율변동에 의한 외환시장 교란과 경제에 미치는 부작용을 완화하기 위하여 환율의 일 중 변동폭을 법적으로 제한하는 제도이다. 시장평균환율의 결정방법은 전일 모든 외국환은행이 국내외 외환시장에서 거래한 원/달러 현물환 거래환율을 가중평균하여 당일 시장평균환율을 결정하는 것이다. 우리나라의 시장평균환율제도는 Taiwan의 제도를 주로 참고하여 실시하게 되었으며, 90년 3월 2일 시장 평균환율제도 도입시 일일 최대환율변동폭은 기준환율로부터 상하 각각 0.4%이었으나 여러 차례 변동폭을 단계적으로 넓혀서 97년 12월 16일부터 변동폭 제한이 철폐된 자유변동환율제도를 택하였다.

제3절 국제통화의 의의

3-1 국제통화의 조건

국내 거래시 자국통화가 매개수단으로 쓰이듯 국제거래를 위해서는 통용되는 매개수단이 필요한 데 바로 국제통화인 것이다. 국제통화로는 몇 나라의 통화가 국제거래의 주된 매개수단으로 사용되고 있다. 이러한 몇 나라의 통화는 해당 국가에서는 자국통화로서 역할을 하면서 국제경제사회에서는 거래의 결제수단으로 사용되고 있으며, 각 국의 정부 및 중앙은행은 이것을 대외준비자산으로 보유한다. 이러한 통화를 국제기축통화(international vehicle currency)라고 부른다.

현재 국제통화로서 가장 비중이 높은 통화는 미국의 달러화이며, 그밖에 EU의 유로화, 일본의 엔 등도 국제통화로서의 역할을 수행하고 있다. 중국도 경제가 성장함에 따라 자국의 통화도 국제통화로 인정해주길 바라는 추세이다. 그리고 국제통화기금(IMF)에서 창출한 특별인출권(special drawing right: SDR)도 국제통화로서의 역할을 담당하고 있다. 특별인출권이란 국제사회의 협의에 의하여 만들어진 초국가적 결제수단으로서 주요 국가의 통화에 비하여 보조적인 역할을 수행하고 있다.

국제통화가 되기 위해서 가장 중요한 조건은 신뢰성인데 신뢰성을 유지할 수 있었던 통화의 속성을 살펴보면 다음과 같은 몇 가지 공통점이 있음을 알 수 있다.

첫째, 그 경제가 강력하고, 국제교역에 있어서 차지하는 비중이 컸었다. 둘째, 광범위한 해외수요를 충족시킬 수 있도록 그 나라의 금융시장 및 금융제도가 잘 발달되어 있었다. 셋째, 통화의 자유로운 소지와 교환이 보장되어 있었다.

그러나 국제통화로 이용되기 위해서는 안정성 또한 보장되어야 한다. 특히 환율이 다른 통화에 비하여 상대적으로 안정되어 있어야 한다. 왜냐하면 환율은 그 통화의 대외가치를 반영해주기 때문이다. 이를 위하여 통화의 공급이 적절히 탄력적으로 조절될 수 있어야 한다.

3-2 특별인출권

특별인출권이란 국제통화기금(IMF) 참가국간의 합의에 의해서 인위적으로 창출된 대외지급준비자산으로 국제 유동성부족에 대처하기 위하여 1967년 9월의 제24차 IMF 연차총회에서 결정되었으며 1970년 1월 1일부터 창출되기 시작하였다. SDR은 IMF가맹국의 출자금이나 IMF의 외부차입에 의존하지 않고 단지 국제협약에 의하여 인위적으로 창출되었기 때문에 그만큼 국제유동성이 증대되며, 성격상 외국환에 대한 하나의 청구권으로서 그 자체가 화폐라고 할 수 없으며 교환성 통화와 교환됨으로써 그 실체를 가진다. SDR의 가치는 당초 미화 1달러, 순금으로는 0.888671g과 등가로 정해졌으나 변동환율제로의 이행되면서 1974년 7월부터는 잠정적인 조치로서 매일의 거래가치가 표준바스켓방식으로 산출되었다. 이후 1980년 9월의 총회에서는 표준바스켓방식이 종전의 16개국 통화에서 5개국(미국, 독일, 영국, 프랑스, 일본)통화로 축소시키는 SDR 표시의 간소화가 이루어졌다.

3-3 유로통화

유로통화(Euro-currency)란 각 통화의 소재국 이외의 타국가 은행에 예치된 주요국의 통화를 말하는 것으로, 소유권을 중심으로 보면 비거주자가 소유한 각 국의 통화라고 할 수 있다. 예를 들면, 유로달러라는 것은 미국이외의 국가에 소재하는 미국달러 표시예금을 말한다. 이러한 통화로는 유로달러, 유로엔, 유로위안 등이 있다. 유로란 용어는, 1950년대 말 런던에 최초의 유로커런시인 유로달러 시장이 생성되던 시기에는 동 시장이 형성되던 유럽지역만을 지칭하였으나, 현재는 유럽 이외의 지역도 포괄하는 의미로 사용된다.

유러달러(Euro-dollar)에 대해서 좀 더 자세히 알아보자. 유러달러란 미국 이외의 국가의 금융중심지에 소재하는 상업은행에 예금되어 있는 미국달러를 의미하며, 주로 유럽의 주요 금융시장에서 활발히 거래되고 있다. 유로달러는 1950년대부터 미·소간의 냉전이 격화됨에 따라 동유럽의 은행들이 미 달러예금을 미국으로부터 유럽으로 이체한데서 비롯되었으며, 그 후 1957년 영국의 외환관리법의 강화 및 미국의 레규레이션 큐(regulation Q)[24], 유럽주요 통화의 교환성회복, 미국의 각종 대외투융자규제 등을 계기로 유럽에서의 미 달러표시자금거래가 매우 활발하여졌다. 유로달러시장의 중심은 은행간 예금시장이며, 은행 및 브로커들로 구성되어 있는 은행간 시장에서의 거래는 무담보로 거래되며 대출은행은 상대방은행과 함께 여신한도(credit lines)를 설정하고 있다. 유로달러는 통상 국제무역금융에 사용되며, 일부는 금리재정목적으로 다른 통화로 전환되어 유로통화로 재공급되거나 차입국의 통화로 전환되어 일반운전자금으로 사용되기도 한다. 1970년대부터는 유로달러를 원천으로 하는 신디케이트론(syndicated loan)[25]이 급속히 확대되고 있으며, 유로달러는 은행의 금융, 외환거래 및 무역금융의 원활화, 국제 유동성의 증대에 크게 기여하고 있다.

---

24) 미국연방준비이사회(FRB)가 연방준비법 19조에 따라 정한 은행예금 이율의 최고한도규정. 각 연방은행 가맹은행이 일반은행으로부터 모은 정기예금, 저축예금 등이 그 대상이며 연방준비이사회에서 경기 대책의 하나로 이것을 인상 또는 인하한다. 1980년 3월에 발효된 신은행법에서는 이상한 규제 철폐를 앞당겨 1983년 10월부터 예금금리가 완전 자유화되었다. 레귤레이션 Q는 미달러예금이 모국인 미국을 벗어나 유럽시장으로 흘러들어가 유로달러시장을 발전시키는 데 큰 역할을 하였다.

25) 자금을 빌려주는 금융기관들이 신디케이트를 구성해 공통의 조건으로 자금을 빌리는 고객에게 일정액을 융자하는 대출방식으로 유로크레디트 시장과 미국 금융시장에서 대규모 대출의 경우 일반적으로 실시되고 있다. 금융기관들은 리스크의 분산, 객관화, 그리고 고객은 대규모 차관도입의 가능, 차입 협상과 시기조정 등을 통한 높은 신축성, 차입절차의 간편성과 저렴한 차입코스트 등이 주요 이점으로 지적된다.

【연|습|문|제】

1. 국제수지표의 작성방법에 대하여 설명하시오.

2. 국제수지표에 대하여 다음의 용어를 설명하고 각 용어의 구성요소를 나열하시오.

    1) 경상계정

    2) 자본계정

    3) 금융계정

3. 현물환율과 선물환율에 대하여 설명하시오.

4. 환율의 결정을 외환의 수요·공급의 그래프로 설명하시오.

5. 우리나라의 환율제도의 변천과정을 설명하시오.

통화전쟁 칼자루 중국이 쥐고 있다

미국이 또다시 '환율조작국'이라는 전가(傳家)의 보도(寶刀)를 휘두르며 중국을 압박하고 있다. 올봄에 압박하던 수준에서 한 단계 올라갔다. 민주당과 공화당이 레빈 법안을 가결시켜 대중 무역보복의 길을 넓혀줬다.

표면적으로는 미국이 전방위 공격을 하고 있는 모양새이다. 그렇지만 속내용을 보면 중국이 칼자루를 쥐고 있는 것 같다. 미국은 돈을 빌려야 하는 나라인 반면 중국은 돈을 갖고 쓰는 나라이기 때문이다. 올봄에도 미국은 말로만 중국을 압박했지 실행에 옮기지 못했다. 반년이 지난 지금도 상황이 크게 달라진 것은 없다.

미국에게 현재 가장 시급한 것은 금융위기 충격에서 벗어나 경기회복세를 이어가는 것이다. 위안화를 절상시키고 달러화가치를 하락시키면 수출을 조금 늘릴 수 있을지 모른다. 그렇지만 경기회복에 더 중요한 것은 국채를 계속 대거 발행하면서도 저금리 기조를 유지하는 것이다. 그런데 달러가치를 하락시키면 해외투자가들의 수익률을 떨어뜨려 국채매각이 잘되지 않고 장기금리가 올라가 경기회복에 찬물을 끼얹을 수도 있다. 순조로운 국채매각을 위해서는 가장 '큰손' 중국의 협조가 필수적이다.

한편 중국은 위안화 환율을 안정시키면서 현재의 경제발전 추세를 유지하려고 한다. 무역불균형에 대해서도 수출을 줄이기보다 수입을 늘려 갈등을 해결하겠다는 입장인 것 같다. 그래서 전세계를 상대로 '쇼핑'을 한다. 미국이 무역불균형 문제를 제기하면 대규모 구매사절단을 파견한다. 천연자원, 중간재, 기술, 기업들도 마구 매입한다. 채권에도 투자한다. 미국 채권만 사는 것이 아니라 신흥시장까지 중국자금이 손을 뻗치고 있다.

이런 상황을 감안할 때에 미국의 '중국 때리기'는 단순히 환율의 문제가 아니다. 급격히 떠오르는 중국을 어떻게든 견제하기 위한 고육책이라고 봐야 할 것 같다. 특히 통화와 자원은 미국이 그동안 세계패권을 쥐고 있던 부문이다. 그러나 이 패권이 침식되고 있다.

중국은 서서히 위안화 국제화의 시동을 걸고 있다. 주변국에서 위안화가 무역결제통화로 사용되는 것을 장려한다. 위안화투자펀드도 만들어나간다. 싱가폴과 통화스왑협정 체결은 상징적 사건이다. 둘 다 외환위기를 걱정할 필요가 전혀 없는 나라들이다. 위기대비용이라기보다 위안화가 싱가폴달러와 직접 교환될 수 있는 창구를 만들어 위안화의 국제 인증을 끌어내는 과정으로 봐야 한다.

그러나 중국은 달러패권에 당장 도전할 생각은 없는 듯하다. 달러패권을 인정해주면서 현재의 경제성장추세를 유지하는 것이 더 낫다. 그래서 손해 볼 가능성이 있는데도 미국국채를 계속 매입해준다. 달러가치가 급락하는 것도 바라지 않는다. 이 한계 내에서 위안화 국제화를 점진적으로 진행하고 있다.

반면 자원패권에서는 얘기가 달라진다. 한정되어 있는 자원은 지금 누가 장악하는가에 따라 앞으로의 성패가 크게 달라진다. 그래서 중국은 중동, 아프리카, 중남미의 자원부국들에게 군사, 경제원조도 제공하면서 자원확보에 나서고 있다. 그래서 이란제재 문제를 둘러싸고 미국과 대립각을 세운다. 중남미가 미국의 '안방'이라는 것을 알면서도 과감하게 뛰어든다. 미국 통화패권의 약점을 잡고 있기 때문에 자원패권 도전에 더 적극적으로 나서고 있다고 해석할 수도 있다.

아직까지 통화와 자원에서 미국이 패권국이라는 사실은 부인할 수 없다. 그러나 세계금융위기 이후 칼자루가 급격히 중국에 넘어가고 있고 미국은 반전(反轉) 카드를 찾기 위해 절치부심하고 있는 것 같다. 한국은 이 갈등의 중간에 있다. 그동안 한국에 팽배하던 미국 중심사고의 관성을 버리고 새로운 현실을 잘 가늠해야 한다. 어느 일방의 편을 들면 다른 쪽에서 부정적 충격이 온다. '중간국'으로서 한국의 위치를 유연하게 잡아나가야 한다.

출처: 신장섭 교수(싱가포르 국립대 경제학과), 『매일경제신문』, 2010. 10. 3.

외환보유액 많다고 좋은가

한국은행의 외환보유액이 계속 증가하고 있다. 1997년 300억 달러 남짓하던 외환보유액은 이제 9배가 넘게 불어나 2800억 달러를 넘어섰다. 외환보유액이 증가했다는 소식을 접하면 곳간에 쌓아놓은 쌀가마니가 늘어난 양 흡족해하는 분이 많다. 하지만 곱씹어 볼 일이다. 파종에 쓰지도 않고 이자 붙여 남에게 빌려주지도 않은 채 곳간에 쌀을 잔뜩 쌓아두는 것은 어리석은 일일 수 있다.

한국뿐 아니라 많은 신흥국이 외환보유액 쌓기 놀이에 몰입하고 있다. 이 놀이를 즐기는 데는 두 가지 이유가 있다. 하나는 환율의 하락을 막기 위해서다. 달러가 밀려들어오면 환율이 하락 압력을 받는다. 수출채산성이 떨어졌다고 기업들이 아우성을 치고 이에 동조하는 언론과 정치권이 목소리를 높인다. 그러면 외환당국이 환율주권을 외치며 환율 하락을 저지하기 위해 달러를 사들인다.

고금리 대출로 저금리 예금하기

두 번째 이유는 외환위기 방지다. 달러의 갑작스러운 유입은 단기 외화차입을 통해서 발생하는 경우가 많다. 밀물처럼 들어온 달러는 한국에 좋지 않은 일이 발생하거나 세계 금융시장이 뒤숭숭해지면 썰물처럼 빠져나간다. 이때 환율이 폭등하는 외환위기가 발생하거나 심하면 달러를 차입한 은행이 지급불능 상태에 빠지는 외채위기가 발생할 수 있다. 정부는 이때 달러를 시장에 풀고 문제 기관에 달러를 대출해주기 위해 비상용 달러를 비축해 둔다. 현명한 일인 것처럼 보인다. 국제통화기금(IMF)이 추천하고 세계의 석학들이 세계 금융시장의 근본적 불안을 해소하는 좋은 방법이라고 선전한다. 그러나 따지고 보면 코미디 같은 일이다.

상구는 4%의 금리를 지급하기로 하고 은행에서 100억 원의 대출을 받는다. 그런데 그 대출금을 1%의 금리를 지급하는 요구불 예금에다 고스란히 모셔둔다. 매년 대출금의 3%인 3억 원을 은행에 헌납하고 있는 셈이다. 왜냐고 물어보니 은행이 언제 대출금을 갚으라고 할지 몰라 불안해서 그런다고 한다. 그럼 '당신 참 신중한 사람이군요' 하고 칭찬해주고 싶은가, 아니면 '그럼 애초에 대출을 받지 않았으면 되잖아 바보야'라고 충고해주고 싶은가.

아시아 금융위기가 발생하기 전만 하더라도 중앙은행이 석 달 치 수입액의 외환을 보유하면 충분하다고 했다. 그러나 1997년 한국을 비롯한 아시아 국가들이 갑작스러운 단기외채 회수에 녹아내리는 것을 목격한 뒤로 신흥국들은 앞을 다투어 보유 외환을 불려나갔다. 2000년대에 들어와 새로 성립된 세계 금융시장의 규범은 석 달 치 수입액으로는 어림도 없고 최소한 단기외채 만큼의 외환보유액은 유지해야 한다는 쪽으로 강화되었다. 단기외채의 대부분은 민간이 시장금리를 주고 외국으로부터 차입해 오는 것이다. 그리고 중앙은행이 운용하는 외환보유액의 대부분은 비상 시 신속한 회수를 위해 선진국의 국공채와 같은 안전한 저금리 상품에 투자된다. 높은 금리로 외채를 들여오고 이것이 언제 회수될지 몰라 거의 전부를 외국의 저금리 국공채에 투자하고 있다면 이것이 상구의 대출과 다른 점이 무엇인가.

외환보유액 비용 수혜자가 내야

한국은 새로운 규범을 초과 준수하면서 단기외채를 훌쩍 넘는 2800억 달러의 보유 외환을 자랑하고 있다. 이는 현재의 환율로 따져 국내총생산의 30%를 초과하는 수치다. 정보가 부족해 믿을 만한 계산은 할 수 없지만 상구의 경우와 유사하게 3%의 금리 손실을 가정한다면 우리나라는 매년 국내총생산의 1%인 10조 원 정도를 선진국에 헌납하고 있는 셈이다. 보험료로서 그리 비싸지 않다고 할지 모른다. 그러나 한미 자유무역협정(FTA)에서 발생할 것으로 예상되는 이익을 초과하는 비용이며, 10년이 쌓이면 22조 원이 든다는 4대강 사업을 다섯 번 반복할 수 있는 액수다.

정부는 다각도로 이 비용을 축소하려 노력하고 있다. 투자공사를 만들어 외환보유액의 운용 수익률을 제고하고, 외국 중앙은행에 마이너스 통장을 개설하여 외환보유액을 높게 유지할 필요성을 줄이려 하고 있다. 그리고 주요 20개국(G20) 정상회의에서는 IMF가 신흥국들에 대형 마이너스통장을 만들어 주는 제도를 제안할 계획이라는 얘기도 들린다.

그러나 이 모든 노력이 어리석은 게임이 될지 모른다. 외환보유액과 다른 안전장치가 증가하면 한국은 더 매력적인 투자처가 될 것이고 이는 더 많은 외채를 불러들일 수 있다. 보를 높이면 더 많은 강물이 고이는 것과 같은 이치다. 이 악순환의 고리를 끊기 위해선 단기외채 보유의 비용을 증가시켜 단기외채 자체를 감소시킬 필요가 있다. 그리고 외환보유액의 유지비용은 국민이 아니라 수혜자로부터 걷는 것이 옳다. 필자가 금융기관의 단기외채 보유에 세금을 부과하자고 주장하는 이유는 여기에 있다.

출처: 송의영 교수(서강대 경제학과), 『동아일보』, "동아광장", 2010. 7. 3.

찾아보기

윤재희(尹在熙)

안양대학교 무역유통학과 교수
중앙대학교 경제학사
University of Detriot 경제학석사
University of Nebraska-Lincoln 경제학박사

저서
『기초거시경제학』(선학사, 2001)
『기초미시경제학』(선학사, 1999)
『신유통용어사전』(두남, 2000)
『극동러시아의 경제』(선학사, 2003)
『중앙아시아 및 극동러시아 경제』(선학사, 2005)

이재학(李載學)

남서울대학교 국제유통학과 교수
중앙대학교 경제학사
중앙대학교 경제학석사
중앙대학교 경제학박사

저서
『국제물류론』(경록, 2006)
『물류관리론』(경록, 2009)
『화물운송론』(경록, 2009)
『보관하역론』(경록, 2009)

경제학의 기본원리

2013년 3월 10일 초판 1쇄 발행
2016년 9월 10일 초판 2쇄 발행

지은이 | 윤재희 · 이재학
펴낸이 | 이찬규
펴낸곳 | 북코리아
등록번호 | 제03-01240호
주소 | 13209 경기도 성남시 중원구 사기막골로 45번길 14
　　　우림2차 A동 1007호
전화 | 02) 704-7840
팩스 | 02) 704-7848
이메일 | sunhaksa@korea.com
홈페이지 | www.북코리아.kr
ISBN | 978-89-6324-301-6(93320)

값 20,000원

* 본 저서는 본인(윤재희)의 안식년기간(2012년 3월 1일부터 2013년 10월 10일)에 수행된 결과물입니다.